教育部哲学社会科学研究重大课题攻关项目

性别视角下的中国文学与文化丛书

乔以钢　主编

中国古代文学与文化的性别审视

陈洪　乔以钢　等著

南开大学出版社

图书在版编目（CIP）数据

中国古代文学与文化的性别审视 / 陈洪，乔以钢等著.
天津：南开大学出版社，2009.12
（"性别视角下的中国文学与文化"丛书）
ISBN 978-7-310-03326-3

Ⅰ.中…　Ⅱ.①陈…②乔…　Ⅲ.①性别－研究－中国－
古代②文学史－研究－中国－古代③文化史－研究－中
国－古代　Ⅳ.C913.14　I209.2　K203

中国版本图书馆 CIP 数据核字（2009）第 233039 号

南开大学出版社出版发行
出版人：肖占鹏
地址：天津市南开区卫津路 94 号　　邮政编码：300071
营销部电话：(022)23508339　23500755
营销部传真：(022)23508542　　邮购部电话：(022)23502200

*

天津泰宇印务有限公司印刷
全国各地新华书店经销

*

2009 年 12 月第 1 版　　2009 年 12 月第 1 次印刷
787×960 毫米　16 开本　26.625 印张　4 插页　354 千字
定价：45.00 元

如遇图书印装质量问题，请与本社营销部联系调换，电话：(022)23507125

总　序

乔以钢

　　这套丛书是教育部哲学社会科学研究重大攻关课题"性别视角下的中国文学与文化"的研究成果。

　　众所周知,性别与生俱来,但其之所以成为关系人类生存的根本性问题,浸润、影响于人类个体与群体的方方面面,则主要源于它同社会文化之间的密切关联。然而,由于种种原因,在很长的历史时期内,有关这方面的话题近乎讳莫如深。性别在人类物质生存和精神生活中产生的深刻影响被覆盖、被遮蔽。华夏文明演变进程中,两千多年的封建统治所形成的思想禁锢,更是使这种覆盖和遮蔽达到极致。其主要表现之一就在文学文化方面。正因为如此,从性别视角观照文学文化,具有重要的学术价值和实践意义。

一

　　20世纪下半叶以来,在世界范围内,性别问题逐渐成为文化研究的热点。国外不少学者结合女性主义理论、现代性社会理论以及后殖民主义理论等,对后工业社会的文学文化进行解读。1988年,E. Honing & G. Hershatter 编写了 *Personal Voices：Chinese Women in the 1980's* 一书,主题是 20 世纪 80 年代中国女性的成长。书中应用大量小说、报纸、杂志等材料，反映社会意识和大众文化生活。90 年代，在女性文学文化研究方面颇有影响的两部著作——Dorothy Ko 的 *Teachers of the Inner Chambers：Women and Culture in Seventeenth—Century China* 和 Susan Mann 的 *Precious Records：Women in China's Long Eighteenth Century*①，运用女性书写的材料，就明清时期的文学出版与女性主体、社会观念等方面的关系展开考察。其基本思路的共同点，一是重视从女性本身的作品出发探讨性别的历史，努力寻找女性自己的声音；二是以中国文化为中心，通过解读文本考察女性生存的多样性。

在国内，80 年代以降，文学领域的性别研究稳步推进，相关成果进一步积累。其间，国外性别理论的译介起到重要的推动作用。近十多年来，女性译介者数量增加。不少人拥有在国内外不同文化背景和现实环境中求学或访学的经历，在切身体察中华文化传统和现实性别生存状况的同时，对世界范围内性别研究的趋势有了更多的了解。一些学人在有选择地译介国外相关成果时，融入了对本土性别问题的思考；既指出国外性别理论的积极意义，也就其自身存在的缺陷以及在本土实践中引发的困惑进行了反思。

更多的研究者在吸收借鉴国外研究成果的同时，结合本土实际，从性别角度出发，展开对中华民族文学文化传统和现实的探讨。这一探讨实际上涉及更为深邃的人类文明史。在研究过程中，人们尝试选取了多种路径。例如，将思想史、文化史与女性文学成长过程的探询紧密结合；在建构女性文学的历史叙述时，注意在开阔的视野中体认女性文学的现代传统；通过创作活动及文学文本的深入解读，生发出

----

① 两书的中译本 2005 年由江苏人民出版社出版，分别为：[美]高彦颐：《闺塾师：明末清初的才女文化》，李志生译；[美]曼素思：《缀珍录：18 世纪及其前后的中国妇女》，定宜庄、颜宜葳译。

对具有一定代表性的文学文化现象的学术新见；如此等等。一些研究者深入分析中华民族悠久思想文化传统中所蕴涵的性别观念，开掘华夏文化传统有关性别问题的多样思考，对本土理论资源在性别诗学建设中的功能和意义给予了必要的重视。新启蒙主义、女权/女性主义理论以及马克思主义女性话语在中国女性文学批评实践中产生的影响，其间的复杂状况及其得失等问题，也受到研究者的自觉关注。

在具体研究中，近年来以下方面所取得的进展比较突出：结合历史和现实剖析性别化的民族、国家话语；揭示以往文学批评在对文化与历史的再现进行评论时所呈现的性别盲点；从性别角度对文学创作的主旨、形象、叙述方式以及语言等进行分析；对国内学界的性别研究实践进行理性审视等。有研究者指出，学术界在经历了"寻找"和"发现"女性创作主体的阶段、以女性的经验和语言为中心的文本分析阶段之后，正在进入多焦点的、强调性别平衡的学术观阶段。[①]这样的阶段意味着，研究者更倾向于以一种"涵盖的视野"考虑两性复杂的经验，认识这种经验是在社会性别与种族、族裔、阶级、性倾向、年龄等多重因素的相互作用中产生的，从而避免在性别问题的讨论中陷于狭隘和偏执。

毋庸讳言，迄今为止，有关方面的研究虽然取得了一定的成绩，但还存在许多不足。比如，多年来对性别与文学关联性探讨的重点主要是现当代女作家创作，特别是其中女性意识浓郁或持比较鲜明的女性立场的作家作品，而对古往今来更为广泛的富于性别文化意味的文学现象则缺乏系统深入的研究。又如，许多时候，研究者在进行性别分析的过程中，自觉不自觉地将男女两性想象为二元对立的本质化的群体，片面解读女性的社会历史处境，忽视了性别内部的差异以及各种

---

① 周颜玲：《有关妇女、性和社会性别的话语》，见王政、杜芳琴主编：《社会性别研究选译》，三联书店，1998 年版。

因素的相互缠绕,从而将原本复杂的问题大大简单化了,于是无论在学理上抑或实践上,其有效性都不免大打折扣。此外,相关文学批评在强调和突出"性别政治"的同时,对文学创作的艺术品性往往缺乏应有的审美观照,也是一个比较明显的弱点。

可以说,在整个文学领域,性别研究目前总体上仍处于初步发展阶段,性别视角在文艺学建设和性别文化构建方面的积极作用尚未得到充分的发挥,体系相对完整的性别诗学建构以及多种研究方法的有效整合还有待于艰苦的实践。正是基于这样的状况,本丛书希望在力所能及的范围内有所作为。

二

本丛书的总体目标是:在全面探讨古今文学领域性别因素的体现与影响的基础上,适当扩展至更为宽广的文化领域,揭示华夏文化与文学中关乎性别问题的优良传统以及在现代观念衡量下的缺陷,校正因性别偏见造成的史实偏离,克服因视角局限产生的视域盲点,并提出相关的理论原则与方法论方面的观点,以期在学术上将该领域的研究提高到一个新的水平,在实践上为当下我国的相关创作、欣赏、批评提供理论参考,从而促进理性的性别和谐观念在社会上的良性发展。

丛书本着尊重事实、不走偏锋、重视文化传统、体现时代精神的指导思想,主要围绕以下问题进行探询:

第一,从性别视角出发,审视中国古代文学及文化传统。中国传统的性别观念是一个复杂的系统,并非"男尊女卑"可以完全概括。在这一占主导地位的性别观念之外,无疑还有其他方面的影响值得关注。例如,周易的阴阳互转思维、道家的柔弱胜刚强观念、佛家的"不二"法门和民间的多元性别观等。而性别观念、性别意识在文学中的表现更是多样纷呈,有待开掘、梳理与评说。丛书结合具体考察对象对传统文学文化进行性别分析,意在为全面认识中华民族的文学文化传统打开新的思路。

第二,考察文学现代性生成过程中性别因素的多样表现,对各种文学文化现象进行性别分析。特定历史时期思想文化的转型和激变一定程度上带来社会性别观念的变化,这种变化对社会文化和文学创作产生了深刻影响,其间有着复杂的内在机制。为此,丛书深入探究现代女性写作的发生,考察现代文学的性别主体建构,剖析现代文学家庭书写的性别内涵以及国族话语与现代文学女性想象之间的深刻联系,藉以从性别角度加深对近代以来一百多年来文学文化转型、蜕变的动态进程的认识。

第三,对中国妇女/女性文学史书写进行反思。近百年来的妇女/女性文学史书写实践,是现代观念史和文化史的重要组成部分。丛书综合多种因素,分析性别观念、性别意识在选择标准、评价尺度以及具体论述等方面对妇女/女性文学史书写产生的影响,考其内涵,辨其得失,尝试探询未来包含"性别"与"超性别"视角的文学史书写形态之可能。

第四,在性别视野中对文学语言进行深入研究,探察文学文本呈现的特定语言形态与性别文化之间的有机联系,从语言这一重要方面深化对文学本体与性别之间关系的理解。

第五,考察性别研究的理论背景,剖析性别理论与其他当代理论思潮之间的复杂纠葛,阐明性别理论开放性、包容性、多元性的内在特质,把握其在当代文论中的历史维度。通过分析中西方理论视野和语境的差异,勾勒、描述中国本土的性别研究和理论批评视野,探讨现代性别理论的合理建构。

丛书借鉴了女性主义批评以及社会学、历史学、文化学、心理学等学科的理论方法。在此过程中,力求充分考虑到性别问题的本土特征及其复杂性,体现对当代问题的关注以及真诚的人文关怀,努力追求理论与文学文化实际相结合,文学文化实际与理论相融汇、相说明。

三

这套丛书的出版历经多年,是跨地区、跨高校的学术团队倾力合作的结果。

2006 年春,"性别视角下的中国文学与文化"重大课题完成开题工作。按照有关要求,我们以南开大学的科研力量为基础,搭建了团结协作共同攻关的学术平台。其间,特别邀请了数位兄弟院校的学者主持部分子课题的研究。河南大学刘思谦教授、陕西师范大学屈雅君教授、厦门大学林丹娅教授、北京语言大学李玲教授等知名学者,对这项事业给予了热情的支持。她们以自己多年从事本领域研究的丰厚积累投入工作,为项目的完成付出了辛勤的劳动。大家相互信赖,真诚合作,体现出深厚的情谊。各位学者的参与,对丰富课题的研究内容,保证丛书的学术质量,起到了重要作用。此外,部分子课题的研究吸收了若干位高校博士生参与。

而今丛书问世之际,我们希望这项研究在以下几方面有所建树:

一是通过去除历史文化中的遮蔽,更为全面、深入地认识民族文化传统和文学发展演变的方方面面,开掘中国文学的丰厚内涵。从性别视角进行审视,指的是在对文学、文化现象的学术观照中发现其中所表现或隐含的性别观念、性别意识,具体考察和分析这种观念、意识产生的影响。实际上,由于性别的对待是人类社会最基本的一对关系,每个人概莫能外,所以,人类的文学/文化活动不可避免地带有一定的性别立场和性别色彩,只是这种立场和色彩如果与居于社会主导地位的价值观念同一向度,往往就会隐涵而不彰。所谓去除历史文化的遮蔽,就是要尽量还原特定意义上的性别文化真相,通过"性别"这一认识人类生命活动的新维度,启发我们对人类文明进程的批判性反思,促进先进性别文化的建设。

二是通过对文学文化现象及文学文本进行分析,丰富文学批评的视角,推动文学理论特别是具有中国本土特色的性别诗学的建设,使文学批评的开展更趋多元。半个多世纪以来,女性主义的文学批评在世界范围内发展迅速,性别理论也在其推动下得到长足发展。近二十年来,国内的女性主义文学批评实践有了一定的积累,理论研究也初见成效,但受种种因素的制约,迄今还难以形成相对成熟的体系。在这样的背景下,我们力图通过这一系列性的研究,为建设具有民族特色的性别理论提供较为丰厚的材料资源,尽己所能推进本土性别诗学的建设。

三是为当代文艺创作、评论提供借鉴,促进先进性别观念的塑造和传播。毫无疑问,社会的精神文明建设离不开先进的性别理念。而事实上,传统性别观念根深蒂固,当代文艺创作中腐朽性别观念的影响大量存在。各类文艺作品在性别观念的塑造和传播方面所起的作用不容小觑。我们渴望通过自己的工作,促进学界对性别问题的关注和重视,为社会性别观念的更新发挥积极作用。

附带说明,本套丛书之外,还有一批同属于这一重大课题的学术成果,近年来陆续以论文的形式刊发在多种学术期刊上。其中《南开学报》自 2006 年以来设立的"性别视角下的中国文学与文化"专栏,集中刊载相关方面的研究论文,迄今已逾 50 篇。部分文章发表后被《新华文摘》《中国社会科学文摘》等刊物转载,产生了良好的社会反响。

我们深知,丛书的出版并不意味着研究工作的终结。"性别视角下的中国文学与文化"作为一个具有特定内涵和学术指向的研究命题,有待于在今后的实践中持续关注、深入思考。我们将为之付出不懈的努力。

性别视角下中国古代文学研究之断想
（代前言）

陈 洪

在性别视角下，对文学活动——包括创作、批评、传播各个环节，作家、作品、读者各个方面——观察，审视，研究，是半个世纪以来世界范围内的"显学"。其之所以成为显学，原因是多方面的。从思想背景上看，女权主义/女性主义的兴起与影响，肯定是最为直接的原因。此外，从福柯到赛义德的话语权力理论，德里达倡导的解构性阅读，新历史主义的批评方法等，也都有过或是启迪、诱导，或是推波助澜的作用。但是，其所以能"显"，最根本的原因还是在于其自身的合理性。以中国古代文学的研究为例，这主要表现在以下三个方面：

第一，过去的中国文学史上，女性作家与出自女性之手的作品所占有的篇幅均少得可怜。而事实上，17世纪以来，女性参与的文学活动以及留存下来的作品数量都十分可观。只要摆脱以往偏执的取舍标准，就会有很多发现，从而使得文学史的书写更加全面，更加接近于历史真相。

第二，视角的转换，必然影响到评价标准，使其发生积极的变化。如过去的标准呈现宏大叙事一枝独尊的局面，视角的转换便可能出现多元并存的可能；相应的，过去有意无意间对美学风格的评判也以阳刚为优，并形成了相关的话语体系，视角转换同样将改变这一偏颇；至于古代男权中心背景下津津乐道的很多扭曲的话题,如"樱桃樊素口,杨柳小蛮腰"之类,更是可以烛照出其中隐藏的龌龊。

第三,新的视角会对作品有新的发现,新的理解。如屈原的《九歌》中,作者复杂的性别取向;太史公的性别意识对《史记》叙事的影响;汤显祖"旧题新作"过程中,性别观念的改变;《聊斋》以鬼狐表达性别想象,其中的矛盾心态;《红楼梦》与"才女"文化的关联,等等。

这将是涉及十分广泛的论题,也是探索性与争议性十分强烈的论题。唯其如此,它也是饶有兴趣的论题。本文集所收皆为某一领域专精之作,虽不敢说水平如何如何,但其创新性、探索性确是作者们所共同致力的。有鉴于此,这篇小文只是掇拾一些有关的片断之想,做一浮泛之论以代前言,以期引起更多学界同仁对这一领域的兴趣而已。

一、性别视角下,传统文化的观照

文学是整个文化活动的一部分,性别视角下观照文学,也可以理解为是从特定的视角对文化进行观照。其实,文化的建构往往或隐或显与性别立场有关,我们不妨选几个例子来看一看。

在中国传统文化的元典中,涉及"性别"这个话题最多的应属《周易》。从最根本的阴阳二爻的男女生殖象征义,到卦象的"长男"、"少女"象征义;从咸卦、家人的卦、爻词,到系词的阴阳运动的描述,都是十分明显的性别话题。这些话题,在《易》成为意识形态色彩强烈的儒家经典之后,两千余年间的阐释者大多费尽心机进行遮蔽。但是,现代的学术轻而易举便祛除了那些牵强的神圣外衣。特别是考古与训诂,还有人类学的方法与性别视角的观察,对还原《易》的本来面目更是起到了关键的作用。

《周易》中或直接表述两性关系,或以性别关系做譬,其中心观点都是提倡调和与平衡。毋庸讳言,在两性之间,《周易》总体倾向是主张男尊女卑的。但是作为一个思想系统，《周易》更关注的是阴阳之间的依存与平衡。为此，在某些特定的语境中，甚至有"男下女，吉"的判词。我们不妨举一些实例来看：

> 归妹，天地之大义也。天地不交，而万物不兴。归妹，人之终始也。说以动，所归妹也。"征凶"，位不当也。"无攸利"，柔乘刚也。①

这是《归妹》卦的彖辞。其中可注意的有四点：一是把男婚女嫁上升到"天地大义"的高度，天地的交合沟通是世界生机的源泉，男女婚姻是人类繁衍的起点，二者本质相通。二是指出婚姻的基础是"说以动"，也就是说男女彼此的相悦慕是婚姻的必要前提。三是男女双方需要在婚姻关系中摆正自己的位置，否则会出现凶险的局面。四是强调如果女方压倒男方，是不会有好结果的。

这一段很具有些典型性：重视性别关系，主张两性和谐；同时又强调男性的地位与利益，这正是《周易》全书的基本观点。

再来看几段：

> "女归吉"也，进得位，往有功也。进以正，可以正邦也。其位刚得中也。止而巽，动而不穷也。（《易·渐》彖辞）

> 女正位乎内，男正位乎外。男女正，天地之大义也。家人有严君焉，父母之谓也。父父，子子，兄兄，弟弟，夫夫，妇妇，而家道正。正家，而天下定矣。（《易·家人》彖辞）

> 天地睽而其事同也，男女睽而其志通也，万物睽而其事类也。睽之时用，大矣哉！（《易·睽》）

> 柔上而刚下，二气感应以相与，止而说，男下女，是以"亨

---

① 《周易·归妹》，见《周易正义》卷五，北京大学出版社，1999年版，第220～221页。

利贞,取女,吉"也。天地感而万物化生。圣人感人心,而天下和平。(《易·咸》象辞)

比起"三从四德"那一类纯粹单向度的性别训诫,《周易》这些见解无疑要通达许多。考虑到《周易》"五经之首"的崇高地位,特别是历来被看作智慧之书的特色,它的这些观点在中国古代社会是产生了深远影响的。我们在分析古代的两性关系、家庭关系时,这方面的因素是不应该忽视的。

思想元典中,性别观念深刻而有特色的还有《老子》。从这个角度把《老子》同《周易》比较一下,也是颇有趣味的话题。《老子》中的性别话题大体可分三类,最多的一类是对"母"德的颂扬:

"有",名万物之母。①

我独异于人,而贵食母。(二十章)

有物混成,先天地生。寂兮寥兮,独立而不改,周行而不殆,可以为天地母。(二十五章)

天下有始,以为天下母。既得其母,以知其子;既知其子,复守其母,没身不殆。(五十二章)

有国之母,可以长久。(五十九章)

这些赞词多是一种比喻。但是,以"母"来喻道,以"母"性与"母"德来赞誉"道"的至德、至性,这本身就流露出作者在性别之间的价值判断。这种价值判断无疑是与两千余年封建社会的主流判断不一致的。

另一类是直接谈到性活动的:

天下之牝,天下之交也。牝常以静胜牡,以静下也。(六十一章)

---

① 《老子》第一章,见《老子注释及评介》,中华书局,1984年版,第53页。

　　未知牝牡之合而朘作，精之至也。（五十五章）

　　谷神不死，是为玄牝。玄牝之门，是谓天地根。绵绵若

存，用之不勤。（第六章）

看来在那个时代，人们还不像后来耻于言"性"。而且以讨论性交的方式比喻天地至道，也是不可多见的奇文。至于其中强调女性的力量则与前面所述一致。

　　还有一类，并没有直接谈及性别，但与性别话题相呼应、相关联，如：

　　重为轻根，静为躁君。（二十六章）

　　知其雄，守其雌，为天下谿。（二十八章）

　　柔弱胜刚强。（三十六章）

　　天下之至柔，驰骋天下之至坚。（四十三章）

　　强大处下，柔弱处上。（七十六章）

寻绎前后文，考察语境、互文等因素，这些命题与性别话题相关联，应是无疑义的。而从中可以更清楚地看到作者以性喻道的思路。

　　总体观之，《老子》与《周易》相比，相同或相近的地方是：1. 涉"性"的话语较多，在我国思想元典中，这是涉"性"话题最多的两部。2. 有些话题甚至观点相同，如《周易》有"男下女，吉"，《老子》则有"强大处下，柔弱处上"，等等。正是由于这方面原因，有学者认为《易》传，特别是象辞与象辞主要出于道家①。而二者不同的是，《老子》不像《周易》那样强调和谐，而是强调"母"德的伟大，强调女性（牝、雌、柔等）的真正力量。

　　佛教典籍中的性别观念也很可注意。其中这方面的复杂程度远

────────────

　　① 参见陈鼓应：《易传与道家思想》，生活·读书·新知三联书店，1996年版。

远超过儒家、道家。鄙视妇女的观点在印度佛教早期的典籍中更为突出些,歧视的内容则多见于戒律方面。比较有意思的是大乘经典中《维摩诘经》中关于性别问题的一些见解。如该经核心观点之一的"不二",作为被标榜作普适的思维方式,很自然就应推演出"男女不二"的结论。而且,经文中还通过天女与舍利弗的互动来证明这一观点。可是,为佛教整个体系所限制,这种观点事实上是无法彻底贯通的,所以该经中又有相龃龉之处。这里只是指出问题的存在,详论须俟诸异日。

二、性别视角下,古代文学的观照

这方面的话题,是本书的主题,所收十余篇文章大都是围绕于此展开。而当我们打开这一只"天眼"时,遮蔽在文学活动很多方面的烟雾都会廓清、穿透,呈露出崭新的"本相"来。例如对文体的考察,当把"词"放到"诗"、"文"的背景下比照,词之为体的性别倾向可能就会浮现出来。又如对主体意识特别强的作家进行研究的时候,不妨把他们(或她们)笔下的自我形象放在性别视角下,可能有助于揭示出他们/她们人格、风格、取材等方面的深层密奥——龚自珍、秋瑾等,都是这方面尝试的适宜对象。至于对作品、批评的性别视角观照,就更是如燃犀下照,很容易洞见一向被忽视的东西。下面举两个例子,看一看从这一视角的观照,会有怎样的发现。

从性别视角分析作品,有一个饶有兴味的题目,就是《天雨花》与《野叟曝言》的比较研究。

这两部作品之所以具有比较的可能,是因为以下数端理由:1. 二者都是长篇叙事文本。《天雨花》旧称"弹词",这使人很容易误解其为说唱。其实它是纯粹的案头读物,清人是把它与《红楼梦》等量齐观的。所以，其文体本质上应属于韵文体小说①。2.二者都是清代的长篇小说，讲述的都是以明代宫廷政变为背景的故事，故事的主角都是极富传奇色彩的文武双全的读书人。3.二者的故事都围绕着男主人公的家庭展开。作者都试图在家庭题材中塑造出一位道德的楷模。4.二者既有以上相同或相似之处，又有一个非常重要的不同，即作者的性别差异。《天雨花》出自女性作家陶贞怀之手（很可能是化名）②，而《野叟曝言》的作者夏敬渠是男性。这样，就出现了一个非常有趣的考察角度：相同的题材，在不同性别的作者笔下会呈现怎样相同或是不同的面貌。

兹举一例：两部作品有一个十分相似的情节，即奸臣篡位，忠臣护主，而其故事的细节竟也如出一辙。《天雨花》写明朝的奸臣太师郑国泰勾结皇妃李选侍，乘男主人公左维明率军远征时谋害太子。他与同党谋划道："我们奉李娘娘垂帘听政，贬了皇长子出朝，将大权尽归我等；然后再贬退选侍，诈称迎请福王，权作假皇，慢慢即真，效王莽之所为。"③《野叟曝言》亦写明朝的奸臣太师靳直勾结安贵妃，乘男主人公文素臣率军远征时谋害太子，迎请景王。他们的计划是，先假意把权力交安贵妃，扶安贵妃的幼子登基，再贬退安贵妃母子，把权力篡夺到自己手中④。显然，这个故事框架与《天雨花》几无二致。而两个故事的结局也差相仿佛：郑国泰被美女左仪贞刺死在洞房之中，靳直则被男扮女装的美貌"小尼"刺杀在床笫之上——二人都死于纵欲。考虑到《天雨花》在当时的巨大影响，我们不能排除夏敬渠创作时受到《天雨花》启发的可能。

如此相似的故事，分别出自女性与男性作家之手，这就提供了比

① 详见李剑国、陈洪主编：《中国小说通史》，高等教育出版社，2007年版。
② 参见拙文：《〈天雨花〉性别意识论析》，《南开学报》，2000年第6期。
③ 《天雨花》，十四回，中州古籍出版社，1984年版，第545页。
④ 《野叟曝言》，一○四回，人民文学出版社，1997年版，第1263页。

较研究的极好素材。两部作品中,都写到一些女性卷入政治斗争,甚至站到了男主人公的对立面——"从逆",包括糊涂的贵妃、色相事贼的姬妾等。叛乱勘平后,如何处罚这些女人,两部书的安排与表现出的态度大相径庭。《天雨花》中,有冒名秀贞者做了郑国泰的姬妾,郑伏诛后,如何处置此人就成了故事发展的焦点。左维明认为她辱没了门楣,力主严惩处死。而其女左仪贞千方百计试图挽救她的生命。于是父女俩展开了一场性命相搏的斗争——左仪贞两度冒死抗命相救。作者借左仪贞之口,一再表达对于女性成为政治斗争牺牲品的谅解与同情:

> 若说秀贞三妹罪……实是爹爹害此人……至于打骂加凌辱,都是还报爹爹向日情……三妹年幼兼无学,叫她何计保全身?舍生取义非容易,岂可将来责此人![1]

这里有两个观点特别值得注意:一个是指出女性在政治斗争中完全是被动地卷入了漩涡,男性应为之承担责任,而不能苛责女性;另一个是明确提出"舍生取义非容易",为乱世中女性的失身做了正面的辩护。此书的中心人物就是左仪贞,在很大程度上,左仪贞的视角就是作者的视角,左仪贞的态度就是作者的态度。作品围绕左仪贞拯救秀贞,用了两万多字的篇幅,可见对此情节的重视。而此书作于清初,无数女性劫后余生,却因丧乱中无法自保贞操而终生受辱。《天雨花》义正严辞地提出"叫她何计保全身",实为为千百万不幸女性张目的质疑与呐喊。

《天雨花》通过左仪贞拯救秀贞之事来表达对不幸女性的同情,同时还表现出了两性对此类事情截然不同的态度。左仪贞与左维明兄弟为救秀贞的激烈冲突,明显是性别立场差异的原因。

---

[1] 《天雨花》,十六回,第633页。

《野叟曝言》同样写到处置叛贼姬妾，且看如何描写：

> 将景王家属带上，太子问："哪一个是宁氏？"内侍把三妃
> 带上……当下一人挽定青丝，两人捧着粉脸，挤紧香腮，一人
> 踹住酥胸，一人用两指向白馥馥的咽喉，用力一掐，一人把解
> 腕尖刀，向那樱桃小口中轻轻一掠，早把半截又香又嫩的舌
> 头割下。舌根鲜血便直喷而出，洒滴腮颊；衣衫之上，如红雨
> 赤霞，斑斑点点。内侍将舌献上，太子令斩讫报来。复问：
> "哪一个是邢氏？"内侍又把五妃带上……须臾，两颗血淋淋
> 的首级献将上来。众妃魂飞魄散，个个发抖。①

这里完全是残忍的虐杀。无论前文怎样渲染这些女人的可恶，这样血
淋淋的笔墨也是正常人难以卒读的。无独有偶，清末小说《笏山记》中
也有一段政治斗争过后对失败者姬妾的虐杀描写，其津津乐道的态度
与此极为相似。

以此与上述《天雨花》的描写比较，反差实在是太大了。《天雨花》
在这个问题上的理性与明辨，不仅是因对乱世女性命运的自伤所致，
而且是对宋明理学"失节事大"的正面质疑与反抗。而《野叟曝言》这
样的笔墨，既反映出封建礼教对既得利益之男性的毒化，又表现出男
性某种变态的性心理。

这样两本书的比较研究是一个很大的题目，甚至可以作为一个博
士论文的选题。这里只是略举一例而已。其他如两部作品中对于一
夫多妻的看法与表现，对于男性性能力、性要求的看法与相关描写，对
于政治斗争结局的态度，对于人生功业与家庭关系的看法，对于家庭
生活的描写角度，等等，从性别视角看来，都有灼人眼目的异彩呈现。
囿于体例，这里只能稍陈端绪，进一步的工作留到专题研究中展开。

---

① 《野叟曝言》，一〇九回，第 1322 页。

　　再以一个个案为例，即对于《聊斋志异》做一性别视角的观察，看看有何发现。

　　《聊斋志异》的精华部分大多在于爱情、婚姻故事中，因此从性别视角来观照、分析作品就成为必不可少的一种方法。蒲松龄笔下的爱情、婚姻描写与前人相比，明显的特色有：多情狐女、鬼女眷顾贫寒书生，成为最常见的爱情故事模式；男子以其痴情赢得女性的芳心，痴情与执著是克服各种障碍的有效"武器"；寒士在赢得美女（鬼狐）眷顾的同时，往往连带改善了经济状况；极力摹写"妒妇"之可憎可怕，其生动细致远超过一般家庭生活的描写，等等。在"存天理灭人欲"的大环境中，借鬼狐来描写、歌唱真挚的爱情，这无疑是难能可贵的。《聊斋》之跻身于传世文学经典，主因亦在于此。不过，毋庸讳言，蒲松龄所能达到的思想高度还是可以商榷的——特别是在性别视角的观照下。

　　如上所述，《聊斋志异》中的爱情、婚姻故事形成了几种基本的情节模式，而我们如果深入分析一下，就会发现其中有一个共同点，就是"男性中心"。故事的设计绝大多数是以男性为主体而展开的，带有强烈的穷书生白日梦的色彩，而女性则是满足此类梦想的"对象"。其最典型的情节是男人为了满足自己的好色欲望，可以把"对象"肢解拼合，而全然不顾及女性的主体性存在。如《陆判》中男主人公诉诸判官："予结发人，下体颇亦不恶，但头面不甚佳丽，尚欲烦君刀斧。"[1]于是，判官就在其妻睡梦中割去她的头颅，又从他处割来美女头换上。作者津津乐道，以为得计。类似的情节还有《阿英》[2]，甘珏不满意于妻子的容貌，于是情人阿英（鹦鹉精灵）便施术改变了她的容貌；甘珏兄长的婢妾貌丑，阿英"以浓粉药末涂之"，使其改换容颜，目的是使其可以充当生育机器。女性美容，自无可厚非，但蒲氏所写完全是男子嫌

①　《聊斋志异》卷二，"三会"本，上海古籍出版社，1978年版，第142页。
②　《聊斋志异》卷七，第917页。

憎而代为做主，甚至使其不再是本人（《陆判》中的妻子经手术后就有了新的身份），性别立场的偏颇是显而易见的。

"男性中心"的另一突出表现是对女性嫉妒问题的描写。蒲氏以近于夸张的笔调写女性的悍妒，如《马介甫》、《邵女》等，这还可以解释为他在现实生活中身经目击的印象。可注意的是另一面，即描写、歌颂女性的"不妒"。即以《阿英》为例：裴玨与阿英结为夫妻，感情甚好，但由于阿英是鹦鹉精灵无法生育，便主动为裴玨娶妻纳妾。为了使所娶妻妾能得到裴的宠爱，阿英施展神技，将二人化丑为美。与《陆判》相比，都是通过"手术"该变女子的容貌，以取悦于男性。不同的是，《陆判》是不相干的外人，而阿英是家庭成员，是彼男的妻子，而且是还在一起过着夫妻生活的局中人。显然，这是男人们白日梦的直白表现。但明伦就此批道："易丑为美一节，万无可解耳。"似乎也对男人们一相情愿的大胆想象感到惊讶。再如《林氏》，写妻子主动为丈夫置妾，丈夫一再不肯；妻子令婢女前往诱惑，仍无效果；又指使婢女冒充自己"往就之"，被丈夫叱退；妻子设计更复杂的"圈套"，终于使丈夫"上当"，使婢女怀上他的骨肉。林氏又千方百计保全这些妾生儿女，最终促成丈夫与婢女的姻缘，二女共事一夫，"偕老焉"。[1] 又如《小谢》，两个女鬼——小谢与秋容，开始百般提弄穷书生陶望三，后来书生靠自己的长处折服了她们：

> 二女由此师事生，坐为抓背，卧为按股，不唯不敢侮，争媚之。[2]

最终两个鬼魂一起还阳，也是和谐共事一夫。作者议论道："绝世佳人，求一而难之，何遽得两哉！事千古而一见，唯不私奔女者能遘之

---

① 《聊斋志异》卷六，第787页。
② 《聊斋志异》卷六，第775页。

也。"对于"遽得两",其艳羡之情溢于言表。类似的女性甘心情愿共事一夫或分享感情的尚有多篇,如《莲香》、《嫦娥》、《娇娜》等。虽说那个时代纳妾为"合法"之事,但毕竟是站在男性立场的"法"。蒲松龄对此没有批判,不足为怪,也不必苛求,但借生花妙笔来张扬女性对一夫多妻的发自内心的支持、赞许,无论这种情况在现实生活中是否存在,都应看作女性心态的严重扭曲,而男性津津乐道之,其偏狭的性别立场就不得不予指出了。

    以上都是一些思考的断片,写到这里是为全书充一引子,无非是想说明从性别视角观照古代的文学史、文化史,是一种有效的方式。不过,真正能够说明这一点的,还是后面那一篇篇研究的论文。

目　录

《周易》与《礼记》家庭观念之比较

乔以钢　陈千里

由于农耕文明的基本生存方式延续了两三千年而没有根本性的变化,导致"华夏—汉"文化圈的家庭基本形态也就没有产生根本性变化。这种延续性折射到文本中,就表现为早期的经典性表述保持了长久的影响力,如《论语》、如《周易》、如《礼记》,等等。因而在描述传统家庭观念的时候,选取代表儒家观念的《礼记》和杂糅儒与道两家的《周易》为例进行评述①,是一条可望事半功倍的途径。

"华夏—汉"文化圈的家庭基本形态可以概括为"宗法—父权"制,也就是说以"宗法"与"父权"相联系、相补充、相制约的家庭制度。

"宗法"是华夏文化的制度核心,这是源于农耕文明的人类基本存续方式,表现在家庭、家族与国家三个不同而又密切关联的层面上。三个层面上的具体内容自然不同,但深层的关系框架却是同构的。我们可以抽绎出这种基本结构,就是:上主而下从,男主而女从,嫡主而庶从。所谓"上",既包括辈分,又包括地位。如《红楼梦》的贾母在家中享有至尊无比的地位,根据就是她在三个方面都是"上":辈分高,自身地位为国公夫人,娘家同样地位尊崇。这是核心结构中的核心。而"男"、"嫡"都较为具有相对性,在同一上下层面中,这两种关系结构的

---

①　"杂糅"话题参见陈鼓应《易传与道家思想》,生活·读书·新知三联书店,1996年版。

意义方才凸显出来。实际上,这三个不同角度上的关系准则是相互补充为用的,而在"上"、"男"、"嫡"三个主导方面的交叉地带,留有很大的模糊空间,不是刚性的二元对立的绝对尊卑关系。

当然,总体来看,在诸多关系中,父权又是占有至上的地位的。首先,"父权"可以涵摄上述三种关系的主导地位;其次,整个制度要维护的主要也是"父权"的至上地位与相关利益。仍以贾母而论,她的尊崇地位究其始还是源于"父权"的分润,又得益于"父权"的暂时缺位,甚至还得益于贾政这下一层级"父权"的存在。不过,如果只提"父权"一个角度,容易被理解为简单的男权至上,也不能够解释上述的复杂情况;当然,如果只提"宗法"一个角度,同样会模糊事情的全部真相,特别是容易淡化、忽略复杂中的要害,忽略现象后的本质。所以,如果用"宗法—父权"制来概括"华夏—汉"文化圈封建时代家庭制度的核心内容,可能是较为准确的①。

这样一种概括,可以在中华传统文化的经典文本《周易》和《礼记》中得到印证。

一

首先来看《周易》。

《周易》是一部对中国人的精神世界以及言语行为产生过巨大影响的书籍。孔子的时代,已经对它十分尊崇、重视,所以孔子才有"韦编三绝"的求索。汉代以后,儒术独尊,作为"五经"中唯一富有哲理内涵的经典,它更是高踞于经典的首席。同时,由于《周易》原为卜筮之书,经过各种阐发后又与民间文化、宗教活动发生了密切的关系,从而

---

① 关于这个问题,也有概括为"宗法父权"的主张。但若那样的话,"宗法"是"父权"的定语,不能体现二者相互制约、彼此补充为用的关系。

成为唯一在大、小传统中都有巨大影响的典籍。《四库全书总目·易类一》曰:"易之为书,推天道以明人事者也。""易道广大,无所不包。"所以,《周易》中的观念往往是作为"终极依据"来指导封建时代各个阶层人们各个方面行为的。

正因为《周易》的"无所不包",也正因为它"推天道以明人事"的自我定位,所以对家庭问题多有涉及。如《荀子·大略》云:"《易》之'咸'见夫妇,夫妇之道不可不正也,君臣父子之本也。"前人对这一点虽有所觉察,不过所论一般未超出"有天地然后有万物,有万物然后有男女,有男女然后有夫妇,有夫妇然后有父子。有父子然后有君臣,有君臣然后有上下。有上下然后礼义有所错"①的浮泛之说。而实际上,《周易》的家庭观念相当丰富,并且相当辩证,堪称研究中国人传统家庭观念的最根本文献之一。②

把《周易》的经、传及其两千年间的解读作为一个巨大的符号体系来看③,其中的理路是十分庞杂的,且不无矛盾、抵牾之处,但核心又很明确,就是阳爻与阴爻按照特定的排列组合规律产生的 64 个符号组合,以及"十翼"对其规律及意蕴的解说。就此核心来说,符号组合的演化运转都是循阴、阳的对待、冲突与互转、和谐的理路进行。其基本思维模式是多向度、可调性的二元对待。基本二元是阴与阳,或称为柔与刚。其中阳、刚居于主导地位。但是,由于符号系统还有卦位、卦形、爻位等被赋予意味的形式因素,所以阴阳之间的关系就不是凝固

---

① 见《周易·序卦》,《周易正义》,九州出版社,2004 年版。
② 关于《周易》中的家庭观念,参见拙文《〈周易〉的家庭观念及其影响论略》,《南开学报》2006 年第 2 期。
③ 《周易》包括古经与"十翼"(即"传")两部分。经、传文并非成于一时,而"十翼"之文在很大程度上是对"经文"的"误读",但由于 64 个"符号组合"是它们共同的基础,是经、传思想与观念展开的同一起点,所以《周易》作为一个整体的逻辑依据还是相当充分的。另外,这种"误读"(包括后世经学家的阐释与进一步的"误读")对于两千年间的中国人来说,同样具有权威意义,同样产生过巨大影响。而在这个时间段落里,人们对"经文"的理解,也大体是以"传文"所言为旨归。所以本文将《周易》看作一个整体来论述,不再细加分说。

的简单的主从、高下、尊卑,而是可以从不同向度进行调节的动态关系。

阴、阳是高度抽象的哲理化概念,又在《易》的特殊文本形态中得到了最充分的符号化,二者的所指便随具体语境可有无穷多的变化。不过,无论是当初符号的设定,还是"十翼"对符号组合的解析,男女两性总是对应于阴阳刚柔的首选。这样,《周易》在推演卦象的时候,就自然而然地与男、女两性发生十分密切的喻指关系。而其富有辩证意味的推演/思维模式也就影响到对于两性关系的认识,影响到家庭观念的形成。

以《归妹》卦的卦辞、彖辞以及后人的传文为例:

> 归妹,征,凶,无攸利。

> 彖曰:归妹,天地之大义也。天地不交而万物不兴。归妹,人之终始也。说以动,所归妹也。征凶,位不当也。无攸利,柔乘刚也。

> 少女之穷也,无所往而归其长阳。女说其有归而往也,男说其有家而娶也。有生化之义焉。不交则无终也。故少配长,说以与动,有终,而自此始也。少阴失位以求合人,斯贼之矣,不足以相久。征,其凶哉。柔得中,众之归也。阴虽从阳,阳下其阴,失其位也,柔制其刚也,岂人伦之序哉!不足以独化也,故无攸利;至于终,存乎生化之大义焉。

"归妹",就是"嫁女"①。此卦原本是以嫁女的事项占卜,卦词的本意是曾在征战时占得此卦,结果是吃了败仗。《彖辞》却解释作:"此卦是以女子出嫁象征天与地的交合沟通,而女子出嫁与天地交合一样重要,

---

① 对"归妹"有两种不同理解,一种认为是从女方立场讲的,一种认为是从男方角度看的。对于本文所论,这一歧义没有影响。

是人类延续的开始。至于卦辞所说的'失败',则是指婚姻中女性压倒了男性。"这分明是一种误读。而《子夏易传》则对《象辞》加以进一步解释、发挥,把兑卦坐实为"少女",把震卦坐实为"长男",所以分析出一幕婚姻家庭的悲喜剧来——妙龄少女在无奈的情况下嫁给了年纪老大的男人。由于女方动机不够纯正,加上年龄的悬殊,这桩婚事很难持久①。而老夫少妻也造成家庭关系的失常,少女不免恃宠而骄,成为家庭的主导。他以爻位关系来证明自己的论断,指出上卦的核心被阴爻占据,下卦相应位置却是象征男性的阳爻;就上卦而言,四位为阳,五位为阴,也是"阳下其阴",因此"岂人伦之序哉"!但是,值得注意的是,他又解释说:"柔得中,众之归也。"也就是说,女子如果占据了家庭的核心位置,众人自然就会依附在她的周围。这无疑是对现实中并非罕见的某类家庭现象作出的合理化说明。他还解释道:"至于终,存乎生化之大义焉。"也就是说为了族裔的延续,这种不够"正确"的家庭关系也还是要延续下去的。

这是很有意思的矛盾心理。作为男性,《子夏易传》②的作者既意识到家庭关系——特别是两性关系——对于族类/个体的不可或缺的意义,又立足男性本位,有潜在的危机、焦虑感。特别有趣的是,他对"岂人伦之序"与"存乎生化之大义"的强解,流露出的是对现实的某种无奈,也反映出家庭中两性关系的"另类"情况的存在。这一点在他对《姤》的解释中表现得更加突出。《姤卦》卦词为"女壮,勿用取女"。历代注家对这个"壮"字有不同解释,而他是理解为年龄较大的意思,于是说:

---

① 此卦的王弼注也有"少女而与长男交,少女所不乐也"之说。《周易正义》,九州出版社,2004年版。

② 《子夏易传》是《周易》现存号称最早的传注本,作者标为孔门高弟子夏。但一般认为是托名,因而在经学的体系中是疑问较多的一种,向来不受重视。但作为思想文化史上的存在,其中独特的见解仍应关注。

> 女之壮也,非人伦之道,不足以娶之。事无恒,不足以为
> 用。夫易无穷也。阳不能独化,化不可以无遇,故遇而后成。
> 初苟而终固,即遂其生化之大焉。

他认为,娶"壮女"是一种很不理想的婚姻状况,但是"阳不能独化",为了"遂其生化"的终极目标,小原则服从大原则,家庭关系终于还是要维持下去。其实,从卦辞来看似属梦占,即梦见"女壮"(或解为女子受伤)来占卜,卜得不利于婚嫁的警示。但从象辞起就没有解通,"子夏"此解更是令人摸不清他的逻辑。不过,虽解经不通,却表达出他自己的观念,特别是"阳不能独化"和"遂其生化之大焉"的见解,与《归妹》的传注联系起来,确实更明确地反映出男性对家庭中两性关系的实用性态度。

《周易》关于家庭中男女关系的看法最根本的当然是男性主导,不过,无论经与传都有不把问题绝对化的表述,甚至还有相当明确的补充、修正。前述的是无可奈何式的承认现实,而在《咸卦》中还有更积极的更有理论性的阐发。

《咸》为《周易》第三十一卦,其卦象为上兑下艮,兑为泽,属阴柔,艮为山,属阳刚,也就是阴柔在上而阳刚在下。其卦辞、象辞及孔颖达疏曰:

> 咸,亨,利,贞。取女,吉。
>
> 彖曰:咸,感也,柔上而刚下,二气感应以相与,止而说,男下女,是以"亨利贞,取女,吉"也。天地感而万物化生,圣人感人心,而天下和平。观其所感,而天地万物之情可见矣。
>
> 孔疏曰:艮刚而兑柔,若刚自在上,柔自在下,则不相交感,无由得通。今兑柔在上,而艮刚在下,是二气感应,以相授与,所以为咸亨也(下略)。男下女者,此因二卦之象释"取女吉"义。艮为少男,而居于下,兑为少女,而处于上,是男

下于女也。婚姻之义，男先求女；亲迎之礼，御轮三周：皆是

男先下于女，然后女应于男。所以"取女得吉"者也。

《咸卦》卦辞只是笼统地说，占得此卦预示娶女进门大吉大利。《象辞》则对此作出一番分析解释："咸"即"感"，即二者感应的意思；而艮有静止稳定的意蕴，兑有喜悦的意蕴——由于婚亲的过程中，"柔上而刚下"、"男下女"，即男性对女性采取了卑下的姿态，所以婚礼成功家庭得以顺利建立。王弼作注认为"《咸》柔上而刚下，感应以相与，夫妇之象莫美乎斯"。而孔颖达更进一步从哲理上加以发挥。他认为代表男性的"刚"本就是高高在上的，如果坚持以高高在上的姿态和女性打交道，男女之间就不会有感情的交流，家庭也无法顺利建立。自己把姿态放低反而容易和处在高端的女性沟通。他还以婚礼习俗相证，说明在求婚、成婚、建立家庭的整个过程中，男性对女性表现出卑下的姿态是合乎天理大道的，也是顺利成功的保证。显然，孔疏的这种见解是对王弼"夫妇之象莫美乎斯"的具体化阐发。

象辞的"男下女"观点既是当时民风民俗的反映，也是《周易》思想体系——阴阳对待/和谐——的自然表现。而经过王弼、孔颖达的进一步阐发（王注孔疏也因《周易正义》的官方色彩而具有权威性），对后世家庭观念，特别是家庭之夫妇关系的定位，都产生了重大影响。如宋人解释《诗经》，涉及婚礼和家庭中男女关系时讲道：

《周易·咸卦》兑上艮下，《象》曰：止而悦，取女吉也。《恒卦》震上巽下，《象》曰：雷风相与，盖长久之象也。是以《礼》有亲迎御轮三周，所以下女也；道先乘车，妇车从之，所以反尊卑之正也。凡此皆是圣人礼法之所存，不可乱也。①

① 四库本《毛诗李黄集解》卷十一。

其立论全采《周易》——包括象辞和孔疏。但是,他强调这种对女性的尊重是"反常的",其见解比起王弼和孔颖达来却是有所倒退。

在《蒙卦》的"子夏"传中也有类似的见解:"家道大者,莫先于正夫妇也。居中贵而委身于卑,能接之以礼者也。子能克家,莫过是也。"他认为男性在家庭中虽然居于主导地位,但其对女子按照礼的要求"委身于卑",是处理好家庭问题("克家")的最为可贵的品性。

虽然《象辞》和孔疏的"男下女"均有明确的限定,只是在求婚到建立家庭的一个短暂时间段落中,而在接下来的《恒卦》中,孔颖达又忙不迭地补充到:"刚上而柔下"才是家庭常态,才是"夫妇可久之道"。但是,他们毕竟提出了家庭中有时也需要"男下女",而且论证了"男下女"才是夫妻感情交流的良好前提。特别是王弼,他对"柔上而刚下,感应以相与"的夫妇关系发出"莫美乎斯"的热情赞颂,是难能可贵的。作为经典,《周易》中关于家庭的这样合理的观点,无疑对两千多年间中国人的家庭具有重要的正面影响。

《周易》中关于家庭还有一个可贵的观点,就是对于父母在家庭中作用的论述。《周易》六十四卦中专设有《家人》一卦,全是围绕家庭问题展开,其卦辞、象辞以及"子夏"有关阐释为:

> 家人,利女贞。
>
> 象曰:家人,女正位乎内,男正位乎外。男女正,天地之大义也。家人有严君焉,父母之谓也。父父,子子,兄兄,弟弟,夫夫,妇妇,而家道正。正家,而天下定矣。
>
> 正家之道在于女正。女既位,而男位正也。故圣人设昏礼焉,重而娶之。当其位也,然后可保其久矣。夫妇正,家道之先,上下之始也。严君之道始焉,父母之道出焉。故严其君,则父父、子子、兄兄、弟弟、夫夫、妇妇,家道咸正,而天下定矣。

这里特别值得注意的有三点。第一点是《象辞》中的"女正位于内，男正位于外"，这是关于家庭分工的较早的明确表述。过去对此往往视为对女性的歧视，其实看上下文恐怕更多的是对事实的描述。而在当时生产力水平低下，在农业为主的条件下，这也是唯一可能的基本分工方式。第二点是《象辞》中的"家人有严君焉，父母之谓也"。这一条经常被论者忽视。过去谈到封建家庭中的女性地位，人们引证最多的是"未嫁从父，即嫁从夫，夫死从子"。闻一多据此有"从历史上看中国的女性，就是奴性的同义字，三从四德就是奴性的内容"①。这固然不错。但我们也不能忽视问题还有另外一个方面。在《周易》中，关于女性家庭地位就有不能简单以"奴性"概括的内容。《象辞》在这里把家庭的主导定位为"严君"，然后明确宣示："严君"就是父亲和母亲。这一点其实在中国的家庭中——包括古代，可以说是一个基本的权力架构。作为长辈的母亲和父亲一样拥有对晚辈的管教权力与责任。忽视了这一点，过分强调"夫死从子"，就无法解释焦仲卿、陆游等家庭悲剧，无法解读《红楼梦》中的贾母、《野叟曝言》中的水夫人等文学形象②。第三点是对"女正"的重视。这一点可以从多方面来认识。强调"女正"当然有约束女性行为的意思，这是毋庸讳言的。可是其中也包含着对女性在家庭中地位的重视："圣人设婚礼焉，重而娶之。"另外，认为女性摆正在家庭中的地位并端正自己的行为是"正家"的首要事项，也从反面表现出约束女性之困难。

《周易》中关于家庭的论述还涉及其他方面，如指出家庭的根基在于男女的异性互补（《睽》："男女睽而其志通也。"）、一夫多妻的必然矛盾（《睽》："二女同居，其志不同行。"）、家庭要艰苦奋斗不可嬉乐无度（《家人》："家人嗃嗃，悔，厉，吉。妇子嘻嘻，终吝。"），等等。由于

① 闻一多《妇女解放问题》，见《闻一多文集》，海南国际新闻出版中心，1997年版。
② 张爱玲《金锁记》小说后半部分曹七巧的家庭悲剧也是类似的例子。

《周易》的基本思维/论述方法是天人合一,如王弼所明确指出的:"取天地之外,以明形骸之内。"所以多用阴阳协调、平衡的哲理来解释、说明家庭的关系。正是由此出发,才有了上述关于家庭的可贵的论述。

二

再来看《礼记》。

《礼记》是所谓"三礼"(《周礼》、《仪礼》、《礼记》)之一,又列于"十三经"中,在两千余年的中国封建社会中,也是指导人们行为、观念的权威文本。而由于《周礼》实际上不是讲"礼",与士人、民众的日常生活毫不相干;《仪礼》简涩而难通;所以在"礼制"、"礼法"方面影响于社会最大的儒家经典其实就是《礼记》。

《礼记》非常重视家庭生活中的"礼",在 49 篇中直接或间接涉及家庭问题的有 31 篇①,占总数的 60% 强。其中大体又可以分为两种情况:一种是对现有礼俗的描述——当然也包含了编者的带有倾向性的改造②。所谓"礼源于俗",《礼记》在这方面保存了一些当时家庭生活中婚娶丧葬民俗的状况。另一种是家庭观念,特别是伦理原则的表述。《礼记》本着"礼之所无,可以义起"的准则,提出了一系列儒家的家庭关系准则——这是《礼记》在家庭问题上的主要见解所在。

同《周易》一样,《礼记》在家庭关系中也是最为重视夫妻关系,因而对婚礼强调到无以复加的地步:

> 昏礼者,将合二姓之好,上以事宗庙,而下以继后世也。故君子重之。

> 男女有别而后夫妇有义,夫妇有义而后父子有亲,父子

---

① 据通行本的"小戴"《礼记》统计。
② 《礼记》是汉儒杂采先秦诸子之说与汉人有关礼仪的记载编集而成。

有亲而后君臣有正,故曰,昏礼者,礼之本也。

夫昏礼,万世之始也。(以上均见《礼记·昏礼》)

对于不理解婚礼意义的鲁哀公,孔子甚至变颜易色地和他辩论:

公曰:"寡人愿有言,然冕而亲迎,不已重乎?"孔子愀然作色,而对曰:"合二姓之好,以继先圣之后,以为天地宗庙社稷之主,君何谓已重乎!"

孔子曰:"天地不合,万物不生。大昏,万世之嗣也。君何谓已重焉!"(《礼记·哀公问》)

有意思的是,孔子重视婚礼的理由最终落到了政治的大原则上。他认为国君的婚礼是政治清明、国家强盛的出发点。其逻辑为:

古之为政,爱人为大;所以治爱人,礼为大;所以治礼,敬为大;敬之至矣,大昏为大;大昏至矣!

他进一步指出婚礼的意义在于体现出"爱"和"敬"的充分与平衡,而这需要通过具体的仪式来实现:

大昏既至,冕而亲迎,亲之也。亲之也者,亲之也。是故君子兴敬为亲,舍敬是遗亲也。弗爱不亲,弗敬不正,爱与敬,其政之本与!(《礼记·哀公问》)

婚礼体现出的"爱"与"敬",成为"政之本"。这样的观点,今天看来未免有些"泛政治化",有些过甚其词,可是它与儒家一贯的"修身、齐家、治国、平天下"思路完全一致,所以在古代还是产生了很大的影响。其中包含的家庭应在"爱"与"敬"的基础上建立起来的观点,应该说还是很可贵的。

在描述婚礼过程的时候,《礼记》表现出对家庭内部和谐关系的重

视。在《郊特牲》一章中,编者一面记述婚俗的步骤,一面加以解释、评说:

> 父亲醮子而命之迎,男先于女也。子承命以迎,主人筵
> 几于庙,而拜迎于门外。婿执雁入,揖让升堂,再拜奠雁。盖
> 亲受之于父母也。降,出御妇车,而婿授绥,御轮三周。先俟
> 于门外。妇至,婿揖妇以入。共牢而食,合卺而酳,所以合
> 体,同尊卑以亲之也。

其中特别值得注意的有两点:一点是迎娶过程中"出御妇车"、"揖妇以入"等环节与《周易》"男下于女"的有关记述完全相合——实际上类似的环节直至今日仍保存在一些地方的婚礼习俗中。另一点是对"共牢而食,合卺而酳"的解释——"同尊卑以亲之也"。明确地以"同尊卑"来规定家庭中的夫妻关系,在当时的典籍中,很可能是仅见的。

出于对和谐的重视,《礼记》还记述了新妇和公婆之间互敬的礼俗:

> 舅姑入室,妇以特豚馈。……舅姑共飨妇,以一献之礼
> 莫酬。

婚后第二天,新妇要向公婆献上美味。而第三天,公婆则要回请。肯定这种礼尚往来的关系,也是《礼记》家庭观念中可贵的内容。

不过,从总体看,《礼记》毕竟是维护宗法、父权的,所以即使讲和谐,目的也是更好地建立父权的统治地位:

> 婿亲御授绥,亲之也;亲之也者,亲之也。敬而亲之,先
> 王之所以得天下也。

而且,在不同的地方,还有对男权更加赤裸裸的宣扬和强调:

> 男帅女,女从男,夫妇之义由此始也。
>
> 妇人,从人者也。幼从父兄,嫁从夫,夫死从子。……妇
> 人无爵,从夫之爵,坐以夫之齿。(《礼记·郊特牲》)

于此显然是把女性完全置于从属地位。应该说,这其实是对当时两性关系的客观描述。至于这种观点和前述引文的矛盾,既可以看作是儒家家庭观的固有矛盾的反映——如同其政治观的固有矛盾一样;也可以看作是《礼记》这部书在编纂过程中杂取多方的结果。

虽然《礼记》把婚礼以及夫妻关系提到很重要的地位,但实际上编者论述最多的还是家庭中的尊卑关系,包括父子、长辈晚辈、婆媳等。而在尊卑关系中,编者的立场显然是绝对偏向的。他在《坊记》一章中讨论了"孝"与"慈"的关系。"孝"是下对上的尊敬、服从与供养,"慈"是上对下的抚爱与养育。《礼记》声言自家的原则是"言孝不言慈",同时感叹"君子以此坊民,民犹有薄于孝而厚于慈"。

在论及家庭关系时,用大量的篇幅谈"孝",这是《礼记》与《周易》在家庭观上最大的不同。在儒家的统系中,曾子是讲孝道的典范。《礼记》中关于"孝"的议论多出于其口,如:

> 曾子曰:"夫孝,置之而塞乎天地,溥之而横乎四海,施诸
> 后世而无朝夕。推而放诸东海而准,推而放诸西海而准,推
> 而放诸南海而准,推而放诸北海而准。诗云:'自西,自东,自
> 南,自北,无思不服。'此之谓也。"(《礼记·祭义》)

这便在时间与空间两个维度上把"孝"的意义和价值强调到了极致。推重孝道,是与"宗法"制度紧密相关的。中华民族讲求孝道,这是民族文化的特点,也是一个长处。但孝道同时也就意味着纵向的尊卑与服从的关系。如若只是一味讲"孝",在家庭关系中就会出现畸形。比如《礼记·内则》中的以下主张:"父母有过,下气怡色柔声以谏;谏若

不入,起敬起孝,说则复谏。""父母怒,不说而挞之流血,不敢疾怨,起敬起孝。""子甚宜其妻,父母不说,出。子不宜其妻,父母曰'是善事我'。子行夫妇之礼焉,没身不衰。"其中"起"是"更加"、"越发"的意思。父母有了错误,甚至是严重的虐待、暴力行为,作为子女,反要更加恭敬与孝顺。子女一辈的婚姻,不论自己的感受如何,只能以父母的意志为转移。这些观点,在今天理性的观照下,其荒谬之处昭然若揭。而历史上多少家庭悲剧的上演,都是由这样一些"经典"式的家庭观念直接造成的。

在这样的强化尊卑的家庭关系中,子女辈的处境十分拘谨:"在父母舅姑之所,有命之,应唯敬对;进退周旋慎齐,升降出入揖游,不敢哕噫、嚏咳、欠伸、跛倚、睇视,不敢唾洟;寒不敢袭;痒不敢搔……"(《礼记·内则》)这样的情况,我们在《红楼梦》一次又一次的贾宝玉见贾政的描写中,可以说是耳熟能详了。

《礼记》关于家庭关系的论述,还有一个兴奋点,就是嫡庶关系问题。如:

> 嫡子、庶子祇事宗子、宗妇,虽贵富,不敢以贵富入宗子之家。虽众车徒,舍于外,以寡约入。
>
> 子弟若有功德,以物见馈赐,当以善者与宗子也。若非所献,则不敢以入于宗子之门。(《礼记·内则》)

这显然也是着眼宗法制度对统系的严格要求,同时也是对家族内尊卑关系的强化与固化。

与《周易》相比,《礼记》涉及家庭关系的方面更多。它记载了当时婚丧嫁娶的种种风俗习惯,其中既有写实的,也有理想化的。在此基础上,表达了相当全面的家庭观念。《礼记》从社会与国家的"宏大"语境着眼,讨论家庭的意义、功能、存续之原则,虽有夸大之嫌,但为家庭关系准则提供了强有力的支撑,对封建宗法家庭制度延续两千余年而不变,起到了很大的作用。另一方面,《礼记》针对具体家庭成员,对于家庭中的权力结构——即支配与服从的关系,家庭中的利益格局——即权力、责任与义务的关系,以及家庭中的伦理原则与亲情价值等,提出了一系列见解。

总体来说,《礼记》与《周易》可谓多有相同或相近之处。其中较重要者,一是重视夫妻关系,重视婚姻制度和嫁娶风俗;二是在男性主导家庭的大前提下,主张两性和谐。两者的不同之处在于:《礼记》讨论的家庭关系范围更广,更为全面;"礼"的主要功能就是"别尊卑",所以《礼记》更着眼于家庭尊卑关系的确立;《礼记》在论及家庭尊卑关系时,更多的是站在强势一边,强调女性对男性的顺从、晚辈对长辈的顺从、庶出对宗子的顺从,等等。

两千余年的中国封建社会,思想意识领域的大框架是"儒道互补"而以儒为主,在家庭观念方面基本上也是类似的格局。即是说,上述《礼记》代表的儒家思想与掺杂了道家思想的《周易》都产生了重要的影响:既影响于现实生活,也影响于文学书写。相比较而言,《礼记》所代表的儒家思想在现实生活中影响更大一些。至于在文学创作中,则是因文本而异了。

从性别与文化谈女性词作美感特质之演进

叶嘉莹

　　多年来,我虽曾写过不少篇有关词与词学的论文,但却大都是以男性之作品为主,而未曾写过任何一篇有关女性词人的论述。一年前应香港城市大学之邀前往讲学,曾作过一次题为"从双重性别与双重语境谈早期词之美感特质之形成"的讲演。讲演内容有两个重点:其一是以晚唐之温庭筠词为例证来说明,当男性作者使用女性形象来叙写女性的伤春怨别之情时,由于作者之身份与叙写之口吻所形成的一种双重性别之现象,遂使得其作品中所表达的情思,产生了一种足以引发读者言外之想的可能性①;其二是以五代时南唐之冯延巳词及李璟词为例证来说明,当南唐之小环境尚可以使其君臣苟安于一时的宴安享乐之际,其外在大环境之战乱威胁却实在对之已形成了一种危亡无日之隐忧,这种同时存在的双重语境,遂使得其作品中所表达的情思,也产生了一种足以引发读者言外之想的可能性②。而也就正由于此双重性别与双重语境的特殊作用,遂使得词之为体,从早期的晚唐五代之作,就形成了一种要眇宜修以富于言外意蕴为美的特殊美感品质。讲演结束后,遂有听众对我提出了一个重要的问题,那就是女性

---

　　① 叶嘉莹:《论词学中之困惑与〈花间〉词之女性叙写及其影响》,《迦陵论词丛稿》,河北教育出版社,1997 年版。
　　② 叶嘉莹:《论词之美感特质之形成及反思与世变之关系》(一、二),《天津大学学报》(社科版),2003 年第 1、2 期。

词人之作,是否也有所谓"双重性别"与"双重语境"的美感特质呢?关于此一问题,私意以为其情况是颇为复杂的。下面我就将对此复杂之情况略加说明。

本来早在 20 世纪 90 年代中期,当我写出了一系列对于男性词作之美感特质的论述以后,原曾有一个想要对女性词作也一加探讨的想法,但却被搁置下来,一直没有动笔。那主要是因为一则我的双目开始有了白内障,读书和写作已深感不便;再则也因为我在南开大学所成立的中华古典文化研究所已开始有了正式的研究生,每年要在南开讲课半年之久,而另外半年还往往被其他各地不断的邀讲,经常在旅途奔波之中,遂使此一研究计划一直未能开始。但我对词之美感特质的探讨,既留下了此一段空白,且引生了一些朋友们的疑问,遂于近日下定决心,纵然在种种困扰和忙碌之中,也要尽最大的努力,把我对女性词作之美感特质的一点体认,向关心此一问题的朋友,略作简单之报告。

记得早在 20 世纪 90 年代初,当我撰写《论词学中之困惑与〈花间〉词之女性叙述写及其影响》一文的时候,曾经提出过"早期《花间集》中的男性词作,乃是对诗之传统的一种背离"之说。那主要是因为就诗之传统而言,诗之写作主要是以"情动于中而形于言"的"言志"的传统为主,而早期的词之写作则只是男性作者为歌伎酒女而写作的一种"空中语"的歌辞。这种情况实在极值得注意,因为此种情况所形成的"双重性别"之微妙的作用,与中国诗歌旧传统中之所谓"男子作闺音"的喻托之作,及"男子作闺音"的代言之作,在美感特质方面原是有着极大差别的。我以前在《论词学中之困惑》一文中,曾经引用过法国一位创立解析符号学的女学者朱利亚·克利斯特娃(Julia Kristeva)在其《诗歌语言的革命》(*Revolution in Poetic Language*)一书中的一种论述,克氏以为语言作为符号(sign),在诗歌中有两种作用:一种是符示的作用(semiotic function);另一种则是象征的作用(symbolic function）。在后者的情况中，其符表与符义之间的关系乃是固定而可以确指的，如屈原《离骚》中的"美人"，曹植《七哀》诗中的"贱妾"及杜甫《佳人》诗中的"佳人"等，皆属于此类克氏之所谓"象征"的作用。而在前者之情况中，其符表与符义的关系则是并不可以确指的，克氏以为此种所谓符示的作用，其符表与符义之间的关系往往带有一种不断在运作中的生发（productivity）之特质，而诗歌之文本（text）则成为了一个可以供给这种生发之运作的空间①。

张惠言之从温、韦的叙写美女与爱情之小词中看出了"诗骚"与"忠爱"的喻托，与王国维之从南唐中主的叙写征夫思妇之相思怨别的小词中看出了"众芳芜秽美人迟暮"的悲慨等，盖皆属于此类克氏之所谓"符示"的作用。而这种微妙的作用则正是由于男性作者在叙写女性情思时，其文本中之符示作用，使人联想到了男子之情思而产生的。如此说来，则当女性之作者也叙写梳妆服饰之美与离别相思之苦的女性情思时，则读者便会以为其所叙写的只是女性之现实的生活与情感，而失去了所谓因"双重性别"而产生的微妙作用。而女性作者既是直写自己的情思，则对诗歌之以直接感发为主的所谓"情动于中而形于言"的传统而言，自然便是一种继承而并非背离了。至于再就南唐之冯、李的小词之可以引发读者的危亡无日之隐忧的"双重语境"之联想而言，则不仅由于冯、李之均为男性，因而当其以女子口吻写女子情思时乃易于使读者有言外之想，而且也更因为冯、李二人在偏安的南唐小国中一则为宰相一则为国主，两人皆具有特殊身份地位的缘故。如果是女子而写伤春怨别之情，则纵然有外在大环境之战乱的语境，读者也仍然会认为其所写者只是个人一己之情思，而不会有更深的言外之联想了。如此说来则造成女性之词作与男性之词作的美感特质

———

① 此段内容参阅拙文《论词学中之困惑与〈花间〉词之女性叙写及其影响》，《迦陵论词丛稿》，河北教育出版社，1997年版。

之差别者,实在便不仅是由于生理上性别之不同而造成的结果而已,其实与社会中之文化习俗对于不同之性别的不同身份之预期,更是有着密切之关系的。

说到性别与文化,近来在西方之文学理论中,实在已经形成了一种影响极大的显学。早在 1990 年,一位美国女学者茱迪丝·伯特勒(Judith Butler),就曾经写过一本题名为"性别困扰"(*Gender Trouble*)的著作,这本书还有一个副标题,题写的是《女性主义与性别认知之颠覆》(*Feminism and the Subversion of Identity*)。她所用的"gender"一词,虽也是性别之意,但其所指者乃是偏重于社会文化方面的性别,与一般所谓(sex)之仅指生理上之性别者,有着不同的义界。伯氏以为一般所认知的不同性别的不同生活方式,乃是被社会的文化习俗之强力预设所规范的。而这种规范则牵涉到国族、文化、心理、社会、政治等多方面之因素①。此书出版后,遂对以上各方面之学术研究都造成了很大的影响。伯氏在其 1999 年重版此书之序言中,对之有相当的叙述②。其后于 2000 年,另一位女学者凯丝·威斯顿(Kath Weston)在其《真实时间中之性别》(*Gender in Real Time*)一书中,也曾提及在过去十年中伯氏之书的影响,以为自伯氏之书出版以后,近十年来对性别之研究曾使不少学者得到新的启发,也使得过去一些既定的有关性别的观念发生了动摇③。此外如瑞奇·奥斯普(Rachel Alsop)、安妮特·菲丝曼(Annethe Fitgsimens)、凯萨琳·李侬(Kathleen Lennon)及罗萨兰·敏丝奇(Rosalind Minsky)四位学者,在他们合著的《性别之理论化》(*Theorizing Gender*)一书中第四章,更曾写有

---

① Judith Butler. *Gender Trouble*: Feminism and the Subversion of Identity(M). Routhedge New York, N. Y, 1999:8.

② Judith Butler. *Gender Trouble*: Feminism and the Subversion of Identity(M). Routhedge New York, N. Y, 1999:53, 10, 12.

③ Kath Weston. *Gender in Real Time*(M). Routhedge, New York N. Y, 2002:11.

一章专门讨论伯氏之说的专论。其全书中引用伯氏之说者，有六十处以上之多，至于其所列举的有关女性、性别，及其所涉及的心理学、哲学和社会学、政治学等各方面之参考书目，则竟然多达五百种以上①。此也足可见到近年来西方有关性别的研究之盛，及其所涉及的方面之广了。不过本文既非研讨性别之说的专论，而且近些年来西方之有关性别的研究论著，其所探讨的往往都是有关社会生活中之同性、异性、双性、酷儿(gueer)变装者(drag)等现实之现象，以及其所牵涉到的文化、社会、心理、政治等多方面之具体事例与问题。这与本文所要探讨的性别与词之美感的论述主题，既然并不相同，而且时代与国族之背景更有着极大的差异，因此本文对于西方的性别论著并不想多加征引。只不过他们的思考角度，则确实给了我一些重要的启示。因此本文才会选择以"从性别与文化谈女性词作美感特质之演进"为命题来展开讨论。"女性词作美感特质之演进"是本文所要探讨的主题，而以"性别与文化"作为立论的依据，则是受了西方近年来有关性别研究之影响所形成的一个新的探讨之角度。

若从此种探讨之角度来对中国诗歌的传统一加反思，我们就会发现其特质之形成主要乃是来自以男性为主的"士"之文化的影响。余英时先生在其《士与中国文化》一书的"自序"中，就曾经提出说"中国史上有一个源远流长的'士'阶层，似乎更集中地表现了中国文化的特性"。又曾提出说"孔子来自中国的独特传统，代表'士'的原型"。至于"士"之特质，则"孔子所最先揭示的'士志于道'便已规定了'士'是基本价值的维护者"。曾参曾经对此有更进一步的发挥，说："士不可以不弘毅，任重而道远。仁以为己任，不亦重乎？死而后已，不亦远乎？"而宋代的范仲淹所倡导的"以天下为己任"和"先天下之忧而忧，

---

① Rachel Alsop, Annethe Fitgsimens, Kathleen Lennon, et. With a Guest Chapter on Psychoanalysis by Ros Minsky (M). *Theorizing Gender*, 94-114, 243-267.

后天下之乐而乐"的风范,则正是此种"士"之精神的表现①。何况早在《礼记》的《大学》一篇中论及为学之次第时,就曾提出过做人应以"正心、诚意"为基础,去完成"齐家、治国、平天下"之事功的一个理想。而也正因为儒家思想中有着这样一个"士"的文化传统,而"士"则是以男子为主体的。因此在中国传统的文化习俗中遂对不同性别的男子和女子,形成了两种迥不相同的文化习俗所预设的区别和规范。至于就其在诗歌传统中之影响而言,则朱自清先生在其《〈唐诗三百首〉指导大概》一文中,于论及诗中之题材时,便曾指出说:"在各种题材里,'出处'是一重大的项目。从前读书人唯一的出路是出仕,出仕为了行道,自然也为了衣食。出仕以前的隐居、干谒、应试、落第等,出仕以后的恩遇、迁谪,乃至忧民、忧国、思林栖、思归田等,乃至真个辞官归田,都是常见的诗的题目。"②而所有这一切题材里的情思,当然都是属于男性的士人所有,而女子不与焉。而也就正是这种文化习俗所形成的对于男性士人之一种预期的心理,遂使得男性作者在内心中形成了一种对于一己之出处仕隐有着深切之关怀的情意结(complex)。于是当其撰写本非言志的歌辞之时,遂有时也于无心中有了此种情意结的流露。至于就读者而言,则在此种文化习俗的浸淫之中,自然便也有了此种情意结的联想。何况在文学评赏中,也一贯是以男性之文化习俗为主流,因而对诗歌之衡量当然也就形成了一种以作品中之襟抱志意之高下大小为优劣的衡量标准。而就这一方面而言,则女子自然一向是处于劣势之地位的。

关于女子在社会文化习俗中之处于劣势之地位,这在中国古代的典籍中,已经早有记叙。即如《易经》中象征男性与女性的《乾》、《坤》

---

① 余英时:《士与中国文化·自序》,上海人民出版社,1987年版,第4页。
② 朱自清:《〈唐诗三百首〉指导大概》,《朱自清文集·博学举隅》,台湾开今文化事业有限公司,1994年版,第143页。

二卦,就早从天道哲理中为之制定了不同的品位。《乾卦·彖传》云:"大哉乾元,万物资始,乃统天,云行雨施,品物流行。"《坤卦·彖传》则云:"至哉坤元,万物资生,乃顺承天,厚德载物。"①尽管土地负载着长育万物的重担,但其阴晴旱涝之收获的丰歉,却基本还是要仰承于"天"的。而《书经》更是不仅完全否定了女子干政的可能,而且把国家衰亡的罪过,完全推在了女子的身上。在《牧誓》中记载着武王伐纣在牧野的誓师之辞中,就曾明白记叙说:"牝鸡无晨,牝鸡之晨,惟家之索。"又说:"今商王受(即纣),惟妇言是用。"②可见听信妇人之言乃是纣王之一大罪状。至于《诗经》则在《大雅·瞻卬》中也曾有过"哲夫成城,哲妇倾城",及"乱匪降自天,生自妇人"之言③。而《小雅·斯干》之记叙"宣王考室",在建成宫室后对其生儿育女的祝颂之辞,则曾有"乃生男子,载寝之床,载弄之璋,其泣喤喤,朱芾斯皇,室家君王",及"乃生女子,载寝之地,载衣之裼,载弄之瓦。无非无仪,惟酒食是议。无父母诒罹"的记叙④。可见当日对于不同性别之男女是有着极为悬殊的预期和限制的。至于在《仪礼》和《礼记》之中,对于妇女所当遵守的"礼",当然更有着诸多的规范。我们仅举《内则》一篇中所记述的事奉舅姑之礼来看,就曾记叙说"凡妇,不命适私室,不敢退。妇将有事,大小必请于舅姑。子妇无私货,无私畜,无私器,不敢私假,不敢私与"。甚至即使在夫妇之间,也有着"男女不同椸枷,不敢悬于夫之楎椸,不

---

① (魏)王弼,韩康伯注,(唐)孔颖达正义:《周易正义》,《十三经注疏标点本》,北京大学出版社,1999年版,第7页。

② (汉)孔安国传,(唐)孔颖达正义:《尚书正义》,《十三经注疏标点本》,北京大学出版社,1999年版,第285页。

③ (汉)毛公传,郑玄笺,(唐)孔颖达正义:《毛诗正义》,《十三经注疏标点本》,北京大学出版社,1999年版,第1258~1259页。

④ (汉)毛公传,郑玄笺,(唐)孔颖达正义:《毛诗正义》,《十三经注疏标点本》,北京大学出版社,1999年版,第689~691页。

敢藏于夫之箧笥,不敢共湢浴"①的许多禁忌。美国的一位女学者凯特·米莱特(Kate Millett)在她的《性别的政治》(Sexual Politics)一书中,就曾提出说:"有一种生来就被界定为一群人控制另一群人的关系,其一是种族间的关系;其二就是性别间的关系。"又说:"在近世美国的许多事例,已使人清楚地认识到种族的关系是一种政治的关系。性别的关系也同样是一种政治的关系。"②凯特还曾经引用马克思·韦伯(Max Weber)的话说:"男性以与生俱来的权力统治女性,这种现象极为普遍。一切文化习俗都在其影响之中。"③而就中国传统言,男尊女卑当然更是一种天经地义的伦理教条。古代的女子不仅没有政治社会中的任何权力,甚至连正式的名字也是没有的。贵族的女子虽然也可以接受教育,但却是一种另类的教育。《周礼·天官·九嫔》曾记载着"妇学"之教,有"妇德、妇言、妇容、妇功"四种教导④,而此四种教导则一切皆以对父权与夫权之尊重为主。因此我们要想探讨女性诗歌的美感特质,当然就不能不涉及女性在传统文化习俗中所处身之环境与地位的问题。而如我们在前文之所言,早期男性作家为歌伎酒女所写的歌辞之词,乃是对男性诗歌的"情动于中而形于言"的"言志"之传统的一种背离。至于早期的女性作者,则尽管其所写者乃是歌辞之词,但其内容所叙写者则仍是属于"情动于中而形于言"的一种自叙之词,而并非如男子所写的歌辞之作之但为"空中语"。而写到这里,就使我联想到了在诗歌传统中"言志"与"抒情"之争的一个古老的问题。关于此一争议,朱自清先生在其《诗言志辨》一文中也早曾论及。朱氏既曾引《论语》之《公冶长》及《先进》两篇中之"盍各言尔志"与"亦各言

---

① (汉)郑玄注,(唐)孔颖达正义:《礼记正义》,《十三经注疏标点本》,北京大学出版社,1999 年版。

② Kate Millett. *Sexual Politics*,Doubleday Company. Inc. Garden City,24.

③ Kate Millett. *Sexual Politics*,Doubleday Company. Inc. Garden City,24.

④ (汉)郑玄注,(唐)贾公彦疏:《周礼注疏》,十三经注疏标点本,北京大学出版社,1999 年版,第 192 页。

其志"两段话，来证明所谓"志"者，"非关修身即关治国"；又曾举《诗经》中言及作诗之人者有十二处之多，以证明这些人的作诗之意都不外乎有"讽"与"颂"之用心，也足以证明所谓"诗言志"之"志"，不仅与怀抱有关，而且更是"与政教分不开的"①。然而如果证之于《诗经》中之作品，则《雅》、《颂》中虽多讽颂之作，而《国风》中则大多为言情之篇。于是朱氏乃为之辩解云：《诗经》里一半是'缘情'之作，乐工保存它们只为了它们的声调，为了它们可以供歌唱，那时代是还没有'诗缘情'的自觉的。"②此一说法实颇为牵强。朱氏遂又引《左传·昭公廿五年》孔颖达对子产的"六志"之言的一段注疏说："在己为情，情动为志，情、志一也。"于是朱氏遂又作结论云"情和意都指怀抱而言"③。私意以为孔氏之言本就含混不明，何况引《左传注疏》之言以说《诗》，更不免"治丝益棼"之病。而且《左传》所载的"赋诗言志"其所指者乃是聘问之使臣对诗之引用，而并非指诗之作者。此点也是应该区别清楚的。私意以为就《毛诗·大序》中的"诗者，志之所之也。在心为志，发言为诗。情动于中而形于言"④一段话来看，其所谓"志"与"情"之皆就作者而言，殆无可疑。至于作者所表达者之为"志"为"情"之所以引起后世之不少争议，则窃以为正是因为说诗者之未曾从作者之性别与文化加以反思的缘故。盖以性别与文化其关系于作品之内容与风格者，实至为重要：其性别为男子而且属于"士"之文化阶层者，则其诗之内容中的"志"之成分就比较多；至于其性别为女子或者虽为男子而不属于"士"之文化阶层者，则其诗之内容中的"情"之成分就比较多。二者皆为发自于作者内心的一种兴发感动。关于此点，《毛诗·大序·孔

---

① 朱自清：《诗言志辨》，《朱自清文集》，台湾开今文化事业有限公司，1994 年版，第 33～43 页。

② 同前。

③ 同前。

④ （汉）毛公传，郑玄笺，（唐）孔颖达正义：《毛诗正义》，十三经注疏标点本，北京大学出版社，1999 年版，第 6 页。

疏》本来有一段很好的说明,谓:"诗者,人志意之所之适也。……在心谓之为志,发见于言,乃名为诗。……包营万虑,其名曰心。感物而动,乃呼为志。《艺文志》云'哀乐之情感,歌咏之声发',此之谓也"①。如此说来,可见无论其为"志"为"情",原来都只是内心中一种情思志意之感发,无论其为《雅》、《颂》或《国风》皆同此理。只不过因为性别与文化之不同,才使其内容与风格有了种种的区分和差别。关于此种种区分和差别自非本文所能详论。不过,我们在前文既然已曾提到女性的词对于诗之传统乃是一种继承,下面我们就将先对女性的诗之传统略加简述。

首先就《诗经》而言,《诗经》大多不著录作者之名氏,其少数题写名氏者,如《小雅·节南山》之"家父作诵,以究王讻",《大雅·崧高》之"吉甫作诵,其诗孔硕",及《大雅·烝民》之"吉甫作诵,穆如清风",这些诗篇的作者之皆为男性之士人,当然乃是明白可见的。至于《诗经》中,虽然也有许多叙写女性之情思与生活的诗篇,但却因其并没有名氏的著录,于是遂使得后来为《诗经》作传疏和注释的人产生了不少争议和困惑。就以传统的《毛传》、《朱传》及刘向的《列女传》而言,就有着许多不同的说法。约言之则其有所指称者,大多为贵族阶层之妇女,如卫之庄姜夫人、共姜夫人及许穆夫人与宋襄公之母等。而即使是这些贵族妇女,也并无名字之著录,其称谓实仅为父姓与或夫或子之爵称的结合。即此一端,我们便已可见到当日妇女之并无独立之身份与地位可言了。至于妇女作品之内容,则就《诗经》所收录的叙写女性之情思的作品来看,盖大抵可分别为两大类别:一般写婚前之女子者,其情思大多为对爱情之向往的怀春之什;而写婚后之女子者,则其情思乃大多为离别与被弃的思妇怨妇之辞。虽然《毛传》往往给这些

---

① (汉)毛公传,郑玄笺,(唐)孔颖达正义:《毛诗正义》,十三经注疏标点本,北京大学出版社,1999年版,第6页。

作品加上了美刺之说,但妇女之生活与情思之基本形态也仍是可以想见的。除去这些不知作者姓氏的民间诗篇以外,即使是前所举引的被《毛传·小序》指为贵族妇女之作的诗篇,如《邶风》中之《日月》与《终风》二篇,无论其是否果为卫国庄姜夫人之作,也无论其为受宣公之暴,或受公子州吁之暴,总之此二篇作品所反映的乃是妇女受暴虐之作,则是并无可疑的。而在《诗经》中最为可信的一篇妇女之作,自然要推许穆夫人所赋之《载驰》一诗。据《毛诗·小序》云:"《载驰》,许穆夫人作也。悯其宗国颠覆,自伤不能救也。卫懿公为狄人所灭,国人分散,露于漕邑。许穆夫人悯卫之亡……思归唁其兄,又义不得,故赋是诗也。"《左传·闵公二年》对此一历史背景有详细之记叙。故此诗之为许穆夫人所作,应确属可信。而此一篇最早的妇女可信之作,则表现了两点可注意之处:其一是妇女之作欲求意境之开拓,必有赖于身世遭际之有重大之变故。其二是妇女纵然经受了国家之巨变,其作品之所表现者,也仍是以一己个人之情思处境为主,而不似士人之往往发为家国忠爱之大言高论。这当然也与妇女在文化习俗之拘限下的处境,有着密切之关系。试想一个连"归唁其兄"也不可得的女子,则其无法写出什么有远大志意的系心国家治乱之理念的诗篇,自然也就是文化习俗限制下的必然结果了。以上我们所叙写者,虽只是中国最早的一册诗集《诗经》中之一些例证,但这些例证却大抵已经反映了在诗之传统中的女性作品之内容与风格之一斑了。古语说,"天不变,道亦不变"。在性别文化政治无法改变之前,妇女作品之内容与风格,自然也就难以获得任何突破和改变了。而且妇女不仅在创作方面处于劣势之地位,在评价方面也是一直处于劣势之地位的。即以我个人而言,我所从事的诗词之教研,过去数十年来,我所写作和讲授的就一向都是以男性之作品为主。这自然因为人类之历史不分古今中外都是由男性所创造和写成的。文学史之以男性作品为主体,这自然也是必然的结果。所以西方女性主义者乃提出了历史为什么要称为 history 而不能称为 herstory 的问题。此种说法虽看似笑谈,但这却是一件历史文化上之不争的事实。因而对于诗歌之评赏,自然也就形成了一种以男性文化为主的品评标准。而如我们在前文所言,在男性士人为主的文化中,诗歌既一向有着以表达襟怀志意为主的"言志"之传统,则千古以来那些被压抑和拘限于闺阁之中的女子,又有哪一个能写出如李白之"大笑出门""寻仙五岳"的豪情和远想?又有哪一个能写出如杜甫之"致君尧舜""窃比稷契"的伟愿和深衷?所以在诗歌之传统中,妇女之作自然就一直处在了弱势之地位。

至于就词而言,则词之为体虽然看似较适于叙写女性之情思,而且从最早的一册词集《花间集》开始,其所收录的就都是以叙写女性之形象与女性之情思为主的词作。但事实上,妇女在词之写作方面却原来受到了更大的拘限,这与词之为体的性质当然有密切的关系。因为词本来只是隋唐间所兴起的一种配合着当时新兴之宴乐而演唱的歌辞,《花间集》之编辑,也原是为了提供给那些歌女们在歌筵酒席间去演唱给诗人文士们欣赏取乐的一册歌曲的词集。这种场合除了歌伎酒女以外,良家妇女原来是绝对不准涉足其间的。所以《花间集》中所收录的,虽然有十八位作者五百首作品之多,但其中却连一篇妇女的作品也没有。至于《敦煌曲子》及《全宋词》中所收录的一些妇女之作,则除去一些歌儿伎女之作以外,偶尔有个别女子有单篇作品之传留者,则大多是当其遭遇到极大之苦难与不幸时,不得已而流露出的一种发自于生命血泪的悲泣和哀诉。以上两类作品,作者既本来就没有以文字传世之意,其在以男性文化为中心的文学史中之被漠然弃置不加重视,自不待言。至于妇女而有心于文学之写作,其作品且曾被后人编为专集而流传于后世者,则兼五代两宋三百五十年左右之词史观之,其著名者不过仅得李清照与朱淑真二家而已。朱淑真因为婚姻不如意而相传有婚外恋情,据最早为朱氏搜集整理其遗作的魏仲恭所写的《断肠集·序》之记述,谓其辑录朱词乃由于"比往武陵,见旅邸中好事者往往传诵朱淑真词”[①]。可见朱词若不经魏氏搜辑，恐早已散佚无存。又云：“观其诗，想其人，风韵如此，乃下配一庸夫，固负此生矣。其死也，不能葬骨于地下，如青冢之可吊，并其诗为父母一火焚之。”可见在性别文化之习俗中，男子在家中固可以公然娶有三妻四妾，而在外又可以公然与歌伎酒女相往来，而女子则即使欲追求一个终生相许之人亦不可得。而据魏仲恭之序言，朱氏诗词之所写者，固多为“忧愁怨恨之语”，故名之为《断肠集》。而因婚外之情所写的断肠之语，此自为当日文化习俗之所不容。是以观魏氏之言，朱淑真在礼教之压力下，盖未能得善终者。如朱氏之遭际，固无论矣。至于另一个更为著名的女词人李清照，则在婚姻方面实在要比朱淑真幸运得多了。据李清照自己所写的《金石录后序》之记述，谓“余建中辛巳始归赵氏，时先君作礼部员外郎，丞相时作吏部侍郎，侯年二十一，在太学作学生。……每朔望谒告出……入相国寺，市碑文果实。归，相对展玩咀嚼，自谓葛天氏之民也”[②]。其婚姻之美满幸福，千古下犹可想见。在此种生活中，李氏自不免写了一些如“眼波才动被人猜”及“徒要教郎比并看”之类的反映少妇闺情之作。其后赵明诚外出仕宦，李清照也不免写了些如“才下眉头，却上心头”及“香冷金猊，被翻红浪”之类的思妇怀人之作。虽然李清照诗文皆有可观，而且在乱离之后也曾写出过不少被众口所称述的感慨今昔的如《声声慢》(寻寻觅觅)及《永遇乐》(落日熔金)一类的作品，在妇女词人中李清照可以说是唯一的可以在以男性为主的词史中占得一席地位的一位女性作者，但即使有如李氏之成就，她也仍不免在强大的性别文化之影响下，受到了不少歧视和谗毁。即如陆游在其《渭南文集》所收录的一篇《孙夫人墓志铭》中，就曾称述此一位孙夫人在其青年时代曾经拒绝从李清照学习文

① 冀勤：《朱淑贞集注》，浙江古籍出版社，1985 年版，第 1～2 页。

② 王仲闻：《李清照集校注》，人民文学出版社，1979 年版，第 177 页。

辞,以为是妇女之一种美德①。此外王灼在其《碧鸡漫志》中,更曾明白地对李清照加以讥评,谓"自古缙绅之家能文妇女,未见如此无顾藉也"。可见妇女之写作,不仅在以"言志"为主的诗歌之传统中,处于劣势之地位;原来在以叙写女性之情思为主的早期的词之领域内,妇女也是处于劣势之地位的。同时我们更该注意到的,就是女性原不仅在写作之处境与写作之内容等方面,都受到了被文化习俗所设定之种种局限;而且在评赏方面,也受到了以男性作品为衡量标准的拘限。就以最为杰出的女词人李清照而言,清代的著名词学家周济,在其《介存斋论词杂著》中,就仍不免对之加以批评说:"闺秀词惟李清照最优,究若无骨。"周济在清代是一位颇具评赏目光的词学家,他特别标举出"闺秀"二字,就足以说明他的评语原来乃是以男性之词为标准而作出的衡量。而无可置疑的则是以男性之作品与男性之作者为主体,原来早就是我们的文学史和文学批评史中之一贯的主流,就连自身即为女性的我,也一向未能脱出于此一主流的影响之外。因而我对女性之作就也一直未能有真正的赏爱,而这其实也正是我何以多年来未曾写过任何一篇评赏女性词作之文字的主要原因,也是何以当我与缪钺先生合撰《灵谿词说》一书时,我一定要把《论李清照词》一篇推让给缪先生去撰写的缘故。而自从这些年来我陆续阅读了一些西方女性主义与性别文化的论著以后,我才逐渐省悟到我们过去一贯以男性为主流的眼光和标准来衡量女性词作是何等不公正的一件事。而如果不能透过性别与文化的观点来反思和衡量女性的词作,则窃恐一般对女性词作之只因其为女性之作便尔妄加称赏的评说,很可能也将与一些以男性为衡量标准便尔对女性词作妄加轻诋的评说,有同样的失误。因而如何能透过性别与文化的探讨途径,为女性词之美感特质,来构建出一个理论框架和评赏标准,自然就是我们这些从事词学研究之人所亟

---

① （宋）陆游:《夫人孙氏墓志铭》,《陆放翁全集》,中国书店,1986 年版。

待完成的一件工作了。

早在 1986 年至 1988 年间，我曾为《光明日报·文学遗产》一版撰写过题为《迦陵随笔》的专栏，前后共写了十五篇文稿，这一系列文稿的主要内容，就是想要借用西方文论为中国传统的词学作出一点理论的说明。并且于 1988 年 5 月，曾经把这些短篇《随笔》所讨论的问题归纳起来，写了一篇有将近两万字之多的题为"对传统词学与王国维词论在西方理论之观照中的反思"的长文[①]。其后又于 1991 年 9 月写成了另一篇题为"论词学中之困惑与《花间》词之女性叙写及其影响"的将近四万五千字的更长的长文，对词之美感特质的形成，以及其后的发展和演化，作了一番详细的论述。这些论述，毫无疑问的乃是以男性作品为主所作出的论述。我们当然并不能完全以这些文稿中所作出的评量标准，来衡量女性的作品，即以我所提出的《花间》词之双重性别之美感特质而言，其不能以之来衡量女性之词作，固已如前文所述。不过值得注意的则是，女性在词之写作中既是少数的弱势，故其美感特质与男性之作虽并不相同，但却无可避免地时时都受着男性词之风格演化的影响。因之我对男性词之论述，就时时也仍可作为我评说女性词时的一种参考和借鉴，这就是我何以在此特别提出了我以前所曾写过的一些论文的缘故。而这当然是我们在探讨女性词之美感特质时第一点应注意之处。其次再就历史之演进而言，则如本文在前面所言，所谓"士"之文化，可以说一直是站在中国文化史中之主导地位。余英时先生在其《士与中国文化》一书的《自序》中，就曾提到"士"之"以天下为己任"的理想和精神，"一直到近代的梁启超，我们还能在他的'世界有穷愿无尽'的诗句中，感到这一精神的跃动"[②]。而

---

① 叶嘉莹：《对传统词学与王国维词论在西方理论之观照中的反思》，《清词丛论》，河北教育出版社，1997 年版，第 276～323 页。
② 余英时：《士与中国文化·自序》，《士与中国文化》，上海人民出版社，1987 年版，第 9 页。

"士"之文化既是以男性为主体的,因而男性的词作在其精神理念之贯串下,其词之内容意境,就也一直有一种不变的延续;但女性之作则不然了。从两宋时代良家妇女之不敢轻易为词,到明清两代的妇女诗词之大量的出现,以迄于近代的秋瑾之革命烈士词之出现,这当然关系于时代政治与社会风习等多方面之改变,而政治与社会风习之改变,则同时既关系于男性对于妇女写作之观念的转变,也关系于妇女自己写作之观念的改变。这种转变的因素和过程,当然是我们在探讨女性词之美感特质时第二点应注意之处。其三则就性别言之,男子与女子除去生来就有的生理上的区别以外,在心理与智力等方面,是否原也有所差别? 若以此一问题与前面我们所提出之两点应注意之处相比较,则所谓男性词之美感特质,及"士"之一贯的文化传统,与不同社会风习下男性与女性对写作之观念的演变,这其间所牵涉到的还可以说基本是以中国之文化和文学为背景的界域内的问题,至于说到男子与女子在心理与智力等方面之分别的问题,则是一个更为根本的普世之问题了。因此在论及性别问题时,有时就也不得不参考一些西方的论著。而西方有关性别之论著,其所牵涉之范围极广。女性主义者认为所谓一个男人或一个女人,原来并没有固定的身份,这种性别身份的区分,乃是由社会习俗所逐渐塑造而成的。至于心理学家则认为大多数人的内心原是兼有男性与女性之双重性质的。著名的心理学家荣格(Carl G. Jung)曾经提出过两个字"Anima"和"Animus",前者指的是男性中之女性,后者指的则是女性中之男性①。而除去生理的、社会的、心理的各方面的论述以外,还有哲学方面的论述,近世研讨性别与知识的一些女性主义哲学家,便曾引述德国哲学伽达默尔(Hans Georg Gadamer)在其《真理与方法》(Truth and Method)一书中的理

---

① Jung C. G. Man and His Symbols(M). New York: Dell Publishing Co. Inc, 1964: 199-205.

论,以为人类的一切知识和理解都不能脱离语言与传统,所以所谓"真理"的形成,总是受着特定的文化场境的影响①。而如此说来,则"真理"便并非如启蒙思想或理性主义所指说的先验与绝对,也并非建立在一系列的二元对立的架构之上。而在这种认知下,女性遂得以脱除了过去理性主义二元论所加在女性身上的一切约束和限制。这当然也包括了过去以男性为中心的语言传统的限制。于是西方女性主义者遂又提出了所谓"阴性书写"与"女性语言"的种种论述。而这种种有关性别的论述,当然是我们在探讨女性词之美感特质时,第三点应注意之处。

经过以上的讨论,我们已可清楚见到,要想为女性词作之美感特质及其演进作出一种理论的说明,确如本文开端所言,乃是一个颇为复杂的问题。何况五代两宋的女性作品之少,与明清两代的女性作品之多,又形成了一个鲜明的对比。因此当我们在下面要举出女性词作为例证,加以具体的研赏讨论时,如何在此极少与极多的不平衡间来加以选择去取,自然也就成了一个相当困难的问题。在此种种不得已之情况下,本文只好将女性之词大概归纳为六大类别:其一是歌伎之词,其中既包括了敦煌曲中的无名氏之作,也包括了两宋的具名之作;其二是本无意于写作的寻常妇女,只不过偶因一些重大事件之遭遇,遂以此种当时习见易知之文学体式,写下了一己之不能已于言的一些情感和经历之作;其三是两宋良家妇女之有心用意于词之写作,且有专集传世足以成家的女性代表作;其四是在明清两代,特别是在清代的众多作者中,最具代表性的一些女性之作;其五是民国革命海运大开之时代前后的女性代表之作;其六是现当代的女性之作。大纲如此,具体选择,尚有待斟酌,故未一一列举其名氏。仅述本文写作之动机与大要如此。

---

① Barden G.,Decerpel W. G. *Truth and Method*(M). New York:Seabury,1975.

女性语言与女性书写

——早期词作中的歌伎之词

叶嘉莹

西方女性主义,从 20 世纪 40 年代末期女性自我意识之觉醒,继之以女性主义文学批评之兴起,开始了对于"文学中的女性"与"女性的文学"之种种反思和研讨。到以后女性主义之性别论述,则更结合了与政治学、社会学、心理学等各学派的对话,而且与时俱进地更渗入了后结构主义与后现代主义的种种新说,其所牵涉的纷纭繁复,自然早已不是浅狭如我者之所能尽窥其义。不过要想探讨女性词之美感特质,无可避免的就要牵涉到一些有关性别和文化的问题。本文标题所提出的"女性语言",就是我们在探讨女性词作之美感特质时,所首先要触及的一个重要问题。而说到"女性语言",我们就不能不对西方女性主义有关女性语言之论说的提出与演化略加追述。本来早在1991 年,当我撰写《论词学中之困惑与〈花间〉词之女性叙写及其影响》(以后简称《论词学中之困惑》)一文时,我已经早曾对于安妮·李赖荷(Annie leclerc)之《女性的言说》(*parole de femme*)、卡洛琳·贝克(Carolyn Barke)之《巴黎的报告》(*Reports fion Paris*)、特丽·莫艾(Toril Moi,或译为特丽·莫伊)之《性别的、文本的政治:女性主义文学理论》(*Sexual/Textual Politics:Feminist Literary Theory*)诸家著作中有关女性语言之说，做过简单介绍①。约言之，她们所提出的大约有两个重点：一是一般印象中所认为的男性语言之特色为理性、明晰，女性语言之特色为混乱、破碎之二分法的观念，应该予以打破；其二是女性应该尝试以写作实践写出一种自己的语言。除去我在该文中所举出的以上诸家有关女性语言之一些基本的观念以外，现在为了本文之撰写，我还要更提出另外两家重要的说法，那就是露丝·依丽格瑞(Luce Irigaray)之"女人的话"(le parler femme 或译为"女人话")与海伦·西苏(Hélène Cixous)之"阴性书写"(écriture feminine)②。她们所致力的都是对男性父权中之二元化的解构。依丽格瑞认为如果陷身于男性中心的语言架构之中，女人所能做的就只是鹦鹉学舌，否则就要保持沉默。所以要将之解构，而另外建造出不受父权中心所拘限的一套语法与文法。这种女人话的特征是经常在一种自我编织的进行中(in the process of weaving itself)，拥抱辞语同时也抛弃辞语(embracing itself with words but also getting rid of words)③。为的是不使其固定化。伊氏同时也以自己的写作来实践她的理论，就以她提出此种说法的那本著作《性别非一》(*This Sex Which is not one*)一书而言，就不仅在内容文体方面有着多种变化，而且就连书名本身，也有着明显的意义不确定的性质。西苏则认为，男性父权中心的运作方式乃是占据和拥有，而所谓阴性书写则是给予，她把一切运作方式都置之不顾，到最后，她寻求的不是她的获得而是她的差异(not her sum

---

①　叶嘉莹：《论词学中之困惑与〈花间〉词之女性叙写及其影响》，《迦陵论词丛稿》，河北教育出版社，1997年版。

②　LUCEI. *This Sex Which is not one*. Catherine Poster. Ithaca：Cornell University Press，1985：29-30.

③　LUCEI. *This Sex Which is not one*. Catherine Poster. Ithaca：Cornell University Press，1985：29-30.

but her differences)①。又说："当我书写，那是写出我自己(written out of me)，没有排拒(no exclusion)，也没有规约(no stipulalion)，那是对爱之无止尽的寻求(unappeasable search for love)。"②而根据前文所曾提及的那位女学者特丽·莫艾(Toril Moi)在其《性别的文本的政治》(*Sexual/Textual Politics：Feminist literary theory*)一书中，对于西苏所提出的"阴性书写"的论述，莫氏以为西苏之概念，实在与德希达(Jacques Derrida)之解构理论之说有密切的关系③。德氏之说是从索绪尔(Ferdinand de Saussure)之语言学发展出来的。索氏认为语言在落实到说与写之前，其能指(signifier)与所指(signified)已经具有了一种固定的结构关系。而德氏则认为语言中之"能指"与"所指"是随着时间与空间之不同而改变的。因此德氏乃提出了一个新的术语，称之为"延异"(differance)④。而且德氏以为写作之语言与口述之语言不同，口述者之自我在场，而写作者之自我则不在场，因而其"能指"与"所指"乃形成了一种难以固定的关系⑤。至于西苏虽然也提出了所谓"差异"(difference)，但西苏所致力的乃是破坏男性父权逻辑之控制，要把二元对立之说突破，而享有一种开放文本的喜乐(the pleasure of open—ended textuality)⑥。再有一点应注意的，就是西苏所谓"阴性书写"，其所指的只是一种写作的方式，与作者之生理性别并无

---

① ELAINE M. ，DE COUSTIRZON ISABELLA. *New French Feminilisms*. Amherst：University of Massachusetts press，1980：264.

② ELAINE M. ，DE COUSTIRZON ISABELLA. *New French Feminilisms*. Amherst：University of Massachusetts press，1980：264.

③ TORIL M. *Sexual Textual Politics：Feminist Literary Theory*. New York：Methuen，Co. Ltd，London，1985：15.

④ IRENA M. R. *Encyclopedia of Contemporary Literary Theory*. Toronto：University of Toronto Press Incorpotred，1993：534.

⑤ JACQUESD. *Writing and Difference*[M]. Alan Bass. Chicago：University of Chicago Press，1978：26.

⑥ IRENA M. R. *Encyclopedia of Contemporary Literary Theory*. Toronto：University of Toronto Press Incorpotred，1993：534.

必然关系。所以一般译者往往将其所提出的"écriture feminine"译为"阴性书写",而不称之为"女性书写",这是为了表示一种特殊的意涵。也正如一般译者之将依丽格瑞所提出的"le parler femme"之译为"女人的话"或"女人话",而不称之为"女人话语"或"女人语言",那是因为中文所译的"话语"和"语言"甚至"言语",在今日专门介绍西方理论的中文著作中大都已经另有专指。"话语"指的是"discourse","语言"指的是"language",而"言语"则指的是"speech"。这些都既有专指,所以依氏所提出的"le parler femme"我就只能将之译为"女人的话"了。而且依氏所提出的此一说法,其实还有一个吊诡之处,那就是"parler"一字当作动词用时,原可不分性别地泛指"说话"和"讲话",但当其做名词用时作为"语言"或"言语"之意时,则是一个阳性的名词,所以前面的冠词用"le"而不用"la",但后面的"femme"一字,则确指生理上的女人。依氏此种结合两种性别的词语,在女性主义论述中,当然可能也有其颠覆男权之独特的取义。而本文之标题所用的则是"女性语言与女性书写",我现在首先要表明的是我虽引用了西方女性主义学者的一些论述,但却并不想承袭她们的论述,我只是想透过她们的一些光照,来反观中国传统中的一些女性词人之作品的美感特质而已。我所说的"女性语言"主要指的是女性之词在语言中所表现的女性之内容情思;至于"女性书写"则指的是女性在从事词之写作时,所表现的写作方式和风格。下面我们就将从这两方面来对女性词作之美感特质一加探讨。

说到词的美感特质,首先我要提出来一谈的,就是男性之词与女性之词的起点之不同。对于男性之词的美感特质之探讨,我是以《花间集》做为开始的。虽然早在唐代就已有不少诗人文士从事过词之写作,如世所共传的李白之《菩萨蛮》(平林漠漠烟如织)、《忆秦娥》(箫声咽);张志和之《渔父》(西塞山前白鹭飞);刘禹锡之《忆江南》(春去也);白居易之《长相思》(汴水流)诸作,大都与诗之绝句的声律相去不远,不仅体段未具,而且声色未开,只能算是诗余之别支。至其真能为词体之特质奠定基础者,自当推《花间集》中之温、韦为代表。而温、韦所奠定的《花间集》之美感特质,则我在多年前所写的《论词学中之困惑》一文中,固已早有论述。总之《花间集》之以叙写美女与爱情为主的小词之出现,对于男性"士"之文化意识中的以"言志"为主的诗歌传统,乃是一种背离。不过,值得注意的则是,作为一个男性,即使当他为歌筵酒席之流行歌曲撰写歌辞,而脱离了"士"之意识形态时,他的作为男性的父权中心之下意识,却依然强烈地存在。因而这些男性词人笔下之美女与爱情,就形成了两种主要的类型:第一种类型是用男性口吻所叙写者,则其所写之美女就成为了一个完全属于第二性的他者,他们笔下所写的美女,只是一个可以供其赏玩和爱欲的对象。《花间集》中,凡属大力叙写女子的衣服装饰姿容之美的多数作品,其笔下之女子自然多是属于赏玩之对象。至于另一些大胆叙写男女之情,如欧阳炯者,则其笔下之女子便大多是属于爱欲之对象。而无论是属于赏玩之对象或爱欲之对象,其男性父权中心之意识都是显然可见的。至于第二种类型则是用女子口吻来叙写的女性之情思,此类叙写也有两种情况,一类是在男子的爱欲之中女子所表现的无悔无私的奉献之情,如牛峤之"须作一生拼,尽君今日欢"①、毛文锡之"永愿作鸳鸯伴,恋情深"②属之;另一类则是当女子失去男子之爱情时所表现的相思怨别之情的作品,这类作品在《花间集》中占了极大的分量,而也就正是这一类作品中所写的女性情思,竟而使得读者引生了许多男性之"感士不遇"的"贤人君子幽约怨悱不能自言之情"的联想。这种联想之引发,如本文在第一节《叙论》中之所言,固应是由于一种"出处仕隐"之

---

① 牛峤:《菩萨蛮》,见曾昭岷、曹济平、王兆鹏等编:《全唐五代词》,中华书局,1999 年版。

② 毛文锡:《恋情深》,见曾昭岷、曹济平、王兆鹏等编:《全唐五代词》,中华书局,1999 年版。

属于男性的士文化之情意结的作用,自不待言。而如果抛开此种作用之联想不谈,而只就其表面所写的男子想象中之被自己所离弃以后的女子之情思而言,则我们便可分明感受到男子之自我中心的一种充满自信的强烈的男性意识。在男子的意识中,对女子之取舍离合其主权固完全是操之在己的一种自由任意的行为,而女子对于男子则应是永不背弃的忠贞的思念。所以早在十四年以前,当我撰写《论词学中之困惑》一文时,就曾应用过西方女性主义学者李丝丽・费德勒(Leslie Fieldler)和玛丽・安・佛格森(Mary Anne Ferguson)之说,她们以为向来男性文学作品中之女性形象都是不真实的,都不是现实中真正的女性。女性应该努力脱除旧有的定型的限制,写出女性自我的真正生活体验和自我真正的悲欢忧乐①。下面我们就将举引一些真正出于女性之手的词作,来看一看女性真正的生活和情思。

关于女性之词和男性之词的起点之不同,我在前文已曾叙及,男性之词的特质以《花间集》为起点,而女性之词则应以敦煌曲子为起点。因为女性之词与女性之诗,在其都以叙写个人之生活情思为主的本质上,既然并无不同,不像男性之词有着从言志之诗到歌曲之词的重大的背离,所以女性之词自应随词体之开始为开始。而如本文在《叙论》中所言,早期之良家妇女根本不敢从事于这种歌辞之写作,所以早期的女性词作所流传下来的乃大多为歌伎之词。而私意以为歌伎之词又可因其文化层次及交往对象之不同,而表现为不同的风格和美感。下面我们就将对这些风格和美感不同的歌伎之词,略加举引和探讨。

第一类是早期敦煌曲中文化层次较低的一些歌伎之词,如:

(一)抛球乐(《云谣集杂曲子》〇二六)

---

① 叶嘉莹:《论词学中之困惑与花间词之女性叙写及其影响》,《迦陵论词丛稿》,河北教育出版社,1997年版。

珠泪纷纷湿绮罗,少年公子负恩多。当初姊妹(原作"姊姊")分明道,莫把真心过与他。子细思量着,淡薄知闻解好么(原作"磨")。①

菩萨蛮(同前,〇四一)

枕前发尽千般愿,要休且待青山烂。水面上秤锤浮,直待黄河彻底枯。白日参辰现,北斗回南面。休即未能休,且待三更见日头。②

望江南(同前,〇八六)

莫攀我,攀我太(原作大)心偏。我是曲江临池柳,者(别作这)人折了那人攀。恩爱一时间。③

前调(同前,〇八七)

天上月,遥望似一团银。夜久更阑(原作风阑)风渐紧,为奴(原作以)吹散月边云(原作银),照见负心人。④

(二)雀踏枝(同前,一一五)

叵耐灵鹊多瞒(原作满)语,送喜何曾有凭据。几度飞来活捉取,锁上金笼休共语。　　比拟好心来送喜,谁知锁我在金笼里。愿(原作欲)他征夫早归来,腾身却放我向青云里。⑤　·

南歌子(同前,一一九)

悔嫁风流婿,风流无准凭。攀花折柳得人憎。夜夜归来

① 任二北:《敦煌曲校录》,上海文艺联合出版社,1955年版,第27页。
② 任二北:《敦煌曲校录》,上海文艺联合出版社,1955年版,第34页。
③ 任二北:《敦煌曲校录》,上海文艺联合出版社,1955年版,第58页。
④ 任二北:《敦煌曲校录》,上海文艺联合出版社,1955年版,第59页。
⑤ 任二北:《敦煌曲校录》,上海文艺联合出版社,1955年版,第74页。

沉醉,千声唤不应。　　　回觑帘前月,鸳鸯帐里灯。分明照见负心人,问道些须心事,摇头道不曾。①

第二类是《全宋词》中所著录的与文士相往来之文化层次较高的一些歌伎之词,如:

(一)满庭芳(杭伎琴操改写秦观词,见吴曾《能改斋漫录》卷十六)

山抹微云,天连衰草,画角声断斜阳。暂停征辔,聊共饮离觞。多少蓬莱旧侣,频回首、烟霭茫茫。孤村里,寒鸦万点,流水绕红墙。　　　魂伤。当此际,轻分罗带,暗解香囊。漫赢得,青楼薄幸名狂。此去何时见也,襟袖上、空有余香。伤心处,高城望断,灯火已昏黄。②

(二)鹊桥仙(蜀伎,陆游客自蜀携归者,见《齐东野语》卷十一)

说盟说誓,说情说意,动便春愁满纸。多应念得脱空经,是那个、先生教底。　　　不茶不饭,不言不语,一味供他憔悴。相思已是不曾闲,又那得、工夫咒你。③

(三)鹧鸪天(都下妓,后归李之问。见《绿窗新话》卷下引《古今词话》)

玉惨花愁出凤城,莲花楼下柳青青。尊前一唱阳关后,别个人人第几程。寻好梦,梦难成。　　　有谁知我此日情。枕前泪共帘前雨,隔个窗儿滴到明。④

---

① 任二北:《敦煌曲校录》,上海文艺联合出版社,1955年版,第77页。
② 琴操:《满庭芳》,唐圭璋编《全宋词》,中华书局,1997年版。
③ 蜀伎:《鹊桥仙》,唐圭璋编《全宋词》,中华书局,1997年版。
④ 聂胜琼:《鹧鸪天》,唐圭璋编《全宋词》,中华书局,1997年版。

（四）如梦令（天台营伎严蕊筵前被命题红白桃花之作，见周密《齐东野语》卷二十）

道是梨花不是，道是杏花不是。白白与红红，别是东风情味。曾记。曾记。人在武陵微醉。[①]

（五）鹊桥仙（同前，被命题限韵之作）

碧梧初出，桂花才吐，池上水花微谢。穿针人在合欢楼，正月露、玉盘高泻。　　蛛忙鹊懒，耕慵织倦，空做古今佳话。人间刚道隔年期，指天上、方才隔夜。[②]

（六）卜算子（同前，被释从良之际之作）

不是爱风尘，似被前身误。花落花开自有时，总是东君主。　　去也终须去。住也如何住。若得山花插满头，莫问奴归处。[③]

以上我们所抄录的第一类的六首词作，皆录自敦煌之《云谣集杂曲子》，这些词都没有作者姓氏，盖皆为唐代歌伎所作之俗曲。据任二北《敦煌曲校录》之考证，以为其中之《菩萨蛮》（枕前发尽千般愿）一首，"可能写于天宝元年"，"为历史上最古之《菩萨蛮》"[④]。其他五篇作品亦当为唐代之作。至于第二类之五首词作，则皆录自《全宋词》，全部为两宋之作。前一类之风格较为质拙，后一类之风格较为典丽，此种差别，自属一望可知。不过本章之标题，既然提出了"女性语言"与"女性书写"之说，而且前文也曾举引了一些西方女性主义的论述，因此我们就将先从这些观点对这两类词一加论析。据前引依丽格瑞与

---

① 严蕊：《如梦令》，唐圭璋《全宋词》，中华书局，1997年版。
② 严蕊：《鹊桥仙》，唐圭璋《全宋词》，中华书局，1997年版。
③ 严蕊：《卜算子》，唐圭璋《全宋词》，中华书局，1997年版。
④ 任二北：《敦煌曲校录》，上海文艺联合出版社，1955年版，第74页。

西苏二家之说,女性语言与女性书写所当致力者,原当以颠覆男权中心之控制与模式为重点。只不过私意以为她们的论述和实践,无可讳言地似乎都落入了一种概念先行的误导之中,她们理论的重点既完全以破坏父权中心为主旨,而且又认为一切语言模式都是父权中心的产物,所以当她们要尝试将她们的理论概念落实到真正的写作实践之中时,就不免有心致力于对她们所认为属于父权中心之逻辑性的语言之破坏。但语言既原是一种交流之工具,因而就也必须有一种共同可以遵守的法则,如果盲目地一意以颠覆破坏为事,则自然难以达到有所建树的结果。而反观中国女性词中的一些早期歌伎之作,则她们却正好在毫无理论概念的情况下,以她们的最真诚质拙的语言,颠覆了那些男子假借妇女之口吻而叙写的女性之情思的不真实的谎言。即如第一类歌伎之词中第一首《抛球乐》之"少年公子负恩多"及"莫把真心过于他",与第三首《望江南》之"攀我太心偏"及"恩爱一时间",和第四首《望江南》与第六首《南歌子》之两次责骂男子为"负心人"。凡此种种叙写之直指男子为"负恩""负心"及对女子之只是自私的"攀折"而并无长久"恩爱"之诚意的指责,当然可以说都已经对男性词中之"谎言",作出了彻底的颠覆。

不过,本文对女性词作所做的探讨,却并不似西方女性学者对"女性语言"及"女性书写"之论述所致力者之一意以"颠覆"为事,本文所要探求的乃是这些"女性语言"中所表露的真正的女性情思,与这些"女性书写"中所表现的真正的美感特质。如果从这两点来看,我们就会发现在这些女性语言中她们所表露的真正的情思,其实只是对一份真诚深挚之爱情的追求和向往。前面所举引的一些对男子之责怨,只不过是因为其所追求和向往之落空而产生的反面情绪而已。至于真能把女子之情思做正面之表述者,则自当以第二首《菩萨蛮》(枕前发尽千般愿)一词为代表。而且私意以为这一首词所叙写的对于爱情之真挚专诚的投注,其所表现者实在已不仅是写作这一首歌词之女子的个人之情思愿望而已,它所代表的更可以说是千古以来之所有女性的共同的情思和愿望。因为在传统社会中,作为一个女子,既然别无自我谋生独立之能力,而且在整个社会之无可抗拒的文化风习下,舍去婚姻之一途以外,女子实更无其他出路可供选择。因而其亟盼能得到一个可以终身仰望而相爱不渝之人,就成了所有女子的一生一世之最大的愿望。既是所有女子的共同的感情和愿望,则古今诗歌中自必有类似之作品。任二北在其《敦煌曲初探》论及"修辞"一节时,就曾举此一词与明代小曲《挂枝儿》及汉乐府《上邪》两作相比较。下面我们就将先举引此二篇作品一看。

(一)汉乐府《上邪》

上邪!我欲与君相知。长命无绝衰。山无陵,江水为竭,冬雷震震,夏雨雪。天地合,乃敢与君诀。[1]

(二)明代俗曲《挂枝儿》

要分离除非是天做了地;要分离除非是东做了西;要分离除非是官做了吏。你要分时分不得我,我要离时离不得你。就死在黄泉,也做不得分离鬼。[2]

如果将这两篇作品与前所举引之敦煌曲《菩萨蛮》(枕前发尽千般愿)一词相比较,则私意以为《上邪》一篇由呼天之口吻"上邪"二字为开始,当下就承接以"我欲与君相知"之真挚热切之愿望,而提出了"长命无绝衰"的坚贞的期许。其下之"山无陵"、"江水为竭"、"冬雷震震"、"夏雨雪",以一排音节迫促的短句,写出了天地变动之奇诡的异象,而以"天地合"之另一个迫促的短句,对以上之奇诡的异象做一总结,再继之以"乃敢与君诀"之反面的誓辞,因而遂有力地传达了其永

① 无名氏:《上邪》,余冠英选注:《汉魏六朝诗选》,人民出版社,1978年版。
② 无名氏:《挂枝儿》,冯梦龙:《挂枝儿》,江苏古籍出版社,2000年版。

不诀绝的强烈的誓愿。这一首乐府诗,是我当年第一次读汉魏乐府古辞时,最感觉入目惊心受到强烈之震撼的一篇作品。至于敦煌曲中之《菩萨蛮》(枕前发尽千般愿)一词,则是当年我读敦煌曲时,在诸多烦琐浅俗之曲子中,也突然感到眼前一亮,而不免为之动容的一篇极为出色的作品。从字面上看,这一篇俗曲的作者,应该是从来并未曾读到过汉乐府之《上邪》一诗的,但其所设想的意象之诡奇,乃竟与《上邪》一诗大有相似之处。可见当一个人用情至深用心至坚而要发为决然之誓愿时,其自有一种可以找到与自己内心坚决之情意相切合之语言的一点,古今盖原有可以相通之处也。只不过这两篇作品之时代不同文体各异,因而其所表现的美感特质,当然也就有了鲜明的差别。如果以汉代武帝时所流行的乐府与唐代玄宗时所流行的俗曲相比较,其时代之先后相差盖已有六百年以上之久。若更以文化相比较,则乐府诗乃是先有辞,然后才合以音乐的;而敦煌曲则是先有流行之乐调,然后才依其曲调来填写歌辞的。所以从表面看来,其形式虽皆为句式长短不齐之体式,但乐府诗之体式在写作时原来乃是完全自由的;而敦煌曲之写作则是为一个已经固定的乐调来填写歌辞,其体式乃是完全不自由的。不过值得注意的则是,这一首《菩萨蛮》的作者,本来原就是一个歌伎,歌伎既熟于音乐之拍板节奏,所以便能够很灵活地掌握其乐律之高低缓急,而在适当的节奏中可以自由增加一些衬字。即如这一首《菩萨蛮》的牌调,其本来的句式原来乃是上片四句,其每句字数为"七七五五",后片四句,其每句之字数为"五五五五"。如此看来,则此词上片之第三与第四两句,固原应为"水面秤锤浮,黄河彻底枯",而后片之第四句则原应为"三更见日头"。此种格式,在《花间集》温、韦诸人之作品,盖皆谨守格律,无一逾越。而这一首《菩萨蛮》词,则正因其作者原为一市井间之本无高深文化之修养的歌伎,所以乃不仅能依其乐律而自由地增加了衬字,而且更以俚俗之口语传达了一种极为鲜活有力的感情的生命,表达出了女性之一份坚毅深厚的真情的誓愿。与汉乐府《上邪》一篇之全以短促坚决古朴质拙的口吻来表现其强烈之誓愿者，正可谓各擅胜场。至于明代俗曲之《挂枝儿》一篇，则较之前二篇就未免有虚弱之感了。其所以然者，私意以为盖由于该曲一开端就接连写了三句"要分离""除非"如何如何的话，便分明是一种透过思量计较的口吻。而且直贯全篇所写的都是透过思致的有心的叙述，与前二篇之全以强烈之情感喷涌而出的深挚之情相较，自不免就显得有些虚弱了。不过，如果以前文所举引的西苏之"阴性书写"之论述所提出的论点来看，则西苏所谓"当我书写，那是写出我自己"，"没有排拒"，"也没有规约"，"那是对爱之无止尽的寻求"的一些说法，则我们所举的这三篇作品，就可以说正是都表现了西苏所提出的这些特质。虽然西苏所提出的"阴性书写"之特质，并不专指生理性别之女性，但私意以为女性之更具有此种特质，则正是由于社会风习之约束，使女性在除了仰望终身之感情外更无他途可供选择之情势下，所形成的自然之结果。而此种强烈真挚殉身无悔之情，则无论其为男性或女性，都应该是极值得感动和尊敬的一种感情和品格。至于第一类中的第五首《雀踏枝》词，则也颇有可说之处。首先应提出来一谈的，就是此词之牌调的问题。任二北在《敦煌曲校录》中注云："《雀踏枝》，调名，罗书（按指罗振玉之《敦煌零拾》）据原卷作'雀'，未改'鹊'；王集（按指王重民之《敦煌曲子词集》）改'鹊'，是否有据，抑臆改，未说明。"[①]而任氏又于《后记》中"一一五"一则中注云："'雀'、'鹊'，唐人有时通用。如徐夤《谢惠酒鱼》云'早起雀声送喜频'，《白帖》'公冶长解雀语，得免罪'。"[②]是则据任氏之说，则此调之写作"雀"或"鹊"，盖原可相通者也。不过值得注意的是，据潘重规《敦煌词话》影印之伯四〇一七号原卷，另有一首题为《鹊踏枝》的作品，其辞句为"独坐更深人寂

---

① 任二北：《敦煌曲校录》，上海文艺联合出版社，1955年版，第74页。
② 任二北：《敦煌曲校录》，上海文艺联合出版社，1955年版，第201页。

寂,忆念家乡、路远关山隔。寒雁飞来无消息,教儿牵断心肠忆。仰告三光珠泪滴,教他耶(即爷)娘、甚处传书觅。自叹宿缘作他邦客,辜负尊亲虚劳力"①。这首词除了下片第四句多出一个衬字"作"以外,其余都与《花间集》及《全宋词》所收录之各家《鹊踏枝》(别名《蝶恋花》)之格式全相吻合。而此一首《雀踏枝》之格式则为上片四句"七七七七",下片四句"七八七九",初看自与一般《鹊踏枝》牌调之格式并不相合。不过私意以为此首《雀踏枝》即通行之所谓《鹊踏枝》之调,"雀"与"鹊"相通,盖无疑义。至于格式不同之故,则因能够合乐而歌的词曲,在熟于乐律的歌者口中,往往不仅可以有增衬的多出之文字,亦可以有所谓偷声减字之法,将句中之文字减少。然则此词上片第二句之"送喜何曾有凭据"之七字句,与下片第二句之"谁知锁我在金笼里"之八字句,盖应皆为一般此调之格式之为"四五"之九字句的减字之体也。此种考证,虽与作者生理之性别无关,但其可以随意增衬或减字的写作方式,则私意以为此种情况盖亦与依丽格瑞所提出"拥抱辞语""同时也抛弃辞语","把固定的语法及文法解构","不使其固定化"的所谓"女性话"之特质,似亦颇有可以相通之处。总之,这一类文化层次较低之歌伎所写的歌词,其读书既少,因之所受到的"男性书写"的格式之习染与约束也就较少,所以才会写出如此生动变化富于本真之生命的表现。而且此一首《雀踏枝》词亦多用俗语,如"叵耐"即"怎奈"之意,"瞒语"即"谎话"之意,"比拟"即"本拟"之意;又设想为与灵鹊问答之语,于朴拙中有尖新之致。凡此种种,自然都可以说是属于早期文化层次较低的歌伎之词之一种美感特质。

　　至于第二类与文士相往来的文化层次较高的歌伎之词,则其最值得注意的一点,就是其所受到的文士们之"男性书写"之方式习染之渐深。先看第一首《满庭芳》词,此词见于吴曾之《能改斋漫录》载云:"杭

---

　　① 潘重规:《教煌词话》,台北石门图书公司,1981年版,第83页。

之西湖,有一倅唱少游《满庭芳》,偶然误举一韵云:'画角声断斜阳。'妓琴操在侧云:'画角声断谯门,非斜阳也。'倅因戏之曰:'尔可改韵否?'琴即改作阳字韵云'山抹微云……画角声断斜阳。……灯火已昏黄'"①。从吴曾的记录来看,则此杭伎之经常与官吏文士相往来,且熟悉于文士之词作,自可想见。而且在《能改斋漫录》中,更曾载有此杭伎琴操与苏轼相识之一段经过,谓苏氏对琴操之改写秦少游词"闻而称赏之"。其后东坡守杭,更曾传有琴操因与东坡问答而悟道的一段故事②,则琴操之才华敏悟可知。除去此一词例外,《全宋词》还载有不知名的都下伎所改写的一首欧阳修之《朝中措》词③。由此自可见到当日与文士相往来之歌伎其不免受到文士词之影响的一般情况。不过改写之词大都只是一些语言韵字的改动而已,基本仍保留着文士原词的风格面貌,并不能表现出歌伎自己的情思特质,所以本文对这一类词之举引,仅只是为了说明此一情况而已,并不想对之多加论述。

其次我们所要看的,则是一些不仅曾与文士们有过密切的交往,而且更是一些曾经与文士们相互唱和酬赠的歌伎之词。这一类作品,本文在前面也曾举引了两首例证。其一是《全宋词》中题为"蜀伎"之作的《鹊桥仙》(说盟说誓)一词;其二则是《全宋词》中题为"都下伎"之作的《鹧鸪天》(玉惨花愁出凤城)一词。为了评说之方便,我们现在先对此二词的出处本事,略做简单之介绍。

第一首《鹊桥仙》词见于周密之《齐东野语》,载云,"放翁客自蜀挟一伎归,蓄之别室,率数日一往。偶以病少疏,伎颇疑之。客作词自解,伎即韵答之"④云云。第二首《鹧鸪天》词见于杨湜之《古今词话》,载云,"李公之问仪曹解长安幕,诣京师改秩。都下聂胜琼,名倡也,资

---

① (宋)吴曾:《能改斋漫录》卷十六,上海古籍出版社,1979年版。
② (宋)吴曾:《能改斋漫录》卷十六,上海古籍出版社,1979年版。
③ 都下妓:《朝中措》,唐圭璋编:《全宋词》,中华书局,1997年版。
④ (宋)周密:《齐东野语》卷十一,中华书局,1983年版,第195页。

性慧黠,公见而喜之。李将行,胜琼送之别,饮于莲花楼。唱一词,末句曰'无计留君住,奈何无计随君去'。李复留经月,为细君督归甚切,遂别。不旬日,聂作一词以寄之,名《鹧鸪天》(见前)。李在中路得之,藏于箧间。抵家为其妻所得,因问之,具以实告。妻喜其语句清健,遂出妆奁资募。后往京师取归。琼至,即弃冠栉,损其妆饰,奉承李公之室以主母礼。大和悦焉"①云云。

    如果我们从前文所提出的"女性语言"及"女性书写"两点来看,则此二词之语言中所表现的女性之情思,及其书写中所表现的女性之风格,不仅都与前所评说的敦煌曲中的女性作品已有了明显的不同,而且此二首词的彼此间,也各有相当的差异。以下我们就将分别加以评述。先看第一首《鹊桥仙》词。据《齐东野语》之记述,则此词自然乃是此一蜀伎对于那一位将之赎归而处之别室之文士的答词。仅就此一点而言,这一首词中所表现的女性之情思,实在就已经与前所举引的敦煌曲中之女性情思,有了极为明显的不同。敦煌曲中的一些歌伎之词所表现的,乃是亟愿求得一多情之男子而许以终身,但所愿终不可得的绝望之怨情,所以乃往往对那些弃之竟去的男子称为"负心人"。至于这一首《鹊桥仙》词中所写的男子,则是已经将此一歌伎赎归,只不过是因为被现实环境所拘限,而不得不将其"处之别室",而且偶然"以病少疏",还对之"作词自解"。可见此一男子固应原是一个有情有义之人。因而此一词中之歌伎所表现的情思,自然就与那一些敦煌曲中之歌伎所表现的绝望之愤怨,有了显著的不同。这一首词中所表现的不是一种愤怨,而是一种"娇嗔"。所谓"娇嗔"者,是当一个女子已得到男子宠爱以后,还想要得到更多之怜爱时的一种故做薄嗔以向男子进一步邀宠的表现。而无论是敦煌曲中一些歌伎所表现的"愤怨",或是此一词中之歌伎所表现的"娇嗔",总之这些情思所显示的,都是

---

① (宋)杨湜:《古今词话》,唐圭璋编:《词话丛编》,中华书局,1986年版。

在性别文化中女性之处于男性之附属地位的一种表现。所以一般男性对于女性对之故做娇嗔乃是爱赏的,因为男子往往正是在女子向其娇嗔邀宠时,才更证实了自己在性别文化中之绝对的权势和地位。在《全唐五代词》中有一首无名氏男子所写的《菩萨蛮》,全词为:"牡丹含露珍珠颗,美人折向庭前过。含笑问檀郎,花强妾貌强。檀郎故相恼,刚道花枝好。一向发娇嗔,碎揬花打人。"①这首词就充分表现了男子对于一个向之"发娇嗔"之女子的爱赏之情,而隐藏在此种爱赏之后的,则正是在男女并不平等的性别文化中,男子对于自己之优势地位的一种自得与自信的优势的感觉。至于我们所讨论的这一首《鹊桥仙》词,则是一位女子自写其"娇嗔"之作,所以若就"女性语言"来说,这首词自是一种属于充分表现了女性情思的作品;至于就"女性书写"来说,则这首词所表现的写作方式与风格,也有极值得注意之处,因为这首词所表现的可以说正是属于由敦煌曲之纯朴质拙的女性书写风格向文士之书写风格过渡的一篇作品。此词开端的"说盟说誓,说情说意,动便春愁满纸"三句,无疑的乃是对于那一位文士所写的"自解"之"词"的嘲讽。而这种嘲讽则也可以说正是切中了一般文士之辞的通病。同时也可以说正是针对男性之惯弄笔墨的一种虚矫之风的揭露。下面"多应念得脱空经,是那个先生教底"两句,则是使用与男性书写之风格全然相反的质俗之口语,对男性的虚矫之词所提出的正面指责。句中的"脱空"两字,往往见于禅宗语录,正是唐宋时代的一个口头俗语,泛指一种虚假不实的言说。即如《五灯会元》中,就曾载有五祖法演禅师说法示众之语,云,"一句是一句,自小不脱空"②。又曾载有清凉慧洪禅师与居士张公的问答,有"脱空妄语不得信"③之言。

---

① 无名氏:《菩萨蛮》,见曾昭岷、曹济平、王兆鹏等编:《全唐五代词》,中华书局,1999年版。
② (宋)普济:《五灯会元》卷十九,中华书局,1984年版,第1243页。
③ (宋)普济:《五灯会元》卷十九,中华书局,1984年版,第1160页。

而一般禅师更是往往指责一些不悟道而妄言的人为"脱空漫语汉"。至于"念得脱空经"一句,则应是指一些口头上虽表现为诵经之念念有辞,而所念者则皆为虚假不实之妄语,故曰"念得脱空经"。下面"是那个先生教底"则是质问其如此惯于妄语谎言是从何处学来?这两句正是对于本词前面三句所提出的男子"自解"之"词"之虚情假意的正面的指责。至于下半阕的"不茶不饭,不言不语,一味供他憔悴"三句,则是女子自写其相思之苦况。开端四个"不"字,正与上半阕开端的四个"说"字相呼应,在质朴的口语中,有一种整饬的典雅之致。至于结尾的"相思已是不曾闲,又那得工夫咒你"两句,则是极为直白的叙述,而口吻中则与前半阕的娇嗔之情相呼应。真诚朴率中别具情致,是一首在章法中以整饬之语法驾驭朴拙之口语的作品,写得整饰又生动,自是歌伎之书写与文士化之书写相结合以后所写出的一首兼有两种风格之美的好词。

再看第二首《鹧鸪天》词,这是在宋代歌伎之词中最被人们所熟习和称道一篇作品。除去见于杨湜之《古今词话》以外,其后如清代冯金伯之《词苑萃编》、叶申芗之《本事词》,直至晚清词学大家况周颐之《蕙风词话》,对于此一首词及其本事,皆曾屡加引述。而且这一首词之音节谐美,情思柔婉,油然善于中人,所以除了广被传诵以外,也曾得到过不少人的称赞。当然,第一个欣赏了这首词的就是《古今词话》所记述的李之问的妻子,一见此词即"喜其语句清健",而且其欣喜赏爱的程度,甚至超过了一般女性所常有的妒嫉之情,竟然自己拿出妆奁之资,将此女取归。则此词的感人之力可以想见。至于况周颐则更是在《蕙风词话》中对之大加赞美,以为其"纯是至情语,自然妙造,不假造琢,愈浑成,愈精粹",甚至以为其"于北宋名家中,颇近六一、东山"①。更以为其可以比美于宋代两位著名的女词人朱淑真和李清照,谓其

① (清)况周颐:《蕙风词话》,唐圭璋编:《词话丛编》,中华书局,1986年版。

"方之闺帏之彦,虽幽栖漱玉,未遑多让"①。这对于聂胜琼之《鹧鸪天》一词之赞美,真可以说是达于极致了。私意以为,这首词从一般眼光来看,自然如我在前文所言,不失为一首"音节谐美、情思柔婉",易于得到读者喜爱的好词。只不过如果按本文所标举的"女性语言"与"女性书写"两点来看,我们就会发现这一首词实在已是极端文士化了的女性之词。其易于得人喜爱,也正因其与一般文士之词的美感特质大有相似之处的缘故。首先其开端之"玉惨花愁出凤城"一句,便已是非常文士化了的语言。因为"玉惨花愁"的叙写,本应是一般文士眼中的女子形象,而今聂胜琼乃以此自叙,则其书写之已经极为文士化可知。至于下半阕之"寻好梦,梦难成",以及"枕前泪共阶前雨,隔个窗儿滴到明"云云,则更是文士词中所习见的辞语。即如温庭筠之《更漏子》词,就曾有"梧桐树,三更雨,不道离情更苦。一叶叶,一声声,空阶滴到明"②之句。温氏之《菩萨蛮》(牡丹花谢莺声歇)一词,则曾有"相忆梦难成"③之句。李煜之《清平乐》词,亦有"路遥归梦难成"④之句。而万俟咏之《长相思》咏雨之词,则更有:"一声声,一更更,窗外芭蕉窗里灯,此时无限情。　　梦难成,恨难平,不道愁人不喜听,空阶滴到明。"⑤从这些征引中,我们自可见到这一首词的文士化的程度之深。而这当然很可能也就正是其易于得到一般读者之赏爱的主要原因。只不过如果按本文在前面所引述的西方女性文论来看,则此类作品固应原属于陷入于男性语言架构中的鹦鹉学舌之作。但女性之作之必

---

① (清)况周颐:《蕙风词话》,唐圭璋编:《词话丛编》,中华书局,1986年版。

② 温庭筠:《更漏子》,见曾昭岷、曹济平、王兆鹏等编:《全唐五代词》,中华书局,1999年版。

③ 温庭筠:《菩萨蛮》,见曾昭岷、曹济平、王兆鹏等编:《全唐五代词》,中华书局,1999年版。

④ 李煜:《清平乐》,见曾昭岷、曹济平、王兆鹏等编:《全唐五代词》,中华书局,1999年版。

⑤ 万俟咏:《长相思》,唐圭璋编:《全宋词》,中华书局,1997年版。

然会受到男性之作的影响,则是一种不可避免的事实,因而如何对此类作品加以衡量,自然就是我们所必须面对的一种应加探讨的工作了。而下面我们所要评说的严蕊之作,就将是一个很好的例证。

严蕊之作也见于周密所撰的《齐东野语》。《齐东野语》载云:"天台营妓严蕊,字幼芳。善琴弈歌舞丝竹书画,色艺冠一时。间作诗词有新语。颇通古今,善逢迎。四方闻其名,有不远千里而登门者。唐与正守台日,酒边,尝命赋红白桃花,即成《如梦令》(词见前)云。"①又载有"七夕,郡斋开宴。坐有谢元卿者,豪士也。夙闻其名,因命之赋词,以己之姓为韵。酒方行,而已成《鹊桥仙》(词见前)云"②。据《齐东野语》有关此二词之记叙,可见严蕊身为营妓,其所为词原不过只是为了承命于官府,在酒席筵前被命题甚至限韵所写的应时即兴之作而已,其语言所表述者既非一己真正的情思,其书写之风格亦全属男性士人所习用的方式。如果根据前文所举引的依丽格瑞之论述,则此类女性作品当然就也应属于男性父权中心之语言架构中的"鹦鹉学舌"之作了。因此我们若想评量严蕊的这两篇作品,当然就也应采用对男性语言之标准来加以评量了。先说第一首《如梦令·题红白桃花》之作,这当然明明是一首咏物之作,而咏物之作首先就要切题,从"红白桃花"之命题来看,这分明是郡守唐与正给严蕊出的一道难题。盖因桃花一般多以红色为主,红白相杂之桃花殊不多见,其难于切题自属一望可知。但严蕊确实才思敏捷,不仅当筵即写成《如梦令》一词,而且句句切合所咏之物。开端先以白色之梨花及红色之杏花为比衬,点出其红白二色,而又接连用两个"不是",指出其既非梨花又非杏花。继之以第三句"别是东风情味"一句,暗示桃花之最足以代表春光春色之一种特质。直到结尾的"曾记,曾记,人在武陵微醉"之句,才用陶渊

---

① (宋)周密:《齐东野语》卷二十,中华书局,1983年版,第375页。
② (梁)宗懔:《荆楚岁时记》,山西人民出版社,1987年版,第374页。

明《桃花源记》所叙写的"武陵人"之出典,点出所咏之物之为桃花。贴切工巧,既切合所咏之物,又不明写出桃花字样,自是完全合乎男性文士之语言规范的一首咏物之佳作。

至于第二首《鹊桥仙》词,则为在七夕节日的应景限韵之作。而所限之以谢元卿姓氏为韵的"谢"字,则属于词韵中上声"马"韵与去声"祃"韵相通之韵部。此一韵部中多为不习用之韵字,其欲以难题测试严蕊之用心,盖亦正如唐与正之命其赋红白桃花之有相难之意。而严蕊对这些难题不仅了无难色,而且都是当筵立成。先说此词选调之用《鹊桥仙》,便已暗中点明七夕之节日,而且所选用的限韵之字,都极为自然妥帖,全无勉强之感。开端首从夏秋间之各色花木写起,点出节令。首句"碧梧"即梧桐,夏秋间开微带黄色之白花;次句"桂花"较桐花开花稍晚,为秋色之代表;三句"水花"指池中之荷花,为夏季之花。对这三种花,严蕊用了三种不同的述语,曰"初出"是已开始绽放之意;曰"才吐"是方才含苞欲放之意;曰"微谢"则是已开始零落之意。用三种不同的花和三种不同的述语,极切合地反映了七夕之节物景色。至于第四句,则由七夕之景物转入了七夕之人事。据《荆楚岁时记》之记述,云:"七月七日为牵牛织女聚会之夜。……是夕,人家妇女结彩楼,穿七孔针……以乞巧。"①《东京梦华录》中之"七夕"一则亦载云:"贵家多结彩楼于庭,谓之乞巧。"又有"妇女望月穿针"之记载②,所谓"穿针人在合欢楼"者也。其下第五、六两句,则由人事又转回自然界之节序,曰"正月露、玉盘高泻",盖《礼记·月令》曾有"孟秋之月……凉风至,白露降"之记载③。七夕正当孟秋,新月之光影下,白露初凝。而"玉盘"则是用汉武承露盘之典故。虽然承露金人本当是"金盘",不过

---

① (梁)宗懔:《荆楚岁时记》,山西人民出版社,1987年版,第53页。

② 邓之诚:《东京梦华录注》卷八,中华书局,1982年版,第209页。

③ (唐)孔颖达:《礼记正义》,北京大学出版社,1999年版,第518~521页。

此处乃写七夕之民间风俗,并非帝王之家,故改"金盘"为"玉盘",曰"正月露、玉盘高泻",是写凝露泻入玉盘中,以应《月令》孟秋之节序也。以下之后半阕词,则写传说中七夕之故事。据《月令广义·七月令》引殷芸《小说》云:"天河之东有织女,天帝之子也。年年机杼服役,织成云锦天衣,容貌不暇整。帝怜其独处,许嫁河西牵牛郎。嫁后遂废织,天帝怒,责令归河东,许一年一度相会。"①因而民间遂有喜鹊搭桥使其相会之说。而《梦粱录》则更载有"于庭中设香案及酒果,令女郎望月瞻斗列拜,以乞巧于女、牛"之说。又云:"或取小蜘蛛,以金银小盒儿盛之,次早观其网丝圆正,名曰'得巧'云云。"②故曰"蛛忙鹊懒,耕慵织倦,空做古今佳话",是写蜘蛛正忙于结端正之网以示巧于人,喜鹊则搭桥方罢,感到懒倦,牛郎织女正忙于相会,故倦于耕织。凡此种种盖皆为古今传说之一段佳话也。以上诸句固已从自然及人事之各方面,对七夕节物做了详细而生动的叙写。而更使全词为之振起的,则是结尾二句忽然腾起所写的一段人间天上的遐想。世间隔年,天上不过仅隔夜而已,戛然而止,而情思绵邈不尽。对一篇在酒筵前即席赋成的命题限韵之作,能写得如此周至贴切生动灵活而有远韵,此在男性文士为之,亦当属难得之佳作。做为一个歌伎,才华敏慧如斯,却不过只能在歌筵酒席中供士人之欣赏笑乐,本来已是一种不幸。而严蕊之不幸,则更有甚于此者。原来据《齐东野语》之记叙,更曾载云,"其后,朱晦庵以庚节行部至台,欲摭与正(即守台之唐与正)之罪,遂指其尝与(严)蕊为滥"③,将严蕊"系狱","蕊虽备受箠楚,而一语不及唐。然犹不免受杖,移籍绍兴,且复就越置狱鞠之。久不得其情。狱吏因好言诱之曰:'汝何不早认,亦不过杖罪,况已经断罪不重科。

---

① (明)冯应京:《月令广义》卷十四,明万历壬寅序刻本。
② (宋)吴自牧:《梦粱录》卷四,浙江人民出版社,1980年版,第25页。
③ (宋)周密:《齐东野语》卷二十,中华书局,1983年版,第375页。

何为受此辛苦耶?'蕊答云:'身虽贱伎,纵是与太守有滥,科亦不至死罪。然是非真伪,岂可妄言以污士大夫? 虽死不可诬也。'其辞既坚,于是再痛杖之,仍系于籍。两月之间,一再受杖,委顿几死。然蕊声价益腾"[①]。足可见严蕊虽为一歌伎,而其才慧节操,则固有男子所不及者也。而且以上《齐东野语》之记述盖应皆属实情。因《朱子文集》第十八与十九两卷所收《奏状》中,前后就曾收录弹劾唐仲友的奏状有六篇之多[②],而"与严蕊为滥",则正为其中一大罪状。唐氏为政固有可议之处,而朱熹之所以对之穷追不舍者,盖因唐氏与当时宰相王淮相善,而王淮不喜朱熹,大力攻击道学,其后遂有庆元伪学之禁。此固原属士大夫之政争,而严蕊竟然以一歌伎牵涉其中,备受苦楚,是则弱势之妇女之往往成为被侮辱与损害之对象,其情况可见一斑。不过我之叙写此一段故实,还不仅只是要说明严蕊虽具过人之才慧品节,却只因在性别文化中身居弱势而备受屈辱迫害之一种现象而已,我所要说明者,乃是透过《全宋词》中所著录的署名为严蕊的这三首作品,原来还可以探讨出一些女性作品之可以有双性风格的一种可能性。不过要想探讨此双性风格,我们首先要辨明的就应是这三首词之皆为严蕊之作。这是因为其《卜算子》一词据《朱子全集》中弹劾唐仲友之第四状,以为此词乃唐氏友人高宣教之作。因此我们首先就要对此略作说明。此词亦见于前引之《齐东野语》,谓严蕊被囚禁杖责而声价愈腾之后,"未几,朱公改除。而岳霖商卿为宪。因贺朔之际,怜其病瘁,命之作词自陈。蕊略不构思,即口占《卜算子》云云(词已见前)。即日判令从良"[③]。是则此词乃作于朱熹改除之后,在严蕊被释从良之际。不过朱熹劾唐仲友之第四状中则载云,唐仲友守台时,拟使严蕊脱籍,严蕊

---

① (宋)周密:《齐东野语》卷二十,中华书局,1983年版,第375页。

② (宋)朱熹:《晦庵先生朱文公文集》卷十八、卷十九,张元济:《四部丛刊初编本》,商务印书馆,1926年版。

③ (宋)周密:《齐东野语》卷二十,中华书局,1983年版,第375页。

曾作有"去又如何去，住又如何住？但得山花插满头，休问奴归处"一词，而朱氏则指云此词非严蕊自作，乃唐仲友之戚高宣教所作①。所以《全宋词》乃两者兼收，前者题名严蕊，后者题名高宣教②。按高宣教其人不详，更无能词之名。朱熹之指为高作，并无依据。故私意以为此二词盖应皆为严蕊所作，其内容皆写愿得有机会脱籍从良的一段内心情事。盖以既已身为歌伎，则去住皆非自己所能做主，故曰"如何去"又"如何住"。"山花插满头"则写倘得有从良之机会为人妾妇自是一件喜事。"休问奴归处"者，正与上一句之"但得"相呼应，谓只要能得此"山花插满头"之从良脱籍之机会，则不论归向何人何处都不计较，故曰"休问奴归处"也。可能正因为严蕊前一次曾得有唐仲友欲为之安排脱籍之机会，已曾写有一首四句之作。不过该次既并未如愿，而今又久经囚禁杖责，现在既幸得有官长如岳霖者怜其病瘁，令其赋诗自陈，故能"略不构思"，即"口占《卜算子》"词。前片四句，固正为朱熹所指为高宣教所作之四句词的引申之语，追述其沦为倡伎固原非一卑弱女子所自愿之选择，故曰"不是爱风尘，似被前身误"也。既已沦落，则一切得失祸福便都已不是个人之所能主宰，故曰"总是东君主"也。这一首词完全是严蕊自写其心事，所以自然就又回复到了如前文所举引之其他歌伎的女性语言与女性书写的特质与风格了。只不过严蕊之文化程度较敦煌曲子之歌伎为高，故能对为倡与从良之情事，全不做落实的浅俗之说明，而皆以花为喻说，既以"花落花开"喻说为歌伎之不能自主，又以"山花满头"喻说脱籍之得以从良，可以说是文化水平较高的歌伎之词的一篇代表作品。而如果更以此词与前所举的严蕊在筵前受命而作的限题限韵的、全以男性笔法写出的吟咏特定之名

---

① （宋）朱熹：《晦庵先生朱文公文集》卷十八、卷十九，张元济《四部丛刊初编本》，商务印书馆，1926 年版。

② 唐圭璋编：《全宋词》，中华书局，1997 年版，第 2168 页。

物节日之作相对比来看,我们就会发现若就性别与文化立论,则在此种对比中,却原来具含有许多可资吾人反思之处。其一,作品内容之情思意境,盖主要皆应由作者之生活背景而来。不同性别有不同的生活背景,这正是造成男性诗词与女性诗词之内容与风格之差异的主要原因。如果脱离了作者主观抒情的写作方式,而写为客观的咏物之词,则作者之性别差异自然就失去了对作品之内容与风格之影响的重要性。而咏物之作本来原是男性文士们在其诗酒文会之时,作为逞才取乐的一种雅戏,所以咏物之作的主要风格原来本是由男性诗人所形成的①,因此当女性诗人偶然也写为咏物之作时,自然也就不免受到男性诗人在咏物之作中所形成的风格的影响。而所咏之物既原无男女性别可言,所以当女性也写为客观的咏物之词时乃能完全脱除了其在现实生活中所受到的性别之拘限,而纯以个人之才能心智为之。而才能心智则并不因心理之性别而有高下之分的,所以严蕊在歌酒筵席被出题限韵而写出的咏物之词,才能够完全摆脱了性别与身份的限制,而写出了足可以与男性作品相颉颃的作品,此其一。其二,则严蕊之此类作品,可以说是已经为后世明清女词人之逐渐发展表现出来的双性之写作才能,作出了一种预示。不过女性词人所发展出来的双性特质,与《花间集》中男性词人所表现出的双性特质,却并不完全相同。我早年在《论词学中之困惑》一文中,所提出的男性词人之双重性别的美感特质,是男性词人中纯用女性口吻来写女性情思的作品;而在女性词人中纯用男性口吻写男性情思者,则极为少见。一般说来,即使女性在作品中表现了属于男性之情思与风格,其口吻也仍是属于女性自我叙写之口吻的,即如晚清参与革命的烈士秋瑾之作,就是一个很好的例证。那主要是因为无论其为写诗或写词,如本文在《叙论》中所

---

① 叶嘉莹:《论咏物词之发展及王沂孙之咏物词》,缪钺、叶嘉莹:《灵谿词说》,上海古籍出版社,1987年版。

言,女子都一贯是以写志言情为主,而不似男性作者之曾经有过一个为歌女写作歌词的特殊语境。至于女子之完全用男子之口吻来叙写男性之情思的作品,也并非完全没有,那是要等到后来明清两代之另一新的文学体式戏曲流行以后,才逐渐涌现出来的。那正是因为戏曲之角色已经脱离了女性之诗词自我抒情的传统才得以出现的,而这种情况则也恰如当初词体才一出现时,男性作者之得以摆脱自我言志抒情的约束而代歌女写作歌词一样,同是由于文体之改变使得作者之语境有了改变的缘故。关于此种情况,我将于以后论及明清之女性词人的词曲之作时,再加详述。现在我只是想藉由严蕊之两种性质不同的词作,而指出女性词人之可以有双性之美感的一种预示而已。

良家妇女之不成家数的哀歌

叶嘉莹

　　经过前面两文的讨论,我们已可清楚地见到,在传统文化中,妇女之写作原是处在一个极为弱势的地位。首先,作为一个女子,从一开始就失去了与男子一样受同等教育之机会,即使幸而接受了教育,具有了写作的能力,但是在以士人文化为中心的言志之诗的写作中,妇女既根本不可能具有任何修、齐、治、平的高远志意,则其所写的诗篇,自然就处在了弱势的地位。至于就词的写作而言,则因为词之为体,既起源于市井之俗曲,而且在其进入文学之范畴时,从最早的《花间集》开始,就已经被定位为歌筵酒席之间的艳歌。而在传统文化之礼教的约束下,则这种场合既没有良家妇女可以涉足之余地,这种文体当然更不可能允许良家妇女染指于其间。所以早期的女性词作,我们所可能见到的当然就只是一些歌伎之词的作品了。关于这类作品,我们在上一节中已曾从"女性语言"与"女性书写"两方面,对之做过相当的讨论,当时我已曾对所引用的西方理论中之"女性语言"及"女性书写"两个术语的意义范畴做过简单的说明。但同时也表明过,我们虽然引用了西方女性主义学者的一些论述,但我们对他们的论述却只是作为一种参照,与西方女性主义一心要从语言方面对父权中心加以颠覆的极端论点,并不全同。我们所使用的辞语中之"女性语言",其所指的主要只是作为一位女性作者,在其语言中所表露的女性的生活和情思;而"女性书写",其所指的则主要只是作为一位女性作者,在其书写中所表现的女性的写作方式和风格。一般而言,在传统社会中,女性原一直是处身在一种作为男性之从属的地位,其生活范畴既难以有所突破,因而其情思自然也就难以有所突破。记得有一次我偶然与一些友人谈及"诗言志"的问题,我像寻常一样提到了男子可以有"修、齐、治、平"的理想和志意,而女子则没有此种志意可言的说法。当时有一位思想极为敏捷的女士,立刻就提出了反驳,她说女子何尝没有志意,只不过女子的志意不是"修、齐、治、平",女子的志意就是要找到一个值得倾心相爱的男子,然后以身相许与之结婚生子,如此而已。当时旁听的友人都发出了笑声。因为在一般观念中,都会认为这只是一种私情私欲,根本没有什么志意可言。其实我以为这一位女士的话,真是一语中的,道出了千古以来在传统社会中,作为一个女子所可能抱有的一种唯一的志意。而更不幸的则是传统的礼教所要做的,则正是对于女子所可能抱有的此种唯一志意的压抑和摧残。如果把前一节我们所讨论过的歌伎之词,与这一节我们所要讨论的良家妇女之词相比较,我们就会发现在现实生活中,作为一个歌伎,其身份地位虽然似乎较之良家妇女要卑下得多,但对于爱情之追求和表述,则她们却较之良家妇女要大胆和自由得多,只不过因为她们的身份既一直被社会所轻鄙,因此她们对于爱情之追求,遂往往都只会落到绝望落空的下场。这实在充分显示出了作为女性,在男性文化中心之社会中,既不幸已沦为歌伎,却仍怀抱着追求爱情之梦想的一种双重的悲剧。那么,作为一个身份地位都远较歌伎为高尚的所谓良家之妇女,其情况又如何呢?下面我们就将举引一位作为良家妇女而地位极为崇高,更且具有过人之才识的杰出之女性,所描述的一个良家妇女所当遵守的规范,来一加考察。

说到中国历史上既有文采学识,更有品德修养的一位著名的女子,众所推崇的大概莫过于东汉时被人尊称为"曹大家"的班昭了。元代的杨维桢在其《曹氏雪斋弦歌集序》一文中，就曾经将宋代两位著名的女词人李清照及朱淑真，与班昭相对比，说"女子诵书属文者，史称东汉曹大家氏。近代易安、淑真之流，宣徽词翰，一诗一简，类有动于人。然出于小聪狭慧，拘于气习之陋，而未适乎情性之正。比大家氏之才之行，足以师表六宫一时文学而光父兄者，不得并议矣"①。可见班昭才是一位有才学之良家妇女的典范。而班昭最为著名的，就是她所留下的作为妇女的为人行事之准则的《女诫》七篇。为了使现代人对于性别文化中旧传统所加之于妇女的规范稍有一点具体的了解，我们现在就把《女诫》七篇中的一些条文，略加叙录：首先是"卑弱第一"，作为一个女子，要"明其卑弱"、"谦让恭敬、先人后己。有善莫名、有恶莫辞。忍辱含垢、常若畏惧"。至于夫妇之间，则"夫有再娶之义，妇无二适之文。夫者，天也。天固不可以逃，夫固不可离也"。而对于舅姑，则要"曲从"，"姑云不尔而是，固宜从令，姑云尔而非，尤宜顺命。勿得违戾是非，争分曲直。此则所谓曲从矣"。②可见要想作为一个良家的淑女，不仅不可以有自己的思想意志，甚至于连是非善恶都是不可以争论和辩解的。所以在《世说新语》之《贤媛》篇中，就曾有一则记事，说："赵母嫁女。女临去，敕之曰：'慎勿为好。'女曰：'不为好，可为恶耶？'母曰：'好尚不可为，其况恶乎！'"③至于宋代的理学家则对于妇女之守节更有了极严格的限制，《近思录》中就曾载有程颐与人的一段问答，"问曰：'或有孤孀贫穷无托者，可再嫁否？'曰：'只是后世怕寒饿死，故有是说。然饿死事极小，失节事极大。'"④于是这一句话遂成为了后世迫女子守节者所传诵的千古名言。总之，妇女在传统的社会习

---

① (元)杨维桢：《东维子文集》卷七，《四部丛刊》初编册二四五，上海商务印书馆，1926年版。

② (南朝宋)范晔：《后汉书·列女传》，中华书局，1965年版，第2784~2792页。

③ 杨勇：《世说新语校笺·贤媛》，宏业书局，1972年版，第510页。

④ (宋)朱熹：《朱子近思录》卷六，上海古籍出版社，2000年版，第82页。

俗中,一直是受着严格的压抑和限制的。所以中国社会中一直流传着许多对女子教导的规范。除去本文前面所举引的班昭的《女诫》以外,东汉末的蔡邕也曾写有一篇《女训》①;唐贞元中宋若昭与宋若莘姊妹也曾合写过《女论语》②;宋代司马光的《温公家范》中,论及为"妻"之规范者,亦曾有两卷之多③。其后历代所流传之家规、家范、女规、女诫等,对于妇女多方施加压抑限制之教条,真可谓不胜枚举④。我们现在只不过略为举引一些最为著名的规范条文,俾使读者在评赏宋代良家妇女之词作时,对其在当日之现实生活中所处身的环境与地位略有一点认识而已。

有了上述的认知以后,我们就会理解到,作为一个良家妇女,在婚前未嫁之时,既决无追求爱情之自由,在已婚之后,当然更不可以有逾越规范之言行,而词之为体在当日则又大多以叙写相思怨别之柔情为主,在此种情况下,良家妇女在小词中所可能叙写的相思怨别之对象,当然就只可能是自己正式婚姻中的夫婿了。即如《全宋词》中所载的下列一些作品:

(一)胡夫人 《采桑子》

与君别后愁无限,永远团圆。间阻多方。水远山遥寸断肠。　　终朝等候郎音耗,捱过春光。烟水茫茫。梅子青青又待黄。(原出《花草粹编》)⑤

(二)魏夫人 《减字木兰花》

落花飞絮。杳杳天涯人甚处。欲寄相思。春尽衡阳雁

---

① (东汉)蔡邕:《女训》,《五种遗规·教女遗规》,扫叶山房同治戊辰重刊本册一。
② (唐)宋若昭:《女论语》,《五种遗规·教女遗规》,扫叶山房同治戊辰重刊本册一。
③ (宋)司马光:《温公家范》,《中国子学名著集成》册三二,台湾中国子学名著集成编印基金会,1977年版,第443～722页。
④ 参见扫叶山房同治戊辰重刊本《五种遗规》。
⑤ 唐圭璋编:《全宋词》册五,中华书局,1965年版,第3596页。

渐稀。　　　离肠泪眼。肠断泪痕流不断。明月西楼。一曲
阑干一倍愁。（原出周泳先辑《鲁国夫人词》）①

（三）易祓妻　《一剪梅》

染泪修书寄彦章。贪做前廊。忘却回廊。功名成就不
还乡。铁做心肠。石做心肠。　　　红日三竿懒画妆。虚度
韶光。瘦损容光。不知何日得成双。羞对鸳鸯。懒对鸳鸯。
（原出《古杭杂记》）②

（四）陈彦章妻　《沁园春》

记得爷爷，说与奴奴，陈郎俊哉。笑世人无眼，老夫得
法，官人易聘，国士难媒。印信乘龙，夤缘叶凤，选似扬鞭选
得来。果然是，西雍人物，京样官坯。送郎上马三杯。

莫把离愁恼别怀。那孤灯只砚，郎君珍重，离愁别恨，奴
自推排。白发夫妻，青衫事业，两句微吟当折梅。彦章去，早
归则个，免待相揠。（原出《湖海新闻》后集卷一）③

以上所抄录的四首词，可以说都是属于闺中思妇的怨歌。而思妇的闺
怨，则是良家妇女的一种无可逃避的命定的悲剧。此种悲剧之所以成
为命定，私意以为其实就正由于在性别文化中，男子之志意与女子之
志意的完全背反。作为一个男子，其理想乃是志在四方，不得株守家
园；而作为一个女子，则必须严遵阃范，闭守闺中，所以淑女之成为思
妇，乃是命定的。而且男子在外面有绝对之自由，一旦有所遇合，则彼
闺中之思妇，遂立刻就落入了弃妇和怨妇的下场。这种情境几乎已成
为传统社会之性别文化中，千古不变的悲情的主题。早自《诗经》开

---

① 唐圭璋编：《全宋词》册一，中华书局，1965 年版，第 267 页。
② 唐圭璋编：《全宋词》册四，中华书局，1965 年版，第 2274 页。
③ 唐圭璋编：《全宋词》册五，中华书局，1965 年版，第 3539 页。

始,历代诗歌中都不乏叙写思妇、弃妇和怨妇的作品,这类作品有的固出于真正的女性之自叙,有的则或者也出于男性之代言与托喻。此在中国旧日诗歌之历史中,真可以说是源远流长,品类繁多,自非本文之所能详加论述。现在只就词体言之,则自《花间集》开始,其所叙写的主要内容,就大多是出自思妇之口吻的伤春怨别之情。一直到北宋初期的晏、欧诸人之令词,其所写的主要内容,也往往仍不出此一范畴之外。只不过这些令词的作者却都是男性,而现在我们所要讨论的则是真正出于女性之手的良家妇女的伤春怨别的思妇之词,两相比较,我们就会发现二者间实在有极大的不同。男子所写的伤春怨别的思妇之词,一则既因其所写者本非现实妇女真正的生活和感受,因此其所叙写之情事遂显得空灵而不质实。再则更因其以男性而写为女性之口吻,于是遂产生了一种所谓"双重性别"的微妙的作用。三则更因为作为士人的男子,经常怀抱有一种志意和理想,因此遂使得他们所写的那些伤春怨别的思妇之情,往往会在表面所写的女性情事以外,更流露有一种超乎其所写之情事以外的深微高远的意趣。所以张惠言才会在温、韦的小词中,看到骚雅之意与忠爱之思,王国维才会在晏、欧的小词中,看到成大事业与大学问的三种境界。关于此种美感特质,我在以前评说男性词作之论述中,已曾多次做过深入的探讨,兹不再赘①。而女性之作则不然,女性所写的伤春怨别的思妇之词,乃是她自己切身的生活和感受,所以其美感特质乃完全不在言外之意趣的联想,而在其所写的个人一己之生活感受的真切和深刻。不过,本文在前面两个章节中也已曾提到过,男性书写乃是历史文化中之主流,任何时期的女性书写都会受到男性书写之影响,这原是一种自然的结果

---

① 参见《论词学中之困惑与花间词之女性叙写及其影响》,《迦陵文集》第四卷,河北教育出版社,1997年版;《常州词派比兴寄托之说的新检讨》,《迦陵文集》第六卷,河北教育出版社,1997年版。

和趋势。所以尽管这些良家妇女所写的伤春怨别的思妇之情,乃是属于其自己之切身的生活和感受,但其不可避免的会受有男性词作之影响,也仍是显然可见的。下面我们就将对前文所举引的四首词例,从其在女性语言中所展现的女性情思,及其在女性书写中所展现的女性风格,来一加论述。

首先我们立刻会注意到的,就是这四首词的女性作者都并没有自己的名氏,而只是以为人妻子之身份而出现的,这自然是因为妇女在传统文化中本来就并没有独立之身份与地位可言。即使如我们在前文所举引的最被后人所推重的一位女性作者班昭,在《后汉书》中也并没有属于她自己之名氏的传记,而只称之为曹世叔妻;而另一位建安时代著名的女诗人蔡琰也并没有属于自己之名氏的传记,而只称之为董祀妻。在这种情形下,除非作者自己对于个人身世有较详之叙述,如蔡琰之写有《悲愤诗》流传于世,否则就只能从其夫婿之传记中来推寻其身世和事迹了。而如果其夫婿原是一个不见经传的人物,我们对其身世就也无可推寻了。在我们所抄录的四首词中,第一首《采桑子》的作者胡夫人,我们对她的生平身世就一无所知,《全宋词》所著录的这一首《采桑子》仅见于明代陈耀文所辑的《花草粹编》,此外更无其它作品流传①。第二首词《减字木兰花》的作者魏夫人,其身世就要比胡夫人著名多了,这主要是因为她既然有一位以文名著称的写有《东轩笔录》的兄弟魏泰,更嫁得一位仕宦显达的夫婿曾布,曾布为著名的古文家曾巩之弟,哲宗朝曾擢知枢密院,徽宗朝更曾拜尚书右仆射②。清代曾燠辑《江西诗徵》谓"魏夫人名玩,字玉汝,襄阳人,博涉群书"③。

① (明)陈耀文辑:《花草粹编》卷二,民国22年,陶风楼影印明万历本,第70页上。
② (元)脱脱:《宋史·曾布传》,中华书局,1977年版,第13714页。
③ (清)曾燠:《江西诗徵》卷八五,上海古籍出版社,1995年版(《续修四库全书》,据复旦大学图书馆藏清嘉庆九年(1804)赏雨茅屋刻本影印(集部总集类1688~1690)),第752页。

《全宋词》录有她的词十四首。至于第三首词《一剪梅》的作者易祓妻，据《说郛》载云："易祓，字彦章。潭州人。以优校为前廊。久不归。其妻作《一剪梅》词"云云①。对易祓生平并无详细之记述，但《四库全书总目提要、经部、易类三》则载有《周易总义》二十卷，题名宋易祓撰，谓"据《南宋馆阁续录》载'祓字彦章，潭州宁乡人。淳熙十一年上舍释褐出身。庆元六年八月除著作郎，九月知江州'"②。1932年五修本《湘潭易氏谱》对易祓生平有更详之记述，对其妻子亦有考证，谓"萧恭人乃祓公之配，善化人"，并录有萧氏之作，诗二首、词三首。其中《一剪梅》一首与《全宋词》所载颇有不同，如"染泪修书"作"染泪缄书"，"贪做前廊"作"贪就前廊"，"功名成就"作"功名成遂"，"铁""石"两句，作先"石"后"铁"，"懒画妆"作"未理妆"，"不知何日"作"相思何日"，"羞对""懒对"二句作"羞画""懒画"③。我之所以琐琐记其异同，是因为《易氏谱》之版本，其用字实较《全宋词》本更为工贴。至于第四首词的作者陈彦章妻，《全宋词》曾于作者之下注云："氏、嘉熙时，兴化人。"④据《湖海新闻夷坚续志》载云，"宋嘉熙戊戌，兴化陈彦章混补试中，次年正月往参太学，时方新娶，其妻作《沁园春》……一时传播以为佳话"云云。⑤

从上面所录的四首良家妇女之词来看，其所叙写者固皆为相思怨别的思妇之情。此种情思盖原为女性心态的一种基型。既是基型，当然在传统诗词中，已曾被广泛地叙写过。只不过因为叙写者之性别身份不同，其形成之美感特质，自然也就有了很大的不同。即如本文在前面已曾言及者，男性作者以代言或托喻之口吻所写的思妇之作，就

---

① （明）陶宗仪：《说郛》册一、卷四，中国书店出版社，1986年版，第34页下。
② 《四库全书总目提要》，中华书局，1986年版，第16页。
③ 易登阅编纂：《湘潭易家塘易氏家谱》卷五（列女传三），第56～57页，（缩微胶卷）中国社会科学院历史研究所图书馆1986年据民国廿一年（1932）忠裔堂活字本摄制。
④ 唐圭璋编：《全宋词》册五，中华书局，1965年版，第3539页。
⑤ 无名氏：《湖海新闻夷坚续志》，中华书局，1986年版，第205页。

与现实生活中真正的思妇之作有所不同。试以小词为例言之,《花间集》中温庭筠所写的"玉楼明月常相忆",及薛昭蕴所写的"约鬟低珥算归期",虽亦为思妇之词,但却与本文所举引的真正的良家妇女所写的思妇之词,在美感特质方面,有着极大的差别。一般来说,女性在男性之心目中,永远是一个他者,当男性作者写女性之形象时,其出于男性口吻者,则女性之形象自然就成为了一个可供男性欲求或欣赏的客体。而即使是男性作者尝试用女性之口吻来叙写女性之情思时,事实上在男子内心深处之基本心态中,其所写之女性情思,就也仍然是一个被男性欣赏之客体,所以男子所写的思妇之词,如前举温庭筠与薛昭蕴之词句,乃往往会较之女性所自写的思妇之词更富于可欣赏之美感特质。至于女性自己所写的思妇之词,如本文所举引的胡夫人之《采桑子》所写的"终朝等候郎音耗",易袚妻之《一剪梅》所写的"不知何日得成双",若从传统评赏之眼光来看,则固不免显得浅率质拙,与男性托为女性口吻所写的思妇之词之空灵婉约富含言外之意蕴者,乃全然不能相比。但此种差异却也正显示了女性语言的一种特色。此种特色,我们在第二节论及女性语言与女性书写时,已曾举引过法国女性主义学者海伦、西苏(Hélène Cixous)的一段话,她认为女性的书写乃是要写出自我(written out of me),没有排拒(no exclusion),也没有规约(no stipulation),而只是对爱之无止尽的寻求(unappeasable search for love)①。她的这种说法,证之于我们在前一节中所探讨的歌伎之词,与我们现在所探讨的良家妇女之词,可以说都是可信的。因为如我们在前文所言,女子的唯一志意就是对爱的寻求。而对于一个既不能接受与男子同等之教育,而且也并没有如男子一样的要在文辞上雕琢修饰以求成名成家之野心的妇女来说,用浅率质拙的语言来

---

① 参见拙文《女性语言与女性书写——早期词作中的歌伎之词(上)》注[2]、注[3]、注[4],《天津大学学报》(社科版),2006年第4期。

表述自己对爱的期待和追寻,也许这才正是她们的最为本色的美感特质。只不过如果像西方女性主义者之想要用这种语言来完全颠覆早已由文化主流中男性所建构完成的语言系统,就未免是一种过于偏激和天真的狂想了。而从中国的女性词作来看,则中国女性词人所完成的,却原来并不是破坏和颠覆,而是一种融会,并且要在融会中完善和完成一种女性的自我表述。这条道路当然是辛苦而漫长的。这些宋代的良家妇女之词,可以说正是由早期歌伎之职业性的歌辞之作,转入正式文学之作的一个开始,所以我们所举引的虽然只有四首词作,但它们所表现出的美感特质,却是有多种不同的。其中与歌伎之词的浅率质拙的风格最为接近的一首,乃是胡夫人的《采桑子》,这首词不仅语言质拙,而且"永远团圆"一句的"圞"字,与此词所用的韵全不相协,是一首出韵不合律的作品。不过整体说来,却实在恰好表现了一个不以文学为事的拘守家中之思妇的一份极为朴实真切的情思。至于第二首魏夫人的《减字木兰花》一词,则分明显示出了对于文学传统中之男性语言的融汇,这当然与这位作者之既为魏泰之姊又为曾布之妻的文学家庭之出身有关,即如其"春尽衡阳雁渐稀"与"一曲阑干一倍愁"等句,就都写得极为婉转有致,但却也因其所使用的语言与一般男性词作之过于相近,却反而失去了鲜活的生命与个体之特色。至于第三首易被妻的《一剪梅》词与第四首陈彦章妻的《沁园春》词,则都是既具有男性写作之驱使语言的能力,而却用女性语言极为活泼生动地写出了女性之情思的佳作。易被妻一首用了不少迭句,熟练畅达,显然受有男性词作的影响,但语气中则对男性之"不还乡"作出了强烈的指责。正与前一节我们论及早期歌伎之词之美感特质时,所指出的对男性语言之另一种颠覆的情况相同,自是可注意的一首词作。至于陈彦章妻的一首,则更有可注意之处。首先是其所使用的《沁园春》词调,乃是长调慢词。这在早期女性词作中颇为少见。因为女性大多重抒情而不重铺陈。而陈妻此词则铺叙极佳。开端先从家中尊长为其选婿说起，既真切又生动，而且能把口语俗言与古典雅言结合得恰到好处，淋漓尽致地表现了一个初为人妻的良家妇女，对于家中为其所选得的如意郎君之欣幸和爱赏。下半阕则从送别写起，在叙写自己的别情离恨以前，却先叙写了一片对郎君的慰解之言，真是一位善解人意的贤妻。而"白发夫妻、青衫事业"两句，则把我们在前文所曾提出的男子之志意与女子之志意常相背反的矛盾，做出了极为理性也极为柔厚的解释与调和，"白发夫妻"是我与你的结合之终生不可分割，"青衫事业"是我对于你的志意前程的理解和尊重。而"两句微吟当折梅"一句，则是用《荆州记》中所载江东陆凯折梅花一枝以赠路晔的典故①，以喻说自己所写作的"两句微吟"的词句，盖亦有如古人折梅相赠之一片深情远意。至于结尾三句之"彦章去，早归则个，免待相催"，则写得一句一折，极尽深婉之致。"彦章去"是你之远行之终不可免，"早归则个"是我的唯一盼望和叮咛，而"免待相催"则是我对你之万一久别不归的一份忧思和愁虑。寻常语言，写得如此婉转多情，而且表现了一片真纯深挚的女性情思，这自然是良家妇女所写的思妇之词中的一首佳作。

不过真正良家妇女所写的最为动人的作品，却还并不是这些思妇之词。因为如本文在前面所言，在传统的性别文化中，男子之志意与女子之志意既常相背反，因此良家妇女之成为思妇，就成为了社会中之一种寻常现象，何况所谓"思妇"者，自然是指一些夫妇之名分已定的女子，如此则纵然因男子之欲追求青衫事业，而不免有暂时离别的悲哀，但作为名分已定的妻子，则终究会有一种白头相守的最终的信念和期待。所以一般说来，思妇之词虽然也是一种悲歌，但毕竟还有一种哀而不伤和怨而不怒的温情。至于家庭妇女之作中的真正震撼

---

① （宋）李昉等编：《太平御览》卷十九，《四部丛刊》三编，第三十五册，上海商务印书馆，1935年版，第5页下。

人心的作品,则大多乃是一种经历了非常之变以后的非常之作。虽然就一般男性作者言之,苦难挫伤也同样是一种创作的动力。此自西汉之太史公,固已早曾有"文王拘而演周易。仲尼厄而作春秋。……诗三百篇,大抵贤圣发愤之所为作也"的一种认知①。唐代之韩文公也曾说过"大凡物不得其平则鸣。……人之于言也亦然。有不得已者而后言,其歌也有思,其哭也有怀,凡出乎口而为声者,其皆有弗平者乎"的话②。即以诗人词人而论,有晋宋之世而后有陶渊明;有天宝之乱离,而后有杜工部;有乌台之诗狱,而后有苏东坡;有多年之罢废,而后有辛稼轩。此在男性作者言之,其挫伤不平之气,盖往往关系于个人之进退与国家之废兴。这当然因为在以男性为中心的士人文化之传统中,男性所追求者固原以其理想志意为主,所以男子所感到的最大的打击乃是理想志意的挫伤。而就女子而言之,则其所追求者,乃原以终身托付之爱情为主,所以女子所遭遇的最大的打击,乃莫过于婚姻与爱情的挫伤。只不过在传统文化中,女子既完全没有主动追求爱情的自由,因此对于经由父母之命与媒灼之言所安排的婚姻,纵然遭遇不幸,亦大多只能委曲求全,做隐忍的承受。一般而言,是绝不肯也绝不敢将此种不幸公诸于世的。而婚姻之悲剧乃竟有欲求隐忍而不可得者,此在宋代良家妇女中,乃有两个最为著名的悲剧人物。一个自然是众所熟知的陆游所离异的前妇,另一个则是被戴复古所欺骗的外妻。《全宋词》中对此两位不幸的妇女之词作,都曾载录。现在就让我们将这两首词抄写下来一看:

　　(一)唐婉 《钗头凤》
　　　世情薄。人情恶。雨送黄昏花易落。晓风干。泪痕残。

---

①　(西汉)司马迁:《史记·太史公自序》,中华书局,1959年版,第3300页。
②　(唐)韩愈:《送孟东野序》,马其昶、马茂元《韩昌黎文集校注》卷四,上海古籍出版社,1987年版,第233页。

欲笺心事，独语斜阑。难、难、难。　　人成各。今非昨。病魂常似秋千索。角声寒。夜阑珊。怕人寻问，咽泪装欢。瞒、瞒、瞒。（原出《古今词统》卷十）①

（二）戴复古妻　《祝英台近》

惜多才，怜薄命，无计可留汝。揉碎花笺，忍写断肠句。道傍杨柳依依，千丝万缕，抵不住、一分愁绪。　　如何诉。便教缘尽今生，此身已轻许。捉月盟言，不是梦中语。后回君若重来，不相忘处，把杯酒、浇奴坟土。（原出《广客谈》）②

关于前一首唐婉的词，《全宋词》著录其出处为"《古今词统》卷十"。经查《古今词统》并未著录唐氏之词，仅在其所著录的陆游之《钗头凤》一词后，载有一则本事，谓"陆放翁初娶唐氏闳之女，于其母为姑侄。伉俪相得，弗获于姑，陆出之，未忍绝。为别馆往焉。姑知而掩之，遂绝。后改适同郡宗室赵士程。春日出游，相遇于禹迹寺南之沈园。唐语其夫遣致酒肴。陆怅然赋此词。唐见而和之。未几，怏怏卒。后，放翁复过沈园，赋诗云'落日城头画角哀。沈园非复旧池台。伤心桥下春波渌，曾见惊鸿照影来'"③云云。关于此一则本事，最早盖见于宋人笔记陈鹄之《耆旧续闻》及周密之《齐东野语》。陈鹄谓："余弱冠客会稽，游许氏园，见壁间有陆放翁题词云……。笔势飘逸，书于沈氏园，辛未三月题。放翁先室内琴瑟甚和，然不当母夫人意，因出之。……后适南班士名某。家有园馆之胜。务观一日至园中，去妇闻之，遣遗黄封酒果馔通殷勤，公感其情，为赋此词。其妇见而和之，有

---

① 唐圭璋：《全宋词》册三，中华书局，1965年版，第1602页。
② 唐圭璋：《全宋词》册四，中华书局，1965年版，第2310页。
③ （明）卓人月：《古今词统》卷十，续修四库全书编纂委员会《续修四库全书》册一七二九，第1页下，上海古籍出版社，2000年版。

'世情薄，人情恶'之句，惜不得其全阕。未几，怏怏而卒。"①是则陈鹄固尝亲见陆游题壁之《钗头凤》词也。至于周密则更述及唐氏之家世，谓："陆务观初娶唐氏，闳之女也，于其母夫人为姑侄，伉俪相得，而弗获于其姑，既出而未忍绝之，则为之别馆，时时往焉。其姑知而掩之，虽先知挈去，然事不得隐，竟绝之，亦人伦之大变也。唐后改适同郡宗子士程。尝以春日出游，相遇于禹迹寺南之沈氏园。唐以语赵，遣致酒肴。翁怅然久之，为赋《钗头凤》一词，题园壁间……实绍兴乙亥岁也。"②关于此两则纪事，后人颇有疑其不尽可信者③。一则两书所记陆游题词之年代不同，一者曰"辛未三月"，一者曰"绍兴乙亥"，前者当为绍兴二十一年（1151），后者则为绍兴二十五年（1155），此其不可信之一；再则《齐东野语》谓"唐氏，闳之女也，于其母夫人为姑侄"之说，亦不可信。盖以陆游之母乃江陵唐氏，其曾外祖为北宋名臣唐介，介之孙男其名字皆从"心"字，如"愿"、"恕"、"意"等字，而未见有从"门"字为名者。至于陆氏前妻唐氏之母家，则为山阴唐氏。其父唐闳为宣和间鸿胪少卿唐翊之子，此其不尽可信之二；三则陈鹄谓唐氏"后适南班士名某"，周密谓其"后改适同郡宗子士程"，两书记载不同，此其不可信之三；四则陆词"红酥手"云云，语气似不甚庄重，且公然题词于沈园之壁，则将置唐氏之颜面于何地，此其不尽可信之四。而私意以为其一年代之异，或因口耳传说不免有误，但似应以陈鹄之说为准，一则陈氏所记乃出之亲见，再则陆游《剑南诗稿》卷廿五有七律一首，题曰"禹迹寺南有沈氏小园，四十年前尝题小阕壁间，偶复一到，而园已易主，刻小阕于石。读之怅然"④，此诗据陆诗编年盖作于绍熙三年

---

① （宋）陈鹄：《耆旧续闻》卷十，中华书局，2002年版，第388页。

② （宋）周密：《齐东野语》卷一，中华书局，1983年版，第17页。

③ 参见清吴骞：《拜经楼诗话》、吴衡照《莲子居词话》及今人吴熊和《陆游〈钗头凤〉词本事质疑》（《清诗话》下册，上海古籍出版社，1963年版；《词话丛编》第三册，中华书局，1986年版；《吴熊和词学论集》，杭州大学出版社，1999年版）。

④ 钱仲联：《剑南诗稿校注》册四，卷二五，上海古籍出版社，1985年版，第1809页。

(1192)，依此上推，则题词之年自当以陈鹄所见之"辛未三月"为可信，此其一；再则唐氏"于其母夫人为姑侄"之说虽不可信，而其误亦复由来有自，盖以据刘克庄之《后村诗话·续集》所载，谓"放翁少时，二亲教督甚严。初婚某氏，伉俪相得。二亲恐其惰于学也，数谴妇。放翁不敢逆尊者意，与妇诀。某氏改适某官，与陆氏有中外"[1]云云，据此可知，所谓"与陆氏有中外"之亲戚关系者，固原当指唐氏改适之某官，而据周密之《齐东野语》，则"某官"者当即指唐氏其后改适之"同郡宗子"赵士程也。且据陆游《渭南文集·跋唐昭宗赐钱武肃王铁券文》所叙，知此铁券曾传至文禧公钱惟演之孙钱景臻，"景臻尚秦鲁国大长公主"，陆游自谓"年十二三时，尝侍先夫人得谒见大主"，故得亲见此一铁券[2]。至于陆游之母与钱氏之关系，则因陆游之姨母唐氏为景臻之子钱忱之妻。而唐氏改适之宗子赵士程，则为大长公主之内侄孙。可知与陆游有中外者乃唐氏之后夫而非唐氏也。周密所记盖出传闻之误，此其二；三则据前述可知陈鹄所云"南班士名某"者，固当即为周密所云"后改适同郡宗子士程"者也，此其三；四则所谓陆词中"红酥手"云云似口气不甚庄重之说，则私意以为就整体而言，此词实写得极为沉痛悲慨，与陆氏一般写男女之情的作品，如《真珠帘》（灯前月下嬉游处）及《风流子》（佳人多命薄）等词作均大有不同，且据前引陆诗《禹迹寺南……尝题小阁壁间》之言考之，陆氏题壁之小阁，舍此一首《钗头凤》外，实更无足以当之者。而且陆氏在其诗作中，更曾屡屡言及此题壁之作[3]。是则此一《钗头凤》小词，固应确与其早年之一段婚姻悲剧有密切之关系者也。夫以放翁一堂堂男子，此一悲剧尚对其心灵造成

---

① （宋）刘克庄：《后村诗话》续集卷二，中华书局，1983 年版，第 100 页。

② （宋）陆游：《跋唐昭宗赐钱武肃王铁券文》，《陆放翁全集》卷三一，台湾世界书局，1970 年版，第 190 页。

③ 陆游《禹迹寺南》一诗，即有"坏壁醉题尘漠漠，断云幽梦事茫茫"之句；《十二月二日夜梦游沈氏园亭》一首，亦有"玉骨久埋泉下土，墨痕犹锁壁间尘"之句。

如此重大之伤痛,则唐氏以一处身礼教之强势压力下而无辜受害之弱女子而言,其心灵所承受之痛苦的深重,自更属不言可知。只可惜在宋人笔记中,除去陈鹄在《耆旧续闻》中所叙及的"世情薄、人情恶"两句和词以外,皆未见其全阕。以迄明代詹詹外史评辑之《情史》于其卷十四"情仇"类陆务观一则之下所载唐氏和作,亦仅有此二断句而已[1]。直到清康熙时代所编录之《御选历代诗余》卷一百十八之"词话"中,始见唐氏有《钗头凤》全词之记载[2],其真伪自属可疑。私意以为此词自"晓风干"以下,辞语生硬,叙写直白,与唐氏之身份口吻确实颇不相类,似当为伪作无疑。不过据陆游诗中对唐氏之追忆描摹来看,唐氏必为一才慧之女子,且曾亲采菊花为陆氏缝制枕囊,其幽情雅韵可想。即使良家妇女限于闺训,平日并不写作歌辞之词,但当其有深悲极痛之时,小词固应仍是当日妇女所可采用的一种最为便利的文学表达之方式,所以唐氏之或者写有词作本是可能的。只不过与唐氏有关的三个家族,无论就其前夫一族之陆家而言,或就其父系一族之唐家而言,或就其后夫一族之宗室赵家而言,必然都不愿唐氏之有此种歌词流传于世,则是可以想见的。而这也正是在性别文化中女性较男性之另一大不幸之处。盖以如本文在前面所言,苦难挫伤固为一种创作的动力,作为一个男子在遭受苦难挫伤之后,固不仅可以将其一切不平之鸣都发之于文字之写作,更且还可以有藏之名山传之后世的理念和希望,或者不得已而求其次,还可以自醇酒妇人中求得一种慰解。而女子则只有在痛苦压抑之中含菇承受而已,观夫唐氏所遭遇之不幸,乃竟至求一全词而不可得,遂终至于以生命为殉,"怏怏而卒",这正是作为女性的一种绝大之悲剧,而这也正是何以我对此一首仅存断句的不尽可信的小词,也竟然录而存之的一个主要缘故。

---

① (明)詹詹外史评辑:《情史·情仇》,江苏古籍出版社,1993年版,第476页。
② (清)康熙:《御选历代诗余·词话》卷一一八,第24页上,康熙四十六年御定内府刊本。

接下来我们再看良家妇女所传留的词作中，另一个悲剧人物——戴复古妻所留下的一首绝命词《祝英台近》。据《全宋词》之著录，谓此词出于《广客谈》。该书撰人不详，流传不广。经查《丛书集成·初编》版《广客谈》，未见此一则之记载①。唯陶宗仪之《南村辍耕录》卷四"贤烈"一则曾载有相关之本事，云："戴石屏先生复古未遇时，流寓江右武宁，有富家翁爱其才，以女妻之。居二三年，忽欲作归计。妻问其故，告以曾娶。妻白之父，父怒。妻婉曲解释，尽以奁具赠夫。仍钱以词云：'惜多才，怜薄命，无计可留汝。揉碎花笺，忍写断肠句。道傍杨柳依依，千丝万缕。抵不住，一分愁绪。捉月盟言，不是梦中语。后回君若重来，不相忘处。把杯酒，浇奴坟土。'夫既别，遂赴水死。可谓贤烈也矣。"②只是《辍耕录》所载之词并无牌调《祝英台近》之名。而且其所著录者实较《全宋词》缺少了换头处之"如何诉，便教缘尽今生，此身已轻许"三句。此书之撰著者陶宗仪为元末明初时人，其书卷首有署名"江阴孙作大雅"之序文，题记之年月为"至正丙午夏六月"③，则其书成于元代，殆无可疑。其后明人诸笔记，如蒋一葵之《尧山堂外纪》、杨慎之《词品》、冯梦龙之《情史》、陈耀文之《花草粹编》，诸书所载皆无后半阕开端之三句。《四库提要》录《石屏词》简介，引《辍耕录》此词，以为此"江右女子一词，不着调名。以各调证之当为《祝英台近》，但前阕三十七字俱完，后阕则逸去起处三句"④，所言诚是。后人或取其第二句"怜薄命"而另立一词调者实不可据。至清人崔蕙之《崔德皋先生遗书》所录《薄命辞》一诗之序言中，引用此一故实，始见后半阕开端之"如何诉，便教缘尽今生，此身已轻许"三句⑤，其平仄虽与《祝英台近》

① 参见《广客谈》，《丛书集成》初编二九五七册，台湾商务印书馆，1983年版。
② （明）陶宗仪：《南村辍耕录·贤烈》，中华书局，1980年版，第51～52页。
③ （明）陶宗仪：《南村辍耕录·贤烈》，中华书局，1980年版，第3页。
④ 《四库全书总目提要》，中华书局，1986年版，第74页。
⑤ （清）崔蕙：《崔德皋先生遗书》，《崔东壁遗书》，上海古籍出版社，1983年版，第905页。

之牌调相合,情意亦相符,然此殆后人拟作,并不可信。再者词中有
"捉月盟言"一句,夫唐代诗人李白虽有入水"捉月"之传说,但实与"盟
言"无涉。不过前引诸早期有关此一则小词本事之记载,皆作"捉月",
甚至其后清人诸词话中,如李调元之《雨村词话》、冯金伯之《词苑萃
编》、叶申芗之《本事词》、徐釚之《词苑丛谈》等,诸书皆作"捉月",盖相
沿承袭,未敢妄改也。唯康熙年间所编录之《御选历代诗余》作"指月
盟言",其后清代之丁绍仪于同治年间撰《听秋声馆词话》论及"宋夫妇
词"一则中引述此词,亦作"指月盟言"①,此虽与古本无征,然以意论
之,则"指月"有指天誓日之意,正与所谓"盟言"相合,当作"指月"
为是。

　　以上乃就此词之流传版本而言,若就本事而言,则此一本事亦当
属可信。盖以较陶宗仪年代更早之楼钥对此一本事已曾有所记述。
楼氏为南宋孝宗隆兴年间进士,戴复古生于孝宗乾道初年,楼氏固当
与戴氏同时而年长,据《四库全书总目提要·集部·词曲类一》所记,
谓"《石屏词》一卷,所据为'安徽巡抚采进本',云:'此本卷后载楼钥所
记一则,即系《石屏集》中跋语'"(按此跋语所记者即为此一本事)。
《提要》又谓《石屏集》中"《木兰花慢.怀旧》一词前阕,有'重来故人不
见'云云,与江右女子词'君若重来,不相忘处'语意若相酬,疑即为其
妻而作"②云云。盖此一本事不仅属实,且曾引起后人之不少争议。杨
慎《词品》卷五之"江西烈女词"一则,即曾载此一本事,而论之曰:"呜
呼,石屏可谓不仁不义之甚矣。既诳良人女为妻,三年兴尽而弃之,又
受其奁具而甘视其死。俗有谑词云:'孙飞虎好色,柳盗跖爱财,这贼

---

　　① (清)丁绍仪:《听秋声馆词话》卷八,唐圭璋编:《词话丛编》册三,中华书局,1986 年
版,第 2671 页。
　　② 《四库全书总目提要》,中华书局,1986 年版,第 74 页。

牛两般都爱',石屏之谓欤。"①而毛晋为《石屏词》作跋语乃引《石屏诗集》卷首当时诸序文,以为"天台诗品,莫出其右",而谓杨慎之跋语"乃以江西烈女一事,疵其为人,不几以小节掩大德耶"②? 其后詹詹外史辑评之《情史》,在此一则本事的记叙之后,乃引另一则有关唐代邓敞之故事,谓敞以"孤寒不第……牛奇章(按即牛僧孺)之子蔚谓敞曰'吾有女弟未出门,子能婚,当为展力'"。时敞已婚李氏。"利其言,许之。""既登第,就牛氏亲。不日,挈牛氏而归。将及家,敞绐牛氏,先回家洒扫。及至家,又不敢泄其事。明日,牛氏仆驱其辎囊,直入内铺设。李氏惊问,答以夫人将到。李知别娶,抚膺大恸顿地。牛至,知其卖已,请见李氏曰:'吾父为宰相……岂无一嫁处耶? 其不幸岂惟夫人哉! 今愿一与夫人同之。'自是相欢如姊妹焉。牛氏大贤德,绝无一毫丞相女在胸中。此妇(按指戴氏欺得之外妻)未免有'富家女'三字在"③。从这些论述中,我们自不难看出由性别文化所形成之社会习俗和道德标准在两性间所造成的重大差别。男子对女子既可欺之于前,更可弃之于后,在社会中也仍属可谅解之行为;而女子则在被欺与被弃之后,甚至更以衾具相赠,且以生命相殉,竟然仍被认为有所不足,责之以因身为"富家女"而负气,而不能如牛氏女之屈身以事大妇。其对不同性别之不同的道德责求,自是明显可见的。何况戴氏外妻并非不肯屈身以事大妇,而是因戴复古之本欲弃之而并无挈其还家之意。戴氏之不情不义本属明白可见,而在传统社会中,则一般旧日之所谓文士者,乃往往对此种不情不义之行为不仅皆认为可以获得原谅,甚且可被视为一种风流韵事。这自是性别文化中所形成的一种绝然不

① (明)杨慎:《词品・江西烈女词》,唐圭璋编:《词话丛编》册一,中华书局,1986年版,第523页。

② (明)毛晋:《宋六十名家词・石屏词》跋语,上海古籍出版社,1989年版,第470页。

③ (明)冯梦龙:《情史・情仇》,冯梦龙《冯梦龙全集》册七,江苏古籍出版社,1993年版,第510页。

平等之现象。本文虽以探讨女性词之美感特质为主,但其探索之途径,则是以性别文化为观察之角度,这正是我们何以对此一阕题为戴复古妻所作的《祝英台近》之本事,及前人对此一本事之评述,也先要略加考查的缘故。

至于说到这首词的美感,则我所想到的实在并非词之美感,而是诗之美感。记得《杜诗详注》中,仇兆鳌在杜甫《送郑十八虔贬台州司户伤其临老陷贼之故阙为面别情见于诗》一首后,曾附录有两则评语。其一是卢德水之评语,谓杜甫此诗"纯是泪点,都无墨痕。诗至此,直可使暑日霜飞,午时鬼泣。……末经作永诀之辞,诗到真处,不嫌其直,不妨于尽也"。其二是顾宸的评语,举司马迁之《报任少卿书》与杜甫此诗并论,谓"人知龙门之史,拾遗之诗,千秋独步。不知皆从至性绝人处,激昂慷慨,悲愤淋漓而出也"[①]。昔古语曾云:"至情无文。"所谓"无文"者,并非"不文",而是因为此类作品乃是全从生命血泪发出,其美感乃全在其充满血泪的生命之本质,因而乃形成了一种远远超乎于文字辞采以外的,全以生命本质为感发的一种特美。即以此江右女子的这一首《祝英台近》而言,其开端的"惜多才、怜薄命,无计可留汝"三句,就如此简当直截的写出了自己全部的不幸之悲情,全为发自胸臆之言,而无半点辞藻之修饰。"惜多才"是对于对方的一份无法割舍的爱赏之情,"怜薄命"是对于自己之不幸的一种无可逃避的承受。"无计可留汝"短短五字,则写出了万种缠绵与千般无奈的心碎肠断的现实之处境。如此劲切,如此直接,这真是以血泪写出的三句好词。至于下半阕之"指月盟言,不是梦中语"两句,上一句写当日之情爱,"指月"之情景如在目前,"盟言"之誓语仍留耳畔,而却以下一句的"不是梦中"反映出上一句所写前时情景在今日之尽成虚幻。至于结尾数句"后回君若重来,不相忘处,把杯酒浇奴坟土",则是以极为悲苦的深

---

① (清)仇兆鳌:《杜少陵集详注》卷五,中华书局,1979 年版,第 425~426 页。

挚之情，表达了自己最卑微的一点愿望。记得当年读王国维的《人间词》，对于其中的《蝶恋花》（黯淡灯花开又落，此夜云踪，究向谁边着）一首，也曾经甚为喜爱，该词全写一痴心专意之女子对于一个并不专情之男子的只求付出不求回报的情意。此种情意自为今日女权主义者所不取。但此种不斤斤计较于利害得失的感情之境界，实在也是一种道德之境界。所以王国维的此一首《蝶恋花》词，乃曾被说者认为其有"拳拳忠悃"之"寄意"①。此江右女子之词，虽然并无言外之寄意，但其无怨无争完全以自我之牺牲含茹了一切痛苦之精神，却实在与一种道德精神若有暗合之处。彼辈以"富家女"之气性为说者，真不免小人之见也。至于此词上片中之"揉碎花笺"至"抵不住，一分愁绪"数句，若以劲直深挚论，虽较此词之开端及结尾诸句稍弱，但也都以极为真切之情事和景物，表现出了一种难以安排和难以言述的，无法解脱之深情，在在足以动人。若其过片换头三句为后人所增益者，虽亦堪称妥适贴切，但已属思量安排之言语。较之此词开端及结尾诸句之自生命血泪流出者，乃不可同日而语矣。但无论如何，此词皆当属于良家妇女之哀歌中的一首杰出之作。

从以上我们对一些良家妇女之词所做的探讨，大致已可见出，一般女子在沉重的闺阁阃范之约束下，其所能表达之情思不仅极为狭窄，而且平日也绝不可能以舞弄文墨为事，所以早期的良家妇女之作，并没有丰富的主题和内容，这自是一种必然的现象。而在性别文化中，思妇之词遂成为了女性词作中最为普遍的内容。有才情者虽然也往往可以写出颇为动人的作品，但就意境言之，则终不免缺少深广之致。在此种情形下，妇女之作欲求其有加深与加广之成就，遂必须有待于其在现实生活中所遭遇的强烈的刺激和震撼。被戴复古所欺而弃之的江右女子之所以能写出超越于一般妇女所写的伤春怨别之情

①　田志豆：《王国维词注》，香港三联书店，1985年版，第28页。

的作品,而表现出了一种震撼人心的死生抉择之际的道德精神之品质,当然就也正因其在现实生活中遭遇到了强烈的刺激和震撼的缘故。杰出的作品都必须付出过人的代价,这在一般创作中本是一种普遍的规律,而在平日闭锁闺中每日过着平淡无味之生活的女子而言,其杰出的作品之有待于非常之遭遇,较之男子就更为需要,不过作为一个女子,则纵然遭遇了非常之不幸,可以写出蚀骨摧心的深悲极痛之作,也仍然是属于个人一己之情事,纵然有了足够的深度,其意境之广阔也仍嫌有所不足,因此一个女子若想写出既具深度又具广度的作品,乃必须遭遇一种双重的不幸,也就是说不仅是个人之不幸,而且还需要结合大时代的国家之不幸,如此方能造就一个妇女成为伟大的作者,此在中国历代妇女之作中求之,私意以为其最可以当之者,实当推东汉末期建安时代最著名的一首五言长古《悲愤诗》之作者蔡琰。在文学史中题名为蔡琰所作的作品本来共有三篇,除去此五言长古以外,还有一长篇楚辞体的作品也题名为"悲愤诗",另外还有一篇联章之作的作品题名为"胡笳十八拍"。在这三篇作品中,引起争议最多的一篇是《胡笳十八拍》。早在 20 世纪 50 年代末期,国内的《文学遗产》曾经刊载过多篇有关此《十八拍》作者之真伪的讨论,其后曾被编辑为一册专书《胡笳十八拍讨论集》,于 1959 年由北京中华书局出版。不过本文并不以讨论《十八拍》为主题,故可暂置不论;至于另外两篇并皆题名为"悲愤诗"的作品,则私意以为若就妇女作品之反映世变之内容的深广而言,其五言的一篇长古较之七言楚辞体的一篇似尤为重要。此二诗之主要分别,乃在于楚辞体的一篇之所写者,盖主要皆以个人之情思感受为主,而五言长古的一篇,则从开端的"汉季失权柄,董卓乱天常"二句,就以义正辞严的史笔,写出了当日整个大时代的动乱,其规模气魄自不可同日而语。而尤为难得者,则是蔡琰此诗又并非如男性作者之好为议论之大言,而是因为此大时代之变乱,原来也就正是造成她个人之大不幸的主要原因。盖蔡琰为蔡邕之女,字文姬,史称其"博学有才辩……初适河东卫仲道,夫亡无子,归宁于家。
兴平中,天下丧乱,文姬为胡骑所获,没于南匈奴左贤王。在胡中十二
年,生二子。曹操素与邕善,痛其无嗣,乃遣使者以金赎之。而重嫁于
董祀"。其后董祀又犯法当死,赖蔡琰向曹操乞赦,方得获免①。夫蔡
琰以一博学才辩之女子,竟然丝毫也做不得自己的一点主张,而历尽
了人世间各种艰辛痛苦屈辱之遭遇。故其诗中所写的战争之惨,被俘
之辱,别子之痛,乃无一不出于亲身之经历,所有诗句皆自其生命血泪
中流出。在蔡琰之前,可以说从来没有出现过如此感人肺腑的真切反
映现实之痛苦的宏篇伟制。所以这篇《悲愤诗》实在不仅是妇女文学
中的一篇杰作,就是置之于建安时代诸多才俊的男性诗人之中,可以
说也是罕有人能够与之相并的。而更值得注意的,则是这篇《悲愤诗》
所写的乃全为女性之遭遇,所表现的亦全为女性之情思,所使用的更
全是女性之语言。而其所完成的则是诗歌中的一种最值得推重的全
以生命血泪为之的真朴之高境。这正是何以我在前一节论述时,曾经
征引过前人对于杜甫诗的一些评语的缘故。如蔡琰的此一篇五言长
古之成就,也或者只有杜甫的《自京赴奉先县咏怀五百余字》和《北征》一
些杰作才可以与之相比美。至于在女性词人中,则南北宋之交经历了
靖康之乱的李清照,以及明清之际经历了国族易代之变的徐灿,其成
就之所以高出于其他女性词人者,当然也与其经历了时代之巨变有
关,只是每个人之成就亦各有浅深高下之不同。关于这些微妙的差
别,我将于以后评述各家词时,再为详论。我现在只是想以蔡琰为一
特例,来说明女性作者之欲求其于意境有所拓展,必有待于时代之苦
难来逼使这些女子脱除其闺阃之限制,而对广大的现实之外界有密切
的体会和关联。但每一个人的才质性情不同,生活遭际各异,何况词
之特质与诗之特质也有所差别,欲在小词中求得有如蔡琰之成就者,

---

① (南朝宋)范晔:《后汉书·列女传》,中华书局,1965年版,第2800页。

自属极不易得。不过其成就虽不能与蔡琰相比，但在经历世变之艰辛时，其作品所表现的美感特质，自亦有其可观察与可称述者在。下面就让我们举出这一类的两篇作品来一看：

(一)徐君宝妻 《满庭芳》

汉上繁华，江南人物，尚遗宣政风流。绿窗朱户，十里烂银钩。一旦刀兵齐举，旌旗拥、百万貔貅。长驱入，歌台舞榭，风卷落花愁。　　清平三百载，典章人物，扫地俱休。幸此身未北，犹客南州。破鉴徐郎何在，空惆帐、相见无由。从今后，梦魂千里，夜夜岳阳楼。①

(二)王清惠 《满江红》

太液芙蓉，浑不似、旧时颜色。曾记得、春风雨露，玉楼金阙。名播兰簪妃后里，晕潮莲脸君王侧。忽一声、鼙鼓揭天来，繁华歇。　　龙虎散，风云灭。千古恨，凭谁说。对山河百二，泪盈襟血。客馆夜惊尘土梦，宫车晓碾关山月。问嫦娥、于我肯从容，同圆缺。②

关于徐君宝妻的一首词，元人笔记如陶宗仪之《辍耕录》及无名氏之《东园友闻》皆有记述，内容大致相同。谓"宋末岳州徐君宝之妻某氏被虏来杭，居韩蕲王府。自岳至杭相从数千里，相与数月。虏欲犯之，屡以巧计得脱。一日，虏必欲强污之，度不可脱，乃谓曰：'俟吾祭亡夫，谢绝之，可事汝。'虏喜而然之。遂严妆，焚香祝毕，赴池水而死。将赴死之际，题《满庭芳》一阕于府壁"云云③。至于王清惠的一首词，最早盖见于周密之《浩然斋雅谈》，谓"宋谢太后北觐，有王夫人题一词

---

① 唐圭璋编：《全宋词》册五，中华书局，1965年版，第3420页。
② 唐圭璋编：《全宋词》册五，中华书局，1965年版，第3344页。
③ (明)陶宗仪：《南村辍耕录·贞烈》，中华书局，1980年版，第40页。

于夷山驿中。云：'太液芙蓉……'"云云①。此词因为有以《正气歌》著称的文天祥的两首和词，因此王氏之词乃较之徐君宝妻的一首词尤为著名。周密之《浩然斋词话》对王氏之原词及文氏之和词皆曾有所记述。谓："宋谢太后北觐，有王夫人题一词汴京夷山驿中云'太液芙蓉……'云云。文宋瑞丞相和云：'燕子楼中，又捱过、几番秋色。相思处、青春如梦，乘鸾仙阙。肌玉暗销衣带缓，泪珠斜透花钿侧。最无端、蕉影上窗纱，青灯歇。曲池合，高台灭。人间事，何堪说。向南阳阡上，满襟清血。世态便如翻覆手，妾身元是分明月。笑乐昌、一段好风流，菱花缺。'又代王夫人再用韵云：'试问琵琶，胡沙外、怎生风色。最苦是、姚黄一朵，移根丹阙。王母欢阑瑶宴罢，仙人泪满金盘侧。听行宫、半夜雨淋铃，声声歇。彩云散，香尘灭。铜驼恨，那堪说。想男儿慷慨，嚼穿龈血。回首昭阳辞落日，伤心铜雀迎新月。算妾身、不愿似天家，金瓯缺。'"②而在《文山先生全集》中，则除去文氏自作的两首和词外，其后并附录有王氏之原作，并于王作下加有按语云："王夫人至燕，题驿中云云，中原传诵，惜末句少商量。"③陶宗仪《辍耕录》卷三"贞烈"一则，亦载此词之本事，而于王词之后更附加说明云："昭仪名清蕙，字冲华。后为女道士。"又载有关另外两个宋宫人及两个小姬之故事，云"故宋宫人安定夫人陈氏、安康夫人朱氏，与二小姬"，于被俘后于"五月二日抵上都，朝见世皇。十二日夜"此四人乃"沐浴整衣焚香，自缢死。朱夫人遗四言一篇于衣中云：'既不辱国，幸免辱身。世食宋禄，羞为北臣。妾辈之死，守于一贞。忠臣孝子，期以自新。'"然后陶宗仪更附加按语云："夫此四人之贞烈，视前日之托隐忧于辞章者，相去盖万万矣。"而于此一记事之后，更在"贞烈"一则之最后详载

---

①　（宋）周密：《浩然斋雅谈》卷下，清武英殿聚珍本，第8～9页。

②　（宋）周密：《浩然斋词话》，唐圭璋《词话丛编》，中华书局，1986年版，第229～230页。

③　（宋）文天祥：《文山先生全集》卷十四，《四部丛刊》初编册二一八，上海商务印书馆，1926年版，第13～14页。

徐君宝妻《满庭芳》词之本事,而论证之云:"杭徐子祥与韩(按即徐妻本事中之韩蕲王)府居相邻,尝闻长者嗟悼之,及亲见所书词,故能言其详。某氏,余偶忘其姓。噫！使宋之公卿将相贞守一节若此数妇者,则岂有卖降覆国之祸哉！宜乎秦、贾(按指秦桧及贾似道)为万世之罪人也。"①综观有关徐君宝妻之《满庭芳》及王清惠之《满江红》二词之本事,元代以下以迄明、清,各种笔记及词话中,有关之记述甚多,而其记述之重点,乃多以是否贞义为主。而且往往举徐君宝妻与王清惠相对比,前文所举陶宗仪之《辍耕录》就是一个很好的例证,而文天祥对王清惠的一句微辞,则更成为了后世论此词者所争相引用的一句名言。不过陶宗仪《辍耕录》对于王清惠之下场既也曾有过另一记述,谓其"字冲华,后为女道士"②。于是清代徐釚在其《词苑丛谈》中,乃为王氏做辩解云:"王昭仪抵上都,恳请为女道士,号冲华。然则,昭仪女冠之请与丞相黄冠之志,后先合辙。'从容''圆缺'语,何必遽贬耶?"③关于王清惠此词之是否合乎贞义的争论,我个人对之有两点看法。第一点我认为王氏此词本属于一种贞义自誓之辞,只不过因为后人对其语法有了误读,所以才引生了无数争议。其主要之误读盖由于对"肯"字之为义未加深察。因为"肯"字在古诗词中原有"岂肯"、"不肯"之意,即如韩愈之《左迁至蓝关示侄孙湘》一诗中即有"肯将衰朽惜残年"之句,其"肯"字即为"岂肯"、"不肯"之意。而且就《满江红》一调之句法而言,此词结尾处之句法表面看来虽然似乎是八个字与三个字之断句,但在词之体式中则往往有句读虽断而语气不断之情形,即如辛弃疾《满江红》(风卷庭梧)及(敲碎离愁)二词,其结尾处之"对婵娟从此话离愁,金尊里"与"最苦是立尽月黄昏,阑干曲",就都是句读虽断而

---

① (明)陶宗仪:《南村辍耕录·贞烈》,中华书局,1980年版,第38页。
② (明)陶宗仪:《南村辍耕录·贞烈》,中华书局,1980年版,第38页。
③ (清)徐釚:《词苑丛谈·纪事》,王百里《词苑丛谈校笺》,人民文学出版社,1998年版,第338页。

语气不断的明显例证。然则王清惠此词结尾处之"问嫦娥于我肯从容，同圆缺"句实亦当一气贯下来读。王氏之意盖正在诘问嫦娥，谓我岂肯如月之圆缺而有所改变哉？所以王氏最后终于出家做了女道士，可以为证。至于我的第二点看法，则是私意以为不同之性别身份在社会中各有不同之地位与责任，发而为词当然也有不同之口吻和风格。文丞相之和词凛然大义，此自为以丞相而为都督之男性作者所禀有的阳刚性的严正之气节；至于王清惠则不过只是后宫中的一个昭仪，纵然亦有贞义之节，但其口吻却纯然是一种弱德的在患难不幸中透过柔婉之承受而保持的一点坚贞之心志。一般人因文丞相之词而对王氏加以责求，则是既未能了解"肯"字之为义，而且对于性别文化对一个作者所能造成之影响也未加深刻之反思的缘故。至于徐君宝妻之殉节死义，则其身分与王清惠本有不同，王氏在"后宫"之"佳丽三千""君恩如水向东流，得宠忧移失宠愁"的处境中之身份，与徐君宝妻的恩爱夫妻之身分关系，固全不可相提并论。而且私意以为所谓"殉死"者，固当全出于自己内心之一种殉身无悔的深情，而不当只为虚伪的礼教节义之虚名。所谓"余心所善九死不悔"，徐君宝妻之为了恩爱的夫妻之情而殉死，固是心之所善九死无悔，即使如我们在前文所举引的戴复古妻之投水自沉，虽然其对象乃是一个不忠实的丈夫，但只要她自己的钟情果然如此之深，她的殉死就应该也有一份余心所善九死不悔的值得尊敬之处，而不必为其殉身之对象之是否值得而斤斤计较其得失利害。若内心无此深情而未能殉，则似乎也不必对之过于深责，何况王清惠最后还是做了女道士呢。文丞相以自我的标准而对之发为微辞，此在文丞相固亦属真诚的有感之言，但对于不同性别不同身份的王氏而言，则似乎是未免过于深责了。

以上是就此二词之女性语言所表现的内容情意而言。若再就其女性书写所表现的写作之方式和风格而言，则此二词亦颇有可资论述之处。那就是这两首词都是属于长调的慢词，而且也都作出了相当的铺陈和叙述。本来长调之慢词在敦煌曲子中亦复早已有之,只不过当文人诗客开始着手来为这类流行的宴乐俗曲填写歌词时,却因为他们对此种较为繁复之长调的声律不甚熟悉,故其所作乃大多以小令为主。直至通晓音律的文士柳永之出现,长调才逐渐在文士中流行起来。不过,我们如果把柳永的长调慢词与敦煌曲中的长调慢词一加比较,就会发现敦煌曲中之慢词,无论其为出自女性口吻之作,如《凤归云》之(征夫数载)及(绿窗独坐)诸词,或出自男性口吻之作,如《内家娇》之(丝碧罗冠)及(两眼如刀)诸词,其叙写之内容既大多只限于闺阁之中的情境,其叙写之手法也大多只是平直的铺叙。而柳永的同调之作,如其《凤归云》(向深秋,雨余爽气肃西郊),及《内家娇》(煦景朝升)诸词,则往往能脱出于闺阁之外,而写出了羁人旅客的一份登山临水的秋士之悲。只不过其叙写之手法则主要仍是以平叙之铺陈为主的。但平铺直叙的长调之词,其婉约者既易流于淫靡,其豪放者又易流于叫嚣,于是乃有周邦彦之出现,以思致之安排勾勒的手法,而使之避直成曲而表现了一种幽微深曲的情致。而此种手法遂影响了许多南宋长调的作者,如白石、梅溪、草窗、梦窗、碧山诸家,就都曾受有周词之影响。关于这种演化,我在论述男性词人之美感特质之演进时,已曾多次论及,兹不再赘。现在只就男性词之手法及风格对女性词之影响而言,南宋以来长调之流行,这当然是最为明白可见的一种现象,徐君宝妻与王清惠词之皆为长调,这当然也是女性词之演进到了南宋时期的一种必然的趋势。至于就此类长调之作的叙写手法而言,则私意以为这两首词所表现的实可说是女性词风与男性词风互相融汇结合后的一种成果。如徐君宝妻一词之上片所写的"汉上繁华"一大段,及后片开端的"清平三百载"诸句,和王清惠一词之后片开端所写的"龙虎散,风云灭"诸句,其论述兴亡感慨盛衰之语气,就分明都表现了一种男性的词风,这种现象自然是男性词与女性词在经历了世变后所发展出来的一种共同的词风。也正如前所举的蔡琰之《悲愤诗》之在一开端就写出了"汉季失权柄，董卓乱天常"的义正辞严的大议论，这也正好证明了我在前文所说的女性作者之想求意境之拓展，必有待于时代之苦难，方能逼使其脱除闺阃之限制，而对现实之大环境有所体认和关怀。不过女性毕竟是女性，尽管她们也对大时代有了体认和关怀，但最后却毕竟不得不仍落入自我一己的身份和处境，所以徐君宝妻乃终于写下了结尾之"破镜徐郎何在"数句的自我殉死的誓言。王清惠也终于写下了其完全做不得自己主张的"问嫦娥于我肯从容"的无可奈何之句。而如果以徐君宝妻及王清惠的两首词，与经历了南宋败亡以后的《乐府补题》中的一些作者如王沂孙、周密诸人的咏物之作相比较，则徐、王二人之叙写方式，可以说正是属于一种真情实感的所谓女性书写之直接倾述的模式；而王、周诸人则是属于雕饰辞藻造为隐语的一种属于男性的叙写之方式，虽然如前文所言，长调之词若全用平铺直叙之手法，则婉约者易流于淫靡，豪放者易流于叫嚣，如刘过之《沁园春》诸词就正可见出此类缺失。这正是南宋诸长调作者之大多喜用安排勾勒之手法的缘故，原不仅《乐府补题》中之一些咏物之作为然也。但徐、王二人之作则虽然全用直笔叙写，乃全无浮泛叫嚣之病，这自然是因为此二人所写者皆为一己所亲历之危苦患难，而且因为身为女性，所以在悲慨中仍自有一种屈抑之致，如此则与男性词人对于内心悲慨一作平直之叙写便易流于粗犷叫嚣者，大有不同矣。凡此种种，自是我们在从性别与文化讨论女性词作之美感特质时，所当特别加以注意区别的。

性别视角下的文体特质

——以词体美感问题为例

张 静

词,作为中国古代的一种文体,历代词作者丰富多彩的作品中已经充分体现着其独特的文体特色和美感特质。但如果将词的这种文体特质从性别的视角加以关注,提出词是一种"特别女性化的文类"①,此一观念尚需要我们在开篇加以申说。

一

每一种文体内容、风格等方面的特征都是不断发展变化的,古人虽留下了"词之为体如美人,而诗则壮士也"②、"人禀阴阳之气以生,性情中所寓之气,有时感发,每不可遏。有词曲一途分泄之,则使清纯之气,长留存于诗古文"③的观点,但如果对此吉光片羽式的感悟进行深入地论证,"我们必须、也只能在能够研究所有的个别作品之前,先从部分的例子中提取关于文类特征的假定性概念,并且从理论与逻辑的

---

① 叶嘉莹:《论词学中之困惑与〈花间〉词之女性叙写及其影响》,《词学》第十一辑,华东师范大学出版社,1993 年版。

② (清)田同之:《西圃词说》"曹学士论词"条,唐圭璋编:《词话丛编》,中华书局,1986 年版(下同),第 1450 页。

③ (清)焦循:《雕菰楼词话》"词非不可学"条,《词话丛编》本,第 1491 页。

角度比较文类之间、文类与其亚类之间的关系"①。那么对"词"这种已经过了千余年演变的文体特质进行溯本穷源的把握,就应该从"倚声填词之祖"②的《花间集》谈起③,看看它与之前的文体相比,已经具有了哪些"女性化"的特点。

首先我们来看《花间集》中的女性形象。在中国的文学史中,虽然早自《诗经》开始,就已经有了关于美女与爱情的叙写,但事实上各种不同时代、不同体式的文学作品中,所叙写的女性形象的身份性质,以及用以叙写的口吻方式,都有着极大的差别。④ 大致说来,《诗经》以写实之口吻叙写大都具有明确伦理身份的现实生活中的女性;《楚辞》以喻托之口吻叙写大多为非现实之女性;南朝乐府中的吴歌西曲以朴素的民间女子自言之口吻叙写大多为恋爱中之女性;宫体诗中以刻画形貌的咏物口吻叙写男子眼中的女性;唐人宫怨和闺怨诗中以男性诗人为女子代言之口吻写现实中具有明确伦理身份的女性;词中所写的女性是一种介乎写实与非写实之间的美色与爱情的化身。《花间集》收录的是"绮筵公子,绣幌佳人,递叶叶之花笺,文抽丽锦;举纤纤之玉指,拍按香檀"⑤的作品,其中所写的女性,自然应该是那些当筵侑酒的歌儿酒女的形象,她们虽然是现实中的女性,但却无家庭伦理中的任何身份可以归属,不过仅是供男子们寻欢作乐的对象而已。而《花间集》中的作品,正是出于那些寻欢作乐的男性作家之手,其写作重点自

① 陶东风《文体演变及其文化意味》,云南人民出版社,1994 年版,第 56 页。

② (宋)陈振孙著,徐小蛮、顾美华点校:《直斋书录解题》卷二一,上海古籍出版社,1987 年版,第 614 页。

③ 《花间集》作为最早的文人词总集,"它代表了词在格律方面的规范化,标志着在文辞、风格、意境上词性特征的进一步确立,以其作为词的集合体与文本范例的性质,奠定了以后词体发展的基础。"袁行霈《中国文学史》第二卷,高等教育出版社,1999 年版,第 450 页。

④ 《论词学中之困惑与〈花间〉词之女性叙写及其影响》一文结合西方女性主义文论中有关女性形象的论著,对此有较详尽的论述,可参阅。

⑤ (宋)欧阳炯:《花间集叙》,施蛰存主编:《词集序跋萃编》,中国社会科学出版社,1994 年版,第 631 页。

然集中于对女性美色与爱情的叙写,而"美"与"爱"恰是最富于普遍之象喻性的两种品质,因此《花间集》中的女性形象,以现实之女性而蕴含一种使人可以产生非现实之联想的潜藏的象喻性。

其次从语言上分析。特丽·莫艾(Toril Moi)在《性别/文本政治:女性主义文学理论》(*Sexual/Textual politics:Feminist Literary Theory*)中指出,一般人看来,男性代表的是理性、秩序和明晰,女性代表的则是非理性、混乱和破碎。[①] 基于此观念,如果将诗词的语言特点进行对照,我们会发现,诗的语言是一种更为有秩序的明晰的属于男性的语言,而词则是比较混乱和破碎的一种属于女性的语言。这一特点集中表现在三个方面。第一,从语言的形式来讲,诗歌多为整齐的五言或七言,且多对仗;但词交杂使用四言、五言与七言,而且间或使用三言与六言等句式,句子长短错落,摇曳多姿,是一种更为女性化的语言。第二,从语言的节奏上来看,即使诗歌里也有长短不齐的句子[②],而词里也有长短整齐的句子[③],但词句还是要比诗句更有一种抑扬错落、精致曲折的节奏变化,这与诗多单式句(一句中最后一个停顿的音节是一个字或三个字),而词中却常出现双式句(一句中最后一个停顿的音节是两个字或四个字)不无关系[④]。可以说,诗的语言节奏是一贯的、整齐的、一往无回,而词的语言节奏却是多变的[⑤]、参差的、徘

---

① Toril Moi, *Sexual/Textual politics:Feminist Literary Theory*, Routledge, London & New York, 1991。此书中译本《性与文本的政治:女性主义文学理论》,林建法、赵拓译,时代文艺出版社,1992年版。

② 如汉乐府的《上邪》:"上邪。我欲与君相知。长命无绝衰。山无陵。江水为竭。冬雷震震夏雨雪。天地合。乃敢与君绝。"逯钦立辑校《先秦汉魏晋南北朝诗》汉诗卷四"鼓吹曲辞",中华书局,1983年版,第160页。

③ 如欧阳修的《玉楼春》:"雪云乍变春云簇。渐觉年华堪送目。北枝梅蕊犯寒开,南浦波纹如酒绿。芳菲次第还相续。不奈情多无处足。尊前百计得春归,莫为伤春歌黛蹙。"唐圭璋编:《全宋词》,中华书局,1965年版,第134页。

④ 关于单式句与双式句对词体美感产生的影响,可参叶嘉莹:《唐宋词十七讲》,河北教育出版社,2000年第2版,第202～203页。

⑤ 如词里常出现的领字(一个单字,引起一排并列的句子)等。

徊往复。第三,从语言的内容来说,与"载道"之文和"言志"之诗不同,词从《花间集》开始就集中笔力写美色和爱情,而且往往以女子的感情心态来叙写其伤春之情与怨别之思,内容抒写中出现了更多的女性。这样词就形成了一个以叙写女性情思为主的传统。不但《花间集》如此,"从整体而言,宋人从来没有排斥过'闺情'的题材和婉约的风格,他们不仅普遍认同词需'入闺房之意'①,即以女性化生活和情感略作点染……直到清代,这一观点依然占着重要的地位。"②如果说以"仕隐"与"行道"为主题的诗文是男性意识的语言,那么以"美女"跟"爱情"为传统的词则更富有女性色彩。基于上述词体在早期阶段内容意识与外表形式上的特点,我们可以得出结论:以女性叙写为主的早期花间词,是中国各种文类中最为女性化的一种文类。不但花间令词如此,即使是长调的诗化之词、赋化之词③,与诗歌中的长篇歌行相比,也被发现具有一种女性之美:

> 填词长调,不下于诗之歌行。长篇歌行,犹可使气,长调使气,便非本色。高手当以情致见佳。盖歌行如骏马蓦坡,可以一往称快。长调如娇女步春,旁去扶持,独行芳径,徙倚而前,一步一态,一态一变,虽有强力健足,无所用之。④

但词体确实是在不断发展变化的,尤其是苏轼及其后继起的辛弃疾等人的"诗化之词"使词学史上出现了婉约与豪放的正变之争,那么苏轼

---

① (宋)沈义父:《乐府指迷》"咏花卉及赋情"条,《词话丛编》本,第281页。

② 王晓骊:《性别融合与唐宋词文学个性的获得》,《南阳师范学院学报》,2008年第1期。

③ 叶嘉莹《对传统词学与王国维词论在西方理论之观照中的反思》(《清词丛论》,河北教育出版社,2000年第二版)一文中,将唐五代及两宋词在发展演进中所形成的三种重要词风归结为"歌辞之词"、"诗化之词"和"赋化之词"。

④ (清)王又华撰《古今词论》"毛先舒词论",《词话丛编》本,第609页。

将词的内容"一洗绮罗香泽之态"①后，词体还具有女性化的特点吗？

　　首先我们承认，从内容和词风上来看，苏轼等人自抒襟抱的豪放派词作，确实意境开阔，气象博大。我们不妨看两则评语：

　　　　东坡尝以所作小词示无咎、文潜曰："何如少游？"二人皆对云："少游诗似小词，先生小词似诗。"②

　　　　"有情芍药含春泪，无力蔷薇卧晚枝"。拈出退之山石句，始知渠是女郎诗。③

秦观诗被评为"女郎诗"，又被议为"似小词"，都说明相比较而言，词比诗更为女性化，那么说苏轼的词"似诗"，是不是说明词在苏轼笔下革新出一条"去女性化"方向发展的路线呢？

　　　　东坡在玉堂日有幕士善歌，因问："我词何如柳七？"对曰："柳郎中词，只合十七八岁女郎，执红牙板，歌'杨柳岸④，晓风残月'。学士词须关西大汉、铜琵琶、铁绰板，唱'大江东去。'"东坡为之绝倒。⑤

这则得到苏轼本人赞许的评判，似乎正是用男女性别之不同来比较苏词与柳词的特点：与其前的词作相比，苏词需要更换演唱者的性别，因演唱者不同自然也需更换伴奏的乐器，而且内容上也更具男性的视野与胸襟。那么这种"变格"的豪放之词与"正统"的婉约之词的审美共

---

① （宋）胡寅：《酒边集序》，施蛰存主编《词集序跋萃编》，第 169 页。

② （宋）王直方：《王直方诗话》，见郭绍虞辑《宋诗话辑佚》卷上，中华书局，1980 年版，第 93 页。

③ （金）元好问著，郭绍虞笺释：《元好问论诗三十首小笺》，人民文学出版社，1978 年版，第 76 页。

④ 原文为"杨柳外"，当是"杨柳岸"之误。

⑤ （宋）俞文豹：《吹剑录》，见（清）沈辰垣等编《历代诗馀》卷一一五，上海书店，1985 年版，第 1363 页。

性在哪里？元好问在《新轩乐府引》中有段论述：

> 唐歌词多官体，又皆极力为之，自东坡一出，情性之外不知有文字，真有一洗万古凡马空气象；虽时作官体，亦岂可以官体概之？人有言乐府本不难作，从东坡放笔后便难作。此殆以工拙论，非知坡者。所以然者，《诗三百》所载，小夫贱妇幽忧无聊赖之语，特犉为外物感触，满心而发，肆口而成者尔；其初果欲被管弦、谐金石，经圣人手，以与《六经》并传乎？小夫贱妇且然，而谓东坡翰墨游戏、乃求与前人角胜负，误矣！自今观之，东坡圣处，非有意于文字之为工，不得不然之为工也。[①]

将"一洗万古凡马空"的"东坡圣处"归结为"非有意于文字之为工，不得不然之为工也"，这就触及到人们作词时的心态问题。苏轼三十七岁从中央贬谪到杭州任通判以后才开始作词，是"以文章余事作诗，溢而作词曲"[②]，"非心醉于音律者，偶尔作歌，指出向上一路，新天下耳目，弄笔者始知自振"[③]。可见虽然苏轼为词的发展开拓出新的内容和意象，但他并未像对待文章和诗歌那样看重词的写作，而是以一种轻松解放的心态来写词，这正是对早期文人创作花间词时娱乐遣兴心态的继承，也是词体美感特质形成过程中的核心要素。

> 法云秀关西，铁面严冷，能以理折人。鲁直名重天下，诗词一出，人争传之。师尝谓鲁直曰："诗多作无害，艳歌小词可罢之。"鲁直笑曰："空中语耳，非杀非偷，终不至坐此堕

① （金）元好问著，姚奠中等编：《元好问全集》卷三六，下册，山西人民出版社，1990年版，第39页。
② （宋）王灼：《碧鸡漫志》卷二"各家词短长"条，《词话丛编》本，第83页。
③ 《碧鸡漫志》卷二"东坡指出向上一路"条，《词话丛编》本，第85页。

恶道。"①

> 诗人之词，真多而假少，词人之词，假多而真少。如《邶风》:《燕燕》、《日月》、《终风》等篇，实有其别离，实有其摈弃，所谓文生於情也。若词则男子而作闺音，其写景也，忽发离别之悲。咏物也，全寓弃捐之恨。无其事，有其情，令读者魂绝色飞，所谓情生於文也。②

观人于揖让不若观人于游戏，黄山谷提出的"空中语"之说，虽然只是为了替自己写作小词进行强辩，但说明文人士大夫在写作诗词时会抱有不同的心态，"诗人之词"多为仕途生平中的实有其感，而词人之词则多为杯酒宴乐间的游戏笔墨，在他们看来，"词"自有其不同于言志之"诗"的特殊性质。张炎所谓"簸弄风月，陶写性情，词婉于诗；盖声出莺吭燕舌间，稍近乎情可也。"③这种词体最核心的美感特质，恰恰证明了词是一种特别女性化的文类。

二

历代词论家在探索词体美感特质时，往往关注到了其女性叙写的特点。如刘克庄所云"藉花卉以发骚人墨客之豪，托闺怨以写放臣逐子之感"④，朱彝尊所言"善言词者，假闺房儿女子之言，通之于《离骚》变雅之义，此尤不得志于时者所宜寄情焉耳"⑤，张惠言所谓"缘情造

① (宋)释惠洪撰、陈新点校：《冷斋夜话》卷十，中华书局，1988年版，第76～77页。
② (清)田同之：《西圃词说》"诗词之辨"，《词话丛编》本，第1449页。
③ (宋)张炎著，夏承焘校注《词源注》"赋情"条，人民文学出版社，1981年版，第23页，
④ (宋)刘克庄：《题刘叔安感秋八词》，《后村题跋》，《丛书集成初编》本，上海商务印书馆，1937年版。第114页。
⑤ (清)朱彝尊：《陈纬云红盐词序》，《曝书亭全集》(《四部备要》本，上海中华书局据原刻本校刊)卷四十，第323页。

端,兴于微言,以相感动,极命风谣里巷男女哀乐,以道贤人君子幽约怨悱不能自言之情"①,陈廷焯归结为"写怨夫思妇之怀,寓孽子孤臣之感,凡交情之冷淡,身世之飘零,皆可于一草一木发之。"②写"花卉"、"闺怨"的词作为何道出了"骚人墨客"、"放臣逐子"之感? 写"风谣里巷男女哀乐"的词作为何道出了"贤人君子幽约怨悱不能自言之情"? 为什么好词就是要"假闺房儿女子之言,通之于《离骚》变雅之义"? "怨夫思妇之怀"与"孽子孤臣之感"又有怎样相近的感情心态? 这些论断是否说明词体正具有着一种"双性"的美学特质?

"双性人格"也就是西方文论中的"雌雄同体"③,指人们从僵化的男性与女性的性格特质中解放出来的一种状况。性别的特质与两性所表现的人类的性向,本不应作强制的划分,而应从一种约定俗成的性别观念中,把个人自己真正的性向解放出来。"雌雄同体"要的是两种或多种性别特质的同时存在。已有学者对"雌雄同体"的艺术原则同样适用于中国古代文学的研究有了较为清晰的认识,如王玫在《宫体诗现象的女性主义诠释》一文中指出:"在中国古代文学文本中,性别角色的游移和反串并不仅见于宫体诗,从屈原、宋玉,到曹植、曹丕、王粲及至后代诗人所创造的文学文本中,作者程度不等地扮演着这种反串游移的角色,已是司空见惯的寻常事,宫体诗之所不同在于表现的更充分、更坦率,因此也更自觉。"④王晓骊在《双性同体:唐宋词女性化文学品格的另一种阐释》中解释"为什么当歌妓唱词不再是文人词的主要传播方式和创作环境以后,女性化的抒情和叙事方式却依然是

---

① (清)张惠言:《词选序》,《词话丛编》本,第 1617 页。

② (清)陈廷焯著、杜维沫校点:《白雨斋词话》(人民文学出版社,1959 年版,下同)卷一,第 5~6 页。

③ 英国著名女作家弗吉尼亚·伍尔夫(Virginia Woolf)的女性主义名篇《一间自己的房间》(*A Room of One's Own*)借用诗人柯勒律治(Samuel Taylor Coleridge)的名言提出了"雌雄同体"(Androgyny)的观念。

④ 王玫:《宫体诗现象的女性主义诠释》,《学术月刊》,1999 年第 5 期。

男性词的主流"的原因是"通过作词、唱词、听词的'游戏',男性词人的'阿尼玛'冲破'男女有别'的性别大防,得到了宣泄和释放"①。这些研究依循的依然是伍尔夫的原意:"只有作家具有了'雌雄同体'的性格,才能创造出展示'雌雄同体'幻想的作品来,才能创造出不朽之作来。"②中西方文论家往往强调的是作家或作品中形象的"雌雄同体"或"双性人格",的确,词人在男性与女性角色之间反复游移、反串,获得某种满足。将女性作为假想的对象,甚至采用男子作闺音的手法,使他们试图一体兼具两性。美国学者卡米拉(Paglia Camille)就认为,男女性别角色的游移和反串,不仅是人们深层的心理需要,同时也是一条重要的美学原则。③ 而我们这里所要指出的是词体这一文类具有"双性"之美,在词体发展演变的各阶段中,"双性"始终是衡量作品高下的一个重要标准。

《花间集》中的作品完全出自十八位男性词人之手,虽然他们并非有意追求"双性人格"的特美,但他们竟然在听歌看舞的游戏之作中,无意间展示了在其他言志与载道的诗文中所不曾也不敢展示的一种深隐于男性之心灵中的女性化的情思,这使词在发源之初就具有了由男性作者使用女性形象与女性语言来创作所形成的一种特殊的品质。而美国学者劳伦斯·利普金(Lawrence Lipking)在《弃妇与诗歌传统》(*Abandined Women and Poetic Tradition*)一书中曾指出,男人有时也有失志被弃之感,于是他们往往借女子口吻来叙写,所以男性诗人比女性诗人更需要"弃妇"形象。"弃妇"诗显示的不仅是两性之相异

---

① 王晓骊:《双性同体:唐宋词女性化文学品格的另一种阐释》,《学术论坛》,2007 年第 3 期。

② 潘建:《弗吉尼亚·伍尔夫的"雌雄同体"观与文学创作》,《湖南大学学报》,2008 年第 2 期。

③ Camille Paglia, *Sexual personae : art and decadence from Nefertiti to Emily Dickinson*, New York : Vintage Books, 1991.

性，同时也是两性之相通性。① 此外，中国古代传统的"三纲"观念"君为臣纲，父为子纲，夫为妻纲"②中的"君臣"和"夫妻"属于后天不平等的伦理关系，被控制和支配的一方即使在被逐与见弃之后，仍被要求持守住片面的忠贞，失志臣下可以从不幸妇女的遭遇中看到自己在政治生涯中的不幸，因此逐臣与弃妇在伦理地位与感情心态上的相似，形成了中国诗歌中弃妇与思妇的传统，但这种传统诗歌中有心为言外托喻的作品与文士们创作于游戏宴乐时的花间艳词仍有不同。在法国学者朱丽娅·克里斯特瓦(Julia Kristeva)的解析符号学理论中，前者属于"象征"(the symbolic)，后者属于"记号"(the semeotic)，③，这种词中"符号"的含糊性、双重性，不同于诗歌中"象征"的神圣性，使词体更具女性特质④。传统诗歌中使用的女性形象与其所象征的意义之间是完全出于作者显意识的有心安排，而花间词所写的女性形象，很可能就是泛写眼前的美女，而无任何托喻的用心，但因为前文言及的

---

① Lawrence Lipking, *Abandined Women and Poetic Tradition*, P. xv. xxvii(Chicago: University of Chicago Press,1988).

② 《春秋繁露·基义》："君臣父子夫妇之义，皆取诸阴阳之道。君为阳，臣为阴；父为阳，子为阴；夫为阳，妻为阴。阴道无所独行，其始也不得专起，其终也不得分功，有所兼之义。是故臣兼功于君，子兼功于父，妻兼功于夫，阴兼功于阳，地兼功于天。"(《四部备要》卷十二)

③ 克里斯特瓦认为作为"记号"的符表与符义之间没有特定的限制关系，但可以不断发挥；作为"象征"的符表与符义之间是一种被限制的作用关系。"This semiotics cannot be based on either linguistic methods or logical givens, but rather, must be elaborated from the point where they leave off." "The symbolic, as opposed to the semiotic, is this inevitable attribute of meaning, sign, and the signified object for the consciousness of transcendental ego."(Julia Kristeva, *Desire in Language : A Semiotic Approach to Literature and Art*, edited by Leon S. Roudiez, translated by Thomas Gora, Alice Jardine, and Leon S. Roudiez, Oxford : Blackwell, 1981, p. 67, 134)

④ "在克里斯特瓦看来，记号和象征，一个是开放的、具有颠覆性的'非理性'体系，一个是封闭的、自成一体的'理性'体系。……克里斯特瓦把前者看作具有母性的内涵，即与身体相关，传达的是自由、奔放、流动的欲望和感性、温柔与自然的体验，是一种无意识的话语，后者则是父亲的名字，即法则、规范、监控与压抑，表达的是一种合乎逻辑、句法清晰的理性话语。"(罗婷：《克里斯特瓦的诗学研究》，中国社会科学出版社，2004年版，第240~241页)

《花间集》中女性形象与女性语言的特点，以及"双性人格"等因素，使这种由男性作者使用女性形象与女性语言来创作的小词容易引人生言外之想，"像这种来自于作品之文本中的微妙的作用，如果我们要为之找到一个在西方文论中的术语来加以说明，我以为西方接受美学家伊塞尔所提出的"潜能"一词，颇有参考之价值。……伊氏以为文本与读者之关系，就在于文本提供了读者一种可能的潜力（也就是前文所简译的"潜能"），这种潜能的作用，是在阅读过程中所完成的，读者所完成的虽不一定是作者显意识中的本意，但确实是作者所创作的文本中某些质素作用的结果。"①词体在早期由"双性人格"所形成的这种幽微要眇、具含丰富潜能、易于引人生言外联想的特点，正是词区别于诗文等文体的独特之处。

> 长短句于遣词中最为难工……语尽而意不尽，意尽而情不尽。②

> 语简而意深，所以为奇作也。③

> 情有文不能达，诗不能道者，而独于长短句中，可以委婉形容之。④

> 有韵之文，以词为极。作词者着一毫粗率不得，读词者着一毫浮躁不得。夫至千曲万折以赴，固诗与文所不能造之

① 叶嘉莹：《对常州词派张惠言与周济二家词学的现代反思》，《词学新诠》，北京大学出版社，2008年版，第145页。
② （宋）李之仪：《跋吴思道小词》，《姑溪居士文集》卷四十，《丛书集成初编》本第一九三七册，中华书局，1985年版，第310页。
③ （宋）黄昇辑，王雪玲、周晓薇校点：《唐宋诸贤绝妙词选》，《花庵词选》卷一，辽宁教育出版社，1997年版，第1页。
④ （清）查礼：《铜鼓书堂词话》"黄孝迈词"条，《词话丛编》本，第1481页。

境,亦诗与文所不能变之体,则仍一骚人之遗而已矣。①

值得注意的是,词体这种需要经过"千曲万折""委婉形容之"的"文不能达,诗不能道"的"语尽而意不尽""语简而意深"的特质,在词体发展演进的各阶段都延续了下来。② 当词的发展脱离了花间词的女性叙写与双性人格之后,不同词派都各自发展出了一种虽不假女性与双性,却与花间词的深微幽隐、富含言外意蕴相类似的双重性质的特美。比如柳永的慢词是在相思怨别中加入了秋士易感的成分③;苏辛诗化之词中的上乘之作不但在语言方面能表现一种曲折幽隐的女性美④,而且是作者本身所具有的双重性格的自然表现⑤;周邦彦开创的赋化之词重安排勾勒的写作方式,强化的正是词幽微曲折的特质⑥。不但宋代的词作者在创作中延续了词体的这种特美,而且清代的词论家对这种词体特质也作出了进一步的描述:

---

① (清)江顺诒辑,宗山参订《词学集成》卷五"词有诗文不能造之境"条,《词话丛编》,第 3273、3274 页。

② 叶嘉莹先生指出:"第一类歌辞之词,其下者固在不免有浅俗柔靡之病,而其佳者则往往能在写闺阁儿女之词中具有一种深情远韵,且时时能引起读者丰富之感发与联想;第二类诗化之词,其下者固在不免有浮率叫嚣之病,而其佳者则往往能在天风海涛之曲中,蕴含有幽咽怨断之音,且能于豪迈中见沉郁,是以虽属豪放之词,而仍能具有曲折含蕴之美;至于第三类赋化之词,则其下者固在不免有堆砌晦涩而内容空乏之病,而其佳者则往往能于勾勒中见浑厚,隐曲中见深思,别有幽微耐人寻味之意致。以上三类不同之词风,其得失利弊虽彼此迥然相异,然而若综合观之,则我们却不难发现它们原有一个共同的特点,那就是三类词之佳者莫不以具含一种深远曲折耐人寻绎之意蕴为美。"(《对传统词学与王国维词论在西方理论之观照中的反思》,《词学新诠》,第 155 页。)

③ 详参叶嘉莹《论柳永词》,缪钺、叶嘉莹合撰《灵谿词说》,上海古籍出版社,1987 年版,第 129~159 页。

④ 详参叶嘉莹《论辛弃疾词》,《灵谿词说》,第 401~449 页。

⑤ 苏轼性格中的双重性主要在其同时兼具儒家用世的志意与道家超旷的襟怀(详参《唐宋词十七讲》"苏轼",河北教育出版社,2000 年版,第 213~235 页),辛弃疾的双重性格主要在其本身的英雄奋发之气与外在的挫折压抑所形成的双重的激荡(详参《唐宋词十七讲》"辛弃疾",第 265~299 页)。

⑥ 详参叶嘉莹《论周邦彦词》,《灵谿词说》,第 289~329 页。

词虽小技，昔之通儒钜公往往为之，盖有诗所难言者，委曲倚之于声。其辞愈微，而其旨益远。善言词者，假闺房儿女子之言，通之于《离骚》变雅之义，此尤不得志于时者所宜寄情焉耳。①

传曰："意内而言外谓之词。"其缘情造端，兴于微言，以相感动，极命风谣里巷男女哀乐，以道贤人君子幽约怨悱不能自言之情，低回要眇，以喻其致。盖《诗》之比兴，变风之义，骚人之歌，则近之矣。②

夫词，非寄托不入，专寄托不出。一物一事，引而伸之，触类多通，驱心若游丝之缳飞英，含毫如郢斤之斫蝇翼，以无厚入有间。既习已，意感偶生，假类毕达，阅载千百，馨欬弗违，斯入矣。赋情独深，逐境必寤，酝酿日久，冥发妄中。虽铺叙平淡，摹缋浅近，而万感横集，五中无主，读其篇者，临渊窥鱼，意为鲂鲤，中宵惊电，罔识东西，赤子随母笑啼，乡人缘剧喜怒，抑可谓能出矣。③

所谓沉郁者，意在笔先，神余言外。写怨夫思妇之怀，寓孽子孤臣之感，凡交情之冷淡，身世之飘零，皆可于一草一木发之。而发之又必若隐若现，欲露不露，反复缠绵，终不许一语道破。匪独体格之高，亦见性情之厚。④

诗有赋比兴，词则比兴多于赋。或借景以引其情，兴也。或借物以寓其意，比也。盖心中幽约怨悱，不能直言，必低徊

① 朱彝尊：《陈纬云红盐词序》，《曝书亭全集》卷四十，第 323 页。
② 《词选序》，《词话丛编》本，第 1617 页。
③ （清）周济：《宋四家词选目录序论》，《词籍序跋萃编》，第 802 页。
④ 《白雨斋词话》卷一，第 5～6 页。

要眇以出之,而后可感动人。①

这些词论不但指出了词体"其辞愈微,而其旨益远"、"兴于微言,以相感动"的具含丰富潜能的特点,而且强调了词体表达方式上应该"低回要眇"、"以无厚人有间"、"若隐若现,欲露不露,反复缠绵,终不许一语道破"、"低徊要眇以出之",尤为可贵的是点明了词中所独具的"诗所难言"之情乃"不得志于时者所宜寄"、"贤人君子幽约怨悱不能自言之情",这种"意内言外"正是从早期花间词的"双重性格"一脉延承而来。在此基础上,近现代的词论家对词体的美感特质就有了更为清晰的认识:

> 词之为体,要眇宜修。能言诗之所不能言,而不能尽言诗之所能言。诗之境阔,词之言长。②

> 吾苍茫独立于寂寞无人之区,忽有匪夷所思之一念,自沉冥杳霭中来,吾于是乎有词。洎吾词成,则于顷者之一念若相属若不相属也。而此一念,方绵邈引演于吾词之外,而吾词不能殚陈,斯为不尽之妙。③

王国维归结出的"词之为体,要眇宜修",况周颐强调的"若相属若不相属"的"不尽之妙"都是对词体美感特质更为深入的把握,对当代词学依然影响深远。可见,早期花间词由"女性书写"与"双性人格"所形成的幽微要眇、具含丰富潜能、易于引人生言外联想的特点,从小令到长调、从宋代到近代,乃至整个词体发展演进过程中,始终是衡量作品高下的核心标准。因此有学者提出"女性叙写及其所蕴含的双性之人

---

① （清）沈祥龙:《论词随笔》"词之比兴多于赋"条,《词话丛编》本,第 4048 页。
② 王国维撰、黄霖等导读《人间词话》卷下,上海古籍出版社,1998 年版,第 19 页。
③ （清）况周颐:《蕙风词话》卷一"词有不尽之妙"条,《词话丛编》本,第 4412 页。

格,则实为形成此小词之美学特质的两项最基本且最重要之因素。"①

三

　　既然词是一种"特别女性化的文类",那么谈到词体的美感特质,除了《花间集》以下的男性作品外,我们还应该对历代女性词作者作品进行观照。虽然上世纪初已有学者提出过"中国文学是倾向婉约温柔方面的发展,而婉约温柔的文学又最适宜于妇女的着笔,所以我们说,"妇女文学是正宗文学的核心"②的观点,但在中国古代极端男权化的传统文化背景下,文学作品的审美理想往往也是高度男性化的,比如汉赋的宏大扬厉、唐诗的雄浑壮丽、宋诗的峭拔冷峻等,都是男性审美理想的突出表现,因此古代女性在这些文体创作中很难涌现出名家巨作。即使出现过班昭、蔡琰、上官婉儿、薛涛等女性作家,但与上下几千年难以胜数的男性文学家相比显得多么孱弱而微不足道!而这些女性作品能留至今日更多的是得益于男权文化"宽容"的缝隙——"她们都是相对有一定社会地位和独立性的女性,她们的创作受到当代或后代的男权价值尺度的肯定与默认,但是她们充其量不过是男人文学创作历史的陪衬与点缀。"③但词对文以载道、诗以言志的传统来说是一种背离,它是一种特别女性化的文类,女词人在女性书写方面先天的优势,使词成为唐宋以后古代女子进行文学创作的首选文体,甚至出现了李清照这样的可以与男子一争高下的词坛巨擘。

　　显然,由于生活范围、社会阅历的局限,大部分女词人"她们的创

---

　　①　叶嘉莹:《论词学中之困惑与〈花间〉词之女性叙写及其影响》,《词学》第十一辑,华东师范大学出版社,1993年版。
　　②　胡云翼:《中国妇女与文学》,转引自谭正璧著《中国女性的文学生活》,光明书局,1930年版,第28页。
　　③　刘慧英:《走出男权传统的樊篱:文学中男权意识的批判》,生活·读书·新知三联书店,1995年版,第163页。

作往往缺乏历史感和空间感，也缺乏叩问自我生存意义的自省意识"①。但另一方面，女性词作集中着眼于自身与爱情，由于女性社会生活与人际关系较男性更为单纯，因而怀有更超然和纯真的人生态度，再加上"女性比男性在情感上表现得更为深厚，更为敏感，更容易渗透到生活的各个方面，情感的体验与表露较男性更为深刻而真挚"②，因此有学者提出女性词的"美感特质乃完全不在言外之意趣的联想，而在其所写的个人一己之生活感受的真切和深刻"③。我们不妨选录一二男女词人笔下相同主题的作品来进行比较：

> 东风急，惜别花时手频执。罗帏愁独入。马嘶残雨春芜湿。倚门立。寄语薄情郎，粉香和泪滴。（牛峤《望江怨》）④

> 露滴幽庭落叶时，愁聚萧娘柳眉。玉郎一去负佳期，水云迢递雁书迟。　屏半掩，枕斜敧，蜡泪无言对垂。吟跫断续漏频移，入窗明月鉴空帏。（李珣《望远行》）⑤

> 珠泪纷纷湿绮罗。少年公子负恩多。当初姊妹分明道，莫把真心过与他。子细思量着，淡薄知闻解好么。（无名氏《抛球乐》）⑥

> 天上月，遥望似一团银。夜久更阑风渐紧，为奴吹散月边云，照见负心人。（无名氏《望江南》）⑦

---

① 李杉：《宋代女词人书写的身份意识》，《太原师范学院学报》，2008 年第 3 期。
② 孙汝建：《性别与语言》，江苏教育出版社，1997 年版，第 30 页。
③ 叶嘉莹：《从性别与文化谈女性词作美感特质之演进》第三节《良家妇女之不成家数的哀歌》，《中国文化》，2008 年夏季号，总第 28 期。
④ 李冰若：《花间集评注》，河北教育出版社，1999 年版，第 87 页。
⑤ 《花间集评注》，第 222 页。
⑥ 曾昭岷等编撰《全唐五代词》（中华书局 1999 年版）正编卷四"云谣集杂曲子"，第 819 页。
⑦ 《全唐五代词》正编卷四"散见各卷曲子词"，第 934 页。

不难看出，虽然同样是弃妇之词，在牛峤、李珣等男性词人的笔下，在他们的想象中，即使是被抛弃的女子，依然会执着于对负心男子的思念和忠贞；而在连姓名都未能传世的敦煌歌伎之词中，她们描述自己真实的心理状态则是对"负恩多"的"负心人"的指责和"莫把真心过与他"的觉醒。男子作闺音时往往加上了自己理想化的色彩，对女子的容貌衣饰（"美"的形象）、相思情意（"善"的象征）都有夸张，但对男子自己的自私、负心以及由此而引起的女子的责怨，都未知未觉或是隐而不发。可见男子作闺音是着眼于女性贞顺自守的"应然"的理想性，而在女性词人的创作中，女子的情绪、心态显然已不再是作者对独立于自己的客体融入某种主观色彩的描摹和表现，而是很大程度上成为作者自己形象、自身情感的直接外化，是真正多元驳杂的"实然"的图现。"我们可以发现宋代女词人对自我的定位极少有符合传统所谓的贤妻良母的规定。在她们的词作中，少有闭塞只专女工的女，也无柔顺和淑不苟言笑的妻，更无严厉冷酷的母，反而多是含情脉脉为情所困的'多情人'。这说明女性对自我的角色期待与社会对她们的定位存在很大的反差，她们渴望以情人的身份来获取感情的回报，而不是为人妻或为人母的无声付出。"[①]与男性词人把词当作自娱娱人的创作态度不同，女词人则把词作为一种情感的载体，因此她们的作品更加真挚、纯净，她们对情感的体味深而真，因此表达上也更为直白热烈。正是因为这种直白和真实，揭穿了男性作家为之代言"隔"而不"真"的谎言。令人惊喜的是，这恰恰符合当代女权批评家们呼唤女作家将注意力集中在女性经历上，从男性作家不屑一顾的或是被他们歪曲了的女性生活中发掘出某种深刻的意义，希望产生具有鲜明女性特色的作

---

① 李杉：《宋代女词人书写的身份意识》，《太原师范学院学报》，2008 年第 3 期。

品的要求。① 女性词突破了男性"拟代"思妇文学中特定僵固的"性别身份"②，也超越了女性诗文作品中鹦鹉学舌般缺乏真实女性主体的窠臼，但同时也使女性词丧失了男子作闺音的双性特色，很难引起人们的寄托之思。

由于中国古代的传统词论是以男性作家为规范，把男性词作作为标准和主体，而女性词作只是一种附属或变体，因此人们自觉或不自觉的阅读期待中总是以衡量男性作品的标准来评判作品的高下。即使不同性别的作者选取了相同题材的内容，因对词体美感特质认识与追求上的性别差异，也会引发后人不啻霄壤的评判。以朱淑真与朱彝尊为例，二人集中都收录有疑似婚外恋内容的作品，撇开传统文化背景下男女道德评判的双重标准不谈，仅是对二人词作本身的赏责就大相径庭：

> ……惟《静志居琴趣》一卷，尽扫陈言，独出机杼。艳词有此，匪独晏、欧所不能，即李后主、牛松卿亦未尝梦见，真古今绝构也，惜托体未为大雅。……《静志居琴趣》一卷，生香真色，得未曾有，前后次序，略可意会，不必穿凿求之。③

---

① （美）桑德拉·M.吉尔伯特、苏珊·古芭(Sandra M. Gilbert and Susan Gubar)，《阁楼上的疯女人：女作家和19世纪文学想象》*The madwoman in the attic：the woman writer and the nineteenth－century literary imagination*，New Haven：Yale University Press，1979，p. 121.

② 梅家玲指出："'认同'是拟代诗文的共同特质，……思妇文本的拟代对象，既然只是经过筛拣、文饰化后的特定典型，则此一'认同'，从一开始就不免具有相当的局限性和虚构性。再者，从曹植开始，诗人为思妇代言，往往是为了排解一己的'矢志'之憾，因而成为自我欲望、焦虑的转化投射。即使有些作品未必有比兴寄托之意，其所认同、图现的'思妇'，也是'应然'成分多于'实然'成分的理想中人物。当它再以美学典型的形态呈现于文学传统之中，并成为后人一再仿拟的对象后，真正的女性主体，似乎也就在这不断的虚拟想象之中，被模糊、简化、稀释。径至于消解不存。"《汉晋诗歌中"思妇文本"的形成及其相关问题》，梅家玲著《汉魏六朝新论——拟代与赠答篇》，北京大学出版社，2004年版，第98页。

③ 《白雨斋词话》卷三，第70页。

或问国朝词人,当以谁氏为冠?再三审度,举金风亭长对。问佳构奚若。举《捣练子》云:"思往事,渡江干。青娥低映越山看。共眠一舸听秋雨,小簟轻衾各自寒。"①

朱彝尊的《静志居琴趣》,冒广生考之甚详:"世传竹垞《风怀二百韵》,为其妻妹作。其实《静志居琴趣》一卷,皆《风怀》注脚也。竹垞年十七,娶於冯。冯孺人名福贞,字海媛,少竹垞二岁。冯夫人之妹名寿常,字静志,少竹垞七岁。襄闻外祖周季贶先生言:十五六年前,曾见太仓某家藏一簪,簪刻'寿常'二字,因悟洞仙歌词云:'金簪二寸短,留结殷勤,铸就偏名有谁认?'盖真有本事也。"②也许正是因为有了这段婚外恋的本事,朱彝尊的《静志居琴趣》才写得"尽扫陈言,独出机杼"、"古今绝构"、"生香真色",甚至使朱彝尊得到了"国朝词人之冠"的美誉,其词集中的压卷之作——《捣练子》③一词虽未收入《静志居琴趣》,但也是对这段情事的记录。④ 因此陈廷焯在盛赞朱词之外,只是以"托体未为大雅"、"略可意会,不必穿凿求之"来含糊其本事。相比较朱彝尊婚外恋情词作超越本事且蕴含感发的潜能,朱淑真的爱情词却因缺少这种引发读者联想的潜能,往往令人坐实本事,产生诟病:

朱淑真词,才力不逮易安,然规模唐五代,不失分寸。……惟骨韵不高,可称小品。⑤

---

① 《蕙风词话》卷五"金风亭长词"条,《词话丛编》本,第 4522 页。
② 冒广生:《小三吾亭词话》卷三"竹垞静志居琴趣"条,《词话丛编》本,第 4711 页。
③ 又名《桂殿秋》,收入朱彝尊的《江湖载酒集》中。
④ "这一首小词与朱氏及冯女之爱情本事,应该也有着密切的关系。朱氏与冯女曾经有几次同舟共载的机会……《桂殿秋》一词,当然也是属于朱氏追怀往日同舟共载之情景。"引自叶嘉莹《从艳词发展之历史看朱彝尊爱情词之美学特质》,《清词丛论》,第 77~78 页。
⑤ 《白雨斋词话》卷二,第 53 页。

朱淑真"娇痴不怕人猜"①，便太纵矣。②

与朱彝尊比较而言，朱淑真的婚姻生活似乎更为不幸，更令人理解和同情："早年，父母无识，嫁市井民家，其夫村恶，蔖除戚施，种种可厌；淑真抑郁不得志，作诗多忧愁怨恨之思，时牵情于才子，竟无知音，悒悒抱恨而死。"③但同样是在词中书写婚外恋情的主题，朱彝尊可因此位列清词之冠，而朱淑真不但作品无法流传，"其死也，不能葬骨于地下，如青冢之可吊，交其诗为父母一火焚之，今所传者，百不一存，是重不幸也"④，甚至受到后人的诬谤⑤。就连称赏朱彝尊婚外恋词作的陈廷焯也认为朱淑真的词作"骨韵不高，可称小品"，究其原因，"太纵"以至于失去了含蓄蕴藉的男性词作的美感特质。可见，除了男女不同的道德准则外，朱淑真与朱彝尊的爱情词如果都放在以双性人格、富含潜能从而引人生言外之想的词体美感特质的标尺下来衡定，毫无疑问，朱淑真的作品在情之哀怨外罕有他种解读的可能性，缺乏"横看成岭侧成峰"式的、多棱镜般的丰富。因为"女子把全部精神生活和现实生活都集中在爱情里和推广成为爱情"⑥，所以朱淑真闭于深闺为一己

---

① 朱淑真《清平乐·夏日游湖》："恼烟撩露。留我须臾住。携手藕花湖上路。一霎黄梅细雨。娇痴不怕人猜。和衣睡倒人怀。最是分携时候，归来懒傍妆台。"《全宋词》，第1406页。

② （明）卓人月汇选、徐士俊参评、谷辉之校点《古今词统》卷四，辽宁教育出版社，2000年版，第128页。

③ （明）田汝成：《西湖游览志余》卷十六"香奁艳语"，浙江人民出版社，1980年版，第277页。

④ （宋）魏仲恭：《朱淑真诗集序》，郑元佐注《朱淑真集注》，第1~2页，浙江人民出版社，1985年版。

⑤ （明）杨慎：《词品》卷二"朱淑真元夕词"条（王幼安校点，人民文学出版社，1960年版，第77页）："朱淑真《元夕·生查子》云：'去年元夜时，花市灯如昼。月上柳梢头，人约黄昏后。今年元夜时，月与灯依旧，不见去年人，泪湿春衫袖。'词则佳矣，岂良人家妇所宜邪？……则其行可知矣。"此词乃欧阳修作，历来有人辨证，参见唐圭璋《读词杂记·朱淑真〈生查子〉元夕词辨讹》，《社会科学战线》，1983年第3期。

⑥ （德）黑格尔：《美学》第二卷，商务印书馆，1979年版，第327页。

的不幸而啼,是一种完全属于女性最基本最重要的追求,她只是以女性的锐感多情,大胆而真率地在"词"这种当时的流行歌曲中写出了自己对于爱情的向往与追求。这正是大多数女性词作的本色。

一方面我们承认由于天生的性别差异,造成了女性词与男性词的各有特色;但另一方面"'性别'肯定和强调了男女两性之间密切关联、互为参照的关系。它指出这样一个基本事实:无论男性世界还是女性世界,都不可能是一种孤立的存在"①。研究表明,才华横溢的男子往往带有一些女性特征,而那些功成名就的女子同样具有一些男性特点。"任何作家在写作时只想到自己的性别是致命的,做一个纯男性或者纯女性都是致命的。人必须是具有女子气的男性,或是具有男子气的女性。"②也就是说与因先天秉受而具有一定的本质性的"性"不同,"性别"却可能在个人性向特质和后天环境之陶养、规范的互动下,有其多元流动的可塑性。法国女性主义理论家西蒙·波伏娃在《第二性》中说到:"一个人之为女人,与其说是'天生'的,不如说是'形成'的。"③依据她的观点,人之初男婴女婴本没有性格差异,而是约定俗成的培养习惯、社会和家庭的不同要求和环境的强化暗示使之变成了男性性格特征或女性性格特征占据主流的男人和女人,但有少数人仍能摆脱习见模式的制约,其双性性格特征都能得到一定程度的发展,成长为具有双性人格的特殊群体。这些观点引发中国学者也注意到了古代文学中"对男性文学的模仿,使女性增强了突破现有的个人生活空间,进入更广阔的社会空间的超越意识,也增强了女性争取与男性

---

① 乔以钢:《性别:文学研究的一个有效范畴》,《文史哲》,2007 年第 2 期。
② (英)弗吉尼亚·伍尔夫著,张学军等译《伍尔夫随笔全集》,中国社会科学出版社,2001 年版,第 584 页。
③ (法)西蒙·波伏娃著,桑竹影、南珊译《第二性——女人》,湖南文艺出版社 1986 年版,第 23 页。

分享生活的信心和勇气。"① "女性在社会中的种种特殊性是被社会塑造成的。有理想和有抱负的女性为了获得平等的权利，有必要使自己努力向男性气质靠近。……按男权社会塑造男性的标准塑造自己……"② 但因为流传至今的女性词作中，极少见到女性词人纯用男性口吻写男性情思的作品，所以一直以来我们似乎对女词人及其作品中的"双重性别"、角色的反串游移并未足够重视。其实李清照就是个最好的例证。

首先，李清照既有女性的敏锐纯真多情之心，又有着以诗酒书画为乐的雅士情怀③，可谓是融柔婉与倜傥于一体的双性人格，被誉称"亦是林下风，亦是闺中秀"④。其次，李清照身上还具有"不徒俯视巾帼，直欲压倒须眉"⑤的身为女性而欲与男性一争高下的去女性化心态⑥。这种双性人格和争强好胜的心态，使她的词体创作也呈现出了双性之美："易安倜傥，有丈夫气，乃闺阁中之苏辛，非秦柳也。……闺房之秀，固文士之豪也，才锋大露，被谤殆亦因此。自明以来，堕情者

---

① 周乐诗：《寄宿在"一间自己的房间"里——论传统女性文学中的女性意识》，《文艺争鸣》，1995 年第 2 期。

② 刘艳：《唐代女诗人的创作心态》，《文史知识》，2008 年第 8 期。

③ 我们不妨借其词观照其生命样态，"诗"、"酒"、"茶"这些惯常出现在男性世界的物语已然成了李清照日常生活中的不可或缺之物，"柳眼梅腮，已觉春心动。酒意诗情谁与共"（《蝶恋花》）、"险韵诗成，扶头酒醒，别是闲滋味"（《念奴娇》）、"枕上诗书闲处好，门前风景雨来佳"（《摊破浣溪沙》）、"曾胜赏，生香薰袖，活火分茶"（《转调满庭芳》）、"酒阑更喜团茶苦，梦断偏宜瑞脑香"（《鹧鸪天》）、"东篱把酒黄昏后。有暗香盈袖"（《醉花阴》）、"酒美梅酸，恰称人怀抱"（《蝶恋花》）。买珠觅翠的寻常闺中生活重心在李清照那儿已然让位给了烹茶猜书、把酒赏花、吟诗觅句的士大夫式生活内容，由此我们可得出结论：李清照不囿于调脂弄粉的女性惯常生活圈，渴望并拥有着文人墨客的高风清韵。

④ 《古今词统》卷十二，第 449 页。

⑤ （清）李调元：《雨村词话》卷三"易安"条，《词话丛编》，第 1431 页。

⑥ 叶嘉莹指出："李清照的出现，则似乎乃是中国妇女文学史中，第一个想要以创作来肯定自己，而且更有着想要与男性作者一争短长之意念的女性作者。"《从性别与文化谈女性词作美感特质之演进》第四节《宋代两位杰出的女词人——李清照和朱淑真》，《中国文化》，2008 年秋季号，总第 29 期。

醉其芳馨,飞想者赏其神骏。"①

易安词作的双性之美首先表现为创作风格兼具两性,集中既有"写出妇人声口"②的作品,又有"文士之豪"的佳作,后者虽与其"词别是一家"的主张有所偏离,但的确是一种"无心插柳柳成荫"的不自觉的潜意识而为。其次易安词作的双性之美也体现在单首作品中。《渔家傲》(天接云涛连晓雾)"一词就具有双重性格,完全符合男性词深隐幽微富含言外意蕴的特美:

> 天接云涛连晓雾,星河欲转千帆舞。仿佛梦魂归帝所,闻天语,殷勤问我归何处。　　我报路长嗟日暮,学诗漫有惊人句。九万里风鹏正举,风休住,蓬舟吹取三山去。③

该词是李清照倜傥神俊男性性格特征和男性词作风格的显著例证,被视为"绝似苏辛派,不类《漱玉集》中语。"④它不但跳出了传统性别文化的拘限,而且对人生究诘的追问也是前人词作中的未有之意。李清照在男性和女性特征间自如穿行和跨越,"使在衣冠,当与秦七、黄九争雄,不独雄于闺阁也"⑤,她不但突破了女性词人和女性词作的传统,为后世的女性文学创作树立了新的标尺,而且更为重要的是,词这种特别女性化的文类,自李清照开始在女性词人笔下也呈现出一种双性之美。

---

① (清)沈曾植:《菌阁琐谈》"弇州拈出香弱"、"渔洋论济南二安"条,《词话丛编》,第3605、3608 页。
② 吴从先《草堂诗余隽》卷二评李清照《如梦令》(昨夜雨疏风骤)语,引自吴熊和主编《唐宋词汇评·两宋卷》,浙江教育出版社,2004 年版,第 1411 页。
③ 王仲闻校注《李清照集校注》,人民文学出版社,1979 年版,第 6 页。
④ 梁令娴著、刘逸生校点:《艺蘅馆词选》卷乙,广东人民出版社,1981 年版,第 91～92 页。
⑤ 《词品》卷二,第 76 页。

揣摩与体验

——金圣叹奇异的易性写作论析

陈 洪

一、从一段真实的荒诞故事说起

　　小鸾，字琼章……亡后七日，乃就木，举体轻软。母朱书
"琼章"二字于右臂如削藕，冰雕雪成，家人咸以为仙去未死
也。吴门有神降于乩，自言方（天）台泖子，智者大师之大弟
子，转女人身，堕鬼神道中，借乩示现而为说法者也。乩言女
人灵慧，殁后应以女人身得度者，摄入无叶堂中……俄而召
琼章至。琼来赋诗，与家人酬对甚悉。泖师演说无明缘行生
老病苦因缘，琼曰："愿从大师受记，不复往仙府矣。"师与审
戒，琼矢口而答，皆六朝骈俪之语。师大惊曰："我不敢以神
仙待子也。可谓迥绝无际矣。"遂名曰"智断"，字"绝际"。今
堂中称"绝子"，又称"绝禅师"。自时厥后，泖子与醮子母女，
降乩赋诗，劝勉熏修，不可胜记……余往撰《泖子灵异记》，颇
受儒者谣诼，今读仲韶《窃闻》之书，故知灵真位业，亿劫长
新；仙佛津梁，弹指不隔。聊假空华，永资迴向云尔。[①]

---

① （清）钱谦益：《列朝诗集小传》，闰集，上海古籍出版社，1983 年版，第 755 页。

这是明清之际文坛领袖钱谦益所撰《列朝诗集小传》中"叶小鸾"一节的梗概。《列朝诗集小传》是钱氏所编《列朝诗集》的诗人简介,保存了很多明代文学资料。其中弥足珍贵的是有六十六位女作家的小传,反映出钱氏较为通达的性别观念与文学观念。

要理解这段文字,需了解传主的家世。传主叶小鸾,是叶绍袁的三女儿。叶绍袁的家庭是吴江的文学世家,其妻女都是才情过人的诗人,但都红颜薄命。女儿叶小鸾十七岁早夭,随后其姊、其母皆因之哀伤过度而谢世。《列朝诗集小传》中并收母女三人的事迹。

《列朝诗集小传》的这段文字主要包含四层意思:1. 叶小鸾去世后的"神异"状况。2. 附体于某扶乩者的"泐子"的来历,以及其有关于"才女"的"无叶堂"说法。3. 某扶乩者"表演"的情况:先是"泐子"降临,然后召来叶小鸾的亡灵;继而在扶乩者的笔下,"泐子"与叶小鸾展开对话,内容包括诗句的"酬对"。4. 钱谦益以此事为自己辩解——此前,他已请过这个扶乩人为己扶乩,并就此吟诗著文,因而曾被"儒者"攻击。

前三层意思是主体,内容来自叶绍袁编著的《窃闻》、《续窃闻》。这些内容在叶书中更为详尽,钱氏在很大程度上是照搬而稍加节略而已。

叶绍袁深信妻女都是仙女谪凡,在她们去世后多方寻求沟通仙凡之路,最终找到"附体"于乩者的"泐大师"据《窃闻》,在找到"泐大师"之前,已经通过"通灵"的严某,有过一番"上穷碧落下黄泉"的寻觅①,并请他代招叶小鸾、沈宜修(绍袁妻)亡魂。而据钱谦益所撰《天台泐法师灵异记》:"乩所冯者金生采,相与信受奉行者戴生、顾生、魏生。"②

---

① (明)叶绍袁:《窃闻》,见《午梦堂集》,中华书局,1998 年版,第 511~517 页。
② (清)钱谦益:《天台泐法师灵异记》,《牧斋初学集》,上海古籍出版社,1985 年版,第 1123 页。

也就是说,这个扶乩人就是金圣叹,助手则是他的几个朋友。叶绍袁在《续窈闻》中详细记载了"泐大师"(即金圣叹)每次表演的内容,包括以每位女魂身份与家中人的会面、谈话,以"泐大师"身份对每位女魂的前生今世、仙界处境的说明,以"泐大师"身份对叶绍袁本人前生甚至前伸至战国时代的情况说明,还有最为复杂的是"泐大师"与各位"女仙"即时的诗歌倡和。

如果我们综合各种记载,"还原"一下当时的情景的话,大致应该是这样:金圣叹的助手们(戴生、顾生、魏生)负责扶乩中读沙盘、记录等环节;金圣叹自己则是那位扶乩的表演者。他的表演如同一位说唱演员,有时以"泐大师"身份(附体)向"观众"(即叶氏家人)讲述并对话,有时则轮流扮演多个角色("泐大师"、叶小鸾、沈宜修、叶纨纨),彼此进行对话("轮流附体"的形式),彼此诗歌唱和,如同在他的身体中演出戏剧一般。

他在叶家的表演主要有三次。一次是崇祯八年,距叶小鸾去世三年。金圣叹到达叶府后,即以"泐大师"身份就叶家诸人的前生今世编造了十分复杂的故事,又讨来叶氏亲友的悼亡诗集,翻阅后当场作序一篇,继而又画四季花卉四幅,博得众口赞叹。接下来便是"重头戏"——招魂。他以"泐大师"身份招来"叶小鸾"的灵魂,再以二者身份进行一番对话与诗歌吟诵。另两次是次年四月。金圣叹到叶府的三个月后,叶小鸾的母亲沈宜修哀伤去世。在叶家一再敦请之下,金圣叹两到叶府,声称已把叶氏母女的灵魂全都招致"泐大师"为才女所建"无叶堂"中,随后又把她们一齐招到现场,来了一次四"人"联句——"泐大师"与沈宜修、叶纨纨、叶小鸾。

这里要说明的是,按照金圣叹的设计,所谓"泐大师"也是一位女仙,只是有复杂的转世以及佛门背景而已。因此,在这两次降神活动中,金圣叹是以四位女性口气在进行特殊的"易性写作"。

我们先来看第一次①。

金圣叹"招来"叶小鸾的灵魂后,即以"泐大师"身份提出:"试作一诗,用观雅韵。"然后以叶小鸾亡灵的身份吟道:

> 身非巫女惯行云,肯对三星蹴绛裙。清映声中轻脱去,
> 瑶天笙鹤两行分。

"亡灵"自己又主动作诗一首:

> 汾干素屋不多间,半庇生人半庇棺。黄鹤飞时犹合哭,
> 令威回日更何欢。

其后双方问答,亡灵表示不再回仙府,愿皈依于"泐大师"莲座前。"泐大师"便弄出一大套"审戒"、"授戒"的把戏,并为亡灵取了法名。这一大段彼此对话起伏跌宕,"说唱者"金圣叹一会以高僧大德(女仙/女尼)身份出现,一会以闺中少女之灵的身份出现,轮流揣摩截然不同的口气,充分显示出他的创作才能与表演天才:

> 问答未竟,师云:"无明缘行,行缘识,识缘名色,名色缘
> 六入,六入缘触,触缘受,受缘爱,爱缘取,取缘有,有缘生,生
> 缘老死忧悲苦恼。君谛听之,我当细讲。"停乩甚久,师云:
> "奇哉! 是也。割爱第一。"又云:"菩萨正妙于从空出假,子
> 真妙悟天开也。"

> 女即作诗呈师,云:"弱水安能制毒龙,竿头一转拜师功。
> 从今别却芙蓉主,永侍猊床沐下风。"师云:"不敢。"女云:"愿
> 从大师授记,今不往仙府去矣。"师云:"既愿皈依,必须受戒。
> 凡授戒者,必先审戒。我当一一审汝,汝仙子曾犯杀否?"女

---

① （明）叶绍袁:《续窈闻》,见《午梦堂集》,中华书局,1998 年版,第 518～523 页。

对云："曾犯。"师问："如何？"女云："曾呼小玉除花虱，也遣轻纨坏蝶衣。"

"曾犯盗否？"女云："曾犯。不知新绿谁家树，怪底清箫何处声。"

"曾犯淫否？"女云："曾犯。晚镜偷窥眉曲曲，春裙亲绣鸟双双。"

师又审四口恶业，问："曾妄言否？"女云："曾犯。自谓前生欢喜地，诡云今坐辩才天。""曾绮语否？"女云："曾犯。团香制就夫人字，镂雪装成幼妇词。""曾两舌否？"女云："曾犯。对月意添愁喜句，拈花评出短长谣。""曾恶口否？"女云："曾犯。生怕帘开讥燕子，为怜花谢骂东风。"

师又审意三恶业："曾犯贪否？"女云："曾犯。经营缃帙成千轴，辛苦鸾花满一庭。""曾犯嗔否？"女云："曾犯。怪他道蕴敲枯砚，薄彼崔徽扑玉钗。""曾犯痴否？"女云："曾犯。勉弃珠环收汉玉，戏捐粉盒葬花魂。"

师大赞云："此六朝以下，温李诸公，血竭鬓枯，矜诧累日者，子于受戒一刻，随口而答，那得不哭杀阿翁也。然则子固止一绮语罪耳。"遂予之戒，名曰"智断"。

女即问："何谓智？"师云："有道种智，一切智，一切种智。"又问："何谓断？"师云："断尘沙惑，断无明惑。有三智应修，三惑应断。菩萨有智德断，德智断者，菩萨之二德也。"女云："菩萨以无所得故而行，应以无所断故而断。"师大惊云："我不敢复以神仙待子也，可谓迥绝无际矣。"遂字曰"绝际"。今无叶堂中称绝子，亦称绝禅师。①

----

① （明）叶绍袁：《续窈闻》，见《午梦堂集》，中华书局，1998年版，第522～523页。

其中,以叶小鸾身份写作的完整诗篇一首,即"弱水安能"的绝句。此诗揣摩初皈的信女心理与口吻,是相当贴合的。不过,更为有趣的是接下来的审戒与忏悔。金圣叹以"泐大师"身份连续提出十戒的内容相审,随即再以叶小鸾灵魂身份一一应声而答。叶小鸾所答有四个可注意之点:1.每个所谓犯戒的事由都以诗句的形式出现。2.诗句描写的都是少女生活的情境,如扑蝶、葬花、画眉、刺绣等。3.在有些情境描写中,生动表现出闺中少女的心态、性情。4.这些情境、事由其实都远远谈不上"犯戒",分明是为了吟出这些诗句而设立的"审戒"问答。

今天的读者当然一眼就可以看出,这一切都是金圣叹在表演,而且应该是前一夜在家中打好腹稿,或曰写好"剧本"、编好"台词"的。但在当时,叶绍袁一家却是宁信其有——对答是那样合榫,而爱女又确确实实是诗才卓荦。金圣叹正是抓住了叶家的这种心理,把这场戏弄得更加复杂。一番问答后,金圣叹掩饰不住自我欣赏之情,先是称赞这个"叶小鸾"文才超过了温庭筠、李商隐,接下来称赞其佛理颖悟,远超一般神仙,并赠予这位初皈依者"绝禅师"的称号。这一番高调赞美,叶家自然十分满意,而金圣叹内心更加得意。他的得意是双倍的:一为自己的多方面才能得意,二为自己"英雄欺人"的造假、表演本领得意。

此后,由于金圣叹编造出的"泐大师"在他界是叶家儿女的佛门导师,在人间则成为了叶夫人的导师,依托这种十分密切的关系,金圣叹与叶家的走动便频繁起来。沈氏亡故后,"泐大师"又为此到叶府说因果,第二天更是同时招来了母女三位的亡灵,加上她本人,来了一个四"人"联句:

> (泐:)灵辰敞新霁,密壶升名香。(母:)神风动瑶天,(女一:)道气弥曲廊。(母:)憨燕惊我归,(女二:)疏花露我床……(母:)感应今日交,(女一:)围绕后时长。(女二:)思

之当欢踊,(湴:)何为又彷徨!①

这一篇"大文章"或者说这部"小剧本",不仅四十四句一韵到底,而且还有很多前后对白,联句中间的彼此承接转换又颇多变化,实在是花费了金圣叹不少精力。不过,对于这个文学青年来说,这一次逞弄才华的机会十分难得。一是他要代言的几位女性都是文才出众的,他所模拟的诗文、谈吐必须表现出过人的才情。二是他还同时要模拟天台高僧"湴大师",其佛学修养要配得上这位虚拟的佛门大德的水平。第三,这是多人之间的对话,要求金圣叹必须迅速在几个角色间转换。应该说,金圣叹是成功地应对了上述挑战,把这场戏唱得有板有眼,声情并茂。他不但显露了快捷的诗才,表现出多种文体写作的能力,还锻炼了自己的表演才能与揣摩、虚构的想象力。

二、金圣叹易性写作的"成绩"分析

首先应该明确一点,在近一年的降神活动中②,无论是"湴大师"所言、所写,还是"湴大师"招来的叶小鸾、叶纨纨、沈宜修所言、所写,其实都是金圣叹所言、所写。对于现代的读书人来说,这种判断应是毫无疑问的事情——尽管是金圣叹以非常特异的方式在言说,在书写。

所谓"特异的方式",是指他通过装神弄鬼(这里只是描述,不含贬义)的方式,以类似戏剧的"代言体",揣摩四个不同的女性身份、心理与文才,以多种文体来分别传达一个男性对她们生活、情感的想象及体验。

先来看他代"湴大师"的写作情况。

---

① (明)叶绍袁:《续窈闻》,见《午梦堂集》,中华书局,1998 年版,第 523～524 页。
② 金圣叹第一次以"湴大师"身份到叶宅,是崇祯八年六月,记载中的最后一次则是九年四月。

"泐大师"的性别较为复杂。据钱谦益《天台泐法师灵异记》：

> 天台泐法师者何？慈月宫陈夫人也。夫人而泐师者何？夫人陈氏之女，殁堕鬼神道，不昧宿因，以台事示现，而冯于乩而告也。乩之言曰："余吴门饮马里陈氏女也……故天台之弟子智朗堕女人身，生于王官，以业缘故转堕神道，以神道故，得通宿命，再受本师记莂，俾以鬼神身说法也。"①

也就是说，她有双重身份，显性的身份是一位女仙——"慈月宫陈夫人"，隐性的身份是男性的僧人转世，这个转世灵魂因"通宿命"而记起了当初佛门的身份与使命。金圣叹绕这么大的圈子来设计如此复杂的一个附体者，原因似有两端：一是扶乩由女仙、女鬼附体原有传统，而金氏也对这样的性别转换感兴趣；二是如此设计，一个附体的灵异既有仙缘又有佛缘，即是男性又是女身，可以满足各种"客户"的需求。但是，其基本性别是女性，这也是叶家肯一而再地请"她"登堂入室，妻女皆坦然拜在"她"门下的原因了。

所以，凡金氏以"泐大师"身份写下的诗文，也都应视为易性的写作。

金圣叹以"泐大师"身份写下的诗文，今日可见者计有序言一篇——《彤奁双叶题辞》，信札三通，四人联句诗中以"泐大师"口气吟出者十五句，为叶小鸾画像（未就）而作题辞一首，另有《瑶期外纪》未完之残稿。

信札、题辞与《外纪》都是装神弄鬼糊弄对方的权宜文字，如第一封信是沈宜修病重，叶绍袁请求"泐大师"施展神通救其弟子性命之时，"泐大师"的答复，略云：

---

① （清）钱谦益：《天台泐法师灵异记》，《牧斋初学集》，上海古籍出版社，1985年版，第1123页。

　　世法之必轮转……岂惟夫人，明公亦应早自着脚。仙人情重，情重结业，业结伤性，性伤失佛，失佛大事，死又不足言也……①

救命自然是这位假"大师"做不到的，唯一能做的就是告诫其不要动情伤心，以免失却佛性。一个月后，沈氏亡故，"泐大师"再次致信告诫叶绍袁"无以爱根缠杀佛根"。这两封书信纯以佛家常谈应付，并无性别因素在内。其后，"牍札往返"，但仅存其一，谓"天下事无大无细，洵皆因缘哉"云云。

　　那首"题辞"则更有戏剧性。当"泐大师"多次招来叶小鸾亡魂后，叶绍袁便请她（他）为爱女画像。此前，这位"泐大师"为逞弄才华曾当众画过四季花卉，没想到弄巧成拙，导致了画像的要求。金圣叹实在没见过这位才女真容，"泐大师"也就无从画起。情急之下，她（他）便以一篇"题辞"来转移了话题，走出困境。其词云：

　　是邪非邪耶？立而俟之，风何肃穆其开帷。是邪非邪？就而听之，声瑟瑟其如有闻。步而来者谁邪？就而问之，泪栏干其不分明。瞥然而见者去邪？怪而寻之，仅梅影之在窗云。丙子夏日，写绝子小影不得，拟李夫人体叹之。②

文章写一缥缈的少女鬼魂似有若无、娇弱羞怯的形象，以及招魂时的期盼、疑似氛围，都十分传神。可以看出金圣叹丰富的想象力和出众的文字水平。只是此文的描述和前面那些审戒、受戒的场面描写太不一致了。好在叶家是宁信其有，又不敢怀疑神通广大的"泐大师"，这才没有"穿帮"。

　　金圣叹以"泐大师"身份写作的最佳作品当属《彤奁双叶题辞》。

---

① （明）叶绍袁：《叶天寥自撰年谱》，见《午梦堂集》，中华书局，1998年版，第852页。
② （明）叶绍袁：《续窈闻》，见《午梦堂集》，中华书局，1998年版，第526页。

这是为《彤奁续些》做的序言。《彤奁续些》是叶绍袁编辑的亲友悼念叶纨纨、叶小鸾的诗集。"泐大师"的题辞署名"天台无叶泐子智朗槃谈",包括了金圣叹设计的多重复杂身份。文章是一篇漂亮的骈文,略云:

> 吴汾诸叶,叶叶交光。中秀双姝,尤余清丽。惊才凌乎谢雪,逸藻媲于班风……岂期赋楼虽有碧儿,侍案复须玉史。妹初奔月,姊亦凌波。嗟乎伤哉,天邪人也! 观遗挂之在壁,疑魂影之犹来。痛猿泪之下三,哀雁字之失二。左思赋娇,不堪更读;中郎绝调,今复谁传……①

这篇序文,随诗集而流传,后世言及叶家才女,多有引用者,如陈去病《笠泽词徵序》。

总体说来,金圣叹以"泐大师"身份写作的时候,注重的是佛学修养与驾驭各种文体的能力,性别的因素基本没有体现。

当金圣叹以叶小鸾身份写作的时候,文本中便时而显露出他对少女、才女心理的揣摩。我们先来看他代叶小鸾作的三首绝句:

> 身非巫女惯行云,肯对三星蹴绛裙。清唳声中轻脱去,瑶天笙鹤两行分。

> 汾干素屋不多间,半庇生人半庇棺。黄鹤飞时犹合哭,令威回日更何欢。

> 弱水安能制毒龙,竿头一转拜师功。从今别却芙蓉主,永侍猊床沐下风。

三首诗的水平说不上多么高明,但作者刻意表现出"自己"女仙的形象、口吻。从这个角度讲,诗还是成功的。

---

① (明)叶绍袁:《彤奁续些》,见《午梦堂集》,中华书局,1998年版,第673页。

下面再来看那首复杂的"四人"联句：

灵辰敞新霁，密壶升名香（泖师）。神风动瑶天（宛君），
道气弥曲廊（昭齐）。憨燕惊我归（宛），疏花露我床（琼章）。
宿蛛胃我钗（宛），飘埃沾我裳（昭）。锈花生匣锁（宛），虫鼠
游裙箱（琼）。遗挂了非我（宛），檀佛因专房（琼）。新荷为谁
绿（昭），朱曦惨无光（宛）。君子知我来，清涕流纵横（宛）。
（叶黄）。舅氏知我来，不复成趋跄（昭）。（时沈君晦在也）。
兄弟知我来，众情合一怆（琼）。（叶平声）。婢仆知我来，洒
扫东西忙（宛）。请君置家业，观我敷道场。须弥已如砥
（师），黑海飞尘扬（琼）。月亦沉昆仑（师），日不居扶桑（琼）。
帝释辞交珠（师），迦文掩师幢（琼）。万法会有尽（师），一切
皆无常（琼）。独有芬陀华，久久延芳芳。灵光顶上摇（师），
慈云寰中翔（琼）。断三而得三（师），遮双即照双（琼）。父兄
亦众生，母女成法王（师）。感应今日交（宛），围绕后时长
（昭）。思之当欢踊（琼），何为又彷徨（师）。

金圣叹为这首诗颇用了一番心思。对每个人的身份、彼此的关系，都
有相当细致的考虑与安排。开端二十二句是第一个层次，是描写三个
魂灵返回家中的情景与感受的，所以由"泖大师"开一个头，然后母女
三人次第吟唱。三人之中，母亲为主导，两个女儿轮流承接。后面十
六句是第二个层次，专论佛理，所以由"泖大师"与叶小鸾一唱一和，沈
宜修、叶纨纨无所置喙。最后六句为结尾，"泖大师"开头，母女三人依
序一人一句，"泖大师"最后收尾。全诗结构相当完整，起承转合的章
法也具匠心。当然，最有意思的是金圣叹对母女三人女性心理的揣摩
与表达。

如"沈宜修"的诗句，"憨燕惊我归"、"宿蛛胃我钗"、"锈花生匣
锁"确是离家归来的主妇眼中所见，而"君子知我来，清涕流纵横"、"婢

仆知我来,洒扫东西忙"更把她这一特定身份表现得准确而生动。两个女儿的诗句虽不及母亲的贴切,却也基本是女儿亡灵的视角与口气,如"飘埃沾我裳"、"虫鼠游裙箱"等。至于中间谈佛论道的部分,金圣叹则是呼应十个月前他对叶小鸾的褒奖乃至"封赠"——"绝禅师"云云。"断三而得三"与"遮双即照双"都是有一定深度的佛理话题,"泐大师"与"绝禅师"吟唱之际,旗鼓相当,既照应了当初的揄扬之词,又满足了叶家的心理期待:金圣叹之用心可谓良苦!

当然,盘点金圣叹这一番易性写作的"成绩",前文提到的叶小鸾"破戒"十吟是必须重点计入的。这十吟完全是金圣叹打好腹稿的戏剧性安排,其中如"晚镜偷窥眉曲曲,春裙亲绣鸟双双"、"勉弃珠环收汉玉,戏捐粉盒葬花魂"、"生怕帘开讥燕子,为怜花谢骂东风"、"曾呼小玉除花虱,也遣轻纨坏蝶衣"等,表现出他对少女生活情形的细致了解、生动想像,可以说是其"易性写作"的最佳成果。正因为这十吟的生动、贴切,加上审戒的戏剧性,这一段诗意问答时常为后世才子们津津乐道。周亮工《因树屋书影》、袁枚《随园诗话》、陈廷焯《词则》、陈文述《碧城仙馆诗钞》等都提到这审戒十吟,只是没有一人质疑,没有一人想到这一"诗剧"的真正作者、表演者其实是金圣叹。

三、传统中的易性写作及扶乩

金圣叹的表演并非独创,而是传统中的易性写作与扶乩术的融合,但是又深深地打上了他个人的心理印记。

易性写作,在中国古代的文坛上,基本都是男性的行为。而这一写作方式,由于复杂的原因,不仅绵延不绝,而且枝繁叶茂,形成了一种独特的文学传统。

《诗经》中颇有女子口吻的诗歌,如《氓》、《伯兮》、《君子于役》、《将仲子》、《风雨》,等等。但是,我们没有充分的理由否认其作者的女性身份。所以,严格意义上的"易性写作",应认定自屈原开始。屈原的《湘君》为祭祀时的歌词,作者以女神的口气,抒写等待夫君的复杂情感。从此,男性作者借歌咏香草美人抒发自己政治上的失意,成为了一种近乎于"母题"的现象。而其中既有第三人称的旁观之作,也有第一人称的异性代言作品。不过,这一类异性代言的内容都是浮泛的,具有明显类型化的特征。历史上有具体内容的异性代言作品,最早也是最典型的当为司马相如代陈皇后所作的《长门赋》。如果说屈原一脉的创作动机主要是男性作家自我中心的发愤之词的话,司马相如开始的一脉的创作动机则明显不同。我们不妨把并非出于自我政治抒情的异性代言作品归于一大类,以区别于屈骚传统。按照《男子作闺音》作者张晓梅的归纳,把男子易性写作分为了六类,不过她又承认这仍不足以包括所有的情况(指出这一局限是很明智的,例如本文所论就很难归入六类之一)①。其实,我们也可以换一个思路,既然讨论的是"易"性写作的问题,那我们分析的焦点就集中到这一点上。由此,我们可以把易性写作分为两大类:一类是明显的自我中心,是"借"女性身份、口气表达男性作者自身某一社会政治意图的作品;另一类则没有这种明显的意图,"替"女性发出声音是作品的直接目的。汉魏之际,这两个传统都有继承、发展。前者如张衡的《同声歌》等,后者如曹丕、曹植兄弟的《寡妇诗》等。其后,二者在历朝历代都不绝如缕,有时还会成为一时的创作时尚,同时也不乏名篇佳制。如大量收录异性代言作品的《玉台新咏》,反映出齐梁时这方面的潮流;如辛稼轩的《摸鱼儿》,可谓屈骚之后香草美人传统的扛鼎之作,等等。

另一个必须提到的传统是扶乩。

扶乩起于何时,很难有准确的断定。作为降神术与占卜术的结合,六朝时的道教典籍中已经有所记载。陶弘景所撰《真诰》有降神的

---

① 张晓梅:《男子作闺音》,人民出版社,2008 年版。

诸女仙留诗的记载。细玩其上下文，似乎此前的降神都不留字迹，故《真诰》开篇还借"女仙"之口对于留字迹与否做了长篇大论的说明。据《真诰》所记，在兴宁三年（东晋哀帝）时，终于有两位女仙——九华真妃与紫薇夫人"体恤下情"，俯允所恳，借道士之手，各自留诗一首。这很可能是"女仙"附体吟诗的最早记载。不过，道士们如何与"女仙"沟通，换言之，"女仙"的诗通过何种方式传达到道士笔下，《真诰》语焉不详，似乎是被附体者口中代言。这与后世的扶乩还有很大差别。

后世的扶乩具有更多民间色彩，其起因当与紫姑神崇拜有关。此事的记载以苏东坡的《紫姑神记》为最详细。文中不仅详述其来历，还描写了召请紫姑神的仪式：

> 神复降于郭氏……则衣草木为妇人，而置筯手中，二小
> 童子扶焉，以箸画字。曰："妾寿阳人也。姓何氏，名媚，字丽
> 卿。自幼知读书属文……公少留，儿为赋诗，且舞以娱公。"
> 诗数十篇，敏捷立成，皆有妙思。①

小童扶箸、以箸画字，长于韵文，这些后世扶乩术的基本要素都已齐备。似乎因为紫姑生前的妾侍身份，又是兴起于民间的仪式，所以才有了"托于箕帚"的形式。详细记述这一活动的还有陆放翁的《箕卜》

> 孟春百草灵，古俗迎紫姑。厨中取竹箕，冒以妇裙襦。
> 竖子夹扶持，插笔祝其书。俄若有物凭，对答不须臾。
> 岂必考中否，一笑聊相娱。诗章亦间作，酒食随所须。
> 兴阑忽辞去，谁能执其袪。持箕畀灶婢，弃笔卧墙隅。
> 几席亦已彻，狼藉果与蔬。纷纷竟何益，人鬼均一愚。②

---

① 苏轼：《东坡全集》卷三八，《四库全书》集部。
② 陆游：《剑南诗稿》卷五十，《四库全书》集部。

竹箕、竖子扶持、若有物凭等,与东坡所记一致。不同的是二人的态度。放翁持怀疑、批评态度,所以详细描写了散场后的狼藉。

到了明代,扶乩术虽在细节上有些变化(如不再"衣草木为妇人"),但大端已经定型,只是附体的不再限于紫姑神。由于传统的缘故,这种方式的降神,召请的"神灵"中女性仍占较大比例,民间地方性"邪神"——当地普通人的亡灵也较为多见。明人笔记中多有记载,如王锜的《寓圃杂记》、焦竑的《玉堂丛语》等。

与一般的扶乩术相比,金圣叹的表演要复杂多了。首先,他不是简单的"泐大师"附体,而是由附体的"泐大师"到碧落黄泉去寻觅其他三位的灵魂,再由这四位仙灵"现场"作多方面的表演。其次,他借此机会构建了一个只属于他的天上世界,包括"泐大师"三生石上的出入佛道,更包括缥缈之中的女儿世界"无叶堂"。另外,金圣叹逞弄才华的范围更广,他在迷狂状态下表演的写作能力覆盖了文学的多种文体,又涉及了佛学的方方面面——不仅是"泐大师"所论,而且包括叶小鸾所论。还有,由于整个过程设计的较为复杂,如招来叶小鸾的魂灵后,魂灵要旧地重游,要见过故人等,金圣叹的表演才能也得到充分的实现。

与前辈的异性代言诗相比,金圣叹显然不属于屈骚一脉。他是在"替"这几位女性讲话,而且是在替出众的才女、血脉相连的女诗人们代言作诗。这种情况在文学史上从所未有。与一般扶乩术不同,金圣叹的表演更富有文学、文化的内涵,品味更"雅"一些,在一定程度上有骚人雅士异性代言创作的性质——不如此,岂能取信于钱谦益、叶绍袁等文坛名流。而与一般文士的代言诗相比,金圣叹所为所作又染上了浓厚的江湖之气,甚至诡异之气。所以,无论欣赏他的人还是贬斥他的人,都不把这些文字看作他自己的作品,一句"魔来附之"、"为卟所凭",便彻底剥夺了他的著作权。实际上,无论出于多么诡异的形式,这大量的文字都出于金氏之手是毋庸置疑的。

金圣叹如此处心积虑，不是简单地"迷信"、"欺骗"所能解释的。笔者二十年前的一篇旧文《金圣叹、钱谦益"仙坛唱和"透析》中，分析金氏行为的原因归为三个方面：文人假托"仙缘"的传统，晚明的时代风气和他本人的性格、心理因素。而在本人因素中，揭示出金圣叹好名、急于求名的心理，"英雄欺人"的心理，逞弄才华的心理等。当时，对于他"易性"降神行为的心理动因，也有所分析，但由于和钱谦益的唱和中这个因素不很突出，所以稍微涉及而已。

而在金圣叹这一次降神表演中，性别的因素突出了。他不仅是虚构了女性的"泐大师"，而且召来多名"才女"成为她们的代言，甚至"组建"了世外女性天堂——"无叶堂"，自己以"泐大师"身份成为她们（虚拟中的）的导师与领袖。如此种种，显示出金圣叹心灵深处的隐秘。

隐秘之一是他的易性冲动。在降神的过程中，金圣叹借"泐大师"之口有一断言：

> 天下最有痴人痴事。此是发愿为女者，向固文人茂才也。①

他认为叶纨纨这样的才女，前世都是有痴情的才子，发愿易性转世而来。换言之，痴心的才子会发愿转世而易性。这里包含着"夫子自道"的成分。金圣叹在《第六才子书西厢记》的序言《留赠后人》中，表达了这样的意愿：

> 后之人既好读书，必又好其知心青衣。知心青衣者，所以霜晨雨夜侍立于侧，异身同室，并兴齐住者也。我请得转我后身便为知心青衣，霜晨雨夜侍立于侧而以为赠之。②

---

① （明）叶绍袁：《续窈闻》，见《午梦堂集》，中华书局，1998年版，第519页。
② 《金圣叹全集》，第三册，江苏古籍出版社，1985年版，第9页。

情愿转世之后变为女性，甚至是为婢为妾，和好读书的才子成为知心。这在当时，不啻为惊世骇俗的狂言。金圣叹敢为此论，一则是以佛学撑腰（如《维摩诘经》中即有舍利弗化身为女的情节），二则表明自己确有易性体验的冲动——这在当年的叶府得到了最为充分的实现机会，现在只有在写作中来满足了。

隐秘之二是他的"意淫"心态。金圣叹不是一般的招魂表演，而是虚构出一座"无叶堂"，并虚拟出堂中的情景：全是女性在其中，既有数十名才女，又有数十名小婢，而主人就是与他一而二二而一的"泐大师"；他以这个名义到天上收集才女们的亡魂置于堂中由他指导、教导、管理，自言"（叶纨纨）今归我无叶堂中……今日不携之归来耳"，可见其心态；他又以导师身份对其成员在幻想中"审戒"，在现实中"收编"（如对沈宜修）①。我们自不必把他说得多么不堪，但金圣叹在幻想世界中让自己支配才女们的思想与行动，并从中感受乐趣，这也是不争的事实。

正是金圣叹这样特异的心态，才有了文学史上这一桩极其特异的易性写作。

四、金氏此番易性写作的文学史意义

《午梦堂集》于崇祯九年初刊后，至清末的不足三百年间，便有不同的刻本八种，抄本一种，可见传播之广。八种刻本，其一由乾隆年间文坛领袖沈德潜作序，其一由著名诗话作者叶燮选编，其一由晚清名士叶德辉编辑，这几位都是能够影响文坛的人物。金圣叹的上述作品附骥尾而传，读者虽大多不知与金氏有关，但"泐大师"与叶小鸾的事迹，以及此一事件蕴含的思想意义会自然产生较为广泛的影响。

---

① 详见下一节。

金圣叹自导自演的这出降神剧中,一个核心的关目是"无叶堂"的创建。《续窈闻》关于"无叶堂"的记述有以下九处①。其一是叶绍袁归纳"泖大师"的自述——其实是金圣叹的正面讲述:

> 无叶堂者,师于冥中建设,取"法华"无枝叶而纯真实之义。凡女人生具灵慧,凤有根因,即度脱其魂于此,教修四仪密谛,注生西方。所云天台一路,光明灼然,非幽途比也。具称弟子,有三十余人,别有女侍,名纨香、梵叶、嬷娘、闲惜、提袄、娥儿甚多,自在慈月。

另一处是在叶绍袁问及叶纨纨魂灵升天后情况之时,"泖大师"的答复:

> 师云:"天下最有痴人痴事。此是发愿为女者,向固文人茂才也。虔奉观音大士,乃于大士前,日夕廻向,求为香闺弱质。又复能文,及至允从其愿,生来为爱,则固未注佳配也。少年修洁自好,搦管必以袖衬,衣必极淡而整。宴尔之后,不喜优俪,恐其不洁也。每自矢心,独为处子。嘻!亦痴矣。今归我无叶堂中,法名智转,法字珠轮,恐乱其心曲,故今日不携之归来耳。"

然后,"泖大师"召来叶小鸾的亡魂,在叶绍袁与叶小鸾的对话中提到:

> 余问:"……见昭齐姊否?"云:"在无叶堂。""汝何以知之?"云:"顷是泖师告儿也。"

另外,当叶小鸾的魂灵表示不再回归仙界,愿从"泖大师"修行之后,"泖大师"对她的安排:

---

① 以下引文均见于《续窈闻》,《午梦堂集》,第519~525页。

师大惊曰:"我不敢复以神仙待子也,可谓迥绝无际矣。"

遂字曰"绝际"。今无叶堂中称绝子,亦称绝禅师。

以上是崇祯八年六月初十,金圣叹第一次到叶府,叶绍袁记录下的关于"无叶堂"的文字。四段文字,或出于叶绍袁本人的综述,或出于"叶小鸾"之口,或出于"泐大师"之口,但细推敲,其实都是出自金圣叹之口。也就是说,金圣叹在接到叶家邀请之后,设计出了"无叶堂"的总体构想,然后通过各个环节表现出来。这样,叶家的两位亡灵都在"泐大师"直接呵护、"管理"之下,金圣叹又是"泐大师"的全权代理,于是乎不仅这一次的表演因无叶堂而丰富复杂,而且为金氏与叶家长期往来打下了基础。两个月后,沈氏重病,作绝笔诗尚念念不忘无叶堂:

四大幻身终有灭,茫茫业海正深时。

一灵若向三生石,无叶堂中愿永随。

可见金圣堂的这一构想对于"才女"的吸引力及心灵抚慰功能。沈氏病逝后,叶绍袁一再敦请"泐大师"佛驾,询问妻女在无叶堂中的情况,半年后,金圣叹再到叶府,与叶绍袁对话中就无叶堂中情况描述如下:

余拜谢,敬问:"亡妇沈氏,已在无叶堂中,授何法名?"师云:"法名智顶,法字醮眼。摩醯首罗天王顶上一眼,大千世界雨,彼皆能知点数,取此义也。今教持首楞严咒,以断情缘。绝子则天上天下第一奇才,锦心绣口,铁面剑眉,佛法中未易多见。醮子当与不肖共树新幢,珠子则佐母氏而鼓大音,亦奇杰也。明日当同三公来,尊兄父子,不必如今日设供,酌水采花,以书端节之欢。前者犹是世缘,于今已成法眷。看绝子口吐珠玑,惊天动地,亦世外之乐也。但万勿及家事,醮公愁绪初清,恐魔娆又起耳。若绝子,则虽以万斛丝令之理，亦能一手分开；以热汤沃其顶上，能出青莲朵朵，固不妨以愁心相告也。"

对话中，还涉及"无叶堂"的两个问题。一个是叶纨纨与沈宜修是如何加入的，另一个是叶家尚有两位男童早夭，是否加入了"无叶堂"。关于前者，对话如下：

余（叶绍袁）言："……君何以得至无叶堂?"（沈宜修）云："得本师（即泐大师）导御，送至郡，对簿毕，即往也。"

余问："如何以得至无叶堂中?"（叶纨纨）云："偶尔游行虚空，为逻卒所捉，因解入上方官，承师收授佛戒。"

后者则通过沈宜修的叙述，介绍"无叶堂"分为内宫与外宫，生前有亲属关系的男性可居于外宫；内外宫之间能够互通信息，但不能见面云云。

综观上述"无叶堂"的有关内容，可以得出以下认识：

1.金圣叹到叶家的降神活动，是以虚构的"无叶堂"之说为基础的。所以不长的《续窈闻》中竟有九处相关的文字。

2.九处文字中，有些是金圣叹为了坚定叶绍袁的信心，破除其疑虑而借魂灵名义讲述的，如加入无叶堂的过程等。

3.综合其余的讲述，所谓"无叶堂"可以描述如下——这是凡尘之外的一个女性乐园，进入者都是有佛缘的才女之魂灵；主持其事的是半佛半仙的"泐大师"，她既是乐园诸女性的精神导师，又是沟通女魂们与凡间的联系人、桥梁；无叶堂排斥男性，即使生前有亲属关系的男魂，也只有住在外堂的份儿；带有处子崇拜的色彩，对于叶小鸾则强调其婚前去世而来至此地，对于叶纨纨则强调"琴瑟七年，实未尝伉俪也"；无叶堂中，诸才女魂灵都有婢女服侍，过着舒适的生活。

类似这样的女性世外天堂，此前似乎没有见诸文字描写。而在清代的长篇小说中,却先后出现于《金云翘》、《女仙外史》、《红楼梦》、《镜花缘》等作品里。特别是《红楼梦》中的太虚幻境,上述无叶堂的特征几乎全都有所表现。考虑到林黛玉的形象与叶小鸾诸多相似之处,考虑到《红楼梦》与《午梦堂集》其他方面的可比性,认为太虚幻境的构想很可能从无叶堂中得到过启发,恐怕也不能说成无稽之谈吧。

另外,"无叶堂"的构建(想象之中的)强化了两性差别的观念,不过是站在女性的立场上来强化的。从这个意义上说,"无叶堂"观念的提出与传播,对清代文坛的"才女崇拜"潮流具有很强的"加温"作用。

另外,金圣叹一生的名山事业主要在于文学批评,特别是《水浒》、《西厢》的两部评点,可以说是金氏名扬天下的本钱。金圣叹的文学批评理论中,"动心"、"现身"是两个重要的主张。

"动心"之说是金氏解决叙事作品中作者人生经历与作品情境不合的办法。《第五才子书》评点云:

> 耐庵于三寸之笔,一幅之纸之间,实亲动心而为淫妇,亲动心而为偷儿。既已动心则均矣。又安辨泚笔点墨之非入马通奸,泚笔点墨之非飞檐走壁耶?[1]
>
> 作者实有设身处地之劳也。[2]

"既已动心则均矣",就是作家与所创造对象的认同。这是金圣叹对创作心理的一个规律性认识。换言之,就是说在创造人物形象时,作者要有一个忘我的幻化过程。这一点,金氏屡屡言及,如《圣人千案》云:"人看花,人销陨到花里边去;花看人,花销陨到人里边来。"《第五才子书》第三十五回评"一部书从才子文心捏造而出,并非真有其事"等。

---

① (清)金圣叹:《第五才子书水浒传》第五十五回回评,中州古籍出版社,1985年版,第898页。

② (清)金圣叹:《第五才子书水浒传》第十八回夹批,中州古籍出版社,1985年版,第313页。

金圣叹之前，讨论叙事作品的虚构问题只有李卓吾等数人而已，讨论的深度远不及金氏所论。特别是金圣叹强调的忘我与认同，在创作心理方面，可谓是极致的观点。当他批点《第六才子书西厢记》时，这种身临其境、认同对象的主张就更明确了。他认为《西厢记》的作者一定是把自己幻化为崔莺莺，经过一番揣摩与体验，然后才能有深入其内心的笔墨：

> 前篇《粉蝶儿》是红娘从外行入闺中来，故先写帘外之风，次写窗内之香。此是双文从内行出闺外来，故先写深闭之窗，次写不卷之帘。夫帘之与窗，只争一层内外，而必不得错写者，此非作者笔墨之精致而已，正即观世音菩萨经所云：应以闺中女儿身的度者，即现闺中女儿身而为说法。盖作者当提笔临纸之时，真遂现身于双文闺中也。①
>
> "马儿慢慢行，车儿快快随。"二句十字，真正妙文。直从双文当时又稚小，又憨痴，又苦恼，又聪明，一片微细心地中的的描画出来。盖昨日拷问之后……车儿既快快随，马儿仍慢慢行，于是车在马右，马在车左，男左女右，比肩并坐，疏林挂日，更不复夜，千秋万岁，永在长亭。此真小儿女又稚小，又苦恼，又聪明，又憨痴，一片的的微细心地，不知作者如何写出来也。②
>
> 手搦妙笔，心存妙境，身代妙人，天赐妙想。③
>
> 纵心寻其起尽，以自容与其间。④

---

① （清）金圣叹：《第六才子书西厢记》《金圣叹全集》，第三册，江苏古籍出版社，1985年版，第144页。

② 同前，第188页。

③ 同前，第64页。

④ 同前，第144页。

"现闺中女儿身而为说法"、"心存妙境,身代妙人"、"自容与其间",这样一些说法,在中国文学批评史上前无古人后无来者。从这样独特的观点、表述,我们自然要想到他在叶府种种表演,不正是把自己幻化为叶小鸾等,向叶家满门宣扬"无叶堂"的故事,宣扬佛法吗?不正是"现闺中女儿身而为说法"吗?当其时也,金圣叹不正是"心存妙境,身代妙人"吗?不正是"自容与其间",享受着大胆创造、恣意表演的愉悦吗?

因此,清人王应奎在《柳南随笔》中讲:"(金圣叹)性故颖敏绝世,而用心虚明,魔来附之……自为卟所凭,下笔益机辩澜翻……好评解稗官词曲,手眼独出。"[①]我们有理由认为,青年金圣叹透过"降神/易性写作"这种极为特殊的形式,体会了虚构性叙事的乐趣与规律,对于模拟不同角色的身份、口气,有了直接的深切的经验。这种亲身体验,在形成其日后的"心动"、"幻化"的创作心理之见解、"设身处地"、"因缘生法"等虚构理论时,无疑是起到了触媒以至启悟作用的。可以说,金圣叹青年时代非圣无法的一番"胡闹",不仅是成就其特立独行文学批评大家的重要环节,而且对清代小说也有相当程度的正面影响。

---

① (清)王应奎:《柳南随笔续笔》,中华书局,1983 年版,第 46 页。

性别视野中的明末清初世情小说

雷 勇

在人类文化史上,女性长期处在客体的位置,她们或者是男性欲望的对象,或者是审美的对象。于是,在大多数男性作家笔下,"女性形象变成了体现男性精神和审美理想的介质,由于女性形象在文学中仅是一种介质,一种对象性的存在,一个空洞的能指,所以她们总是被她们的男性创造者按照自己的意志进行削足适履的扭曲变形"①。自元末明初章回体小说创建以后,首先发展起来的是以《三国演义》、《水浒传》为代表的历史演义和英雄传奇小说,继之是以《西游记》为代表的神魔小说。从性别视角来看,它们都是典型的男性文本,存在着明显的性别歧视。作为人类"一半"的女性在作品中或无缘无故地缺席,或是作为男性角色的陪衬,且大多以扭曲、变形的面目出现。《金瓶梅》的问世使这一局面有了较大的改变。该书共写了大约八百个人物,其中女性就有二百五十多人。她们成为作品中不可或缺的组成部分。长篇小说从此扩疆拓宇,由写史迹、传奇、神魔而至家庭、社会,形成了一个新的小说流派——世情小说,并且后来居上,逐渐成为小说创作的主流。从《金瓶梅》到《红楼梦》,小说艺术不断成熟,小说观念也发生了根本性的变化。在此过程中,以往被有意无意忽略了的女性逐渐成为小说叙事的中心。其间,创作者的性别意识对小说的面貌产

---

① 张岩冰:《女权主义文论》,山东教育出版社,1998年版,第57页。

生了重要影响。

一、人欲狂潮中女性的陷落

从小说史的角度看,《金瓶梅》的地位无疑是非常重要的,其影响深广而又复杂。它不仅开了长篇小说写人情世态的先河,吸引、鼓舞了一大批小说作家从事世情小说的创作,而且还提供了透过一个人、一个家庭的经历去表现广阔社会生活的艺术经验。同时,它那赤裸裸的性描写也给后来的世情之作投下了不祥的阴影。此后的世情小说正是在对《金瓶梅》的学习、模仿和反思中发展的。

在《金瓶梅》之后首先引起人们重视的,是一批以性爱为主要内容的"艳情小说"。鲁迅称它们"著意所写,专在性交,又越常情,如有狂疾",是人情小说的"末流"①。作为一种小说流派,艳情小说的主要特点就是继承并发扬了《金瓶梅》的猥亵成分,大胆地肯定和赤裸裸地表现"人欲"。在这些作家看来,情欲是人之常情。如《肉蒲团》第一回就对"男女交媾之情"作了这样的解释:

> 人生在世,朝朝劳苦,事事愁烦,没有一毫受用处。还亏那太古之世,开天辟地的圣人制了一件男女交媾之情与人息息劳苦、解解愁烦,不至十分憔悴。照拘儒说来,妇人腰下之物乃生我之门,死我之户;据达者看来,人生在世没有这件东西,只怕头发还早白几岁,寿算还略少几岁。不信但看世间的和尚,有几人四五十岁头发不白的?有几个七八十岁肉身不倒的?或者说和尚虽然出家,一般也有去路,或偷妇人,或狎徒弟,也与俗人一般,不能保元固本,所以没寿。这等,请

---

① 鲁迅:《中国小说史略》,《鲁迅全集》第九卷,人民文学出版社,1982年版,第183页。

看京里的太监，不但不偷妇人、不狎徒弟，连那偷妇人狎徒弟
的器械都没了，论理就该少嫩一生，活活几百岁才是，为何面
上的皱纹比别人多些，头上的白发比别人早些？……可见女
色二字，原于人无损，只因《本草纲目》上面不曾载得这一味，
所以没有一定的注解。有说他是养人的，有说他是害人的。
若照这等比验起来，不但还是养人的物事，他的药性与人参
附子相同而亦交相为用。……世上之人若晓得女色当药，不
可太疏，亦不可太密，不可不好，亦不可酷好。未近女色之
际，当思曰此药也，非毒也，胡为惧之？既近女色之际，当思
曰此药也，非饭也，胡为溺之如此？则阳不亢阴不郁，岂不有
益于人哉？

这段话首先肯定了人对性的要求是正常的，批判了道学家视女色为洪
水猛兽的迂腐观念；同时阐明了性生活对人生理和心理的调节作用，
肯定了其中的乐趣。这样公然地宣扬性快乐，可谓是发前人所未发。
在《浪史》"叙"中也有类似的表述：

天下惟闺房儿女之事叙之简策，人争传诵，千载不灭。
何为乎？情也。盖世界以有情而合，以无情而离。……盖忠
臣孝子未必尽是真情，而儿女切切，十无一假。则《浪史》风
月正使无情者见之还为有情。情先笃于闺房。扩而充之，为
真忠臣，为真孝子，未始不在是。

正因为作者视情欲为至上，故全书极写淫人淫事而无一贬词，甚至完
全不顾传统的道德，对淫荡和乱伦的人与事全都作为"真情"而持肯定
的态度。

在《灯草和尚》中，这种思想表述得更为明白。作者在小说结尾处
借灯草和尚之口点明了自己的创作意图：

> 你家官儿原是个好人。只因在越州做官的时节,有个乡
> 宦也是明经出身,他家妇人与小厮通奸,被人出首,拿在当
> 官,你家老爷动起刑来,那乡宦青衣小帽,上堂再三哀告全他
> 脸面,杨官儿不肯,差人提出,当堂众目之下,去了下衣,打了
> 十板,那乡宦回家气死了。故此上天震怒,差我下来引你的
> 邪心坏他的门风,转嫁周自如,代乡宦还报。(第十二回)

该书主张"恶报",但他没有让主要人物因淫而受到报应。之所以说杨
官儿"刻薄",是因为作者认为主仆通奸并不是什么罪案。如结尾诗所
说:"莫道人家贪色欲,相逢尽是消福禄。"第五回红婆子也说:"大凡偷
情嫖院,一夜情分,也是前世有缘。"这些都表明了作者的观点,即男女
交好都是无可指责的,甚至是命中注定的事。

艳情小说肯定了人欲的合理性,同时也在作品中大胆地、赤裸裸
地展示人欲,在创作中掀起了一股人欲泛滥的洪流。就其创作倾向而
言,大体可分为两种类型:

第一类,打着"以淫止淫"的招牌,在劝戒的幌子下大肆写欲。这
是艳情小说比较多见的情形。或者有一个因果报应的框架,或在叙事
中加入零星的说教,都不同程度带有劝戒色彩,但由于作者的兴趣在
于写欲,因此说教都淹没在连篇累牍的性描写中。如《绣榻野史》是一
部典型的纵欲之作,为了最大程度地满足读者的猎奇心理,小说几乎
将一切能想象得到的性事都写了,且笔法极尽夸张之能事。但作者在
大肆"铺张亵事"的同时,也打出了劝诫的招牌。万历本的序文中有这
样一段自述:

> 客有过我者曰:"先生不几诲淫乎?"余曰:"非也,余为世
> 虑深远也。"曰:"云何?"曰:"余将止天下之淫,而天下已趋
> 矣,人必不收。余以诲者止之,因其势而利导焉,人不必不变
> 也。孔子删《诗》,不必皆《关雎》、《鹊巢》、《小星》、《樛木》也,

随《鹑奔》、《鹊疆》、《郑凤》、《株林》,靡不胪列,大抵亦百篇,
皆为思无邪而作。"

这段序文表明,刊刻此书是为了"止天下之淫",并为"以淫止淫"寻找
到理论根据。作者为书中人物安排了一个因果报应的结局:金氏、麻
氏、大里死后变为畜生,东门生也因此幡然悔悟,认识到"报应的道理,
果然是有的",于是收拾起情欲之心,弃世出家,立地成佛。作者的目
的就是要用佛教的"色空"观念告诫人们节欲、禁欲。

《肉蒲团》主要写未央生之性历险以及参悟的故事,说教色彩十分
浓重。作者在第一回"楔子"中有一大段议论,颇为详尽地交待了自己
的创作目的:

> 做这部小说的人原是一片婆心,要为世人说法。劝人窒
> 欲,不是劝人纵欲;为人秘淫,不是为人宣淫。看客们不可认
> 错他的主意。既是要使人遏淫窒欲,为什么不著一部道学之
> 书,维持风化,却做起风流小说来?看官有所不知。凡移风
> 易俗之法要因势而利导之,则言易入。近日的人情,怕读圣
> 经贤传,喜看稗官野史,就是稗官野史里面,又厌闻忠孝节义
> 之事,喜看淫邪诞妄之书。风俗至今日,可谓靡荡极矣。若
> 还著一部道学之书,劝人为善,莫说要使世人将银买了去看,
> 就如好善之家施舍经藏的,刊刻成书,装订成套,赔了帖子送
> 他,他不是拆了塞瓮,就是扯了吃烟,那里肯把眼睛去看一
> 看?不如就把色欲之事去歆动他,等他看到津津有味之时,
> 忽然下几句针砭之语,使他瞿然叹息道:"女色之可好如此,
> 岂可不留行乐之身,常远受用,而为牡丹花下之鬼,务虚名而
> 去实际乎?"又等他看到明彰报应之处,轻轻下一二点化之
> 言,使他幡然大悟道:"奸淫之必报如此,岂可不留妻妾之身
> 自家受用,而为隋珠弹雀之事,借虚钱而还实债乎?"思念及

此,自然不走邪路。不走邪路,自然夫爱其妻,妻敬其夫,周
南、召南之化,不外是矣……

这是对"以淫止淫"创作观最为深刻、细致的表述。看起来似乎很有道理,但实际上仍是一种"拉虎皮作大旗"的说教。

第二类,撕去一切伪装,毫无顾忌地宣淫。与《绣榻野史》一样,《浪史》也以鼓吹纵欲、追求性刺激为宗旨,性描写极尽夸张之能事。不同的是,《绣榻野史》在追求性刺激时多少保存了一点羞耻感,而《浪史》则彻底撕去了一切遮羞布。小说抛弃了艳情小说先淫纵后说教的模式,极力寻求纯粹的性快乐,对贞节之类的道德观念完全不屑一顾。如赵大娘为了讨好浪子,毫不犹豫地将自己的女儿送给浪子取乐;浪子的妹妹梅俊卿为满足性欲,不惜精心策划,与哥哥发生乱伦行为。在作者看来,这一切似乎都是自然而然的,因此,浪子沾花惹草、放纵一生,作者却给他安排了一个妻妾成群、快活如"地仙"的"美满"结局。值得注意的是,这样的结局在艳情小说中绝非特例。《巫山艳史》中,李芳带着八个妻妾纵情淫乐,后得仙人点化,带诸美入山隐居,不知所终;《浓情秘史》中,魏玉卿先后与十一个女子交媾,后居林下,成为仙人;《闹花丛》中的庞文英与玉蓉、桂萼等四位女子私合,后中状元,娶四女,官至尚书,后得赤松子点化,带众女入太湖,最终成仙。……从中可以看出作者的情感态度。这一切深深地打上了时代的印记,它们都是明末纵欲之风的产物。

经过一百五十余年的修养生息,明中叶以后社会经济得到了较大发展,整个社会尤其是城市,开始呈现出一派繁荣昌盛的气象。在此背景下,人们的生活和道德观念发生了巨大的裂变,竞奢炫奇、风流放纵成为普遍追求的目标,与明初纯朴俭约、不尚浮华、循规蹈矩的社会风貌形成鲜明对照。沈德符在《万历野获编》中对这一变化作了这样的描述:

国朝士风之敝，浸淫于正统，而靡溃于成化……至宪宗朝万安居外，万妃居内，士习遂大坏。万以媚药进御，御史倪进贤又以药进万，至都御史李实、给事中张善俱献房中秘方，得从废籍复官。以谏诤风纪之臣，争谈秽媟，一时风尚可知矣。（《万历野获编》卷二十一）

到正德年间，社会上各种奢风侈俗开始形成。最高统治者武宗本人就是这种风气的代表，他极度奢侈、放纵的后宫生活，历来是人们揭露、批判的对象。一部分士人也步其后尘，热烈地追求这种生活方式，追求个人欲望的最大满足。正德以降，社会上普遍流行崇尚新异、寻求刺激、纵情逸乐的风气，尤其是从嘉靖直至南明这段时间，整个社会侈靡相竞，人欲横流，纷纷以纵欲为风流。如张瀚所言："人情以放荡为快，世风以侈靡相高，虽逾制犯禁，不知忌也。"（《松窗梦语》卷七）

对这股纵欲之风起到推波助澜作用的是来自思想界的个性解放思潮。嘉庆、万历年间，陆王心学日益兴隆，程朱理学的一统地位受到了强大的冲击。特别是泰州学派，在理与欲的问题上对程朱理学进行了尖锐的批评，在全社会掀起了一股思想解放的风潮。泰州巨擘颜山农提出"制欲非体仁"说，认为"人之好财贪色，皆自性生，其一时之所为，实天机之发不可雍阏之"（王世贞《弇州史料后集》卷三《嘉隆江湖大侠》条引）。他的弟子何心隐也认为满足物欲是人的自然要求："性而味，性而色，性而声，性而安适，性也。"（《爨桐集》卷二《寡欲》）李贽则认为："穿衣吃饭，即是人伦物理；除过穿衣吃饭，无伦物矣。"（《焚书》卷一《答邓石阳》）他在《读律肤说》中还宣称，声色是人的自然本性，"盖声色之来，发乎情性，由乎自然"。这些言论对当时的士人产生了很大影响，追求人性的解放成为晚明士人普遍的思想倾向。他们崇尚天然，追求自由适性的生活方式，但同时又常常走向极端，在充分肯定个性解放的基础上宣扬纵欲，寻求刺激。如李贽就说过这样的话：

"成佛征圣,惟在明心,本心若明,虽一日受千金不为贪,一夜御十女不为淫也。"(周应宾《识小录》)这种论调对晚明纵欲思潮的形成和泛滥产生了直接的影响。这个时期的士人在思想上很少顾忌,他们以冲破传统道德规范和世俗束缚为风流,纵欲的言论十分大胆。其中,袁宏道在《致龚惟长先生书》中的一段话颇有代表性:

> 然真乐有五,不可不知:目极世间之色,身极世间之鲜,口极世间之谭,一快活也。堂前列鼎,堂后度曲;宾客满座,男女交舄;浊气熏天,珠翠委地;金钱不足,继以田土;二快活也。箧中藏万卷书,书皆珍异;宅畔置一馆,馆中得真正同心友十余人,人中立一识见极高如司马迁、罗贯中、关汉卿者为主,分曹部署,各成一书,远文唐宋酸儒之陋,近完一代未竟之篇,三快活也。千金买一舟,舟中置鼓吹一部,妓妾数人,游闲数人,泛家浮宅,不知老之将至,四快活也。然人生受用至此,不及十年,家资田地荡尽矣。然后一身狼狈,朝不谋夕,托钵歌伎之院,和餐孤老之盘,往来乡亲,恬不知耻,五快活也。士有此一者,生可无愧,死可不朽矣。(《袁宏道集校笺》卷五)

这里的每一条"真乐",都是对人欲的极度纵容。在这种理论的指导下,明中叶以后在士人中产生了一大批"放诞不羁,每出于明教之外"的"狂士"(赵翼《廿二史札记》卷三十四"明中叶才士傲诞之习"条)。如屠隆因与西宁侯宋世恩夫妇纵淫被免职;藏懋循因与娈童游乐而被罢官;钟惺也因奔丧途中挟妓游山被劾。对他们这样的举止,时人不仅不以为怪,反而称之为"风流"、"佳话"。如汤显祖就赞之曰:"古来才子多娇纵","如此风流自可人"(《汤显祖集》卷七《怀戴四明先生并问屠长卿》)。

在风气的影响下,人们不再以谈性为羞耻,反而以纵谈药石、秘术为风流洒脱,因此,嫖妓宿娼、崇尚男风,以至春宫画、"金莲杯"之类在社会上广泛流行;《金瓶梅》、《玉娇李》等艳情小说出现时,也立即在士林引起强烈反响,并获得了极高的评价。袁宏道就称《金瓶梅》"云霞满纸,胜于枚生《七发》多矣"(《袁宏道集校笺》卷二《与董思白书》),还认为"传奇则《水浒传》、《金瓶梅》等为逸典。不熟此典者,保面瓮肠,非饮徒也"(《觞政·十之掌故》)。名士的誉扬、社会的需要,也引发了出版商的兴趣。在商业利益的驱动下,很快掀起了一股编写、刊刻色情内容小说的热潮。于是艳情小说盛极一时,形成了中国文学史上罕见的色情文学繁荣的局面。

艳情小说既是晚明社会纵欲风气的产物,同时也是这种社会风气的重要组成部分。它们以更为纯粹、更为形象的方式营构了一个理想化的情欲世界。作者可以毫无顾忌地驰骋想象,充分地表现对欲的强烈愿望和追求,读者也可以在这个虚拟的世界里自由翱翔,寻求精神的满足。艳情小说着重塑造的是扭曲了的"春宫"世界。作品中的女性虽出身、性格、命运各不相同,但有一点却惊人地相似:疯狂追求肉体的快乐。她们大多只是作为一种"欲望符号"出现,没有自己的思想和个性,完全失去了自我意识。不过,相对于《金瓶梅》,一些作者的女性观和性别意识也发生了一定的变化,这主要表现为对女性性欲的理解和宽容。

恩格斯在谈到人类两性关系发展的历史时指出:"凡在妇女方面被认为是犯罪并且要引起严重的法律后果和社会后果的一切,对于男子却被认为是一种光荣,至多也不过被当做可以欣然接受的道德上的小污点。"[1]这种不平等的状况在中国也长期存在。性欲对于女性来说,是个千古禁忌,性即是淫,乃是万恶之首。在道德和礼法的重重束

---

① (德)恩格斯《家庭、私有制和国家的起源》,《马克思恩格斯选集》第四卷,人民出版社,1974年版,第71页。

缚下,女性正常的欲望受到了严重的压抑。在艳情小说里,作者在宣扬人欲的合理性时,一定程度上表现出对女性的关注。例如,《灯草和尚》第五回,作者借秋姐之口说过这样一段话:

> 我们姊妹四个都有丈夫,都不受丈夫管束,如今世家良宅,都是一个妇人家,谁不想偷几个男子汉?因夫人这种在深闺内阁,耳目众多,穷人家衣食不周,朝暮愁难,任使你欲心也动不得什么火,只索忍了。若有些门路,任他少的老的,好的歹的,那一个不心心念念想这事!

这是一通类似"性解放"的宣言。这种富有煽动性的话语,早把封建礼法抛到了九霄云外。更为难得的是,艳情小说还涉及了寡妇守节问题,并肯定了寡妇改嫁。《绣榻野史》对寡妇守节的痛苦有大段的详细描写,这在古代小说中是难得一见的。《一片情》第九回"多情子渐得佳境"也集中描写了寡妇守节之事,奉劝世人不要轻易让寡妇守节。这与道学家"饿死事小,失节事大"的说教显然背道而驰。

与《金瓶梅》相比,艳情小说中的女性形象要肤浅、单薄得多。她们几乎没有什么独特的个性色彩,只知一味满足欲望,因此成了"欲"的化身。作家在写欲的同时发现了女性被压抑的现实,肯定了女性也有人欲,体现了对女性的同情和一定程度的理解,比较细致地揭示了她们内心的痛苦,并在一定程度上肯定了她们对欲的大胆追求,揭露和批判了礼教的不合理。对礼教来说,这是一种大胆的反叛。但客观地来看,这类作品无疑是写给男人看的,作家是站在男性的立场上塑造女性形象的。其表现有三:

首先,作品对女性的性欲进行了过度的夸张,并把纵欲的主要责任强加给女性。《一片情》第一回写道:"男情女欲,总是一般的,而女犹甚";《桃花影》的作者也感叹说:"妇人欲念,入土方休,不为虚语。"(第二回)因此,艳情小说中的女性,特别是少妇和寡妇,多是主动出击,寻找性伴侣。她们既无贞节观念,也没有感情的需求,和男性交往的唯一目的就是满足自己的性欲。浪子们之所以能轻而易举地捕获猎物,也主要是因为那些女性自己有纵欲的愿望。《绣榻野史》中的东门生说:"妇人家都是水性杨花的";"这些妇人家,惯会在丈夫面前撇清,背后便千方百计去养汉。"对女性明显地带有嘲讽、鄙夷的态度。

其次,既希望利用女性的放纵达到纵欲的目的,又要求女性忠贞。小说中的男主人公大多都有众多性伙伴,其中必有一两个正派的女子,她们受到男主人公的尊重和爱恋,最终会成为正房妻子,而放荡的女子则只配做妾。这种矛盾的心态在《肉蒲团》中体现得比较典型。未央生以偷香窃玉为最高人生追求,希望天下美女个个放浪,但在娶妻时看中的却是铁扉道人闺门的严谨;他在外疯狂纵欲,却又时常担心自己的妻子也像这些女子一样红杏出墙,于是就急急忙忙赶回家乡,当远远看见大门紧闭时才"心上暗喜";在和艳芳勾搭成奸后,也要求她严守妇道。艳芳不甘寂寞,再度与他人私通,作者就借"侠盗"赛昆仑之手将她除掉。这种矛盾的态度实际上是由于作者的立场决定的。在中国古代,女性一直被视为男性的私有财产,站在男人的立场上自然会要求女人贞节,要求女人对男人的绝对服从与依附,对女性自身的欲望自然就会持警戒和批评的态度。于是,既需要女人放荡来使男人获得性放纵的满足,同时又要给放荡的女人以最严厉的惩罚,一切都是从男人的利益出发。

最后,对纵欲的对象采用双重标准。艳情小说的主角一般都是男性,作者对他们的纵欲行为大多持赞赏的态度,而且这些男子也都有不错的结局;但如果纵欲者是女性,就另当别论了。如《肉蒲团》中未央生的妻子玉香本来是个"女道学",未央生对此极为不满,就用淫书、淫画诱导她,使她变得风骚起来。后来玉香在权老实的勾引下失身并被卖到妓院,在与丈夫意外相逢时,自缢而亡。小说宣扬果报,但男子淫纵,遭到报应的却都是女性。《痴婆子传》在这方面最为典型。由于本书纵欲的主人公是一个女性,她的结局就比其他艳情小说中的主人公们悲惨得多。她被夫家视为"败节女",作者也一再说她"固是畜类",因此她只能在孤凄无依的暮年一再反省:"我之中道绝也,宜哉!当处闺中时,惑少妇之言,而私慧敏,不姊也。又私奴,不主也。既为妇,私盈郎,又为大徒所劫,亦不主也。私翁私伯,不妇也。私饔,不嫂也。私费,不姨也。私优复私僧,不尊也。私谷,不主人也。一夫之外所私者十有二人,罪应莫赎,宜乎夫不以我为室,子不以我为母。茕茕至今,又谁怨焉?"这与男性纵欲者的白日飞升无疑有天壤之别。

由此可见,晚明的纵欲实际上仍是以男性为中心的,女性只不过是男性的陪衬,是为男性的需要而生存的。反映在艳情小说创作中,无论男性小说家对女性表现了怎样的同情,她们被损害、被侮辱的地位都不曾改变。

二、以理节情与女性形象的道德化

如前所述,艳情小说直接以性为内容,不少作品单纯追求感官刺激,对性生活场面的描写不厌其烦、淋漓尽致;尤其是小说中所写的床笫之事,往往超出了男欢女爱的范围,沦为变态、病态的淫纵无度和兽性发泄,因此有明显的负面效应。正如何其芳所说:"我们在一个规模巨大的作品里面,正如在我们的一段长长的生活经历里面一样,不能满足于只是见到黑暗与丑恶,庸俗与污秽,总是殷切地期待着有一些优美的动人的东西出现。"[①]正是基于对小说创作中这种人欲横流现象的不满,一些小说家主张用"情"来净化并代替"欲",于是出现了一股鼓吹真情,为青年男女的爱情大唱赞歌的创作热潮,产生了一批数量

---

① 何其芳:《论红楼梦》,张宝坤选编《名家解读红楼梦》,山东人民出版社,1998 年版,第 142 页。

可观的才子佳人小说。

　　"情"是文学创作中的一个永久性主题,而男女之情则是其中最主要的内容。清代神话小说《牛郎织女》开头有这样一段话:"无论古今,男女总难逃脱一个'情'字。情之所钟,有爱情,有怨情,有艳情,有痴情。情到最密之处,便是大罗八洞神仙吕祖师,尚有'三戏白牡丹'的故事,至今小说脍炙人口。"强调了"情"是人的本性,大罗神仙尚难逃脱,何况凡夫俗子。事实上,古代小说、戏剧也都把写情作为一个重要内容。唐传奇、宋元话本以大量篇幅颂扬了男女爱情;元杂剧中的相关描写不仅数量多,而且成绩大。王实甫的《西厢记》以写男女爱情而千古传诵,"愿天下有情的皆成眷属"的呼唤更影响了一代又一代作家。明初瞿佑的《剪灯新话》也继承了写情的传统,为青年男女的爱情、婚姻大唱赞歌,因而刊行后"人多喜传而乐道之"(曾綮《剪灯余话序》)。然而,在明中叶以前的一个很长时期,写情的创作传统几乎中断,在文学史上形成了一段"黄茅白苇"的萧疏时期。到了明中叶,伴随思想界批判"存天理、灭人欲"而来的,却是创作中"欲"的泛滥。《金瓶梅》虽以超人的勇气,暴露了当时社会的丑恶,其所塑造的女性形象却多是扭曲的、变态的形象。艳情小说则着意于描写艳遇、私合、群奸、乱伦,其中的人物完全丧失了人性。就连主张真情、至情的冯梦龙也难以脱俗,"三言"中有不少写男女之情的作品,但实际上作品中的很多描写并非情爱而是情欲,主要属于"少男少女,情色相当"的以生理本能为主的性爱。而在才子佳人小说中,这种赤裸裸的性描写被彻底抛弃。从写欲到写情,这是才子佳人小说带来的明显变化,具体表现在以下三个方面:

　　首先,"情"成为男女和合的一个重要条件。在才子佳人小说的作者看来,貌美是人的外在美,才美是人的内在美,而情则是贯穿内外、沟通心灵的人格之美。虽然才、貌是"情"得以产生的先决条件,但"情"却比前者更为重要。《玉娇梨》中的苏友白说:"有才无色,算不得佳人;有色无才,算不得佳人;既有才有色,与我苏友白无一段脉脉相关之情,亦算不得我苏友白的佳人。"《定情人》中的女主人公江蕊珠也同样重情。她"见双星少年清俊,儒雅风流,又似乎识窍多情,也未免默默动心";"今又和诗若此,实系可儿,才貌虽美,但不知性情若何?性不定,则易更于一旦;情不深,则难托以终身"。因此,她要细细地考察他。许多作家在作品的序、跋中也都强调了"情"的重要。例如,烟水散人说:"盖世不患倾城倾国,而患乎有才有情。惟深于情,故奇于遇。"(《合蒲珠·自序》)他认识到,"自非情深千古,岂能事艳一时。如萧寺月下之逢,赵郎锦笺之寄,长生殿里私誓金钗,蝴蝶梦中巧偷香粉,事固艳矣,而情犹未挚。故其始也,盟山誓海,原如菡萏蒂联;及其终也,抱恨唧愁,已逐燕劳影散,岂能作同心松柏,亦安问去岁桃花"。因此,"人皆逐艳,予独重情"(《女才子书》卷三)。

其次,"情"的地位至高无上。才子佳人小说继承了以前小说、戏曲写情的优良传统,不同程度地肯定了男女间"真情至性"之爱的合理性。《定情人》的作者就明确指出:"人生大欲,男女一般。纵是窈窕淑女,亦未有不虑标梅失时,而愿见君子者。"在小说中,无论才子还是佳人,都把婚姻当成人生第一大事,"情"的地位高于一切。《定情人》中的双星把"夫妻之伦"置于"君臣父子之伦"之上。他认为:"君臣父子之伦,出乎性者也;性中只一忠孝尽之矣。若夫妻和合,则性而兼情者也。性一兼情,则情生情灭,情浅情深,无所不至,而人皆不能自主,必遇魂消心醉之人,满其所望,方一定而不移"。因此,他表示:"小弟若不遇定情之人,情愿一世孤单,决不肯自弃。"为了寻求理想的伴侣,才子们可以抛弃世间的一切,包括被封建文人视为贵如生命而梦寐以求的功名富贵。双星为了寻求自己的"定情人",放弃科举奔走四方;《春柳莺》中的石池斋为了寻访意中人毫不在乎优厚的馆金。他说:"我石池斋岂肯为了三百两铜臭卖了终身大事";《玉娇梨》中的苏友白宁可被革去案首、丢掉刚刚戴上头的乌纱,也不迁就吴翰林、杨巡抚的招婿。在定情之先,他们总是把火一般的激情化作大胆的举动,虽千里跋涉而不辞劳苦,即使为奴为仆也心甘情愿;在定情之后,又能矢志不移地忠于爱情。如双星在遇到江蕊珠后立刻有这样的想法:"情既定于此,婚姻能成,固吾之幸,即婚姻之不成,为婚姻之不幸以拚一死,亦未为不幸,决不可畏定情之死,以望不定情之生,而负此本心,以辱夫妇之伦。"因此,中状元后他宁愿冒险出海,也不屈服屠附马的逼婚。知道蕊珠为自己而死,他不顾"不孝有三,无后为大"的礼教,甘心以身殉情。《女开科传》中余丽卿的态度更加坚决:"倚妆既为我身死,我怎肯负彼深情。宁可斩我宗祀,此生决难再娶。"

在才子佳人小说中,才子是情痴、情种,佳人更是将"情"作为自己的生命。为了追求理想的爱情,她们公然藐视"父母之命,媒妁之言"。《定情人》中的江蕊珠、《巧联珠》中的方芳芸、胡茜芸等,敢于和自己看中的男子私定终身;《驻春园》中的曾浣雪、《女才子书》中的卢云卿、宋琬则大胆地和情人私奔。定情之后,"即艰难百出,事变千端,而情坚意笃,始终一辙"(《英云梦·弁言》);如果不能如愿,则不惜以死殉情。如《梦中缘》里的金翠娟,一旦与吴瑞生私订终身,便斩钉截铁地表示:"既与君约,一言既是,终身不移。即或父母不从,变生意外,则断臂之贞心,割鼻之义胆,堕楼赴焰之芳骸烈骨,妻敢自持,君亦可以自慰。"《飞花咏》中的容姑,因义父不知其情将她许给常总兵之子,她决心"不负初心",自报喜之后"一连三四日水米不粘,心中只以誓死见志";知道收了常家聘礼,"一口气转不过来,竟奄然长逝"。《定情人》中的江蕊珠则更为决绝,她不图王室富贵,也不畏皇权威严,在被选入宫时竟投江自尽以殉情。总之,才子佳人小说歌颂的就是这种为情而生、为情而死的"痴情"。为了突出这种痴情,作者总会安排许多曲折的情节,让才子和佳人经受各种各样的考验,如天花藏主人所言:"可悲者,颠沛也,而孰知颠沛者,正天心之作合其团圆也。最苦者,流离也,而孰知流离者,正造物之愈出愈奇,而情之至死不变耶!""噫,非多事也。

金不炼，不知其坚，檀不焚，不知其香。才子佳人，不经一番磨折，何以知其才之慕色如胶，色眷才似漆？虽至百折千磨，而其才更胜，其情转深，方成飞花咏之为千秋佳话也。"（《飞花咏序》）

最后，标榜的是一种完全剔除了"欲"的纯情。才子佳人小说所写的"情"和《金瓶梅》之类所写的欲已完全不同。小说家们已经认识到，两性的吸引是合理的人性，但却不能仅仅停留在本能的肉欲方面。他们对创作中人欲横流的现状极为不满，如在《春柳莺·凡例》中，作者就明确指出："小说，今日滥觞极矣，多以男女钻穴之辈，妄称风流。更可笑者，非女子移情，即男儿更配，在稗官以为作篇中波澜，终是生旦收场；在识者观之，病其情有可移，此乌得谓真才子、真佳人、真风流者哉。"烟水散人也说："予闻关雎之咏，独取幽闲；传记所褒，惟推贞静，岂不以妇人之义节操为重？而曹娥虽死，其名曒曒，至今犹与江水并清也。自世道式微，而竟以淫风相煽。桑濮订欢，桃李互答，甚而有以红叶为美事、西厢为佳话者矣！故世之论者，仅以云鬟花容当美人之目，而但取其色，不较其行。殊不知美人云者，以其有幽闲贞静之德，而不独在乎蟠首娥眉。"（《女才子书》卷二）他们声称，写小说就是为了"使天下之人，知男女相访，不因淫行，实有一段不可移之情"（《春柳莺序》）。为此，他们在创作中努力将"欲"净化、升华为"情"，并在"情"中完全剔除了"欲"的成分。在他们所塑造的女性形象身上，不仅没有潘金莲之类的淫乱行为，甚至对待自己的情人也绝不会有崔莺莺、杜丽娘式的举动。她们都能以"理"节"情"，深情而不轻佻，风流而不轻薄。如《麟儿报》中的幸小姐，当廉清以"既以身许何争早迟"为由向她要求片刻之欢时，被她断然拒绝了。《金云翘传》中的王翠翘，当金重要求和她先行那种"为夫妻所不免之事"时，也被婉言相辞。天花藏主人对此大加褒奖："翠翘一女子，始也，见金夫不有躬情，可谓荡矣。乃不贪一夕之欢，而谆谆为终身偕老计，则是荡而能持，变不失正。"（《金云翘传·序》）最能体现这一特点的，当属《好逑传》。

　　《好逑传》在创作上的一个突出特点就是以理节情。作者化名为"名教中人"，在"叙"中又署"宣化里维风老人敬题于好德堂"，由此可见维护礼教的创作态度。第一回"诗曰"："瘝瘝相求反侧思，有情谁不爱蛾眉；但须不作钻窥想，便是人间好唱随。"较好地揭示了作品的题旨。作品中的男女主人公有一段相互救助的不平凡经历，彼此非常敬慕。由敬生情，因情而结合，这本来是再自然不过的情感发展模式，但维护礼教的传统思想促使他们违心地约束自己的行动。小说第九回有一段关于铁中玉内心矛盾的描写，道出了两人心中的奥秘：

　　　　（水冰心）真要算做当今第一个奇女子也。我想古来称美妇人，至于西施、卓文君止矣；然西施、卓文君皆无贞节之行。至于孟光、无盐，流芳名教，却又不过一丑妇人。若水小姐，真河洲之好逑，宜君子之辗转反侧以求之者也。若求而得之，真可谓享人间之福矣！但可惜我铁中玉生来无福，与他生同时，又年相配，又人品、才调相同，又彼此相爱重，偏偏的遇得不巧，偏遇在患难之中，公堂之上，不媒妁而交言，无礼仪而自接，竟成了义侠豪举；去钟鼓之乐、琴瑟之好，大相悬绝矣。若已成义侠，而再议婚姻，不几此义侠而俱失乎！我若启口，不独他人指诮，即水小姐亦薄视我矣。乌乎可也！今唯有拿定主意，终做个感恩知己之人，便两心无愧也。

他们信奉的原则是："宁失闺阁之佳偶，不敢做名教之罪人。"于是自我克制，不愿提及婚姻，同时也反对父母撮合，即使在迫于父命而拜堂成亲后也是异室而居。无独有偶，《醒风流》中的梅傲雪和冯闺英也演出了惊人相似的一幕。在洞房花烛之夜，冯闺英得知男方曾是自己的书僮，梅傲雪也认出女方原来是主人的小姐，两人都因为有主仆之名分，且有涉私之嫌，于是分室而居。男主人公梅傲雪也同样表示："今日宁失佳偶，不敢作名教罪人。"两书的结局也完全相同，都是由皇帝出面，

御赐婚姻,才子佳人才名正言顺地团圆,从而成就了"存名教"的佳话。在作者看来,这才是青年男女对待爱情婚姻的典范。但以现代人的眼光来看,这样的描写显然不合真情,而属"矫情"。

以理节情,这是才子佳人小说比较普遍的创作倾向,它的产生与人们对纵欲之风的反思有着密切的关系。理学的价值观以"灭人欲"为最高境界,不仅压制了人的社会本能,也压抑了人的生物本能。明末的思想解放思潮对正统理学发起冲击,反对禁欲,主张满足人的各种需要,发展人的个性,一定程度上促进了人性的觉醒。然而,矫枉难免过正,思想解放的消极后果是助长了人欲的泛滥,这很快引起不同阶层的抵制和反思。首先,统治者不能允许"异端"思想冲击自己的统治基础,因此对其不断施以残酷打击,以至颜山农虽八十老翁也不免被逮捕、监禁和充军;"异端之尤"的李贽最终也被迫自尽于狱中,其书籍已刊未刊者皆被勒令尽数销毁。崇祯以后,统治者对异端思想的打击更为坚决,对所谓"淫词小说"严令禁毁。康熙、雍正、乾隆三朝,禁书令与血腥的文字狱结合,其势更为可怖。与此同时,统治者还大力加强正统的理学教化。康熙就明确宣示,"朕以为孔孟之后,有裨斯文者,朱子之功最为宏巨"(《清圣祖实录》卷二四九),因此,"特命朱子升祀十哲之列"(徐珂《清稗类钞》"性理类")。康熙还主持编写了《性理精义》,重刊了《性理大全》,颁布全国,以巩固其思想统治。在这样的情况下,人欲横流的局面一定程度上得到遏制,宣传教化、宣传封建伦理道德的势力代之而兴。

这时期许多文人也开始对文学创作中性描写泛滥的现象进行反思。在金圣叹评点的《西厢记》中已表现出了以理节情的倾向。他在极力赞赏、肯定张生和崔莺莺的爱情的同时又认为,才子佳人虽有"必至之情",但只能藏在胸中,即令竟死,也不能互通其情。因为"先王制礼",是"万万世不可毁"、"至死而不能犯"的。又说,即使老夫人赖婚,张生有理由达情于莺莺,但让红娘教张生"以琴挑双文"则属非礼,因为"先王制礼,有外有内,有尊有卑,不但外言不敢或闻于内,而又卑言之不敢闻于尊"。因此他警告世人说:"后世之守礼尊严千金小姐,其于心所垂注之爱婢尚慎防之矣哉!"(金圣叹批《西厢记·崔莺莺夜听琴》总批)在他看来,由于张生和莺莺得到了老夫人的许婚,因此他们的结合不算违反"礼";而如果违背了礼教,则"生必为狂且,旦必为娼女",那就不仅不能肯定,而且还必须口诛笔伐。在毛氏父子批评的《三国演义》和《琵琶记》里,封建正统观念更强,维护封建纲常之论也更明显。拿他们与李贽对《琵琶记》的看法加以对照就可看出分歧之大。《琵琶记》开场有一段副末念白:"不关风化体,纵好也徒然。"对此,李贽批道:"丑!便装许多腔。"而毛批却是:"作传奇耳,却说出风化二字","可以胜人处正此。"(《第七才子书》评语)就连有"浪子文人"之称的李渔也常常板起面孔,借情爱故事极力宣扬封建伦理道德。如《奈何天》写丑男与美女的联姻,刻意褒扬"妇道",劝那些为人妻妾的要"安心乐意过一世"。《凤求凤》写才子慕色不淫,因而得中状元;佳人则化妒为怜,互让封诰。为了调和情和理的矛盾,李渔还提出了一套"道学、风流合而为一"的理论。他在《慎鸾交》中塑造了一位风流道学的典型——华秀。这个人物一出场就公开表白:"小生外似风流,心偏持重。也知好色,但不好桑间之色;亦解钟情,却不钟偷外之情。我看世上有才有德之人,判然分为两种:崇尚风流者,力排道学;宗依道学者,酷诋风流。据我看来,名教之中不无乐地,闲情之内也尽有天机,毕竟要使道学、风流合而为一,方才算得上个学士文人。"在收场诗中,李渔还进一步表明了自己的观点:"读尽人间两样书,风流道学久殊途。风流未必称端士,道学谁能不腐儒?兼二有,戒双无,合当串作演连珠。细观此曲无它善,一字批评妙在都。"在这里,才子的风流艳情既不违背道德,他们的道德观念也不否定风流;道学中充满情感,风流中暗藏性理。李渔自认为这样就可以弥合道学和风流之间的缝隙,因而堪为创作中思想追求的最高境界。这种风流道学的观念和李贽、汤显祖等人的"至情"观相比,已有了极大的不同;但在正统理学为人厌弃,李贽等人的思想遭到禁止、攻击的特定时代,倒不失为一种调合的方式,因而颇为一些人所接受。

才子佳人小说对"情"的重视,既是明末启蒙思潮的余续,又是对这一思潮的理性规范。它们在爱情观上的贡献在于把"欲"升华为"情",并承认"情"的合理性,肯定了一定条件下个体选择的自由。这是有一定的进步意义的。遗憾的是,作者们在这方面多走了一步,他们从"情"中排除了"欲",但又生硬地加入了"理",即严格地用封建伦理道德来约束"情",结果使所写的"情"扭曲、变形,缺乏感人的力量。用这种理念塑造出来的"佳人"完全成了道德的化身,带有极浓的说教性和概念化色彩,女性形象也因此而失去了生命力。

三、"才女崇拜"与女性形象的理想化

才子佳人小说的另一个显著特点,是推崇和赞美女子之才。鲁迅先生在《中国小说史略》中将其概括为"显扬女子,颂其异能"①。

中国传统的爱情婚姻观是"郎才女貌",因而小说家在塑造女性形象时都很重视突出其美貌。在唐传奇中,《柳氏传》写韩翊与柳氏相恋,是因为"柳夫人容色非常","翊仰柳氏之色,柳氏慕翊之才";《霍小玉传》写李益与霍小玉相爱,李益宣称:"小娘子爱才,鄙夫重色,两好相映,才貌相兼。"《莺莺传》写张生钟情于莺莺,也是因为她"颜色艳异,光辉动人"。宋元话本中的范二郎和周胜仙,明代拟话本中的周廷章和玉娇鸾、吴衙内和贺秀娥等,相爱的主要原因也是容貌的吸引。《金瓶梅》也没有跳出这个框子,西门庆看上潘金莲同样是由于她容貌娇好、意态风流。从爱情心理学角度讲,"体态的美丽"本身就是男女

---

① 鲁迅:《中国小说史略》,《鲁迅全集》第九卷,人民文学出版社,1982年版,第192页。

相爱的因素之一①。"一般地说，没有外貌的美，爱情就不可能产生。"②男女双方因外貌美而产生的愉悦往往成为建立爱情的重要契机。才子佳人小说同样重视女性的外貌，并将外貌的美丑作为择偶首先考虑的重要条件之一。如《定情人》中的双星宣称："我双不夜胸中又读了几卷诗书，笔下写得出几篇文字，两只眼睛又认得妍媸好歹，怎肯匆匆草草，娶一个语言无味，面目可憎的丑妇。"《女开科传》中的余丽卿也申明："无盐、嫫母，纵负奇才，对着这幅尊颜怎么看她得过，所以遴选女郎，毕竟色为第一。"小说家不厌其烦地对女子的外貌作了大量描写。不过，同是重视女性的外貌美，才子佳人小说却和《金瓶梅》及以前的其他小说有很大不同，即把外貌的美作为女性美的必要条件，但却不是唯一的条件："有才无德，算不得佳人，有色无才，算不得佳人"（《玉娇梨》）。对女子之"才"的强调，是才子佳人小说的显著特点。

"男才女貌"的婚姻观对"才"的要求主要是针对男性的，女性有才无才则无关紧要。虽然《莺莺传》等也曾赞扬崔莺莺等人的敏慧诗才，但那并不是作为决定女性自身价值的因素来描写的。而在才子佳人小说中，"才"成为构成女性自身价值的重要因素。才子们对她们的爱慕、追求，不仅仅是因为她们有惊人之貌，更重要的是由于她们有超人之才。《定情人》中的双星提出了自己理想妻子的两条标准：一是须有"夭夭如桃，盈盈似柳"的姿容；二是要有"咏雪的才情，吟风的韵度"。在他看来，前者易得，后者难求；但如果缺少了后者，则宁可终身不娶。《女开科传》中的余丽卿也说："要做我的浑家，殊非是今世上没有的才、没有的色，方可牵丝结褵。不然，休想我去作她家的风流佳婿。"天

① （德）恩格斯：《家庭、私有制和国家的起源》，《马克思恩格斯选集》第四卷，人民出版社，1974年版，第72页。
② （保加利亚）瓦西列夫：《爱情面面观》，王永嘉等译，新世纪出版社，1986年版，第125页。

花藏主人强调才、貌的结合才是真正的美,在他看来,"秀骨妍肌,出幽阁之类,拨香闺之萃者",不过是"佳美于耳目,而销一时之魂者";只有"窃天地之私,酿诗书成性命,乞鬼神之巧,镂锦绣作心肠,感时吐彤管之隽词,触景飞香奁之警句",才能"益肌骨之荣光,而逗在中之佳美者也"。所以"知色之为色,必借才之为才,而后佳美刺入人心,不可磨灭也"(《两交婚序》)。《春柳莺》中石池斋狂追梅小姐,起初完全是被她的才能所吸引。《平山冷燕》甚至把才提到了首位:"人只患无才耳,若果有才,任是丑陋,定有一种风流,断断不是一村愚面目。"正是在这种观念的指导下,世情小说的作者塑造了一大批才华横溢、机智过人的"才女"形象。

从女性形象来考察,研究者多将才子佳人小说分为两种类型。第一种为"才美型"。在所谓的"异能"中,小说家最重视的就是女性的"才",早期作品如《玉娇梨》、《平山冷燕》等都以写女子之才为主,稍后的如《春柳莺》、《宛如约》、《巧联珠》等也沿续了这条路子。在这类作品中,不但才子们才高八斗,佳人们也同样才华惊人,甚至更高须眉一筹。而这里所谓的"才",多指诗词歌赋之才,择偶多考诗以试其才,定情也多缘于喜欢其诗。如《春柳莺》中的才子石池斋因梅小姐诗句而倾倒,不惧艰辛,四处寻找;《平山冷燕》中的才女山黛,十岁时就以一首《白燕诗》使满朝文武叹服。

第二种为"胆识型"。这类作品中的佳人之才主要表现为胆识。其主要表现在两个方面:一是对理想爱情的大胆追求。小说中的女主人公们敢于突破"父母之命,媒妁之言"的传统婚姻模式,主动追求理想的伴侣。如《玉娇梨》中的卢梦梨女扮男装,与素不相识的苏友白私订终身;《宛如约》中的曾浣雪不仅主动以诗传情,与欧阳玠私订终身,甚至在母亲将自己许配别人时公然和欧阳玠私奔。二是为了维护爱情,勇于和恶势力作斗争。《玉支玑》中的管青眉被权贵之子卜成仁逼婚,奸徒六次设谋,一次比一次险恶;而管青眉六破其谋,一次比一次出奇,在斗争中显示了超人的胆识。小说中,不仅恶公子显得滑稽可笑,就连才子长孙肖在管青眉面前也显得迂腐无能。作者对这一人物爱之甚深,写她"美如春花"、"慧如娇鸟",而更重要的却是"至于俏心侠胆,奇志明眼,真有古今所不能及者"。《好逑传》中的水冰心也是一个胆识型的佳人。她的斗争环境比管青眉更加严酷,摆在她面前的恶势力不仅有为非作歹的公子,而且有为虎作伥的知县、知府、巡按,更有助纣为虐、丧尽人伦的亲叔父。她对这一切统统战而胜之,不仅有胆魄,更兼智计超众。才子佳人小说在叙事中多设计有"小人拨乱其间"的情节,其用心之一就是为了在危难中表现佳人的胆和识。

"才美型"和"胆识型"是才子佳人小说塑造的女性人物的两种基本类型,但二者并没有严格的区分。才美型的佳人往往具有胆识,而胆识型女子也常以才美为基础,其共同点在于对女性(特别是少女)"异能"的歌颂、"显扬",对其纯真情爱的推重、赞美。

明清时代,"女子无才便是德"仍是套在女性头上的枷锁。钱谦益的《列朝诗集小传》闰集中有这样一条记载:"季贞一,常熟沙头市女子,嘉庆间人。少有夙惠,其父老儒也,抱置膝上,令咏烛诗。应声曰:'泪滴非因痛,花开岂为春。'其父推堕地曰:'非良女子也。'"传统礼教的影响由此可见一斑。明末,一批思想家对这一传统观念作了大胆的批判,被称为"异端之尤"的李贽积极倡导男女平等,反对男尊女卑。在《答以女子学道为短见书》一文中,他对蔑视女子才能的封建道德进行了有力的驳斥:"谓人有男女则可,谓见有男女岂可乎?谓见有长短则可,谓男子之见尽长,女子之见尽短,又岂可乎?"(《焚书》卷二)尤为可贵的是,他不仅在理论上主张男女平等,而且还将这一理论化为大胆的行动。他招收女弟子,同女子书信往还,甚至还吸收几位女子参加《博纂二王真草隶篆千文印数书镜》的编写工作,将她们的名字和篆刻作品与社会名流并列于书中。同时期的谢肇淛也一反成见,认为历代史书中的《列女传》"所载列女皆必早寡守志及临难捐躯者,其他一切不收",成了纯粹的"烈女"传。他主张在节烈之外还应将"才智"、"文章"之女也收入传中(《五杂俎》卷八)。明末清初的其他一些文人同样为女性之才高唱赞歌。赵世杰说:"海内灵秀,或不钟男子而钟女子。"(《古今女史·序》)葛征奇也说:"非以天地灵秀之气,不钟于男子;若将宇宙文字之场,应属乎妇人。"(《续玉台文苑·序》)明末清初的文坛泰斗钱谦益更是对女性之才推崇备至。他编辑的《列朝诗集》中特设"香奁"一册,专收明代女子之诗。他认为许多女子的诗作,功底深厚,意境广远,大有"不服丈夫胜妇人"的气概。他在《士女黄皆令集序》中说:"今天下诗文衰熠,奎璧间光气黯然,草衣道人与吾家河东君,清文丽句,秀出西冷六朝之间。马塍之西,鸳湖之畔,舒月波而绘烟雨,则有黄媛介皆令。吕和叔有言:'不服丈夫胜妇人。'岂其然哉?"(《初学集》卷三十三)在《移居诗集》中,他还有这样的诗句:"不服丈夫胜妇人,昭容一语是天真。王微杨宛为词客,肯与钟谭作后尘。"(《初学集》卷十七)钱谦益是明末东林党领袖,由明而清,历任礼部侍郎、尚书之职,即使在被贬家居时世人也仍以"山中宰相"目之。他学问渊博,著述宏富,文学成就尤高,被时人称为"汉苑文章首"(陈子龙语,见《陈忠裕公全集》卷十八《赠钱牧斋少宗伯》)、一代"文宗"(顾炎武语,傅山《霜红龛集》卷九《为李天生作十首》之八自注引),是明清之际的文坛领袖。以钱谦益的地位和声望,片言褒奖,就能使人跃登龙门,顿时身价百倍。而他如此褒扬女子,赞颂女子之才,对当时文坛的影响是可想而知的。

文人墨客欣赏、颂扬女子之才,而女子也常常以才自珍,以才自诩。《列朝诗集小传》就有这样的记载:明代才女项兰贞,一生酷爱吟诗,著有《裁云草》、《月露吟》等诗集,临终时她和丈夫诀别说:"吾于尘世,他无所恋,惟云、露小诗,得附名闺秀后足矣。"她把自己的诗作、才名看得比人世间的一切都更宝贵,这是前所未有的观念。在这种风气的推动下,明清之际出现了许多才华出众的女性,其中沈宛君母女就十分典型。沈宛君是工部郎中叶仲韶之妻,其才为"吴中人艳称之"。她的三个女儿个个"兰心蕙质",才华出众,其中纨纨,"生三岁,能朗诵《长恨歌》,十三能诗。书法遒劲,有晋风";小鸾,"四岁能诵楚辞,十岁,与其母初寒夜坐,母云:'桂寒清露湿',即应云:'枫冷乱红凋。'咸喜其敏捷……十二岁……工诗,多佳句。十四能奕,十六善琴。能模山水,写落花飞蝶,皆有韵致。""宛君与三女相与题花赋草,镂月裁云。中庭之咏,不逊谢家;娇女之篇,有逾左氏。于是诸姑伯姊,后先娣姒,靡不屏刀尺而事篇章,弃组纴而工子墨。松陵之上,汾湖之滨,闺房之秀代兴,彤管之诒交作矣。"(《列朝诗集小传》闰集)除大家闺秀外,这个时期还出现了许多以才华见称的"才妓"。如董小宛,"阅诗无所不解,而又出慧解以解之"(冒襄《影梅庵忆语》)。马文玉,"善讴、善琴、善画。庚戌春季游西湖,作忆旧诗四章,武林词客属和盈帙,皆莫及也。"人称她"品似芙蕖,才过柳絮"。马如玉,"凡行乐伎俩,无不精工,熟精文选唐音,善小楷八分书及绘事,倾动一时士大夫"。朱泰玉,"幼学歌舞,举止谈笑风流蕴藉。长而淹通文史,工诗善书,万历已酉,秦淮有社,会集天下名士。泰玉诗出,人皆自废"(《列朝诗集小传》闰集)。钱谦益的爱妾柳如是,更是一位才华绝世、胆识过人的才女。

柳如是原名杨爱,字如是,号河东君。她"初适云间孝廉,孝廉教之作诗写字,婉媚绝伦",十五岁被赶出,卖与娼家,后"游吴越间,格调高绝,词翰倾一时"(顾苓《河东君传》)。与复社领袖人物张溥、陈子龙等都有密切的交往。后慕钱谦益才名,女扮男装,登门拜访。钱谦益欣赏其才,乃为她改名"柳是",后娶之为妾,人称"柳夫人"。柳如是博学好古。钱谦益在虞山北麓筑"绛云楼",藏书万传,钱著书撰文需要寻找证据时,她便上楼去翻阅,查某书某卷百无一失,倘有用事舛讹,她为校书,俱能辨正。据说,钱谦益编选的《列朝诗集》中,闰集的"香奁"部分就出自她手。她不仅是钱的好帮手,而且在创作上也有惊人成就。其尺牍，人称"艳过六朝，情深班蔡"（林雪女史《尺牍·小引》）①。其诗堪与钱谦益匹敌，"每宗伯句就，遣鬟矜示柳，击钵之顷，蛮笺已至，风追电蹑，未尝肯地步让。或柳句先就，亦走鬟报赐，宗伯毕力尽气，经营惨淡，思压其上，比出相视，亦正得匹敌也。宗伯气骨苍峻，虬榕百尺，柳未能到；柳幽艳秀发，如芙蓉秋水，自然娟媚，宗伯公时亦逊之。于诗旗鼓各建，闺阁之间，隐若敌国云"（徐芳《柳夫人小传》）。其词的成就甚至胜过钱谦益，"盖河东君所作诗余之传于今者，明胜于牧斋之永遇乐诸阕"。而她的书法"复非牧斋所能及"②。其才如此，其胆识也超出常人。明朝灭亡之际，柳如是曾劝钱谦益"是宜取义，全大节，以副盛名"。钱谦益贪生，柳如是则愤而投江，被人挟持而未能如愿。钱谦益降清后柳如是始终不悦，钱也因此悔恨终生。钱谦益死后，其族人想趁火打劫，柳如是机智果断，自缢于荣木楼，以自己的生命解救了家难。这样的才女在过去的文献记载中的确很少见到。她出众的才华、过人的胆识、奇特的遭遇，博得了文人墨客的敬仰、同情，而钱谦益"夫人"的特殊身份，也必然引起许多人的关注。

　　大量才女存在的事实，颂扬女子之才的社会风气，对这个时期的作家产生了重要影响。一些具有进步思想的作家尝试用不同的形式称颂女子的才能，形成了才女题材的创作热。如徐文长的杂剧《四声猿》中有两种专写女性之才。《雌木兰》中的花木兰，代父从军，表现出非凡的军事才能。她自豪地宣称："我杀贼把王擒，是女将男换，这功劳将来不费星儿汗。"《女状元》中的黄春桃自言："生来错习女儿工，论才学，好攀龙，管取挂名金榜领诸公。"她女扮男装进京赴试，果然一举成名，高中状元。后来出任外官，综理民政，精明廉洁，颇为亚相赏识。作品称："才子佳人信有之，一身兼来古来谁？""世间好事属何人，不在

①　胡文楷：《历代妇女著作考》，上海古籍出版社，1980年版，第432页。
②　陈寅恪：《柳如是别传》，上海古籍出版社，1980年版，第14页。

男儿在女子。"对女性才干极力赞誉。此外,吴炳的剧作《绿牡丹》、《疗妒羹》、《情邮记》均极力写女性之才;"三言"中的《苏小妹三难新郎》、"二拍"中的《女秀才移花接木》之类反映女性才干的作品,更为人所称道。创作中这种弘扬女子之才的倾向也启迪了才子佳人小说的创作。

颂扬女子之才,为才女树碑立传,应该说体现了作家性别意识的一种进步,一定程度上蕴含着男女平等的思想。但客观地看,明清时期的女性观并没有发生根本性变化,"男主外,女主内"的传统社会性别角色没有改变,视女性为男性附属物的思维定势依然存在。例如,清代女弹词作家陈端生的祖父陈句山在《才女说》中就说过这样一段话:

> 世之论者每云"女子不可以才名,凡有才名往往福薄。余独谓不然……诚能于妇职余闲,浏览坟索,讽习篇章,因以多识故典,大启性灵,则于治家相夫课子,皆非无助。以视村姑野媪感溺于盲子弹词、乞儿谎语为之啼笑者,譬如一龙一猪,岂可以同日而语哉?又《经解》云温柔敦厚,诗教也。……由此思之,则女教莫诗为近,才也而德即寓焉矣。"(《紫竹山房文集》卷七)

著名学者章学诚对当时女性热衷于诗歌创作的现象公开表示不满。他认为:"妇学之名,见于天官内职,德言容功,所该者广,非如后世只以文艺为学也。"(《妇学》,《章师遗书》卷五)他还说:

> 妇学之目,德言容功。郑注言为辞令。自非娴于经礼,书于文章,不足为学。乃知诵诗书礼,古之妇学。略亚丈夫。后世妇女之文,虽稍偏于华采,要其渊源所自,宜知有所受也。(同上)

强调妇女学识最恰当的范围应该是严格的经典教育,不仅要去学习,还应该把这些经典所规定的道德准则付诸实践。袁枚曾因广招女弟子而被章学诚等指责,其不避物议的勇气颇令人敬佩,但他对女学的提倡也仍然是从提高男性家庭生活的品位着眼的。《随园诗话》中有这样一段话:

> 俗称女子不宜为诗,陋哉斯言! ……余按荀奉倩云:"女子以色为主,而才次之。"李笠翁则云"有色无才,断乎不可。"有句云:"蓬心不称如花貌,金屋难藏没字碑"。(《随园诗话补遗》卷一)

对女性俯视、赏玩的态度溢于言表。他们都肯定了女子之才,也强调了才对女子的重要性,但他们又不约而同地将女子之才定位在提高"相夫教子"的能力、更好地满足男性的生活和精神需要上,女性自身的价值和存在的意义并没有受到真正的关注和肯定。西蒙·波娃在批评布勒东的作品时指出:他将女人看作诗,极尽赞美之能事,但他仍将女人作为另一性,在他眼中,女人是"真,美,诗——她就是一切,在那另一个形式下的一切,除了自己以外的一切"①。才子佳人小说也是如此,尽管小说家们大张旗鼓地为女性的才华叫好,也精心塑造了一大批才女形象,但创作中大男子主义的立场没有改变,作者仍是以赏玩的态度来看待才女,她们犹如"春花"、"娇鸟",是小说家寄托闲情雅趣的对象。

才子佳人小说之所以在明末清初大量涌现,还有一些深层次的原因。弘扬女子之才,是明末清初小说家怀才不遇感情的一种外化。明末清初,是个社会大变革的时代,明王朝灭亡,满族的入主中原,在广大文人的心里上留下了浓重的阴影。清政府为了巩固自己的政权,对文人采取软硬兼施的办法,一方面大兴文字狱,在思想上对知识分子

---

① (法)西蒙·波娃:《女性的秘密》,晓宜等译,中国广播出版社,1988年版,第189页。

实行禁锢,另一方面又注意拉拢文人。据《世祖实录》载,顺治二年,江南战事尚未结束清政府就下令"速遣提学,开科取士"。清代科举制度沿袭明制,八股取士,但扩充了名额,还实行了捐纳制度,所以很受当时一班文人的感戴,大批文人很快走上了科举道路。王士禛在《池北偶谈》中记述清初江南科举的盛况,仅苏州一地就出了会元六人,状元七人。顾炎武誓不事清,但其外甥徐乾学三兄弟,居然两中探花,一中状元,"同胞三及第,前明三百年所未有也"(《池北偶谈》卷一)。然而科举这条路上的幸运儿毕竟是少数,大多数文人都在这条路上洒下了辛酸之泪。才子佳人小说的作者多是一些穷困潦倒、落魄失意的下层知识分子,尽管他们在逆境中做了很多努力和挣扎,最终却因种种原因而为统治者所弃。烟水散人的《女才子叙》客观地反映了他们的生活遭遇和理想,也表现了他们在理想破灭后的悲哀:

> 顾以五夜藜窗,十年芸帙,而谓笔尖花足与长安花争丽,紫骝蹀躞,可以一朝看遍矣!岂今二毛种种,犹局促作辕下驹,不犹之乎遐想仙境,而十州三岛,有必不能几者。回念当时,激昂青云,一种迈往之志恍在春风一梦中耳。虽然,缨冕之荣,固有命焉。而天之窘我,坎壈何极!夫以长卿之贫,犹有四壁,而予云庑烟障,曾无鹪鹩之一枝。以伯鸾之困,犹有举案如光,而予一自外入,室人交遍谪我。以子云之太玄,覆瓿遗诮,然有侯巴独为赏重,而予弦冷高山,子期未遇,弊裘踽踽,抗尘容于圜阓之中,遂为吴侬面目。其有知我者,唯松顶之清飚,山间之明月耳。

他们以才高自诩,但却得不到社会的承认,故颇有怀才不遇之感;虽无"天生我才必有用"的自信,却又不甘于衣冠醉饱、蒙生瞎死,更不愿憔悴以终;向往金榜题名、红袖添香的风流韵事,又苦于无人援手而陷入潦倒终生的困窘境地,于是借风月之事抒心中悒郁。天花藏主人的

《平山冷燕序》明白而深刻地道出了这个作家群共同的心态和作书的
旨意：

> 顾时命不伦,即间掷金声,时裁五色而过者,困闻困见,
> 淹忽老矣。欲人致其身而既不能,欲自短其气而又不忍。计
> 无所之,不得已而借乌有先生以发泄其黄粱事业。有时色香
> 援引儿女相怜,有时针芥关投友朋爱敬,有时影动龙蛇而大
> 臣变色,有时气冲斗牛而天子改容。凡纸上之可喜可惊,皆
> 胸中之欲歌欲哭。

文人之怀才不遇和女子的红颜薄命往往有相通之处,因此,小说家就
借助传统的香草美人笔法,在作品中虚构出一个个绝世的佳人来加以
赞美,并通过她们来抒发自己的情感。书中美绝人寰、才压须眉的女
子身上往往寄托着作者的理想,甚至成为作者的化身。李贽在《杂说》
中说:"且夫世之真能文者,比其初皆非有意于为文也,其胸中有如许
无状可怪之事,其喉间有如许欲吐而不敢吐之物,其口头又时时有许
多欲语而莫可所以告语之处,蓄极积久,势不能遏,一旦见景生情,触
目兴叹;夺他人之酒杯,浇自己之垒块;诉心中之不平,感数奇于千
载。"(《焚书》卷三)才子佳人小说的作者正是这样。他们都有不幸的
经历,内心有长久积聚的不平,因此都想借自己的笔使平日想得到而
不能得到的在作品中实现。于是作者笔下的男主人公必是天下的第
一才子。他们才华出众,取功名如拾芥,其配偶也必是天下第一佳人。
这些女子不仅有才,而且智、胆、识俱全,既能识英雄于未遇,衷心地爱
着才子,又能轻松自如地应对各种复杂的社会问题,有力地保护才子。
如康正果所说:小说家"给她赋予了才子心目中每一个女人都应具备
的本质因素——色艳、才慧、情幽、德贞,通过渲染这些因素的可爱、可

怜、可敬,他自觉不自觉地显示了他本人的和穷书生的自我。"[1]弘扬女子之才正是失意文人"才女情结"的一种寄托。

总之,才子佳人小说虽然没有完全摆脱男性中心的立场,但在小说中塑造了大量的才女形象。小说家歌颂她们超人的才能,充分肯定"才"之于女子的意义,视之为构成女性人生价值的重要因素,这在性别观念方面无疑是一种进步。后来的世情小说大多沿袭了这一传统,弘扬女性之才成为此类创作中比较普遍的倾向。

四、"才女"的悲剧命运及其思考

艳情小说发展了《金瓶梅》中的猥亵成分,着重刻画的是扭曲了的"春宫世界";才子佳人小说则对情爱题材进行净化,塑造了一个理想化的纯情世界,谱写的是才子佳人的浪漫乐章。两者侧重点虽然不同,但反映的都不是现实的社会和人生。因此,还在这两种小说盛行之际,一些作家已经敏感地对女性命运进行理性思考,比较真实地书写了才女的悲剧,揭示了她们的生存本相和内心的痛苦。

明末清初之文坛有一甚可注意的现象,就是对冯小青命运的关注。关于冯小青其人其事,在当时已是一个谜。文坛流行的说法大致是:小青姓冯,名玄玄,字小青,广陵人。其母是一个女塾师,因此自幼受过较好的教育,"容态妙丽,通文翰,解声律,精诸技"[2]。由于家庭地位低下,她在十六岁时被卖给武林冯生为妾,冯生"豪公子也,性嘈啑,憨跳不韵"(《小青传》,见《虞初新志》卷一),这已使她有所适匪人之叹;而冯生之妻奇妒,小青虽一味曲意下之,终不相容,后来竟被幽禁

---

① 康正果:《边缘文人的才女情结及其所传达的诗意——〈西青散记〉初探》(下),《明清小说研究》,1996 年第 1 期。

② 胡文楷:《历代妇女著作考》,上海古籍出版社,1980 年版,第 177 页。

于孤山。在极度孤独中,她只能将幽愤凄恻之情寄托于诗词。某日,她读了汤显祖的《牡丹亭》后感慨万千,写下"冷雨幽夜不可听,挑灯闲看牡丹亭。人间亦有痴于我,岂独伤心是小青"的诗句。不久愤懑成疾,抑郁而逝。

才女小青谜一般的身世,她的才华和经历,激发了人们探究的兴趣,也引起人们的广泛同情。据载,当时"过孤山者,必访小青墓,若过虎丘必洒酒真娘者"(周亮工《书影》卷四)。文人们乐于谈论,因此产生了许多关于小青的传说。一些文人则将对小青的同情寄诸创作。明末清初产生了大批这一题材的创作,形成了"冯小青热"①。

众多文人给予同情和关注的一个重要原因,是冯小青悲剧命运所具有的代表性。"心比天高,命如纸薄"几乎是封建时代才女命运的共同写照。在社会动荡、社会观念也急剧变化的晚明时期这一问题格外突出。以前文提到的几个才女为例:王薇"七岁失父,流落北里","已而忽有警悟,皈心禅悦。……归而造生圹于武林,自号草衣道人,有终焉之志",但"偶过吴门,为俗子所嬲",只好嫁人为妾;杨宛"字宛叔,金陵名妓也。能诗,有丽句,善草书,归茗上茅止生。……止生殁,国戚田弘偶奉诏进香普陀,还京道白门,谋取宛而篡其赀,宛欲背茅氏他适,以为国戚可假道也,尽囊装奔焉。戚以老婢子畜之,俾教其幼女。戚死,复谋奔刘东平,将行而城陷,乃为丐妇装,间行还金陵,盗杀之于野"(皆见《列朝诗集小传》闰集)。名妓如此,闺媛亦然。例如,黄皆令"善诗文、书法,少许杨氏,杨贫,以鬻畚为业,父母欲寒盟,介不可,卒归杨"(盛枫《嘉禾征献录》卷五十)。清兵攻取嘉兴城时她被劫走,后虽得脱身,却一直为世人所讥讽,连她的哥哥也引以为耻。更为典型的则是沈宛君母女。"小鸾年十七,字昆山张氏,将行而卒。未几,纨

---

① 参见雷勇:《明末清初小说、戏曲创作中的"冯小青热"初探》,《明清小说研究》,1995年第4期。

纨以哭妹来归,亦死。叶氏宛君神伤心死,幽忧憔悴,又三年而卒"
(《列朝诗集小传》闰集)。叶小鸾固然因病而死,但也是因承受不了过
重的心理压力。纨纨之死却另有原因。她的舅舅沈大荣在《叶夫人遗
集序》中说,纨纨"德性俭勤,识见超旷,和气肃容,善调姑妯。尊卑各
得其欢心,深有幽间肃穆之度。书法遒劲,有晋人风致。但归袁七载,
每多动忍,眉案空嗟,熊虺梦香,心悄悄于郁境愁乡。虽归宁暂寄,母
子弟妹,语笑恬恬,正复情娇神伤,无言心痛,但思绝俗逃虚,寻松问
石,觉大块劳生,遽然欲醒,正作琼章催妆诗罢,而讣音且至。以合璧
忽分,彩云乍散,追魂天谷,夺魂大渊,向日矫矫,遂不能支矣"①。正如
青心才子所说:"佳人命薄,红粉时乖,生了绝代的才色,不能遇金屋之
荣,反遭那摧残之苦。试看从古及今,不世出的佳人,能有几个得无破
败!昭君色夺三千,不免塞外之尘。贵妃宠隆一国,难逃马嵬之死。
飞燕、合德,何曾令终;西子、貂蝉,徒贻话柄。这真是造化忌盈,丰此
啬彼。所以李易安未年抱怨,朱淑贞晚年伤心,蔡文姬悲笳哀咽,尤为
可怜。大抵有了一份颜色,便受一份折磨,赋了一段才情,便增一份孽
障。"(《金云翘》第一回)这是对古往今来才女悲剧命运比较客观的
总结。

才女们才高命蹇、沦落不偶的命运与下层文人的人生道路极为相
似。因而,她们的悲剧引起文人的强烈共鸣。烟水散人曾说:"然独以
小青置于编首者何?盖因青以一女子而彼苍犹忌之至酷,矧予昂藏七
尺,口有舌,手有笔,而落魄不偶,理固然也。"(《女才子叙》)正是基于
这样的共鸣,才士们热衷于描写、咏叹冯小青的题材。当时就有以"孤
山访小青墓"为诗题者,还有许多人为她立传。另有一些作家则以冯
小青的事迹为题材创作小说和剧本。如传奇《风流院》、《春波影》等皆
写小青事;吴炳的《疗妒羹》出于对小青的同情,竟让观音杀大妇,冯小

---

① 胡文楷:《历代妇女著作考》,上海古籍出版社,1980 年版,第 113~114 页。

青到善良的杨夫人家做妾；传奇《孤山梦》、小说《孤山再梦》则让小青投胎转世，成就一段美好的姻缘。烟水散人对小青尤为钟情，他在《女才子书》中把《小青》列为首篇。在该篇之"引"中，雪庐主人还把小青比作三闾大夫屈原，以为"千百年来，艳女、才女、怨女未有一人如小青者。"冯小青故事的创作热，在特定的意义上可视为对知识女性——或径称"才女"命运关注的标志。这些作品虽没有完全脱离才子佳人小说的创作模式，但一定程度上对这一模式有所反拨。它们不再津津乐道才子与佳人的闲情雅致或敷演虚假的大团圆式喜剧。在这里，庸夫以合法的身份取代了才子的位置，佳人也不得不接受错配的姻缘。于是命中注定，上演的必是一出出令人扼腕的悲剧。

清顺治年间刊行的《金云翘传》是在冯小青悲剧故事的启发下创作的。小说第一回青心才子就说："往事休题，即如扬州的小青，才情色性无不第一，嫁了恁般的呆丈夫，也折得勾了，又遇着那般的恶妒妇，生生活活直逼立苦杀了，岂不可伤，岂不可痛！正惟可伤可痛，故感动了这些文人墨士，替她刻文集，编传奇，留贻不朽，成了个一代佳人。谁人不颂美生怜，那个不闻名叹息！"他同情小青的不幸，同时也认识到这并不仅仅是小青一个人的悲剧。为此，决心写一位"深情美色，冷韵幽香，不减小青，而潦倒风尘，坎坷湖海，似犹过之"的女子王翠翘，进一步揭示女性的悲剧命运。

《金云翘传》的框架仍是才子佳人相遇——恨别——团圆的传统叙事，但就具体内容和写法而言，实与传统的才子佳人小说不同。全书二十回，写了数十个人物，而贯穿全书的中心人物实际上只有王翠翘一人，作者的目的是写她悲剧的一生。这种写法在古代小说中尚属首创。更值得注意的是，《金云翘传》未囿于家庭，将女主人公放在复杂的社会中去展示其性格发展变化的历程。这就在写法上突破了才子佳人式的喜剧模式，着意写才女的悲剧。

主人公王翠翘"生得绰约风流"，不仅通诗赋，而且"尤喜音律，最癖胡琴",其姿色、才艺堪称标准的佳人,但作者却是把她当作"红颜薄命"的典型来塑造的。小说几乎把古代妇女的种种不幸都集中到她身上:热恋之际,情人奔丧远去;父兄受到盗案扳牵,为救家难,被迫卖身;所适非人,沦落风尘;从良为妾后为正妻所嫉,受尽折磨、凌辱;出逃后又被拐卖,再入烟花;幸为徐海所救但又中官府之计,徐海被杀,自身被辱,被迫投江自尽。作品中,王翠翘的悲剧与以前小说所写的女性悲剧有了很大的不同。以前的小说多写的是单一的爱情悲剧,反映的是那种外在的社会力量对美好爱情的破坏,造成悲剧的原因多与父母、门第、地位等相关。如唐传奇所写爱情悲剧,多是始乱终弃。悲剧的原因多在于士族婚姻制度,霍小玉、崔莺莺等人的遭遇皆是如此。宋元话本、明代拟话本中的周胜仙、杜十娘等的命运大同小异。才子佳人小说尽管也写了才子佳人为恶势力所迫遭受许多磨难,甚至还有以死徇情的情节,但造成这种磨难的多是"小人"拨乱其间。从作者的创作目的来看,也绝不是要写才女的悲剧。之所以安排这样的情节,主要是要表现才子佳人对情的忠贞,有的仅只出于让故事叙述产生波澜的艺术考虑。因而,尽管困难重重,但磨难只是特意设置的障碍,是对爱情的一种考验,最终仍是大团圆的喜剧。《金云翘传》则不然,它突破了爱情悲剧的范畴,着力于在比较广阔的社会背景上对女性命运进行审视。小说不仅写了王翠翘的爱情婚姻悲剧,也写了她连起码的做人权利也被剥夺的人生悲剧。造成悲剧的原因不是简单的门第观念或"小人拨乱其间",而是各种复杂的因素共同作用的结果。官场的腐败、官吏的贪赃枉法、买卖妇女的不合理制度,是悲剧的根本原因;而社会上的各种恶势力的猖獗,一夫多妻的婚姻制度,是悲剧的直接原因。在王翠翘一生中,始终有一张看不见的网笼罩着她,使她无论如何挣扎也无法摆脱被毁灭的命运。尽管作者也安排了一个大团圆的结局,让王翠翘在神灵的帮助下起死回生,最终与有情郎团圆,但不曾改变全书的悲剧气氛。由此,《金云翘传》揭示女性悲剧的深度、暴露社会丑恶的勇气,超出了一般的才子佳人之作。

此后出现的另一部世情小说《林兰香》继承了《金瓶梅》的传统,着重从家庭的角度对妇女的命运进行了反思。与《金瓶梅》的市井情调不同,《林兰香》明显"雅化"了。作者以探索女性的命运为主旨,塑造了各种类型的女性形象,并将她们集中到一起,同事一夫,在凡俗的生活琐事中展示各自的风姿,描述她们的喜怒哀乐。尽管几个人性格各异,品德又有高下之别,但总的来看,她们身上或多或少地带有悲剧色彩。这种色彩在燕梦卿身上体现得最为明显。

燕梦卿是作者精心塑造的形象,也是一个集封建时代女性一切美德于一身的理想人物。论貌,她"原是五人中第一",曾使耿朗见后相思成疾。论才,她琴棋书画无一不精,见解、谋略、胆识皆不同凡响,堪称绝代才女。论德,她更是独标一帜,先是上疏朝廷,"乞将己身没为官奴,以代父远窜之罪",甘心牺牲自己的幸福而换取父亲的自由,是受人尊敬的"孝女";及至冤案昭雪,她遵一女不嫁二夫的古训,宣称"生为耿家之人,死为耿家之鬼",宁居侧室也坚持仍嫁耿朗,是标准的节妇。她谨守妇德,不矜才学,对丈夫的放荡行为极力规劝,遭到猜疑和诬陷却从不申辩;丈夫有病,她割指疗疾;丈夫出征,她割发织甲。堪为标本式的贤妻。因此,皇帝旌表她为"孝女节妇";耿朗的伯父耿忻也由衷地赞叹:"生女当如燕梦卿。"长辈们尊重她,奴仆们衷心爱戴她,甚至宫中的老太监全义也敬重她的人品,不仅在她遭难时全力扶持,在她死后还亲自到坟前祭奠,以至于感伤而死。作者浓墨重彩地描绘了这一人物,使她集封建时代女性的一切美德于一身,但却没有给她安排好的结局。嫁给耿朗后,她忠心耿耿、小心谨慎,却始终无法得到丈夫的理解和爱敬,因而长期心情抑郁,不过二十余岁就郁闷而死。如此完美的女性为什么会落得这样的下场?这正是作者着意思考和表现的问题。小说通过深入细致的描述,揭示了燕梦卿悲剧的诸多原因。

首先，一夫多妻的婚姻制度是酿成悲剧的主因。作者在小说第一回就明确指出："合林兰香三人而为名者，见闺人之幽闲贞静，堪称国香者不少，乃每不得于夫子，空度一生，大约有所掩蔽，有所混夺耳。掩蔽不已乃至于坎坷终身，混夺不已，至于悠忽毕世。此真事之无可如何者也。"妻正妾偏，这是封建时代铁定的纲常，作为妾，燕梦卿只能处处韬晦。她"言不轻发，都是大娘问道，方才开口。……事不自专，必须大娘应允，方才敢行"。妾的身份限制了燕梦卿才能的发挥，也使她"相夫"的愿望无法实现。而来自任香儿的中伤、陷害则使她失去了丈夫的爱，从而失去了人生的乐趣。

其次，耿朗在情感上的冷落和抛弃是悲剧的直接原因。《林兰香》突破了才子佳人大团圆的婚姻模式，着重写大团圆之后的悲剧。这个悲剧是在有情人已成眷属的基础上展开的，其根本原因是耿朗脑子里根深蒂固的男权中心思想和封建道德观念。与传统的才子佳人小说不同的是，《林兰香》中的男主人不再是对才女钟爱、敬重的才子，而是一个"性不自定，好听人言"的平庸之辈。耿朗和燕梦卿年貌相当，门第相配，在经历了一番磨难之后方成连理，两人对这桩婚姻原本十分满意。从耿朗的角度来看，他"初见梦卿求代父罪，生了一番敬慕之心，次见梦卿甘为侧室，又生了一番恩爱之心。后见梦卿文学风雅，复生一番可意之心"。婚后见到梦卿超人的理家之才和知人之明，更是由衷敬佩。因此，他们婚后曾有过一段恩恩爱爱的日子。但在耿朗的骨子里，对女性的"才"和"名"很是忌讳。在他看来，"妇人最忌有才有名，有才未免自是，有名未免欺人"。所以在迎娶梦卿之前，就产生了这样的想法："我若不裁抑二、三，恐将来与林、宣、任三人不能相下。"由对女性之才的忌到对才女的疑，进而有意冷落，这是耿朗对燕梦卿态度变化的三部曲。至高无上的男权地位、"女子无才便是德"的封建观念使耿朗从感情上抛弃了燕梦卿，促使其失去了生存下去的精神力量。

西方女性主义者认为,在男性的文本中,女性形象主要有两种表现形式,即"天使"和"妖妇"。其中"天使"是男性审美理想的体现。吉尔伯特和格巴在《阁楼上的疯女人》中指出:"不管她们变成了艺术对象还是圣徒,她们都回避着她们自己——或她们自身的舒服,或自我愿望,或者两者兼而有之——这就是那些美丽的天使一样的妇女的最主要的行为,更确切地说,这种献祭注定她走向死亡和天堂。因为,无私不仅意味着高贵,还意味着死亡。像歌德玛甘泪这样没有故事的生活,是真正死亡的生活,是生活在死亡中。"①在女性主义者看来,这种把女性神圣化为"天使"的做法,实际上是将男性的审美理想寄托在女性形象上。正如西蒙·波娃所说的,她们只是一种对象性存在,没有自己的意志,是美好但没有生命的对象。《林兰香》中的燕梦卿正是这种"天使"的典型。从某种意义上讲,燕梦卿形象同时又是理想化了的、被压抑的男性自我的投影。比较难得的是,《林兰香》的作者精心塑造了燕梦卿这个高度理想化的"天使"形象,但给她安排的却是悲剧性的结局。作者从女性实际生存出发进行文学想象和叙述,从而在较深的层次上揭示了封建礼教对女性的毒害和束缚是燕梦卿悲剧的根本原因。

寄旅散人曾对燕梦卿下过这样的评语:"若燕梦卿,乃不庸中之庸者也。何者?以其有头巾气也。"(第二十六回评)清初是理学昌炽、礼教森严的时代,统治者利用程朱之学,僵化人的头脑,束缚人的心性。诞生在这种时代背景下的文学人物燕梦卿带上了浓厚的道学味,她的"孝"、"节"似乎都是出自天性,毫无做作之态。在耿府这样复杂的家庭环境中,她依然坚持理学风范:一方面对丈夫的行为抗颜规劝,至死不悔;另一方面严格用"妇道"约束自己的思想和言行。对丈夫的冷淡她从不抱怨,认定"夫者,妇之天,万有不齐之物,皆仰庇于天,妇人一

---

① 参见张岩冰:《女权主义文论》,山东教育出版社,1998年版,第66页。

生苦乐,皆仰承于夫,以妇来议夫之是非,犹以人而议天下寒暑灾祥也"。对丈夫的疑忌她也从不解释,"必须日久自明,方不惹人谈笑,若必口巧舌能,就使辩得干净,然令丈夫怀羞,自己得志,亦非为妇之道"。对于任香儿的攻击、诬陷她也毫不计较,因为"自家受苦事小,若是尊长不喜,丈夫不乐,姊妹有失,那事便大了"。她不愿以色邀宠,甚至临终之际还劝自己的侍女春畹"不可以才争宠,不可以色取怜"。但作者给她安排的仍然是没有走通的路。正如有学者所言:"在长期的封建社会里,女性不仅被剥夺了参与外部世界建构的各种权利而只能退守家庭,并且由于受到封建礼教的精神戕害,绝大多数人的女性意识实际上处于一种严重扭曲的状态——在强烈意识的自身性别的同时,否定了这种性别'人'的实质;在被迫于妇女传统命运认同的过程中,自觉不自觉地生成按照男性中心的伦理规范看待外部世界和女性自身的眼光。"[1]作者在书中发出哀叹:"屈身都只为纲常。"燕梦卿确实是一贯自觉地以封建礼教的标准塑造自己。依她特定的性格,既不可能随波逐流、与耿家的生活环境和谐相处,也根本不可能设想改变这个环境或另寻安身立命之道。因此,其结局必然是悲剧性的。

小说中燕梦卿的基本形象是"弃妇"。与传统"弃妇"故事不同的是,《林兰香》更突出的是燕梦卿在情感上的被"弃",其悲剧更多体现在精神层面。"燕梦卿被'弃'的经历,更是中国士人'弃妇'情结的体现"[2]。从全书来看,作者在写燕梦卿悲剧人生的时候,对其"夫主"耿朗明显地颇有微词。这个男主人公不仅平庸、无情而且昏聩无能,基本上是作为被批判的对象出现的。不过,在作者看来,耿朗固然是燕梦卿悲剧的制造者,但根本原因还在于封建制度本身,是男权文化和

---

① 乔以钢:《多彩的旋律——中国女性文学主题研究》,南开大学出版社,2003 年版,第10 页。

② 蔡美云:《〈林兰香〉与中国士人的"弃妇"情结》,《明清小说研究》,2005 年第 2 期。

封建道德观念联合绞杀了这个"天使"般的女性。清初思想家戴震指出:"人死于法,犹有怜之者;死于理,其谁怜之?"(《孟子字义疏证》卷上)燕梦卿的悲剧是一个封建礼教自觉遵守者的悲剧,因而给人的感觉压抑、沉闷;它无法使人振奋,但却能使人深思,对封建礼教产生怀疑。这就是燕梦卿悲剧的意义之所在。

燕梦卿的死无疑是悲剧的高潮,但《林兰香》的悲剧并没有随着燕梦卿的死而结束,它的总体悲剧实现于全书所有人物化为灰烬之后留下的虚无和幻灭感。作品一开头就写道:"天地逆旅,光阴过客,后之视今,今之视昔,不过一梨园、一弹词、一梦幻而已。"全书结尾时又说:"呜呼! 两间内乘坚策肥者若而人,鸠形枵腹者若而人,粉白黛绿者若而人,锥髻赤足者若而人,诵读诗书者若而人,贩南货北者若而人,总皆梨园中人,弹词中人,梦幻中人了,岂独林哉,兰哉,香哉!"作为悲剧主人公,燕梦卿的一生似乎一直生活在梦幻中。第五回的梦是其一生命运的预示,也是全书的缩影;而第三十五回"燕梦卿重惊旧兆",又让前梦重现。"梦卿抚枕自思,此梦恰与洪熙年间十二月所做相同。……可见人生世人,寿夭穷通,终归乌有,又何必苦相持哉。"这是燕梦卿临死前对命运的最后感悟,也是作者为传统社会中的女性命运发出的一声叹息。

综上,毫无疑问,在中国古代小说中,《红楼梦》在塑造女性形象方面达到了最高成就,但它绝不是孤立突兀的飞来之峰,其成功与明末清初世情小说的经验积累有很大关系。作为世情小说的开山之作,《金瓶梅》将女性放在比较重要的位置,也塑造了几个栩栩如生的女性形象。但由于作者旨在劝诫,同时持有"女人祸水"的腐朽观念,因而塑造的女性形象多为"淫妇"、"荡妇"。艳情小说发展了其猥亵的一面,女性在作品中完全成了"欲"的化身。明末清初的才子佳人小说首先对这种人欲横流的现象进行反思,提出了才、貌、情、德统一的情爱观,强调了爱情婚姻中"情"的重要地位。在描写男女之情时,剔除了欲的成分,将欲升华为情;同时一改"男才女貌"的婚恋模式,突出女子之"才",从而塑造了一批情深似海、才过须眉的理想化的女性形象。以《金云翘传》《林兰香》为代表的人情小说,继承了才子佳人小说崇才重情的特点,但又不满足于才子佳人小说生硬的"大团圆"模式,力求真实地展示女性命运。从写欲到写情、从写貌到写才、从写大团圆式的喜剧到写才女的悲剧,创作者的性别观念对明末清初世情小说女性形象的塑造产生了重要影响。

士女雅集与文学风流

——中晚明"女子预社"现象及其影响

何宗美

嘉靖十三年(1534),著名复古派作家康海举百岁会,应邀与会者除文人雅士外,尚有名妓百人;万历三十二年(1604),齐王孙朱承綵举金陵大社,海内名士百二十人与秦淮名妓四十余人参加盛会;崇祯七年(1634),张岱、祁彪佳等人在山阴蕺山亭大会各方彦俊,"在席七百余人,能歌者百余人",共八九百人,宴集诸席皆配以"衰童塌妓"①,别开生面,盛况空前。此举诸例体现的共同倾向是:女子参与文人结社,形成一种士女雅集、风流共赏的气象。这一前所未有的气象至少透露出这样一些值得引以关注和思考的重要信息——明代到了嘉靖以后的中后期标志进入它的历史的新阶段,处于这一历史时期的文人经历了一次包括生存方式和生活观念等全方位的转型和重塑,中晚明文人社集乃至整个文学系统以一种崭新形态构建了文学史的新环节和社会时代的新维度,其中文化女性在中晚明的崛起,对社会群体活动的参与,对文学艺术的热衷以及与文人群体交流的广泛深入,尤其给那个变革的时代增添了一缕引人瞩目的光彩,也增添了那个变革时代的文学一道亮丽的风景线。

---

① 《陶庵梦忆》卷七,上海古籍出版社,1982年版,第67页。

一、中晚明"女子预社"事迹考略

"女子预社"指女性参与文人结社，即诗酒风雅，士女共赏。这种现象至明中后期发展成一种引人注目的社会景象与文学奇观，溯其源则在元明之际已见其端倪。杨维桢所叙"吴间诗社"涉及相关情形的记载，《香奁集序》曰："吴间诗社《香奁八咏》，无春坊才情者，多为题所困，纵有篇什，正如三家村妇学宫妆院体，终带鄙状，可丑也。晚得玉树余音为甲，而长短句、乐府绝无可拈出者。一日，云庵王先生寄示《踏莎行》八阙，读之惊喜，先生盖松雪翁门人，今年八十又三矣。而坚强清爽，出语娟丽，此殆为月中神仙人也，谨付翠儿度腔歌之。又评付龙洲生附八诗后绣梓，以见王孙门中旧时月色。"①在文人社集赋诗之际，女之歌者"度腔歌之"，这是女性进入文人文学生活的一种途径，也是士女唱和的特有方式。虽然这种情景下女性在文人雅会的地位尚属边缘，但后来女子成为诗社的重要角色甚至正式成员，则无疑由此逐渐发展演变而成。从某种意义上说，元末明初"铁崖体"诗人杨维桢堪称明代文学史上开士女雅集、诗酒风流之风气的文坛领袖。宋濂为杨维桢所撰墓志铭特别对这位诗人晚年的诗酒生活作了如此描述："（君）晚年益旷达，筑玄圃蓬台于松江上，无日无宾，无宾不沉醉。当酒酣耳热，呼侍儿出歌《白雪》之辞，君自倚凤琶和之。座客或蹁跹起舞，顾盼生姿，俨然有晋人高风。"②显然，在"开国文臣之首"的大文豪笔下，杨维桢被定论为元末明初文坛诗酒风流的代表人物。但结合由

① 《元诗选·初集》，中华书局，1987 年版，第 2005 页。按："吴间诗社"，孙小力《杨维桢年谱》作"云间诗社"（第 285 页）。"吴间"言其地，并非诗社的具体名称。丙午为元至正二十六年（1366），而序为晚作，《香奁八咏》为其旧篇，故所谓"吴间诗社"的时间当早于此年。凌云瀚亦有《香奁八咏》诗，见《柘轩集》卷二（《林登州集》外四种，第 803 页）。
② 《銮坡后集》卷六，《四部丛刊》本。

元而明诗歌史演变历程来看,杨维桢所代表的生活态度和诗体风格其积极价值的一面却远逊于它的反面。明初诗歌在摆脱元末习气时所面对的障碍不仅是杨维桢诗体的影响,同时也包括以他为中心的诗人群沉醉于声色之乐的生活风调。刘基拒不参与杨维桢、顾德辉所组织的诗社[①],原因不在个人关系的不谐,而在于文学思想和人生观念的分野。当文学史处于元明之际的十字路口时,它选择了宋濂、刘基和高启所引领的方向,而没有走杨维桢、顾德辉文学集团的道路。这表明杨、顾代表的是一个文学时代的终结。明初文学随着政治风气和社会风气的日渐收缩和正统化,杨维桢式的文人风调便失去了生存的空间,士女雅集、徜徉文酒的传统也因此被打断。所以,尽管自元而来的文人结社仍然余风未息,但女子参与文人雅集、士女共同进行文学艺术的娱乐则大体是到了嘉靖初期顾璘青溪社的时代才再次有了风气,这时上距杨维桢时代已超过一个半世纪。

在明代文学史上,名列"十才子"和"金陵三俊"的顾璘,不仅是复古派的代表作家之一,而且是后人所谓"江左风流"的开创者。在文人结社方面,他也是引领风尚的重要人物。自他的青溪社始,明代文人社团的风气为之一变——士女雅集,亦诗亦乐,或歌或舞,文酒迭荡,蔚为奇观。这种会社在青溪社后达到三十多例,现略考如下:

(1)顾璘青溪社。顾璘结社见于他本人的诗篇,《息园存稿诗》卷四《杂言送延平朱使君十三首》其十一曰:"江左金兰社,怜君最英妙。"[②]卷八《八月十三夜与文济、时范、质甫城西泛舟达秦淮三首》其三曰:"衣冠洛阳社,风物武陵溪。"[③]大约自嘉靖九年(1530)[④]始,顾璘与其友及门人结社于留都之青溪,故其社以青溪名。他的青溪社对明代

---

① 《明诗综》卷二"刘基",中华书局,2007年版,第67页。
② 《顾华玉集》,四库明人文集丛刊本,第364页。
③ 《顾华玉集》,第398页。
④ 按,顾璘结青溪社在"以浙辖家居"时期,他于嘉靖九年任浙江左布政使,社或始此。

文人的唱和之风特别是明代留都文学起了重要的推进作用,"江左风流"实肇端于此。钱谦益《列朝诗集小传》指出:"嘉靖中,顾华玉以浙辖家居,倡诗学于青溪之上,羽伯及谢应午、许仲贻、金子有、金子坤,以少俊从游,相与讲艺谈诗。金陵之文学,自是蔚然可观,皆华玉导其前路也。"①从有关材料看,青溪社的主要成员是以顾璘为中心的士群体,尚未见有女子正式的参与。不过,由于这位文坛盟主对于戏曲和歌舞艺术情有独钟,因此当时社中雅集往往有教坊乐工为之佐燕,《四友斋丛说》卷一五载:"顾东桥文誉籍甚,又处都会之地,都下后俊皆来请业,与四方之慕从而至者,户外之屦常满。每四五日即一张燕,余时时在其坐。先生每燕必用乐,乃教坊乐工也,以筝琶佐觞。……先生每发一谈,则乐声中阕;谈竟,乐复作。议论英发,音吐如钟,每一发端,听者倾座。真可谓一代之伟人。"②这样便使得女性以另一种形式加入到文人结社的行列,而顾璘的青溪社直接开了明代中后期士女雅集风气的先河。

(2)百岁会/百年会。王世贞《艺苑卮言》卷六载:"康德涵六十,要名伎百人,为百岁会。既会毕,了无一钱,第持笺命诗送王邸处置。"③赵翼以此列为"明中叶才士傲诞之习"之一例,《廿二史劄记》卷三四云:"康德涵六十生日,召名妓百人为百年会,各书小令付之,使送诸王府,皆厚获。"④康海生成化十一年(1475),六十岁时为嘉靖十三年(1534),百岁会作于此年。康海百岁会与通常的生日宴会不同,是一次大型的士女雅会,也是一次诗歌、曲艺活动的盛会。应邀与会的名妓就达百人之众,排场之大,明代的文人会社当无前例。

(3)章丘词社。李开先《闲居集》卷五《醉乡小稿序》云:"予自辛丑

---

① 《列朝诗集小传》丁集上"陈参议凤",上海古籍出版社,1959年版,第455页。
② 《四友斋丛说》卷一五,中华书局,1959年版,第124~125页。
③ 《艺苑卮言》卷六,《历代诗话续编》中册,中华书局,1983年版,第1052页。
④ 《廿二史劄记》卷三四。

引疾辞官,归即主盟词社。见其前作,俱是单词,众友以为只精此,散套杂剧无难事矣。每会,属余出题,间涉小套,众必请而更之,当时独高笔峰年最熙妙,而词有长进。罢会十年余矣,其所作日积月累,日异而月不同;月积岁累,月异而岁不同,今刻《醉乡小稿》,乃其所慎选约取者也。"①辛丑为嘉靖二十年(1541),这一年李开先罢官归里,在章丘主词社。据他的《闲居集》卷二《归休家居病起蒙诸友邀入词社》二首其一:"秋来吾已健,夜宴客相随。新作谁能唱?须烦女教师。"其二:"玉树多悲调,竹枝亦俗词。口占南北词,即席付歌儿。"②在他的词社中,"女教师"、"歌儿"之类亦为不可或缺的角色。

(4)湖南吟社。大约嘉靖三十年(1551)③,锦衣从事李奎归里,在西湖结湖南吟社。李奎的结社与卷入反权相严嵩的政治斗争有关,《列朝诗集小传》丁集中"李从事奎"载:"奎,字伯文,钱塘人。起家刀笔,由布政司吏再考,从事锦衣。雅善诗,跌宕自豪,从齐人谢榛游,倾动诸公卿。陆太保炳掌锦衣,不敢以从事史遇之,引为上客,而锦衣经历沈炼,文章忠义士也,两人深相结纳,调护一时谏臣论劾执政先后下诏狱者,人皆归功于炳,而不知伯文与炼阴为之地也。炼具疏将劾相嵩父子,举酒属伯文以后事,伯文口虽不言,已心许之,已而下狱,嵩父子力购置之死,伯文倾身庇之,得末减田塞上。世蕃诇知之,欲中以奇祸,乃脱身归里中,与方太守九叙、沈山人仕,结社湖山之间,年八十余卒。"④结社事在李奎《湖上篇》和《龙珠山房诗集》诗集中多有反映,如《夏日冉山王明府双桥凌太守招集湖南吟社得鱼字》、《沧溟李观察过

---

① 《李开先全集》上册,文化艺术出版社,2004年版,第418页。
② 《李开先全集》上册,第89页。
③ 据《列朝诗集小传》丁集中"李从事奎"载,李奎归里结社发生于沈炼疏劾严嵩事后。严嵩父子欲置沈炼于死地,李奎"倾身庇之",得以谪戍塞上。严世蕃知之,"欲中以奇祸",奎脱身归里,结社湖上以度日。沈炼上疏被谪,事在嘉靖三十年(六年后被杀),李奎结社之始或即在此年。
④ 《列朝诗集小传》丁集中"李从事奎",第510页。

湖社草堂得芳字》、《集朱九疑湖南吟社二首》、《春日途中寄西湖社友》
等。在诗社中与他唱和的诗友主要有后来成立西湖八社的高应冕、童
汉臣、沈仕等人,著名文学家李攀龙也曾光顾过他的诗社,参加诗歌唱
和的活动。到了万历初期,因得罪张居正而被迫致仕的吏部尚书张瀚
也是湖南吟社的诗友。值得注意的是,李奎的诗社还有"美人"的参
加,且与顾璘青溪社有所不同:与社女子虽仍不属诗社的正式成员,但
她们通常与社中诗人一一搭配,频频出现于文人雅集的场合。这种
"文人群"与"美人群"聚合酬唱,可以说代表了明代文人结社的一种新
迹象。李奎《和童侍御早春偕社中诸友携美人登吴山观雪韵二首》其
一描写了"美人"参加社集的情景:"玄馆芳尊对雪开,美人词客共登
台。阳春暗逐歌声转,纨素低随舞影回。仄岛平沙迷落雁,冻云残照
映寒梅。兹游不忝梁园会,重见群彦作赋才。"①诗句"美人词客共登
台",说的就是士女雅集的事实。

(5)朱日藩金陵社/青溪社。《列朝诗集小传》丁集上"朱九江日
藩"载:"嘉靖戊午、己未间,子价在南主客,何元朗在翰林,金在衡、陈
九皋、黄淳甫、张幼于皆侨寓金陵,留都人士金子坤、盛仲交之徒,相与
选胜征歌,命觞染翰,词藻流传,蔚然盛事,六朝之佳丽,与江左之风
流,山川文采,互相映发。"②戊午、己未为嘉靖三十七年(1558)、三十八
年(1559),钱谦益称为"金陵之初盛"的时期。据他的描绘,这种文学
兴盛迹象实际的内涵不能离开六朝佳丽、江左风流的地缘文化品格的
因素,或者说尤其不能是文人的独角戏,他每每提到的"秦淮一曲,烟
水竞其风华;桃叶诸姬,梅柳滋其妍翠"③、"秣陵金闾,都会佳丽,文酒
过从,丝竹竞富"④,说明到了嘉靖中后期的南京文人结社在与秦淮风

---

① 《龙珠山房诗集》卷下,《丛书集成续编》第 116 册,第 852~853 页。
② 《列朝诗集小传》丁集上,第 449 页。
③ 《列朝诗集小传》丁集上,第 462 页。
④ 《列朝诗集小传》丁集上"何孔目良俊",第 450~451 页。

流的融合方面实比顾璘时期迈进了一大步。

(6)莲台仙会。据《亘史·外纪》卷十七、《说郛续集》卷四十四的记载,隆庆四年(1569),金坛曹大章在南都举莲台之会,与者有诗人吴嶽和著名戏曲家梁辰鱼等。秦淮佳丽赴会者,亦称名流。曹大章作《莲台仙会品》,所谓"女学士王赛玉"、"女太史杨珮姬"、"女状元蒋兰玉"、"女榜眼齐爱春"云云,标举名目,不一而足。其后潘之恒论曰:"品藻诸妓,一时之盛,嗣后绝响,……非惟佳人不再得,名士风流亦仅见之,盖相际为尤难耳。"①文人结社中,名士与名妓共襄盛举,相映成辉,而蔚然大观,或自此始。

(7)陈芹青溪社。朱孟震《停云小志》云:"青溪自后湖分流,与秦淮合。当桃叶淮清之间,有邀笛步者,晋王徽之邀桓伊吹笛处也。陈明府芹即其地为阁焉,俯瞰溪流,颇有幽致。岁辛未,费参军懋谦约余为诗会其上,于是地主则明府,次则唐大学资贤、姚典客澜、胡民部世祥、华广文复初、钟参军倬、黄参军乔栋、周山人才甫、盛贡士时泰、任参军梦榛,先后游而入会者则张大学献翼、金山人鸾、黄山人孔昭、梅文学鼎祚、莫山人公远、王山人寅、黄进士云龙、夏山人曰湖、纪亳州振东、陈将军经翰、汪山人显节、汪文学道贯、道会、沈太史懋学、程文学应槐、周文学时复。……每月为集,遇景命题,即席分韵,同心投分,乐志忘形,间事校评,期臻雅道。"②辛未是隆庆五年(1570),陈芹的青溪社创于此年,到万历元年(1573)又有续会,吴子玉、魏学礼、莫是龙、邵应魁、张文柱、方沆、叶之芳先后入社。青溪社到陈芹时期已发展为正式入社的诗人达到三十六人的大型社团,所以钱谦益评价说:"金陵文酒觞咏之席,于斯为盛。"③据青溪社唱和诗《美人走马》、《名士悦倾城》

---

① 《潘之恒曲话》,中国戏剧出版社,1988年版,第6页。
② 《河上楮谈》卷三,《四库全书存目丛书》子部第104册,第648页。
③ 《列朝诗集小传》丁集上,第460页。

等作来看,该社自然也有"倾城"、"美人"的助兴,这与嘉靖初期顾璘和中后期朱曰藩的青溪社,时虽非一,风气则完全一脉相承。

(8)顾氏馆曲会。据《亘史》杂篇卷四"文部"、《鸾啸小品》卷二,万历十三四年(1585、1586)间,潘之恒主会于秦淮顾氏馆,"凡群士女而奏伎者百余场",杨璆姬、徐惊鸿、蒋六、杨美等,度曲登场,美艳绝伦[①]。潘之恒曲会,上承曹大章的莲台仙会,显示了南京文人结社与当时戏曲演艺的密切关系。

(9)十二钗会。见载于潘之恒《杨璆姬传》,传曰:"杨姬者,名新匀,字侣真,故平康才人。世以玉貌善音律拟之楚璆,又称璆姬。……余未习姬,闻姬名藉甚。偶夜被酒,出秦淮,道中有故人从少年挟诸姬饮。引与密坐,而杨姬独时时目属予。予因过姬家谈竟夕。余谓姬:'少年金多,奈何目摄之顾属儒生?'姬言:'雅不喜少年金多。愿从公名流,乞片言为地。'予益奇之。明日,投以歌二章。……始得诗,甚喜,请曰:'君为赵歌,妾当为赵舞。'每歌一阙,辄起舞。曼睩转盼,翩如惊鸿,人从旁喷喷嗟异。余自起,为引满三爵,遂解佩佩之。客与诸姬为十二钗会,人各有传,语在诸传叙中。一时声动白下,为都人士称赏云。"[②]文中所叙当为潘之恒年轻时的事情,约在万历早期,与主顾氏馆应属同时。十二钗会,与一般的文人社会不同的是,它以诸姬为主,文人为宾。十二钗除杨璆姬,还有徐翩(惊鸿)、寇生(文华)等。

(10)蓬蒿社。万历时期,潘之恒、丘坦等曾结蓬蒿社。潘之恒《余响》载其事,云:"蓬蒿社初集,大会于丘长孺之新居。招虞山班试技,得王、陆二旦,双声绕梁。王纤媚而态婉腻;陆小劲而意飘扬。矫矫艳场,皆足自振。不谓盈耳之后,复逢赏心!料别后尘飞,余响犹在

---

① 《潘之恒曲话》,第 32 页。
② 《潘之恒曲话》,原载《亘史》外纪卷一七"艳部金陵",第 107~108 页。

也。"①蓬蒿社盟主为公安派作家麻城丘坦,其初集专邀虞山班表演戏曲。显然,观剧已为这次社集活动的重要名目。

(11)南屏诗社。万历十四年(1586)②,由复古派重要作家汪道昆和杭州著名诗人共举南屏诗社。来自各地的名流雅士共赴盛会,使这次结社成为一次具有跨地域性质的文学交流活动:"自四明至者,则屠长卿、汪长文、杨伯翼。自吴门至者,则曹子念、毛豹孙。自华亭至者,则曹叔重、陆君策,皆从长卿。自京口至者,由邬汝翼、茅平仲,皆从司马。自天台至者,则蔡立夫。自金陵至者,则李季常。乃若潘景升,则前驱。徐茂吴、李含之、杨思说、俞叔懋暨不佞、明卿,则东道主也。"③卓明卿所列共十八人,其中,在明代文学史上较有地位和影响者为汪道昆、潘之恒、屠隆。汪道昆《南屏社记》载,预此社者另有"名姬十二人",因此,这次社集士女合计则达三十人,尚不包括汪道昆等人随行的仆人。可以说,这既是明代文学史上一次重要的文坛盛会,也是一次诗酒风流、别开生面的士女雅集。王世贞曾用"选妓征声,分韵赋诗"概括此次社集的特色④,东道主卓明卿则描绘为:"华藻麟集,佳冶雁行,彩笔竞秀,皓齿齐发,曜灵若暍,兰膏嗣辉,草木悦愉,山川暎彻。于斯之时,髭心最欢。"⑤

(12)徐㷷三山社。与杭州南屏诗社同时或稍后,福州诗人结社三山,闽中风气在徐㷷等人引领下亦进入与东南同气的时代。《幔亭集》卷一六《陈汝翔泡庵诗序》云:"㷷与汝翔三山结社,久为五字之交。"⑥

---

① 《潘之恒曲话》,原载《鸾啸小品》卷三,第59页。
② 据卓明卿《南屏社序》"万历丙戌秋仲廿二日",丙戌即万历十四年(1586)。
③ 《太函集》卷七六,黄山书社,2004年版,第1563页。
④ 《弇州续稿》卷一七卓澂甫光禄邀汪司马及仲季诸社友大会西湖南屏,选妓征声,分韵赋诗,伯玉以高字韵见寄,俾余同作,得二首》,《弇州四部稿》(四),第224页,四库明人文集丛刊本。
⑤ 《卓光禄集》卷三《奉汪伯玉司马书》,《四库全书存目丛书》集部第158册,第159页。
⑥ 《徐㷷集》第二册,广陵书社,2005年版,第913页。

同卷《钓矶集序》云:"年来结社为诗,唱和不绝。"①福州西湖有澄澜阁,是诗人结社雅集之所,徐𤋮《中秋饮西湖澄澜阁观妓》描绘了万历十七年秋八月诗社饮宴观妓的情景,诗曰:"八月秋风冷芰荷,西山爽气晚来多。千重树色浓于染,十里湖光澹似罗。白社共酣桑落酒,红裙齐唱竹枝歌。今宵若得君平卜,知泛星槎入绛河。"②

(13)袁中道武昌结社。万历二十一年(1593),袁中道与丘坦、潘之恒等结社武昌,有洪山大会、五咏楼社等。《珂雪斋近集》卷三《寿南华居序》云:"予少时游武昌,与西陵丘长孺、大鄗潘庚生等,结文酒之欢。记九月九日,大会词客酒人于洪山。"③潘之恒《武昌曲八首》题注:"余时邀四子结社五咏楼,寻各散去,种种悲婉,托诸乐府歌之。"④诗酒声色,少年意气,是武昌社的最大特色。"天星楼上花枝粲,采珠拾翠杯无算"⑤,"美人窈窕褰罗帏,微歌合调梁尘飞"⑥,乃袁、潘诸人的夫子自道。

(14)酒社。袁中道科场失意,阑入酒社,几不自拔。《回君传》云:"予前几年性刚命蹇,其牢骚不平之气,尽寄之酒;偕回及豪少年二十余人,结为酒社。大会时,各置一巨瓯,校其饮最多者,推以为长。"⑦社友多酒色之徒,如王回"耽娱乐,嗜酒,喜妓入骨"。每社集,必极声色之乐,甚或大醉则"卧胡姬垆旁,数日不醒"⑧。

① 《徐𤋮集》第二册,第870~872页。按,此序作于万历十六年,陈庆元《徐𤋮年谱简编》谓作于万历十七年当有误,因文中明确提到"今年秋,余幸领荐书,将戒行李,北游燕都",而作者是万历十六年中举并赴京应会试的。
② 《徐𤋮集》第一册,第388页。按,陈庆元《徐𤋮年谱简编》,此诗作于万历十七年八月,时作者二十九岁(第二册附录,第27页)。
③ 《珂雪斋近集》卷三,《文钞》,第12页,上海书店1982年据中央书店1936年版重印。
④ 《涉江诗选》,第822页,《四库全书存目丛书》本。
⑤ 《珂雪斋集》卷一《今夕行,同丘长孺,王大壑诸公赋,时有别意》,上海古籍出版社,1989年版,第22页。
⑥ 《涉江诗选·今夕行同吴皋倩、王任仲、丘长孺、袁小修饮五咏楼赋》,第821页。
⑦ 《珂雪斋集》卷一七,第706页。
⑧ 《珂雪斋集》卷九《赠崔二郎远游序》,第444页。

(15)诸天阁大会。万历二十八年(1600)夏,潘之恒在其家乡歙县招诸姬,大会于诸天阁,会间新安舞媚娘最是光彩照人,艺冠群芳。其后潘之恒撰《舞媚娘传》,忆曰:"舞媚娘,张姓。家新安河西。……万历庚子立春,郡邑长令皆浙人。先期申戒,以迎春于东郊。百工咸悦,不令而穷极奇巧。为平台三十六座,马戏四十八骑,皆选倡优韶秀者充之。……为嫦娥者,即舞媚也。其时春色暄妍,颜色与之焕发,光彩灌注。一郡见者惊若天人。……乃召诸姬,大会诸天阁。自楚至者吕五,自吴至者王三,自越至者孙四,皆名倾一时。见舞媚,无不气夺,皆为之下。"①这是一次由名士招集的群芳会,来者有吴、楚、越、皖等地"名倾一时"的著名女艺人。

(16)金陵大社。今所见载的明代士女雅集的盛会,论其规模首推万历三十二年(1604)中秋齐王孙朱承綵举办的金陵大社。钱谦益《列朝诗集小传》载其盛况云:"万历甲辰中秋,开大社于金陵,胥会海内名士,张幼于辈分赋授简百二十人,秦淮妓女马湘兰以下四十余人,咸相为缉文墨、理弦歌,修容拂拭,以须宴集,若举子之望走锁院焉。承平盛事,白下人至今艳称之。"②这次大社,士女预者在百二十人以上,这标志到了万历中后期作为晚明气象之一的秦淮风流已演变成一种社会潮流,而领风气者则为名士群体与名妓群体的合流。

(17)秦淮曲会。潘之恒《虹台》云:"昔在丙午秋冬之交,余从秦淮联曲宴之会几六、七举。预会诸妙丽,惟陈夜舒最少,能揄袂作啭林莺,倾上客。顾于时秋莫未半,幽筱参差。河冻不流,寒星黯色。虽申旦未疲,辄怪欢夕何短?霜飞云散,惘怅一天,不远吴越间,渺若河汉,梁尘波光,想象空音而已。"③丙午为万历三十四年(1606),这一年潘之

---

① 《潘之恒曲话》,原载《亘史》外纪卷三五"艳部江南"、《鸾啸小品》卷九,第 147 页。

② 《列朝诗集小传》丁集上"齐王孙承綵",第 471 页。

③ 《潘之恒曲话》,原载《亘史》杂篇卷三"文部"、《鸾啸小品》卷二,第 64 页。

恒至少是他一生中第七次来到南京,秋冬之际他连举曲会六七次。

(18)丁未灯宵曲会。在万历三十四年(1606)秦淮曲会后,潘之恒携年最少、艺最高的"妙丽"陈夜舒同返家乡歙县,次年灯宵节同社屡会于襄成楼,观赏夜舒的精彩演出。此见载于《虹台》,文曰:"丁未灯宵,夜舒乘轩初税,表襄成楼而居之。同社一再宴叙,恍登梦境,非雾非烟,疑秦青、绛树冉冉林端。曼脸修蛾,遗睇发媚。不知夜舒技何以至是? 抑允兆、晋叔、孟阳之赏激,功焉可诬? 而问琴、太宁、切叔、无雄之兼资,夫固知所取衷矣。"①由此看来,这位叫潘之恒惊赏不已的女演员曾得到吴梦旸、臧懋循、程嘉燧等著名艺术家的指点,这显示当时文人与艺人即士女之间的广泛交流对艺术提升有直接关系和重要作用。

(19)蒹葭馆曲会。在《虹台》一文,潘之恒还记载了万历三十六年(1608)在其乡举行的另一次雅会,盟主为吴象成,社址在蒹葭馆,女子预会者有"金陵子三人"、"河干姹女五人"。文云:"戊申岁入夏,阴雨经五旬不霁。霁之日,吴象成过蒹葭馆,征会吾党。从襄所评藻,莫不倾心。得金陵子三人,河干姹女五人,践盟凤山之台。仁夫至自五云,千里乘潮。尔占从祥云,玄龙从罗颖,于凡从甘露,尚之从飞布,三在雷音中,殷殷来集。象成车巾素练,导青翟而骖文螭。左顾容成,右拍浮丘。则公瓒、伯英、复初、孟明先之,庭瑞、行甫、君衡为殿。……人以拟淮南八公之流。谢家玉树,阮氏竹林,俱有惭色。"②

(20)蒋鸣寓结社。潘之恒《朱无瑕传》云:"无瑕,字泰玉,桃叶渡边女子。……至己酉,冰华生结社秦淮,而声益振。先是蒋公鸣寓,见其《闺怨诗》,逼一觌,与定交。始招集诸子联社曲中。惟崔嫣然、傅灵修最昵。近期相聚为多。当岁暮,盟尚未解,今集中半为同赋草。每

① 《潘之恒曲话》,原载《旦史》杂篇卷三"文部"、《鸾啸小品》卷二,第64页。
② 《潘之恒曲话》,原载《旦史》杂篇卷三"文部"、《鸾啸小品》卷二,第64~65页。

咏出,无不令人齿馨神怡而心为折。"①已酉为万历三十七年(1609),在潘之恒结社前,蒋鸣寓曾"联社曲中"。秦淮诸妓有朱无瑕、崔嫣然、傅灵修等人与焉。

(21)潘之恒秦淮结社。万历三十七年(1609),潘之恒再度离乡来到南京,并招士女于秦淮举社。《朱无瑕传》云:"至己酉,冰华生结社秦淮,而声益振。"②又,《傅灵修传》云:"己酉夏,岭南韩君来,适当秦淮结社。……髯独留。日往高会。而朱泰玉、崔嫣然每临'双艳楼'申盟涉腊度蜡,冉冉追除,而髯甫归。"③冰华生为潘之恒号,"髯"亦其自称。这次社集,潘之恒是主盟者,故与当年袁中道主盟的冶城大社当非同社。

(22)冶城大社。这是公安派作家袁中道在南京举行的大型社集,时在万历三十七年(1609)。《珂雪斋集》卷一〇《翁承娪文序》云:"予己酉游秣陵,结冶城大社,皆海内名士。"④据《东游日记》,冶城大社至少举会三次:第一次是五月乙亥,"大会文士三十余人于秦淮水阁";第二次是五月己亥,"大会词客三十余人于秦淮水阁,校书二人,赋得《月映清淮流》五言律六韵";第三次是六月庚戌,"大会文士四十余人于罗近溪先生祠"⑤。三次社集,前后逾半月,其间显然还有一些小型的雅会。袁中道冶城大社,成员皆"海内名士",其中包括后来开创竟陵派的著名文学家钟惺。女性则至少有"校书二人",据《游居柿录》卷三,此两人为朱无瑕和傅灵修⑥,她们是秦淮名妓中两位重量级的人物,同时也是著名的女艺人和女诗人。

① 《潘之恒曲话》,原载《旦史》外纪卷二〇"金陵艳部"、《鸾啸小品》卷八,第116页。
② 《潘之恒曲话》,原载《旦史》外纪卷二〇"金陵艳部"、《鸾啸小品》卷八,第116页。
③ 《潘之恒曲话》,原载《旦史》外纪卷二〇"金陵艳部"、《鸾啸小品》卷八,第126~127页。
④ 《珂雪斋集》卷一〇,第486页。
⑤ 《珂雪斋近集》卷一,第39~40页。
⑥ 《珂雪斋集》,第1150页。

(23)名媛诗社。万历三十八年(1610),桐城出现了一个由纯粹女诗人组成的名媛诗社,社友主要有方氏姐妹方孟式、方维仪、方维则和吴氏姐妹吴令仪、吴令则。她们结社于方维仪清芬阁,诗词唱酬,称"诗坛五姊妹"①。

(24)佽园雅会。万历后期,南京复有佽园雅会。潘之恒《佽舞》记曰:"冬日过湛怀师禅室,为期王云池居士征会于佽园。居士年将耄,能以歌舞自佽也,故称'佽园'。明日,选邀宋献孺、林子丘、谭友夏、汪闇夫挟女校书杨仙度、李淡如访之。居士张鼓东序,设罽中庭。客至,出佽女奏舞,佐以歌曲。"②湛怀即钦义法师,是明末南京报恩寺高僧。"为征会于佽园",潘之恒特来相约。社日,士女共赴,再续秦淮韵事。

(25)石君社/三山社/石仓社。曹学佺自"蜀宪放归"后在福州妙峰山麓建石仓园,再次成为闽中文人结社的中心人物。据《浮山堂集》中的《闰月中秋集云中君山馆》、《九日首举石君社分得六麻韵》,结社石仓当始于万历四十三年(1615)③。有关结社诗作显示,他的社中常有女子参加分韵赋诗,如《七夕荔阁上听施长卿弹琴,文娟、玉翰、小双三姬度曲》④、《九日登高石仓,因憩妙峰寺,同陈叔度、吴汝鸣、龚克广、二优、三妓,共成九人》⑤、《社集薛老庄,邀吴兴茅孝若,各赋排律,分得八庚韵。是日,主客十四人,姬子三人,季札之鲁,漫云周礼在兹,谢传登山,自觉晋风未远》⑥、《次日再集平远台,时主人稍有增减,客子亦动离怀。卓氏长君,香车独步,定生野衲,清供同筵。是集,燕厦方新,喜

---

① 许结有:《明末桐城方氏与名媛诗社》,收入张宏生编《明清文学与性别研究》中(江苏古籍出版社,2002年版,第349~362页),可参看。

② 《潘之恒曲话》,第89页。

③ 万历间闰八月的有万历二十四年和四十三年,此指后者。

④ 《曹学佺集》,广陵书社,2003年版,第326页。

⑤ 《曹学佺集》,第363~364页。

⑥ 《曹学佺集》,第373~374页。

朋樽之辐辏,骊歌欲罢,盼仙路以逍遥,请更投签,仍题八韵,予得渔字》①、《吴兴华大生、清漳黄维良、广陵骆以狂及社中徐兴公、陈泰始、陈叔度、李子山、陈磐生、吴汝鸣、林异卿、商孟和、女郎长君,再集石仓,初憩琴香榭,泛舟宿夜光堂,分得径字》②、《姬人各分一韵,予代长君卓氏赋得三肴》③等,这些诗题都是女子参与文人结社的例子,透露了晚明文学一种引人瞻目的风气。

(26)鸳社/鸳水诗社。据《静志居诗话》卷二〇:"李肇亨,字会嘉,嘉兴人。太仆日华子。有《写山楼》、《率圃》、《梦余》诸草。……万历以来,承平以久,士大夫留意图书,讨论藏弄,以文会友,对酒当歌,'鸳社'之集,谭梁生偕会嘉和之,先后赋诗者三十三人。"④同书卷一九提到该社亦称"鸳水诗社"⑤。创社之缘起,或谓是"风雅衰落,经生有不知四声者",故李肇亨等人欲振起诗道,而"岁时征咏,共相切劘"⑥。但这种诗社虽旨在倡导风雅,却并不泥于风教,自然也不会排斥酒色声伎,如谭贞和《社集分赋得金谷》曰:"姬侍列云屏,倡舞喧相追。豪侈极人目,俱言此会稀。席终方奏序,兴往各称诗。"⑦

(27)午日秦淮大社。周亮工《书影》卷二载:"万历戊申,江南大饥,时湖郡守陈筠塘,以义劝借士大夫;茅止生年十四岁,方举秀才,慨然输谷万石。郡守讶之,对曰:'此先人遗意也。'罄家之藏,未敷其数,质凑三千以凑之。义侠之名满天下,而妒者之口亦以起。……止生名元仪,初入金陵,作午日秦淮大社,赋得《午日题诗吊汨罗》,尽两岸之

---

① 《曹学佺集》,第375～376页。
② 《曹学佺集》,第399～400页。
③ 《曹学佺集》,第374～375页。
④ 《静志居诗话》卷二〇,人民文学出版社,1990年版,第605页。据《檇李诗系》卷二〇,鸳社创于"万、天间",即万历、天启之际。
⑤ 《静志居诗话》卷一九,第594页。
⑥ 《檇李诗系》卷二〇,第3页,康熙四十九年刻本。
⑦ 《明诗综》卷七一,第3561页。

楼台亭榭,及河中之巨舰扁舟,无不倩也;尽四方之词人墨客,及曲中之歌妓舞女,无不集也;分朋结伴,递相招邀,倾国出游,无非赴止生之社者。止生之名,遂大噪,至今以为美谈。"①戊申为万历三十六年(1608),茅元仪年方十四,举社不在此年。据《石民四十集》卷一三《秦淮大社集序》,结社时间是万历四十七年(1619)。茅元仪年少时输谷赈灾而称誉海内,故当其举社,则无不闻名赴之。此次大社,"曲中之歌妓舞女,无不集",女子赴社者不在少数。

(28)蕺山亭大会。这是明季一次士女云集、规模盛大的社集。张岱《陶庵梦忆》卷七有较详的记载:"崇祯七年闰中秋,仿虎丘故事,会各友于蕺山亭。每友携斗酒、五簋、十蔬果、红毡一床,席地鳞次坐。缘山七十余床,衰童塌妓,无席无之。在席七百余人,能歌者百余人,同声唱'澄湖万顷',声如潮涌,山为雷动。诸酒徒轰饮,酒行如泉。夜深客饥,借戒珠寺斋僧大锅煮饭饭客,长年以大桶担饭不继。命小俣 斧竹、楚烟,于山亭演剧十余出,妙入情理,拥观者千余人,无蚊虻声,上鼓方散。月光泼地如水,人在水中,濯濯如清出浴。"②

(29)楼船雅集。崇祯九年(1636),复社在南京举国门广业社,时另有一些自由性的结集,其中又以姚瀚(北若)在秦淮楼船的一次社会最为壮观。余怀《板桥杂记》载曰:"嘉兴姚北若,用十二楼船于秦淮。招集四方应试知名之士百余人,每船邀名妓四人侑酒。梨园一部,灯火笙歌,为一时之盛事。"③与社名妓算来有四十八人之多,加上四方名士一百余人,其规模与万历时期张献翼、马湘兰的秦淮大社相当。

(30)眉楼雅集。复社名士有时把社集置于青楼名妓的寓所,例如顾媚所居的眉楼,就有余怀、冒襄等人常常在此结会。余怀说:"或集

---

① 《书影》卷二,上海古籍出版社,1981年版,第50~51页。
② 《陶庵梦忆》卷七,上海古籍出版社,1982年版,第67页。
③ 《板桥杂记》下卷《轶事》,上海古籍出版社,2000年版,第54页。

于眉楼,每集必费百金。"①又说:"岁丙子,金沙张公亮、吕霖生、盐官陈则梁、漳浦刘渔仲、如皋冒辟疆盟于眉楼。"②丙子即崇祯九年(1636),这次社集与姚澥的楼船大社同在一年。

(31)方氏水阁雅集。明末四公子之一的方以智是复社南京社集的重要人物,他在南京居于水阁,同社盟友多聚于此。余怀《珠市名姬》记载了崇祯十二年(1639)七月初七举于方氏水阁的一次大型雅集活动:"己卯岁牛女渡河之夕,大集诸姬于方密之侨居水阁,四方贤豪,车骑盈闾巷。梨园子弟,三班骈演。"③复社的这次社集,最为别开生面的是"选美"活动,参加选美的秦淮名妓达二十多人。

(32)松风阁雅集。崇祯年间,复社还在南京松风阁举会,余怀《板桥杂记》下卷《轶事》载:"同人社集松风阁,雪衣、眉生皆在。饮罢,联骑入城,红妆翠袖,跃马扬鞭,观者塞途。"④士女翕集,联翩结队,秦淮名妓除李十娘(雪衣)、顾媚(眉生)外,与者尚多。而"观者塞途",或失于夸张,但晚明风尚,已尽见言端。

(33)二李家雅集。"二李"者,乃秦淮名妓李十娘、李大娘之称。二李之家,复社亦常设雅集。余怀说:"或集于二李家……每集必费百金。"⑤又云:"李十娘,名湘真,字雪衣。……余每有同人诗文之会,必主其家。"⑥

(34)南园诗社/诃林净社。崇祯十二年(1639)⑦,广州有陈子壮等人所举诗社的兴起,《胜朝粤东遗民录》卷四《欧主遇传》:"崇祯己卯,主遇与陈子壮、子升兄弟及从兄必元、区怀瑞、怀年兄弟、黎遂球、黎邦

----

① 《板桥杂记》下卷《轶事》,第55页。
② 《板桥杂记》下卷《轶事》,第57页。
③ 《板桥杂记》中卷《丽品》附录,第49页。
④ 《板桥杂记》下卷《轶事》,第60页。
⑤ 《板桥杂记》下卷《轶事》,第55页。
⑥ 《板桥杂记》中卷《丽品》,第23页。
⑦ 据《胜朝粤东遗民录》卷四《欧主遇传》。

珹、黄圣年、黄季恒、徐荣、僧通岸等十二人,修复南园旧社,期不常会,会日有歌妓侑酒。后吴越江楚闽中诸名流亦来入社,遂极时彦之盛。"①陈子壮南园诗社(亦称"词林净社"是与复社遥相响应的文人社团,而"会日有歌妓侑酒"一点,亦与东南风气相通。

经初步考察,得上述三十四例。这无疑还不足以"还原"历史的真实情貌,更多的事例虽或存在过,但一是限于记载阙如,二则由于文献发掘的不够,现尚有待考证或早已是雪泥鸿爪而无迹可寻。尽管如此,通过上述梳理,我们已能得出对于明代文学和文化乃至整个社会诸多方面的一些极有价值的认识和启发。

二、地域分布、城市生态及风流文化

在超过三百例的明代各类文人社团中,士女雅集占三十余例,这虽不形成全面开花的局面,但若与其他历史时期相比较,则堪为明代文学史上最为耀眼的一道风景线,是中晚明时期特色文学和特色文化的重要表现。

如果将士女雅集视为中晚明"风流文化"或"文学风流"的思潮或运动的产物,那么这种"风流"特征的社会时尚又是如何形成并蔓延开去的呢? 通常,考察一种文化或文学现象的影响,往往需要论其地域分布的情况,这不仅看其影响传播的空间范围,亦由此观其产生、流布的地缘因素。

中晚明士女雅集的地域分布明显体现了一些基本的特点:一是分布地区广,不限于某城某地;二是南方占绝对优势,特别是长江中下游地区;三是主要集中在城市,包括大中小城市;四是存在中心对边缘的辐射作用,其中南京是士女雅集的核心地。现示以简表:

---

① 《明遗民录汇辑》,南京大学出版社,1995年版,第1041页。

地域	时间	社团	摘要
南京	约嘉靖九年(1530)	顾璘青溪社	"每四五日即一张燕,……每燕必用乐,乃教坊乐工也,以筝琶佐觞。"
	嘉靖三十七年(1558)	朱曰藩金陵社/青溪社	"相与选胜征歌,命觞染翰,词藻流传,蔚然盛事,六朝之佳丽,与江左之风流,山川文采,互相映发。""秦淮一曲,烟水竞其风华;桃叶诸姬,梅柳滋其妍翠。"
	隆庆四年(1569)	莲台仙会	"品藻诸妓,一时之盛,嗣后绝响。"
	隆庆五年(1570)	陈芹青溪社	"红装轻结束,紫陌骋芳春。……过都应绝足,倾国复何人。一顾同千里,双飞摒此身。逢欢杨柳陌,流盼见情亲。"①
	万历十三四年(1585、1586)间	顾氏馆曲会	"凡群士女而奏伎者百余场。"
	万历早期	十二钗会	"客与诸姬为十二钗会,……一时声动白下,为都人士称赏云。"
	万历三十二年(1604)	金陵大社	"张幼于辈分赋授简百二十人,秦淮妓女马湘兰以下四十余人,咸相为缉文墨、理弦歌,修容拂拭,以须宴集,若举子之望走锁院焉。承平盛事,白下人至今艳称之。"
	万历三十四年(1606)	秦淮曲会	"余从秦淮联曲宴之会几六、七举。预会诸妙丽,惟陈夜舒最少,能揄袂作啭林莺,倾上客。"
	万历三十五年(1607)	丁未灯宵曲会	"同社一再宴叙,恍登梦境,非雾非烟,疑秦青、绛树冉冉林端。"
	万历三十七年(1609)或稍前	蒋鸣寓结社	"始招集诸子联社曲中。惟崔嫣然、傅灵修最昵。……每咏出,无不令人齿馨神怡而心为折。"
	万历三十七年(1609)	潘之恒秦淮结社	"冰华生结社秦淮,而声益振。""岭南韩君来,适当秦淮结社。……鬟独留。日往高会。而朱泰玉、崔嫣然每临'双艳楼'申盟涉腊度蜡,冉冉追除,而鬟甫归。"

① 《河上楮谈》卷三《美人走马》,《四库全书存目丛书》子部第104册,第664页。

地域	时间	社团	摘要
	万历三十七年(1609)	冶城大社	"词客三十余人,大会于秦淮水阁,水校书二人,为朱无瑕、傅灵修。"①
	万历后期	佚园雅会	"选邀宋献孺、林子丘、谭友夏、汪闇夫挟女校书杨仙度、李淡如访之。……客至,出佚女奏舞,佐以歌曲。"
	万历四十七年(1619)	午日秦淮大社	"尽四方之词人墨客,及曲中之歌妓舞女,无不集也;分朋结伴,递相招邀,倾国出游,无非赴止生之社者。"
	崇祯九年(1636)	楼船雅集	"招集四方应试知名之士百余人,每船邀名妓四人侑酒。梨园一部,灯火笙歌,为一时之盛事。"
	崇祯九年(1636)	眉楼雅集	"或集于眉楼,每集必费百金。""岁丙子,金沙张公亮、吕霖生、盐官陈则梁、漳浦刘渔仲、如皋冒辟疆盟于眉楼。"
	崇祯十二年(1639)	方氏水阁雅集	"大集诸姬于方密之侨居水阁,四方贤豪,车骑盈闾巷。梨园子弟,三班骈演。"
	崇祯年间	松风阁雅集	"同人社集松风阁,雪衣、眉生皆在。饮罢,联骑入城,红妆翠袖,跃马扬鞭,观者塞途。"
	崇祯年间	二李家雅集	"或集于二李家,……每集必费百金。此亦销金之窟也。""李十娘……余每有同人诗文之会,必主其家。"
杭州	约嘉靖三十年(1551)	湖南吟社	"玄馆芳尊对雪开,美人词客共登台。阳春暗逐歌声转,纨素低随舞影回。"
	万历十四年(1586)	南屏诗社	"华藻麟集,佳冶雁行,彩笔竞秀,皓齿齐发,曜灵若曛,兰膏嗣辉,草木悦愉,山川暎彻。于斯之时,髡心最欢。"②
福州	万历十七年(1589)	徐𤊻三山社	"白社共酤桑落酒,红裙齐唱竹枝歌。今宵若得君平卜,知泛星槎入绛河。"③

① 《游居柿录》卷三,《珂雪斋集》,第 1150 页。

② 《卓光禄集》卷三《奉汪伯玉司马书》,《四库全书存目丛书》集部第 158 册,第 159 页。

③ 《徐𤊻集》第一册,第 388 页。按,陈庆元《徐𤊻年谱简编》,此诗作于万历十七年八月,时作者二十九岁(第二册附录第 27 页)。

地域	时间	社团	摘要
	万历四十三年(1615)	石君社/三山社/石仓社	"上客耽词赋,佳人识姓名。论文非一日,度曲有双声。"①"美人远如期,临觞发佳兴。"②
广州	崇祯十二年(1639)	南园诗社/诃林净社	"会日有歌妓侑酒。后吴越江楚闽中诸名流亦来入社,遂极时彦之盛。"
武昌	万历二十一年(1593)	袁中道武昌结社	"天星楼上花枝槃,采珠拾翠杯无算。""美人窈窕褰罗帏,微歌合调梁尘飞。"
武昌、沙市	万历中期	酒社	"耽娱乐,嗜酒,喜妓入骨。""卧胡姬炉旁,数日不醒。"
麻城	万历时期	蓬蒿社	"招虞山班试技,得王、陆二旦,双声绕梁。王纤媚而态婉腻;陆小劲而意飘扬。矫矫艳场,皆足自振。"
歙县	万历二十八年(1600)	诸天阁大会	"乃召诸姬,大会诸天阁。自楚至者吕五,自吴至者王三,自越至者孙四,皆名倾一时。见舞媚,无不气夺,皆为之下。"
	万历三十六年(1608)	兼葭馆曲会	"得金陵子三人,河干姹女五人,践盟凤山之台。"
桐城	万历三十八年(1610)	名媛诗社	"岁时伏腊,以粔籹花胜相诒,而三家妇独以篇什相往复。"③
嘉兴	万历、天启之际	鸳社/鸳水诗社	"姬侍列云屏,倡舞喧相追。豪侈极人目,俱言此会稀。席终方奏序,兴往各称诗。"
山阴	崇祯七年(1634)	戢山亭大会	"缘山七十余床,衰童塌妓,无席无之。在席七百余人,能歌者百余人,同声唱'澄湖万顷',声如潮涌,山为雷动。诸酒徒轰饮,酒行如泉。"
武功	嘉靖十三年(1534)	百岁会/百年会	"召名伎百人为百年会,各书小令付之,使送诸王府,皆厚获。"
章丘	嘉靖二十年(1541)	章丘词社	"秋来吾已健,夜宴客相随。新作谁能唱?须烦女教师。""玉树多悲调,竹枝亦俗词。口占南北词,即席付歌儿。"

---

① 《夜光堂近稿·社集薛老庄,邀吴兴茅孝若,各赋排律,分得八庚韵。是日,主客十四人,姬子三人,季札之鲁,漫云周礼在兹,谢传登山,自觉晋风未远》,《曹学佺集》,第374页。

② 《夜光堂近稿·吴兴华大生、清漳黄维良、广陵骆以狂及社中徐兴公、陈泰始、陈叔度、李子山、陈磐生、吴汝鸣、林异卿、商孟和、女郎长君,再集石仓,初憩琴香榭,泛舟宿夜光堂,分得径字》,《曹学佺集》,第399页。

③ 《列朝诗集小传》闰集"张秉文妻方氏",第735页。

若透过上表所显示的内容作深入分析，士女雅集在中晚明的兴盛特别是在南京等城市达到高涨的程度，实际上反映明代城市文明的飞速发展带来了人文气象的新时代。而这种现象之所以在城市滋生而又蔓延开去，则与当时城市文化土壤有直接关系，用今天的话说则可理解为是城市文化生态使之然。

明代在中国古代城市发展史上是城市化进程最迅速、最广泛亦且最深入的历史阶段。明代城市化的基础是宋元以来已取得充分发展的城市格局和城市文明。元末明初的广州南园诗社诗人孙蕡笔下所描绘的当时广州城已显出相对的繁华程度，《西庵集》卷三《广州歌》曰：

> 岭南富庶天下闻，四时风气长如春。长城百雉白云里，城下一带春江水。少年行乐随处佳，城南濠畔更繁华。朱楼十里映杨柳，帘栊上下开户牖。闽姬越女颜如花，蛮歌野曲声咿哑。岜峨大舶映云日，贾客千家万家室。春风列屋艳神仙，夜月满江闻管弦。良辰吉日天气好，翡翠明珠照烟岛。乱鸣鼍鼓竞龙舟，争睹金钗斗百草。游冶留连望所归，千门灯火烂相辉。游人过处锦成阵，公子醉时花满堤。扶留叶青蚬灰白，盘钉槟榔邀上客。丹荔枇杷火齐山，素馨茉莉天香国。别来风物不堪论，寥落秋花对酒樽。回首旧游歌舞地，西风斜日淡黄昏。[1]

就文学视角而论，城市不仅聚物产之丰，且亦居人文之奇，既是享乐人生的温床，也是风雅传统的家园。因而城市文明所代表的即是融物质与精神两种文明于一体的先进文化，而这恰是它深深影响于文学

---

[1] 《西庵集》卷三，四库明人文集丛刊本，第496页。

的原因所在。明代文人结社多集中于大中小城市,如北京、南京、杭州、苏州、广州、武昌、松江、歙县等城,诗社文会,层出不穷,以广州而言,在明初、中、晚三个时期先后皆有南园诗社的振起,使广州诗坛成为活跃在明代诗歌领域的一支重要力量,由此而对明代诗歌发展起了促进作用。再如杭州,终明一代至少有诗社三十多家①。可以说,作为文学范畴的诗社文化,归根到底是一种城市文化,尤其体现了城市文化中风雅甚或风流的一面。

明代文人结社之兴盛与城市文化的演进,经历了大体同步的历程,因而讨论明代文人结社的问题实不能不涉及城市文化变迁这一特定因素。有关记载显示,明代城市的繁荣,城市文化形态的转型,到正德、嘉靖进入了一个新的历史时期,与此前相比所发生的方方面面的变化在当时被视为世风由醇厚转向奢华的标志。顾起元《客座赘语》卷一专立"正嘉以前醇厚"的条目,籍一位亲历南京城生活及世风转变的长者讲述了正、嘉前后出现的四大方面的不同,他说:"正、嘉以前,南都风尚最为醇厚。荐绅以文章政事、行谊气节为常,求田问舍之事少,而营声利、畜伎乐者,百不一二见之。逢掖以呫哗帖括、授徒下帷为常,投贽干名之事少,而挟倡优、耽博奕、交关士大夫陈说是非者,百不一二见之。军民以营生务本、畏官长、守朴陋为常,后饰帝服之事少,而买官鬻爵、服舍亡等、几与士大夫抗衡者,百不一二见之。妇女以深居不露面、治酒浆、工织纴为常,珠翠绮罗之事少,而拟饰倡妓、交结姏媪、出入施施无异男子者,百不一二见之。"②这种变化所涉"荐绅"、"逢掖"、"军民"、"妇女"等各个层面,意味着城市正改变社会诸阶层的生活形态,换言之,人们生活行为及其观念的根本转变则使城市

① 参拙著《明末清初文人结社研究续编》之《明代杭州西湖的诗社》、《西湖八社考论》二篇,中华书局,2006年版。
② 《客座赘语》卷一,中华书局,1987年版,第25~26页。

的文化形态发生了根本的变化。而到了万历初期,由于"坊厢之法"、"大马重纸之法"废止,"条编之法"、"编丁之法"的推行,以致"服舍违式,婚宴无节,白屋之家,侈僭无忌,是以用度日益华靡,物力日益耗蠹",顾起元将这种在他看来奢华已极、靡烂不堪的局面归为"俗侈"而深表不满①。

从类似于顾起元《客座赘语》的明代笔记史料中,人们几乎可以捕捉到大体相同的信息。如早于顾起元的何良俊在《四友斋丛说》中多处记录了当时人们生活的"僭侈之极":有宴会"肴品计百余样"的,"水陆毕陈,或觅远方珍品,求以相胜"②;有酒器用玉与金的,"玉皆汉物,金必求良工访古器仪式打造,极为精美。第一张燕,粲然眩目"③;有设客"用银水火炉金滴嗉"、"用梅花银沙锣洗面"的,"其富可甲于江南,而僭侈之极,几于不逊矣"④;有出行则家童、随从成群的,"一举人轿边随从约有二十余人,皆穿新青布衣,甚是赫矣"⑤。生活于嘉靖至万历前期的张瀚在《松窗梦语》同样表现了对当时"风俗"颓变的深切关注,如云:"近者一二巨姓,虽位至崇秩,后人踵事奢华,增构室宇园亭,穷极壮丽"⑥;"今男子服饰锦绮,女子饰金珠,是皆僭拟无涯,逾国家之禁者也"⑦;"二三十年间,富贵家出金帛,制服饰器具,列笙歌鼓吹,招致十余人为队;好事者者竞为淫丽之词,转相唱和;一郡之内,衣食于此者,不知几千人矣。人情以放荡为快,世风以侈靡相高,虽逾制犯禁,不知忌也"⑧。书中还载北京、南京"侈靡极矣",杭州"侈靡日甚"⑨。

---

① 《客座赘语》卷七,第 231～232 页。
② 《四友斋丛说》卷三四,中华书局,1959 年版,第 314 页。
③ 《四友斋丛说》卷三四,第 315 页。
④ 《四友斋丛说》卷三四,第 316 页。
⑤ 《四友斋丛说》卷三五,第 321 页。
⑥ 《松窗梦语》卷七,中华书局,1985 年版,第 140 页。
⑦ 《松窗梦语》卷七,第 140 页。
⑧ 《松窗梦语》卷七,第 139 页。
⑨ 《松窗梦语》卷七,第 139 页。

总之,上述史料充分说明,明代城市自正德、嘉靖以后已形成其不同旧日的文化生态,其基本走向是日渐华靡而达到穷奢极侈的地步,其突出特征是物欲膨胀且极尽享乐,就非物质层面而言,则是风流的文化品格的形成。

中晚明以享乐为旨归、以风流为品调的城市文化,首先反映在城市结构与功能上,例如南京在上河一带就专门开有"买妓"的市场,"其人家产女,旧多美丽,士大夫、士人之求妾者趣焉"①。而南面的秦淮河辐射的城区,"自东水关西达武定桥,转南门而西至饮虹、上浮二桥,复东折而江宁县、至三坊巷贡院",既是"世胄宦族之所都居",也是青楼所在地。因此,"其人文之在主者多,其物力之在外者侈,游士豪客,竞千金裘马之风。而六院之油檀裙屐,浸淫染于闾阎,膏唇耀首,仿而效之……故其小人多嬉靡而淫惰"②。余怀在其《板桥杂记》中,称南京"真欲界之仙都,升平之乐国"③,与该城的功能建构和文化品格密不可分。

其次,城市还是上流社会和社会财富的聚集地,中晚明时期尤其如此。如南京:"公侯戚畹,甲第连云;宗室王孙,翩翩裘马。以及乌衣子弟,湖海宾游,靡不挟弹吹箫,经过赵、李。每开筵宴,则传呼乐籍,罗绮芬芳。行酒纠觞,留髡送客,酒阑棋罢,堕珥遗簪。"④所以,明代的南京将享乐与风流的文化发展到极致,实不偶然。

再者,中晚明文人以享乐为中心的生存方式构建使其生活超出富足而堕入奢靡,使其行为溢出风雅而走上风流。张岱家的楼与船,不说其富豪的一面,单标新立异、巧夺天工的形制就叫人叹为观止。《陶庵梦忆》卷七"楼船"云:"家大人造楼,船之;造船,楼之。故里中人谓

---

① 《客座赘语》卷一,第 23 页。
② 《客座赘语》卷一,第 27 页。
③ 《板桥杂记》上卷《雅游》,上海古籍出版社,2000 年版,第 7 页。
④ 《板桥杂记》上卷《雅游》,第 7 页。

船楼,谓楼船,颠倒之不置。"①再有陈继儒,在云间有顽仙庐、来仪堂两处别业,同时"画船三只,一顿襆被,一见宾客,一载门生故友",游西湖时,"见之者云集"②。而曹学佺在福州妙峰下建造大型私家园林石仓园,计有浮山堂、临赋阁、荔枝阁、梅花馆、碧泉庵、竹醉亭等建筑二十余处,所谓"水木佳胜,宾友歙集,声会杂进,享诗酒谈燕之乐,近世所罕有也"③,绝非夸饰之论。应该看到,无论是张岱的楼船或船楼,还是陈继儒的别业、画舫以及曹学佺的私家园林,都超出了一般意义的实用性家居的层面,而是为追求声色之乐创设的生活空间和物质条件。张岱曾直言不讳地回忆:"少为纨绔子弟,极爱繁华,好精舍,好美婢,好娈童,好鲜衣,好美食,好骏马,好华灯,好烟火,好梨园,好鼓吹,好古董,兼以茶淫橘虐,书蠹诗魔。"④而张岱又绝非一个特例,另如常熟钱岱,有姬妾数百之多。美姬如云,当不徒设食供饭而已,选妓征歌、沉醉于声乐,才是目的所在。乌程董份,富冠三吴,家畜僮仆多达千人,有家乐三班,每举宴会,声歌杂沓,乐不可已。

上述诸端,可以用前面所引张瀚指出的"人情以放荡为快,世风以侈靡相高"作一个总体的概括。中晚明以来文人结社的日益兴盛,规模日益壮大,文人雅集往往以选姬征歌为内容,有时甚至以名妓与会之多寡标举声势。这种现象很大程度上受到以"侈靡"、"放荡"为特征的中晚明城市文化的深刻影响。

三、士女雅集与戏曲思潮

选胜征歌、跌荡文酒的士女雅集,实际上就是士女之间交游日多、

---

① 《陶庵梦忆》卷七,第73页。
② 《思旧录》,《黄宗羲全集》第一册,浙江古籍出版社,2005年版,第343页。
③ 《列朝诗集小传》丁集下,第607页。
④ 《娜嬛文集》卷三《自为墓志铭》,《夜航船》附录,巴蜀书社,1998年版,第540页。

接触渐密的必然结果。虽然士女彼此接近和交流机会的增多并不代表明代中后期男女性别界限整体松动的根本获得,况且士女之"女"事实上也只涉及整个女性群体中身份特殊的极少数,但是士女雅集现象的出现,特别是到明万历以后发展为当时急剧变化的社会大思潮的一幕幕动人情景,从根本上讲则反映了社会伦理观与价值观的一次空前变革。可以说,像张献翼、马湘兰等集士女名流一百六十余人唱酬于秦淮,再如祁彪佳、张岱等招海内名士七百余人、歌伎百余共达八九百人的大规模士女雅会,为中国古代有史以来不曾有过,甚至此后的清朝也不再发生,它完全成为晚明社会的产物。因此,从其思想意义而言,中晚明以后日益兴盛的士女雅集现象并非只是旧说所谓"承平盛事"的一种"艳称"而已,其中传达出中国历史进程所经历一场既深且广的社会变革诸多信息尤为值得重视。

而文学领域,在这场社会历史变革潮流中文人结社的运动正处在它的最前沿,同时戏曲阵营也是这一潮流的重要组成部分。人们习惯上提到的晚明思潮,就其表现形式包含了诸如政治思潮、经济思潮、学术思潮、社团思潮以及小说思潮、戏曲思潮等多方面的内容,这些不同表现形式在晚明思潮的总体洪流中又自有其基本表征,例如:政治上激烈的党派斗争,如火如荼,持久不熄;经济上城市化、商业化不断推进,以及消费主义、享乐主义席卷而来,普遍蔓延;讲学方面心学运动的进一步发展,东党学派倡导的实学思潮蓬勃兴起;结社方面则如波澜壮阔的复社士人运动,声势浩荡,潮涌天下;小说领域所谓"海盗"之书《水浒传》被推上文学经典的殿堂,"海淫"之作《金瓶梅》横空出世,且广泛流播;再如戏曲之风吹遍寰宇,一跃成为城市文化的主流、上流社会的文化大餐,加之家乐遍地开花,说中晚明社会文化进入了一种"戏曲时代"绝非夸饰。

上述分析表明,文人雅集与戏曲既是晚明思潮的重要表现形式,同时二者也被置根于同样的历史背景和社会思潮而拥有了内在的联系。一般情况下，文人结社可以是文人雅士的独角戏，但戏曲则否。所以戏曲进入文人社集时，就意味着女性近距离地进入了文人文学艺术乃至生活的空间。这时，戏曲实际成为文人结社活动中士女酬唱的中介之一。而恰因结社与戏曲的融合，便又使晚明思潮在文化形态方面出现了一种别样的情景。文人结社与戏曲的互动关系主要表现在以下几个方面：

（一）结社与家乐。家乐的蓬勃兴起，是中晚明戏曲繁荣的重要标志，也是戏曲卷入这一时期社会思潮的客观事实。刘水云《明清家乐情况简表》列举明代家乐 242 家，除嘉靖以前 15 家外，余皆属嘉靖以后。戏曲以家乐的形式如此广泛地进入士大夫的家庭生活之中，这不仅是戏曲史引人瞩目的一种景观，同时也是文人生活史上前所未有的现象，是生活与艺术紧密融为一体的表现。《陶庵梦忆》卷四"张氏声伎"曰：

> 谢太傅不畜声伎，曰："畏解，故不畜。"王右军曰："老年赖丝竹陶写，恒恐儿辈觉。"曰"解"、曰"觉"，古人用字深确。盖声音之道入人最微，一解则自不能已，一觉则自不能禁也。我家声伎，前世无之，自大父于万历年间与范长白、邹愚公、黄贞父、包涵所诸先生讲究此道，遂破天荒为之。有可餐班，以张彩、王可餐、何闰、张福寿名。次则武陵班，以何韵士、傅吉甫、夏清之名。再次则梯仙班，以高眉生、李芥生、马蓝生名。再次则吴郡班，以王畹生、夏汝开、杨啸生名。再次则苏小小班，以马小卿、潘小妃名。再次则平子茂苑班，以李含香、顾岕竹、应楚烟、杨骙骐名。主人解事日精一日，而僮童技艺亦愈出愈奇。余历年半百，小僮自小而老，老而复小，小而复老者凡五易之。

这段材料至少包含了这样一些信息：其一，万历年间蓄养家乐的现象极为普遍,除张岱祖父张汝霖外,苏州(祖籍华亭)范允临、无锡邹迪光、杭州黄汝亨、包涵所皆如此。其二,张岱家自其祖父始,三代蓄乐,其家班达到相当的规模,论名目就有可餐班、武陵班等六个,演员代代增替变换,数十年间,五易其人。其三,自万历始,文人突破了旧有士大夫对声伎的观念,不"畏解",不"恐儿辈觉",反映了社会变革所带来的伦理观、价值观的根本变化。其四,家乐的兴起是促进艺术水平提高的重要因素,所谓"主人解事日精一日,而僮童技艺亦愈出愈奇",体现了戏曲表演和鉴赏的积极互动。

在明代,文人结社与蓄养家乐往往有密切关联。如张汝霖、黄汝亨等人在南京结史社,在杭州结饮食社,他们既在社团活动中显得十分活跃,同时也自养戏班,是追求声色之乐的代表人物。又如李开先,在嘉靖二十年罢官归里后,一方面与章丘文友结词社诗会,另一方面"治田产,蓄声伎,征歌度曲,为新声小令,搊弹低唱,尝自谓马东篱、张小山无以过"①。《锡金识小录》所载的无锡王召也是一例:

> 水西楼在试泉门外,王州判召、钱常山宪及顾举人可宗辈创楼于梁溪之曲,清川华薄,缀以绮窗朱户,招致吴越名艳,聚处其中,结肆情之社。日夕游娱,若恐不及。时人语曰:'快恬王召与钱宪,百年老人未之见。'盖自藏春院废,殆六十年而水西为之继焉。②

王召、钱宪等人的社团名以"肆情",亦即以追求"快活"为宗旨,而肆情与快活的形式又明显与以前社团的或讲究学问、或切磋艺文、或诗歌唱和全然不同。他们招集"吴越名艳",组织戏班,"声色"由此进入结社活动之中,而按当时的情况,那些兼有"艺"、"妓"二重身份的戏班中

---

① 《列朝诗集小传》丁集上"李少卿开先",第 377 页。
② 《锡金识小录》卷一〇《前鉴·声色》。

的女子,她们不只是表演艺术供文人雅士们品玩而已,她们本身就是供取乐的对象。张岱所载即为佐证:

> 西湖之船有楼,实包副使涵所创为之。大小三号:头号置歌筵、储歌童,次载书画,再次俟美人。涵老声伎非侍妾比,仿石季伦、宋子京家法,都令见客。靓妆走马,婆娑勃窣,穿柳过之,以为笑乐。明槛绮疏,曼讴其下,撇篥弹筝,声如莺试。客至,则歌童演剧,队舞鼓吹,无不绝伦。乘兴一出,往必浃旬,观者相逐,问其所止。[1]

包涵所其人以蓄声伎名,又与张汝霖等在湖上结饮食社。在西湖上,他专设一楼船蓄美人,这些美人并不专为包氏一己独占,而"都令见客",当其招友宴集,或赏以歌童队舞的精彩表演,或配以佳丽美娃以游乐。

这种情况实际上从另一个角度揭示了明代文人结社到中后期尤为兴盛的一个重要原因——无论是年轻还是老迈,是在官还是居闲,是富贵还是潦倒,乐于结盟主社,奔波于大小社会,几乎成为当时士流的共同志趣。其他原因且不说,这里至少隐含结社与会者的一种普遍动因,即对声色享乐生活的追求,而许多主社者恰又满足了这种需要,迎合了这种情趣,前述包涵所、张汝霖即如此。另外,举金陵大社的齐王孙朱承綵,倡西湖大会的屠隆,结石仓社的曹学佺,曹山七老会的谢国,中江社、群社的阮大铖皆不例外。

当然反过来说,文人结社的兴盛又直接刺激戏曲的发展,也成为家乐兴起、戏曲繁荣的积极因素之一。

(二)结社与观剧。包涵所在湖上宴集宾客,"歌童演剧,队舞鼓吹",文人雅会,观赏戏曲演出,这种情况在中晚明文人结社时极为多

---

① 《陶庵梦忆》卷三,第 27 页。

见。在麻城，丘坦举蓬蒿社首会，"招虞山班试技"即请常熟戏班演出。在南京，蒋鸣寓"招集诸子联社曲中"；潘之恒举顾氏馆曲会，"奏伎者百余场"，复"从秦淮联曲宴之会几六、七举"；复社名士会于方以智水阁，"梨园子弟，三班骈演"。在歙县，潘之恒与同社多次举会于襄成楼，观赏秦淮名妓陈舒夜的表演；吴象成则征会于蒹葭馆，欣赏来自各地的女艺人的演出；其他如杭州、福州、绍兴等地的文人结社都有演剧的例子。

有的文献还记载了结社演出的具体剧目，据此可以获得明代戏剧史的一些珍贵资料，还可以捕捉有关明代社会思潮的某些有价值的细节。冯梦桢《快雪堂集》卷五九载：

> 屠长卿、曹能始始作主，唱西湖大会，饭于湖舟，席设金沙滩陈氏别业。长卿苍头演《昙花记》。①

《昙花记》是屠隆所作传奇，在大型文人社集时上演自作的戏曲，显然体现希望借机扩大影响的设想，说明结社在当时往往成为戏曲流播的重要途径。而且，屠隆《昙花记》传奇，内容明显掺进自己的角色，暗含自己的一些经历，这就更带有自我宣传的性质，用今天的话就是有很强的"炒作"味道。据载，当时演剧的地点是杭州净慈寺，应邀观演的还有晚明四大僧之一的云栖大师：

> 甬东屠隆于净慈寺迎师观所著《昙花传奇》，虞淳熙以师梵行素严，阻之。师竟偕诸绅衿临场谛观讫，无所忤。寺必设戒，绝钗钏声，而时抚琴弄箫，以乐其脾神②。

佛门胜地，原本是"绝钗钏声"的，到了晚明则常有破戒的时候，净

---

① 《快雪堂集》卷五九。
② 《西湖梦寻》卷五，第86页。

慈寺演出《昙花记》就是不争的事实。这里还有一个值得关注的思想
信号就是云栖大师的观剧，原以其"师梵行素严"，是定不能应邀到场
的，或者来了也定不能接受《昙花记》，所以最初社中另一位著名文人
虞淳熙是反对邀请云栖的，但事实却并不如此。云栖法师对于戏曲的
爱好，还表现在上述同一材料中的一个细节，即有人问到"何不贵前
知"，他竟然以"观《琵琶记》"为例来回答这个颇具学理的问题。这里
的事实是，这位晚明高僧对戏曲这种世俗且带有"声色"意味的艺术形
式，不仅不予拒绝，而且视为理解世界的一种方式。"抚琴弄箫"的"钗
钏声"进入佛寺，进入高僧生活及观念的世界，这可以说是晚明思潮的
一个缩影。

再有潘之恒《亘史》记载的两段结社演剧史料也很珍贵：

（一）

余友临川汤若士，尝作《牡丹亭还魂记》，是能生死死生，
而别通一窦于灵明之境，以游戏于翰墨之场。同社吴越石家
有歌儿，令演是记，能飘飘忽忽，另番一局于缥缈之余，以凄
怆于声调之外。一字不遗，无微不极，既感杜、柳情深，复服
汤公为良史。吴君有逸兴，然非二孺莫能写其形容，非冰生
莫能赏其玄畅。……主人越石，博雅高流，先以名士训其义，
继以词士合其调，复以通士标其式。……不慧抱恙一冬，五
观《牡丹亭记》，觉有起色。信观涛之不余欺，而梦鹿之足以
觉世也。遂书以授两孺，亦令进于技，稍为情痴者吐气。他
日演《邯郸》、《红梨花》、《异梦》三传，更当令我霍然一瘳矣。①

（二）

己酉夏，岭南韩君来，适当秦淮结社。一至，先问灵修。

---

① 《亘史》杂篇卷之四"文部"，《潘之恒曲话》，第72～73页。

灵修者,寿字也。既见,语潘髯曰:'彼姝非女流,有侠士风。
且闻北音甚劲,吾有《司马相如传》,盍为演之?'灵修请寓目。
一夕而竟,十日而成音。卯之司马,寿之文君,宛然绝代才人
复出。韩大快,立赋诗数千言,倾橐金为赠。与约曰:'愿下
第后寻盟,再观垆头之剧。'遽别去。髯独留。日征高会。而
朱泰玉、崔嫣然每临'双艳楼',申盟涉腊度蜡,冉冉迫除,而
髯甫归。明年,姚伯子自闽来,会于李长公席上。灵修属目
云:'何风度之类髯公?'众以多情誉之。客有负才者邀昵灵
修,不得志,辄相诟詈。灵修曰:'彼才不及司马,而欲余为文
君,吾不妒忌也。'盖不能忘情于髯,而长公遂以灵修为怜才
也者,征诸伯子云。"①

两段材料一载社友吴越石家班演出汤显祖的《牡丹亭》等剧,另一
载韩上桂在秦淮开社上演自作的《司马相如传》,二剧皆引起极好反
响。综合观之,晚明热演的剧目在思想内容上明显具有共同的指向
性,即表现才子佳人、男女情爱和表现世事空幻、人生如梦的两类剧尤
为受到观者青睐,其中情爱剧则既被偶像化,也被生活对象化。《牡丹
亭》和《司马相如传》在晚明极像今天通常说的青春偶像剧,这不仅从
创作者的心态和艺术趣向显出,还从演者与观者的角色参与得以体
现,而前者又无疑受到后者的制约。潘之恒"五观《牡丹亭记》"而病有
起色,说他是"汤剧迷"毫不夸张,同社吴越石的戏班连连上演汤剧代
表作《牡丹亭》,则又说明"汤剧迷"也远非潘一人而已。"抱恙一冬"而
终因观汤剧而病去,潘之恒深感"信观涛之不余欺",与袁宏道看《金瓶
梅》,称"云霞满纸,胜于枚生《七发》多矣"②,如出一辙。或谓袁语向难

———————————

① 《潘之恒曲话》,原载《亘史》外纪卷二〇"艳部金陵"、《鸾啸小品》卷八,第126~127
页。
② 《锦帆集》卷四《董思白》、《袁宏道集笺校》卷五,第289页。

解,今以潘之恒的说法可作最好的注脚。《牡丹亭》与《金瓶梅》都是晚明思潮的产物,袁宏道的读《金瓶梅》和潘之恒的看《牡丹亭》也都发生在晚明思潮的共同语境之下。袁、潘二人的阅读或观赏,不只涉及一般所说的艺术接受的心理层面,而且更倾向于接受者的生理即肉体获得的舒畅与快感。这一点还可以用来解释晚明时期男女情爱剧走红的一层重要因素。戏剧是由三个层次人物角色组成的一种艺术:第一层次是剧中描写的人物,第二层次是表演剧中人物的演员,第三层次则是欣赏戏剧的观众。这三个层面的人物角色,其关系错综复杂而又动态交融,从而使戏剧往往成为生活对象化最为突出的一种艺术形式。作为在晚明思潮背景下创作并演出的晚明戏剧,这种情形表现得更突出一些,而三个层次人物角色的趋同性,尤为晚明戏剧特色之特色。以《司马相如传》为例,从韩上桂结社,到潘之恒"日征高会",再到李维桢招客雅集,该剧在当时最为时尚的大都市南京不同场合的一再上演,主要原因不单是借助了结社的风气,而是迎合了晚明思潮下士女群体的情爱心理。司马相如与卓文君的情爱经典不仅因傅卯、傅灵修兄妹的精湛表演带给人们"宛然绝代才人复出"的美好感受,而且这一经典本身就被充分"晚明化"而获得了它的真正生命。在作为演员的傅灵修走进司马相如和卓文君的情感世界之同时,作为观者的韩上桂、潘之恒、姚宗衡等人则又无疑走进了出色扮演卓文君的绝代女子傅灵修的艺术世界。前者可以理解为卓文君的对象化,后者则是司马相如的对象化,二者分别在表演和观赏过程中寻找自我认同,彼此联结的纽带则是司马相如与卓文君式的才情。反之,则无从建立相互的认同,故"客有负才者"虽对傅灵修情有独钟,但不过一厢情愿而已,"彼才不及司马"道出了傅灵修的态度,也表明了她的情感期盼。总之,晚明的演剧与观剧,已超乎纯粹的艺术欣赏,演者与观者似乎都通过戏剧表达他们的心灵追寻。这其实是自身角色的一种深度参与,这种现象使戏剧与生活的融合更为深层,也更为紧密,同时还使戏剧对社会思潮的引领作用得到充分发挥。

四、两性合奏与文学史演变

中国古代文学史进程中的不少历史时期主要是男性上演的独角戏,说文学史就其主流来看基本上是一部男性文学史并非没有道理,那些情感真挚、意味深长的爱情文学有不少其实是在"虚设爱情"即没有异性实际参与的情景下创作和咏唱的,在文学史涉及性别的问题上,中国古代文学主要是"单性"的,是一相情愿的。

那么,中晚明以来直到清初,文学所发生的"性别变化"在中国古代文学史的发展历程中就应格外引起注意。这一时期文学经典作品中最为饱满甚至最具光泽的形象已多属女性,如《金瓶梅》、《牡丹亭》、《桃花扇》、《长生殿》、《聊斋志异》、《红楼梦》等,这几部书几乎成为明末清初文学的标志性作品,而它们的共同特点都体现在女性形象的前所未有的成功塑造上。这种形象决非偶然,它反映了文学史发生的一种显著变化。

讨论这一问题时,另外两部诗集也当一提,一是钱谦益所编《列朝诗集》,二是朱彝尊所编《明诗综》。前者专列"香奁"即女诗人一类,上中下共收 123 人;后者列有"闺门"和"妓女"2 类,亦收 102 人。这至少说明两点:首先是女诗人在明代特别是中晚明已经成为诗歌创作阵营中的一支重要力量,诗歌史不可忽略她们及其作品的客观存在;其次从钱、朱二人可以看出主流文坛对于女性在文学中的地位已有充分的重视,换言之,女性诗人及诗正式纳入主流诗歌史已成不争之事实。朱彝尊还特别关注历代"妇人诗集"的搜集整理情况,列举书目有《玉台新咏》等二十二种,其中明代有《彤管遗编》、《诗女史》等十九种①。

---

① 《静志居诗话》卷二三,人民文学出版社,1990 年版,第 717 页。

他指出明代"北里鲜有不作韵语者"①,虽其作或真或伪,但女性在诗坛文会以"诗人"面目的普遍登场则不可否认。这不能不说是文学发展及文学史观的又一变化。

潘之恒《亘史》和余怀《板桥杂记》则更加鲜活地记录了中晚明以来女性参与士人交游及文学艺术活动的真实面貌,堪为明代女性社会活动史和艺术活动史的珍贵史料。这两部书既是明代城市文化的产物,也是明代士女交流的结晶。虽然二者主要涉及青楼、家班等范围内的艺术女性,但这些女性的生活、情感及艺术生涯已足以成为明代女性的一种缩影。

上述情况从不同层面显示明代特别是中晚明以后女性进入文学艺术世界的三种方式,且其趋势则一直延至清初:其一,女性参与文学艺术的活动,如文人结社、戏曲演出等,广泛的交游与精湛的艺术表演而美名远传;其二,女性写诗,甚至做诗人,在家庭群体或士人交游活动中展现诗才,以女性独特的视角抒写其心灵,表达其情感;其三,女性成为文学创作描写的重要对象,以崭新的姿态出现在文学家笔端,定格在那个时代的文学作品里而永具艺术魅力。

这种情形在文学史上的出现,不仅使女性文学渐趋丰富、女性角色渐为凸显、女性价值更加张显,这种"两性合写"的文学标志着文学历史书写方式的根本意义的刷新。问题是何以会出现这种情形?或者说是什么因素促使中晚明文学发生了这种变化呢?可以认为,除去社会历史、经济形态和思想观念等演变的因素外,最直接的方面当与日渐普遍而不断深入的士女交流相关。

明代自其中期以后,士女交往的禁戒就在不断的被突破,这一过程几乎与哲学上的心学运动和文学上的主情思潮同步。其中青楼文化、戏曲艺术、文人社团等方面的兴盛则为士女交游提供了平台和契

---

① 《静志居诗话》卷二三,第 762 页。

机。朱彝尊在《静志居诗话》中指出：

> 明制南、北都各立教坊司，北有东、西二院，南有十四楼。其后南都旧院特盛，成、弘间，院中色艺优者，结二三十姓为手帕姊妹，每月节，以春蘩巧具肴核相斗，名为'盒子会'。沈启南曾为作图，系以长句，然青楼之题咏无闻也。隆、万以来，冶游渐盛，浙有沈水部某，托名冰华梅史，以北京东、西院妓郝筠等四十人，配作叶子牌。金沙曹编修大章，立莲台新会，以南曲妓王赛玉等一十四人，比诸进士榜。一时词客，各狎所知，假手作诗词曲子，以长其声价。于是北里鲜有不作韵语者，其伪真无由而辨识矣①。

在此，朱彝尊关注的问题有：(1)"旧院特盛"、"冶游渐盛"现象对明代文人及文学艺术带来了影响；(2)青楼女子的群体化即结为"盒子会"，与文人群体化表现同样的趋势；(3)文人与青楼女子的结社使士女交流更为密切，"一时词客，各狎所知"成为常事。综合这几点看，似乎并不能简单地归结为单纯的女性群体兴起的问题，沈某与曹大章之类的人物则几乎扮演着女性群体和女性活动的组织者的角色起着重要的作用。文人词客纷纷狎妓，说明世风如斯，罕有例外。

朱彝尊所说沈某、曹大章这类人，明代已有专门的称谓，名曰"风流领袖"。其出处可见于著名学者焦竑所撰的《玉堂丛语》，原本是说康海、王九思乡居时，流连声妓，征歌度曲，放纵不羁，时人目为"关西风流领袖"，他们的生活方式在当时甚至形成一种风气，"浸淫汴洛间，遂以成俗"②。明代中后期可称之为"风流领袖"的除沈、曹、康、王外还

---

① 《静志居诗话》卷二三，第761～762页。按，原缺"院中色艺优"数字，据《明诗综》卷九八补(第4523页)。

② 《玉堂丛语》卷七，第245页。

包含了一大批士林名流,诸如顾璘、何良俊、李开先、李先芳、王百谷、邹迪光、冯梦桢、张凤翼、李维桢、袁宏道、袁中道、屠隆、王百谷、潘之恒、曹学佺、谢肇淛、陈继儒、张岱、方以智、侯方域、冒襄等等,皆可冠以此号。这些堪称"风流领袖"的文人词客,实际上是大胆走出士女交往禁区的一批先行者,他们在生活方式和生活观念上是时代风气的引领者,在文学艺术方面也属别开生面的作家。如果说仅是康、王二人的影响就使汴洛间浸淫成俗的话,那么,这些分布于各地的"风流领袖"们所带来的对时代风尚的变化或"浸淫"又会怎样呢?毫无疑问,他们所引领的强劲的"风流"之风必将在更大范围内吹拂中晚明的文坛,一场文学变革思潮即在"风流"浸淫之中发生且走向深入。

"风流领袖"所开启的风气,首先是与女性交流的突破。不难发现,生活圈、交往圈的不同,是他们有别于明中期前绝大多数文人的重要方面,与同一时期并非"风流领袖"的文人也不相类。毫不掩饰地说,他们中不少人几乎是在女子圈中生活并从事艺术活动的,如康海"征歌选妓,穷日落月"[①],潘之恒则自云"余交女子几半于丈夫"[②]。再如曹学佺,"宾友翕集,声伎杂进"[③],与康、潘无异。他的社集通常都邀女子参加,《社集薛老庄,邀吴兴茅孝若,各赋排律,分得八庚韵。是日,主客十四人,姬子三人,季札之鲁,漫云周礼在兹,谢传登山,自觉晋风未远》、《九日登高石仓,因憩妙峰寺,同陈叔度、吴汝鸣、龚克广、二优、三妓,共成九人》等诗即为明证。出现在他作品中的参与结社的女子知其名者至少有长君、文娟、修明、玉翰、小双等数人,其中卓氏长君又最为相知。一段时间里曹学佺的文学活动几乎每次都有她的参加,在《夜光堂近稿》的诗集中,诗题中出现卓长君名字的就达十余首,

---

① 《列朝诗集小传》丙集,第 313 页。
② 《亘史》外纪卷二〇"艳部金陵","潘之恒曲话",第 118 页。
③ 《列朝诗集小传》丁集下,第 607 页。

例如《姬人各分一韵,予代长君卓氏赋得三肴》、《次日再集平远台,时
主人稍有增减,客子亦动离怀。卓氏长君,香车独步,定生野衲,清供
同筵。是集,燕厦方新,喜朋樽之辐辏,骊歌欲罢,盼仙路以逍遥,请更
投签,仍题八韵,予得渔字》等,朱彝尊所说"一时词客,各狎所知,假手
作诗词曲子,以长其声价"的现象,曹学佺与卓长君就是最好的注脚。
后来卓氏出嫁,曹学佺作《卓氏长君欲嫁王郎,过予石仓话别,偶检案
头,有唐人绝句,因与陈叔度、李子述限字作四绝送之》,其二曰:"苦思
吟诗带笑看,幽情能独意中欢。从今流水弹无绪,漫道阳春属和难。"[①]
诗中流露美好的回忆、分离的痛苦,对这位兼情人、诗友与知音于一身
的女子尤表深深的留恋。这里明显看出,卓氏是走进曹学佺人生的一
位重要女性,对他文学生涯曾产生深刻的影响。从伦理角度看,他们
的作为婚姻之外的"婚姻",在晚明虽属"合情",但终归是另类;而从文
学角度讲,恰是这种"另类"的异性关系更多也更深地介入作家的情感
世界和创作心态,影响于作品的生成及流布。

　　士女交流对戏曲的积极影响最为突出,因为两性合作对于戏曲这
种艺术样式来说是客观需要的。当然,在中晚明两性交往渐趋开放的
风气下,戏曲也就最鲜明地体现了士女艺术劳动与艺术智慧的最好结
晶。因有这一层因素,中晚明戏曲在创作、演出和欣赏三个环节所体
现的互相依存、共同促进的关联性更显紧密。虽然创作一般由文人完
成,但演出则是男、女艺人的再创作,欣赏也不是被动的艺术反响而
已,这一主要以文人为主体的环节也有艺人的介入。在整个戏曲过程
中,创作剧本自然是演出和欣赏的前提,而演出的环节尤为关键,欣赏
对创作和演出产生重要的促进作用。明代戏曲之所以在中晚明时期
不断兴盛,与演出者良好的艺术素养、精湛的艺术表演以及欣赏者高
度的艺术评价水准不无关系,从另一角度讲则可以说是士女合作的结

---

① 《曹学佺集》,第408页。

果。堪为明代重要的戏曲史料家的潘之恒,在《亘史》一书里就记载了这一方面的许多事例:

> (一)徐翩,字飞卿,一字惊鸿……谢少连氏以'翩若惊鸿'目之,自是得名。鸾生初与之昵,为之迁其居。同日就四师授之艺:字则周公瑕,琴许太初,诗陆成叔,曲朱子坚。翩少曲姿琴韵,遂以诗擅场。人或疑成叔代,及吐一词,拈一韵,成叔自以为弗如也。①

> (二)同社吴越石家有歌儿,令演是记,能飘飘忽忽,另番一局于缥缈之余,以凄怆于声调之外。一字不遗,无微不极,既感杜、柳情深,复服汤公为良史。吴君有逸兴,然非二孺莫能写其形容,非冰生莫能赏其玄畅。……二孺者,蘅纫之江孺、荃子之昌孺,皆吴阊人。各具情痴,而为幻为荡,若莫知其所以然者。主人越石,博雅高流,先以名士训其义,继以词士合其调,复以通士标其式。②

> (三)不知夜舒技何以至是?抑允兆、晋叔、孟阳之赏激,功焉可诬?而问琴、太宁、切叔、无雄之兼资,夫固知所取衷矣。③

> (四)余前有《曲宴》之评。蒋六、王节才长而少慧,字四、顾筠具慧而乏致。顾三、陈七工于致而短于才。兼之者流波君杨美,而未尽其度。吾愿仙度之尽之也。尽之者度人,未尽者自度。余于仙度满志而观止矣,是乌能尽之!④

徐惊鸿、江孺、昌孺、陈夜舒、杨仙度都是当时著名的戏曲演员,她们多

---

① 《亘史》外纪卷一九"艳部金陵",《潘之恒曲话》,第110页。
② 《潘之恒曲话》,第72~73页。
③ 《潘之恒曲话》,原载《亘史》杂篇卷三"文部",《鸾啸小品》卷二,第64页。
④ 《鸾啸小品》卷二,《潘之恒曲话》,第44页。

才多艺,表演惟妙惟肖,令人称绝。而她们之所以有如此超妙的才艺,则与潘之恒、吴越石、吴梦旸、臧懋循、程嘉燧等人是分不开的。以徐惊鸿为例,潘之恒延周公瑕(天球)、许太初(性成)、陆成叔、朱子坚等名家为师,分授其艺,所以她不只是一个会演戏的艺人,同时还具有诗、书、琴、曲等方面的修养,且能"以诗擅场",达到青胜于蓝的造诣。再如以扮演杜丽娘著称的女艺人江孺,其出类拔萃的表演则至少应部分归功于吴越石,若不是吴氏"先以名士训其义,继以词士合其调,复以通士标其式",恐怕她在塑造杜丽娘形象方面将难以达到如此炉火纯青的地步。特别是材料(四)尤其值得注意,它是潘之恒"与杨超超评剧五则"中的一则,仅就这个片断我们至少可以了解:(1)当时文人与艺人的个人关系十分密切,他们往往共同讨论戏曲表演如何臻于妙境的问题;(2)潘之恒在戏曲艺术鉴赏方面提出了较为完整的审美要求,其评剧重在论人,论人则涉才、慧、致、度诸方面,尤强调"兼"而"尽其度",即要求戏曲演员及其表演应体现全面的素养、达到传神的艺术效果;(3)戏曲鉴赏提出的高标准,反映了人们对戏曲艺术的审美要求与期待,对演员及其戏曲表演必然起到积极的促进作用。潘之恒自谓"观剧数十年"[1],对戏曲艺术满怀极大的热情,积累了丰富的经验。他一生奔波于歙县、南京、无锡、苏州、扬州等地,或拜师求艺,或物色演员,或举社演剧,或沟通交流。就像一条活动的纽带,他把不同地域、不同群体、不同身份、不同性别的人以戏曲的环节将其联结起来。而女流中也不无潘之恒式的人物,如马湘兰,他不仅是留都南京最为活跃的女艺人,同时也外出从事艺术活动。单万历三十二年间,她就于六月间应冯梦桢等人邀请,到杭州包涵所宅"作戏",同行有姐妹三人,演出名剧《北西厢》获得成功[2]。随后于秋天,复奔赴苏州为王百谷七

---

[1] 《鸾啸小品》卷二,《潘之恒曲话》,第47页。

[2] 《快雪堂日记》卷六一,《四库全书存目丛书》集部,第一六五册,第82页。

十寿辰作专门演出,"置酒为寿,燕饮累月,歌舞达旦,为金闾数十年盛事"①。马湘兰艺术活动及其影响的广泛,以及她与士人之间往来的密切,见证了晚明时期士女交流的开放性心态。而戏曲乃至整个文学艺术也在这个开放性的时代变得更为活跃,更为流动,也更具生命力。

　　总之,自明中后期以来文学史的演变,从某种意义上说是随着社会生活与文学活动中"性别"关系的改变而发展变化的,文学增加了"两性合奏"的音符而声调和美,情味深绵。所谓"江山妍淑,士女清华,才俊翕集,风流弘长"②,可以说是这一时期文学独具的风神和流韵,形象地概括了整部中国文学中一段意义特别的历史。而到了清初,"风流"不仅被钱谦益、余怀、张岱、冒襄等人作为对明代文化及人文气象最深刻的历史记忆的关键词,而且也被孔尚任、曹雪芹等文学家表现为基本的人生情致和艺术品质。这构成明末清初文学一体化的一个重要层面,提供了梳理、把握这一段文学史的一个关键视角,概而言之,即士女风雅,文学风流。

---

① 《列朝诗集小传》闰集"马湘兰",第 765 页。
② 《列朝诗集小传》丁集上"金陵社集诸诗人",第 462 页。

略论明清白话长篇小说的家庭书写

陈千里

　　我国古代史学很发达,但关注的主要是王朝兴替的政治史,在主流文化范围内,几乎没有对家庭生活状况的有血有肉的全方位的记载。于是,这方面的使命便旁落到通俗文学——主要是白话小说中。本文只是鸟瞰式地勾勒了明清白话小说家庭书写的线索与特色,更深入的研究当以个案方式来继续。

一

　　古代文学中,对于家庭生活的描写,当以白话小说为最真切。在散文中,写及家庭生活的,多限于悼亡伤逝,且多以抒发情感为主;文言小说则大多着眼于艳遇、情变,很少有从日常生活场景落墨的。只有到了明清两代的长篇白话小说,才有了以家庭生活本身为题材,全方位表现家庭的作品。其细腻、深入之处,是古代任何一种文体都远远不及的。

　　在这一类作品中,《金瓶梅》无疑是最早的一部,也是内容最丰富的三五种之一。从小说史的角度看,《金瓶梅》的出现改变了长篇小说依傍历史著作的局面,也创立了"世情小说"表现生活的基本模式,这就是以一个家庭为主,放射到更为广阔的社会生活的模式。张竹坡对

此有准确的认识:

> 《金瓶梅》因西门庆一分人家,写好几分人家。如武大一
> 家,花子虚一家,乔大户一家,陈洪一家,吴大舅一家,张大户
> 一家,王招宣一家,应伯爵一家,周守备一家,何千户一家,夏
> 提刑一家。他如翟云峰,在东京不算。伙计家以及女眷不往
> 来者不算。凡这几家,大约清河县官员大户,屈指已遍。①

他指出了《金瓶梅》两个重要的特点:一个是以描写家庭生活为主要内
容,通过很多家庭的描写,来构成社会的全景图;另一个是这些家庭不
是平行站位、同等对待,而是以西门庆的家庭为中心,借以引出其他的
家庭。

《金瓶梅》描写的家庭,除西门庆家之外,大体可分为四类:第一类
是和西门庆家主要成员关联密切的家庭,计有武大郎家、花子虚家、孟
玉楼前夫杨宗锡家、孟玉楼后夫李衙内家、吴大舅家、陈经济家;第二
类是依附于西门庆的家庭,如来旺家、应伯爵家、常时节家、韩道国家、
贲四家等;第三类是和西门庆家地位相当的家庭,如王招宣府、周守备
府、张二官家、何千户家、乔大户家等;第四类是与西门家并无直接关
系,叙事捎带到的,如张大户家、李桂姐家等。其中描写有的简略一
些,有的细致一些,而无论哪种情况,都或多或少呈露出家庭成员的关
系,表现出家庭的状况、功能,也在一定程度上流露出作者的家庭
观念。

很有趣的是,上述这些家庭,基本上都是核心小家庭。其中并无
一个涉及家族,甚至很少有同时描写两代的家庭的情况,特别是西门
庆的家庭。按常理来说,他既非移民到此,又是官宦兼富商的身份,总
会有伯叔兄弟之属依傍居住,可是小说却把他写成地道的光棍一

---

① 张竹坡:《批评第一奇书金瓶梅读法》,见《金瓶梅》,齐鲁书社,1987年版,第47页。

条。——除了自己的小家庭以外。这一点,张竹坡也看得很清楚,
他说:

> 《金瓶梅》写西门庆无一亲人,上无父母,下无子孙,中无
> 兄弟。……吾不知西门庆何乐乎为人也。

他对此的解释是:

> 《金瓶》何以必写西门庆孤身一人,无一着己亲哉? 盖必
> 如此,方见得其起头热得可笑,后文一冷便冷到彻底,再不能
> 热也。①

这个解释其实缺乏说服力。"无着己亲",即只有核心小家庭,与"冷"
"热"炎凉的主旨并没有密切的关联性。实际上,这样来写,真正的原
因可能在两个方面。一方面是所写对象情况本来如此——《金瓶梅》
所写为城镇居民,因此不像乡村那样聚族而居,另外西门庆这样的暴
发户自然也不可能像世代簪缨那样聚起庞大的家族。另一方面,可能
与作者的创作意图直接相关。作者写家庭,是要反映那个时代物欲横
流的情状,因而重点放在夫妻、妻妾上面,而有意无意间避免了孝道的
话题。这样来写,对于家庭这个题材的表现来说,当然是若有所憾。
不过,集中了笔墨,他也就自有其深入之处。

作者笔下的家庭主要是满足人们欲望的场所,包括性的欲望和金
钱的欲望。为了欲望的实现,西门庆为代表的各色人等都是置道德于
不顾,以近乎疯狂的态度争斗着、攫取着。作品的前一半是写西门庆
的发家史,换句话讲就是他的家庭的建立与发展的历史。西门庆先是
谋取了孟玉楼,然后是偷娶了潘金莲,接下来骗娶了李瓶儿。——这

---

① 张竹坡:《批评第一奇书金瓶梅读法》,见《金瓶梅》,齐鲁书社,1987 年版,第 47~48
页。

样完成了他的一妻五妾的家庭格局。在这个建设过程中,支配着他的行为的,一是无节制的性欲,二是无止境的贪婪。他娶孟与李,一半是为色,一半是为钱。这个建设过程的高潮是得子与加官。有了儿子,小家庭就"完整"了,正如西门庆自己所言:

> 在下虽不成个人家,也有几万产业。忝居武职,交游世辈尽有。不想偌大年纪,未曾生下儿子。房下们也有五六房,只是放心不下。有意做些善果。去年第六房贱累,生下孩子,咱万事已是足了。①

作品的后一半是写这个家庭的盛极而衰。先是儿子在家庭内部的争斗中死去,再是本人为过分的欲望丧命,妾侍们私奔的私奔,改嫁的改嫁,聚敛的家财也被他人以同样的手段瓜分。——于是这个曾经如日中天的家庭迅速瓦解了。至于其他人的家庭,当然没有这样丰富的内容;也没有这样戏剧性的变化,可是,在浸染于欲望泥沼这一点上,又是时时和西门庆的家庭相互映衬着。

作者的基本态度是批判的,批判世道的败坏与道德的沦丧,批判家庭中为利益与欲望的勾心斗角。——这一点倒是与张爱玲的作品可以一比。但是,在写到西门府上烈火烹油的豪奢生活时,他的笔下流露出的也不无艳羡之意。不过,总体说来,作者是以冷峻的笔法进行写实的书写,因此在认识价值与文学审美价值上都取得了空前的成就。

从认识的角度看,《金瓶梅》之前还没有任何体裁的一种著作,把一夫多妻制的家庭形态做过如此淋漓尽致的全方位描写。丈夫与正妻的关系、丈夫与妾的关系——包括与不同出身的小妾的不同关系、正妻与小妾的关系——包括与不同出身的小妾的不同关系、妾与妾之

---

① 《金瓶梅词话》第五十七回,人民文学出版社,1985年版,第751页。

间的关系——特别是不同出身的小妾之间的关系，这种种关系既有尊卑方面的、统治与服从方面的，也有经济方面的——包括财产的归属、处置权力与家政的管理权力等。其细致程度如同张竹坡所讲："其书之细如牛毛，乃千万根共具一体，血脉贯通。"即以西门庆与吴月娘的关系来看，西门庆无节制地纳妾、嫖妓，表明了他在家庭中的支配地位；但是当吴月娘与潘金莲发生冲突时，他又要维护吴的权益。吴月娘对西门庆也时有批评之词，如六十九回西门庆对吴月娘讲王招宣家里"人家倒运，偏生出这样不肖子弟出来"时，吴月娘毫不客气地说：

> "你不曾潜泡尿看看自家，乳儿老鸦笑话猪儿足，原来灯
> 台不照自。你自道成器的，你也吃这井里水，无所不为，清洁
> 了些甚么儿？还要禁的人！"几句话说的西门庆不言语了。①

西门庆在书中的形象是"打老婆的班头，坑妇女的领袖"（蒋竹山语），可是却被吴月娘如此数落，可见当时的家庭中，既有男尊女卑的一面，也有"妻者，齐也"、"夫妻敌体"的另一面。又如王招宣府和乔大户家，守寡的女性长辈——林太太与乔五太太在家庭中的地位和家庭外的活动，都不是简单的"夫死从子"所能说明的。这种情况和《红楼梦》的史太君、《野叟曝言》的水夫人在家庭中的地位相似，可见不是个别偶然的。

对于家庭中的亲情，《金瓶梅》几乎没有正面的笔墨，只有两个地方有所描写。一个地方是西门庆与李瓶儿，特别是李瓶儿死后，两次托梦给西门庆，而西门庆也表现出从未有过的真切悲痛。另一个地方是孟玉楼改嫁李衙内，连累李衙内被其父痛责，"雨点般大板打将下来，可怜打得这李衙内皮开肉绽，鲜血迸流。"可是当其父要他"即时与

---

① 这段话在绣像批评本（即"崇祯本"）中删掉了头一句，并把后面的语气改得稍微和缓了些。其中意味也值得注意。

我把妇人打发出门"的时候,书中写道:

> 那李衙内心中怎生舍得离异,只顾在父母跟前哭啼哀
> 告:"宁把儿子打死爹爹跟前,并舍不得妇人。"①

这一段文字向来未曾被研究者注意,其实颇有独特的价值。考虑到前面提到的《礼记》中"子甚宜其妻,父母不说,出"的明确规条,李衙内的行为、态度就更显其难能可贵了。在古代文学中,描写夫妻为了真情而反抗礼教的,这个李衙内很可能是最为坚决的了。《红楼梦》宝玉挨打一节,常常为论者所乐道,殊不知是从《金瓶梅》这一段脱化而出②。

作者对笔下的家庭基本持批判态度,但家庭毕竟是家庭,写出上述情感关系,正是作者高明之处。

作者家庭描写的另一高明之处是不动声色的反讽。如写西门庆为李瓶儿大办丧事后,"西门庆不忍遽舍,晚夕还来李瓶儿房中,要伴灵宿歇。见灵床安在正面……西门庆大哭不止"。可是接下来就写他在灵堂旁与奶妈如意儿奸宿,"把西门庆欢喜得要不得"。又如描写王招宣府:

> 只见里面灯烛荧煌,正面供养着他祖爷太原节度邠阳郡
> 王王景崇的影神图,穿着大红团袖蟒衣玉带,虎皮交椅坐着
> 观看兵书,有若关王之像,只是髭须短些。旁边列着枪弓刀
> 矢。迎门朱红匾上"节义堂"三字;两壁书画丹青,琴书潇洒;
> 左右泥金隶书一联:"传家节操同松竹,报国勋功并斗山。"③

庄严肃穆,格调高雅,特别是"有若关王"云云,以及"节义堂"、"传家节

---

① 《金瓶梅词话》第九十二回,人民文学出版社,1985 年版,第 1376 页。

② 《金瓶梅》这一段有"夫人见打得不像模样,在旁哭泣劝解"云云,细读可见对《红楼梦》的影响。

③ 《金瓶梅词话》第六十九回,人民文学出版社,1985 年版,第 965 页。

操"的字样,一本正经写来。当读者看到后面林太太的所作所为,真不免要为作者几近刻薄的笔墨忍俊不禁了。

《金瓶梅》之后,由明末到清中叶的近二百年间,描写家庭生活的白话长篇小说主要有《醒世姻缘传》、《续金瓶梅》、《林兰香》、《天雨花》①、《歧路灯》、《姑妄言》、《蜃楼志》、《红楼梦》等。另有介乎小说与散文之间的《浮生六记》。其中,《天雨花》与《浮生六记》各有突出的特色,留待后面专论。这里且依次简略评介另外的几部。

《醒世姻缘传》是一部专题写家庭关系的作品,通过一个转世的框架描写了晁源与狄希陈两个家庭的故事。这部百万言的巨著作者尚有争议,但很可能是蒲松龄,或是与蒲氏同时同乡的另一文豪②。其思想内容可以与《聊斋志异》相互参照。《醒世姻缘传》的重点是写家庭中的夫妻关系,主旨是批判、斥骂所谓"悍妇"。应该说,作者的立场是男性中心观念,偏颇是十分明显的。但是,由于他的基本手法是写实的,甚至故事中的很多事件,其时间、地点都是有案可稽的,所以写到的家族制度、家庭关系、婚姻观念都可以当作明末清初的家庭史料来参考。至于书中的家庭观念,可注意的有三个方面:一个是把夫妻关系看作人生最为重要的内容。书的"引起"先引孟子"君子至乐"之说,然后话锋一转:

> 但是依我议论,还得再添一乐,居于那三乐之前,方可成就那三乐的事……第一要紧再添一个贤德妻房,可才成就那三件乐事。③

---

① 《天雨花》习惯称之为"弹词",其实根据其文体基本特征,应归属小说,即韵文体小说。

② 这个问题,胡适、黄肃秋都有专文论及。见《醒世姻缘传》上海古籍出版社本的附录。

③ 《醒世姻缘传》,上海古籍出版社,1984年版,第3页。

也就是说,无论家庭的和睦,还是个人的修养、事业,如果没有一个和谐的夫妻关系,那就什么乐趣也没有了。第二个方面是男女双方对于和谐的家庭负有同等的责任。书中有诗云:

> 妇去夫无家,夫去妇无主。本是赤绳牵,雎逑相守聚。
> 异体合形骸,两心连肺腑。夜则鸳鸯眠,昼效鸾凤舞。有等
> 薄幸夫,情乖连理树……又有不贤妻,单慕陈门柳……①

家庭和睦的关键在于男女双方,家庭不和的原因也与双方都有干连。第三个方面是对婚姻不幸的原因的思考。表面看来,作者是把"恶姻缘"的原因都算到了因果报应的头上。——这种看法在今天显得十分愚昧,不过当时也只能如此了。这种看法的背后其实反映了作者对此的无奈与茫然。而如果稍微深入一些的话,可以体察到作者隐约也有另一些看法,如对家教、家风在影响家庭方面的作用,有关婚姻、家庭的法律法规的不适用性等问题,他都是有所思考的,不过没有形成十分明晰的观点罢了。

这部书对于家庭题材的处理和《金瓶梅》颇有相似之处,如通过家庭描写辐射到整个社会,以达到揭露社会的黑暗、弊端的目的,如侧重于夫妻、妻妾关系的描写,等等。而彼此最大的不同,在于所写家庭性质不同。《金瓶梅》所写的是城里的豪绅,《醒世姻缘传》则写的是半乡半镇的士绅。正因为这一点,《醒世姻缘传》描写的家庭形态比起《金瓶梅》要多一些,例如家族内的关系、家族的功能等,这些都是《金瓶梅》未曾涉及的。另外,作品在写实的基调上又涂染了荒诞、戏谑的色彩,这也使家庭描写更多地带有滑稽感觉。

与《醒世姻缘传》约略同时的长篇小说《续金瓶梅》,也是一部讲述家庭盛衰的作品。故事的主线是西门庆的妻子吴月娘在乱世的遭际,

---

① 《醒世姻缘传》,上海古籍出版社,1984 年版,第 6 页。

穿插于其中的有翟员外、苗青、张二官、应伯爵等人的故事。由于作者的真意在借《金瓶梅》故事的躯壳,表达自己对满清入主的不平,所以其有关家庭生活内容的描写都极其散碎、粗糙。不过此书刚一问世即遭禁毁,作者丁耀亢因之下狱,反使其声名增加,于是有人先后改换书名为《隔帘花影》、《金屋梦》刊行。

《续金瓶梅》的艺术水准虽然不高,但作为表现家庭题材的小说却有其独特之处,如以下几个方面:1.描写战乱给各色人等的家庭带来的巨大冲击,在很大程度上是清初社会动乱的写照。其描写虽嫌粗糙,但也是古代小说里难得一见的。2.把每个家庭的遭际都归之于因果报应。这当然是当时认识水平下常见的观点,不过写到一一报应不爽的,此书是最为突出的。3.作者直接出面谈论对各种社会道德问题的看法,喋喋不休之处惹人厌烦。但换一个角度看,却可以直接看到当时读书人的家庭观念。如第四十三回用近千字谈家庭中的夫妻关系,特别是妒妇的各种表现,细分为"情妒"、"色妒"、"恶妒",一一分析其起因、特点。既可以作为婚姻家庭史的参考材料,又可以据以分析性别视角的心理底蕴。4.由于选材的特点——写战乱、写报应,所以书中写寡妇家庭特别多,对寡妇问题也有较多的议论,如:

> 只有这孤儿寡妇守节全贞是天下最苦的人。不消说春花秋月好景良辰,孤凄凄没有个伴说上一句知心的话儿。有门户的寡妇,受那宗族邻里欺凌、伯叔弟兄作践,少柴无米,日久天长,少吃无穿,领着个穷儿女求一碗吃一碗,替人家纺绵织布,补线缝针,挣着十个指头上手工。……但这一点贞心十分难以持久。[①]

这种同情的描写是很难得的。不过,作者终究不能摆脱礼教的局限和

---

① 《金瓶梅续书三种》,齐鲁书社,1988年版,第482~483页。

男性中心的立场,所以他的结论是:

> 可见贞节二字,到老不移,原是难的。如没了丈夫,即时
> 变心,与那娼妓的私情一样,算得什么人![1]

显然,前面的同情是只限于怜悯的。

《林兰香》是《金瓶梅》、《红楼梦》之间的一部重要的世情小说。这三部作品同是以家庭为题材,同是以一个家庭为中心,反映社会现实生活。《林兰香》有意模仿《金瓶梅》,如书名也是以三位女主人公的名字组合命名,又如人物设置,西门庆妻妾六人,《林兰香》中耿朗的妻妾也凑足六人之数,而其中,林云屏像吴月娘,宣爱娘像孟玉楼,任香儿像潘金莲,燕梦卿忍辱负重的一面又绝似李瓶儿,等等。但与《金瓶梅》相比,《林兰香》无论是在思想内容上还是艺术形式上都有了较大的不同。作者对艳情、世相没有太大的兴趣,而对女子的才情,对才女的悲剧命运倾注了全部的情感,并寄托了失意文士的感慨与不平。这部小说显示了文人化的走向,是《红楼梦》、《儒林外史》的先声。

燕梦卿是作者精心塑造的形象,也是一个集封建时代女性的一切美德于一身的理想人物。可是尽管她在家庭中忠心耿耿、小心谨慎,但却始终无法得到丈夫的欢心,因而长期抑郁,最终郁郁而死。对这样一个完美的女性,在多妻制家庭中的处境进行悲剧性描写,是这部作品取材的特点,而其批判性态度更是难能可贵的。

作者通过深入细致的描述告诉读者,造成燕梦卿悲剧的主要原因是一夫多妻的婚姻制度。燕梦卿虽然才德兼备,可是不可避免地与任香儿冲突,不可避免地在林云屏面前压抑自己,小妾的身份注定了她的委屈与不幸。更深刻的是,作者把燕梦卿的悲剧原因追溯到性别歧视的封建观念。燕梦卿的丈夫耿朗在感情上的冷落和抛弃是燕梦卿

---

[1] 《金瓶梅续书三种》,齐鲁书社,1988年版,第484页。

悲剧的直接原因。耿朗和燕梦卿年貌相当,门第相配,在双方父母的安排下,经历了一番磨难后结成连理,本应走向"大团圆"的结局。但在耿朗的骨子里,对女性的"才"和"名"都是很忌讳的。在他看来,"妇人最忌有才有名,有才未免自是,有名未免欺人"。因此,在他迎娶梦卿之前就在想"我若不裁抑二三,恐将来与林、宣、任三人不能相下"①。"女子无才便是德"的封建观念使耿朗从感情上疏远了燕梦卿,造成她在家庭中不断被边缘化的可悲处境。难得的是,作者是深深同情燕梦卿的,在充满悲悯的笔触里,对当时人们以为天经地义的观念表现出明确的质疑与不满。

更为可贵的是,作者还直接把批判的锋芒指向了封建礼教。燕梦卿是自觉实践着礼教种种规条的。可是,她的悲剧命运却因此而加剧。她甘心受屈忍辱,因为信奉着"自家受苦事小,若是尊长不喜,丈夫不乐,姊妹有失,那事便大了"。所以作者为之吟叹:"屈身都只为纲常,薄命红颜谁见伤。"这就把个人的幸福与对支配家庭生活的封建纲常置于对立的地位。可以说,《林兰香》的质疑与批判开启了《红楼梦》怀疑、批判精神的先河。

二

《红楼梦》自然可算得是我国古代家庭小说的典范。曹雪芹的一生经历了封建大家族由盛而衰的巨变,对于家族/家庭的情感丰富而复杂,再加上他敏锐的观察力和深刻的理解力,使得《红楼梦》成为我国文学史上最伟大的家庭小说。——当然,其伟大不限于这一题材的角度。

《红楼梦》的故事大家耳熟能详,而其中反映出的封建社会晚期的

---

① 《林兰香》,华夏出版社,1995年版,第50页。

家庭制度——主要是贵族家庭,但也有少量平民家庭的内容——却未必引起一般读者的注意。《红楼梦》中写到的家庭有数十个,但主次分明。荣国府是中心,是一个四世同堂的大家庭,而又和宁国府以及其他贾氏宗亲共同组成一个大家族。和贾家联络有亲的家族有史家、王家和薛家,因宝钗之故,薛家是其中详写的重点。依附在贾家周围的小门小户,则点缀式地写了四五家。就所表现的封建社会大家族以及小家庭的制度、结构、内部外部关系与伦常礼仪,特别是活生生的物质生活与精神生活来说,我国古代的任何一部著作都不如《红楼梦》生动、具体而全面。

小说涉及的家庭具体情况差别很大,如贾府的聚族而居,核心家庭功能弱化的情况和刘姥姥小门小户的核心家庭相比,表面上几乎没有可比性。但是,如果深入分析的话,还是可以找到其间共同的基本的内容。这个内容可以概括为"宗法-父权"制。"宗法"是华夏文化的制度核心,是源于农耕文明的人类基本存续方式,表现在家庭、家族与国家三个不同而又密切关联的层面上。三个层面上的具体内容自然不同,但深层的关系框架却是同构的。从《红楼梦》有关家庭/家族的描写中,我们可以抽绎出这种基本结构,就是:上主而下从,男主而女从,嫡主而庶从。所谓"上",既包括辈份,又包括地位。贾母在家中享有至尊无比的地位,根据就是她在三个方面都是"上":辈份高,自身地位为国公夫人,娘家同样地位尊崇。这是核心结构中的核心。"男"、"嫡"则都较具相对性,在同一上下层面中,这两种关系结构的意义方才凸显出来。如袭人、晴雯、鸳鸯的哥哥在自己家里可能是"主",到了王熙凤面前就变成了"从";贾蓉与秦可卿相比是"主",在王熙凤面前就是"从"。如此等等。实际上,这三个不同角度上的关系准则是相互补充为用的,而在"上"、"男"、"嫡"三个主导方面的交叉地带,留有很大的模糊空间,不是刚性的二元对立的绝对尊卑关系。《红楼梦》的文心细微之处就在于把这种复杂的关系,结合着自己的情感与思考,更结合着人物的命运,微妙地表现了出来。作品的东方文化特色,也由此而显现。

但是,总体来看,在诸多关系中,父权又是占有至上地位的。首先,"父权"可以涵摄上述三种关系的主导地位;其次,整个制度要维护的主要也是"父权"的至上地位与相关利益。仍以贾母而论,她的尊崇地位究其始还是来源于"父权"的分润,又得益于"父权"的暂时缺位,甚至还得益于贾政这下一层级"父权"的存在。

作者在说到自己的创作动机时,很低调地称是只写"家庭闺阁琐事","并无大贤大忠、理朝廷、治风俗的善政","只取其事体情理罢了"。这当然含有谦词的成分,但也确有和当时大多数作品标榜教化功能为能事区别开来的意思。惟其如此,《红楼梦》才取得了超卓的艺术成就——包括对家庭题材的表现。这部伟大作品在家庭描写方面的特色主要有以下几个方面。

一是通过富有张力的书写,把个人与家庭/家族的复杂的情感联系表现出来。作品中,贾宝玉对于自己的家族与家庭充满了矛盾的心理。一方面,作者浓墨重彩地写贾宝玉对亲情的依恋。不仅贾母、王夫人,就是严厉的贾政、贪婪的凤姐,从宝玉的视角看出去,也颇有亲切、爱怜的描写。更不要说那些耳鬓厮磨的姐姐妹妹了。可是另一方面,作者又毫不留情地揭露出簪缨世家中的肮脏污秽,写出贾宝玉感受到的窒息、痛苦,写出贾宝玉看到自己所留恋的家族/家庭不可避免走向破落崩溃的无奈。一方面,作者对于贵族生活的精致、高雅进行津津有味的描写,表现出真心的喜爱与欣赏;而另一方面却也时时流露出空虚、厌倦的情绪,并时有对奢靡的自省与批判。正因为这样,这部作品才真正把家庭题材的内涵充分挖掘了出来,特别是站在有血有肉的人的立场上进行评判,而不是简单地流于概念式的肯定或否定。

二是通过对礼教的批判,强烈抨击了封建家族/家庭制度。这一点,《红楼梦》比《林兰香》走得更远,力度也更大。毋庸讳言,贾宝玉和林黛玉都说不上是封建制度的自觉反抗者。曹雪芹也远没有达到这样的思想高度。但是文学家的力量并不是通过清晰的、逻辑的表述体现的。《红楼梦》通过细腻、生动的笔触写出了一群青年人生命中短暂的春天，写出了他们对人生幸福与精神自由的向往。而他们的欢乐和梦想都被严酷的礼教粉碎了，作者就这样在读者的心灵里颠覆了礼教的神圣地位。

三是对女性的命运给予了前所未有的关怀与同情。在全书的第一回里，作者自云："今风尘碌碌，一事无成，忽念及当日所有之女子，一一细考较去，觉其行止见识，皆出于我之上……"开宗明义，就是对女性的推崇与歌颂。在全书故事的展开叙述里，在第二回中，更借贾宝玉之口道："女儿是水做的骨肉，男人是泥做的骨肉，我见了女儿，我便清爽；见了男子，便觉浊臭逼人"，对女儿不遗余力地顶礼赞颂。不可否认，曹雪芹的《红楼梦》里并非没有男权意识，比如，贾宝玉仍可说是一夫多妻制的认同者，仅此一点，便与现代的男女平等价值观有着相当大的距离。但是，毕竟是在这部作品里，作者第一次全方位地展现了千百年来被男权压迫的女儿世界里的诸多动人形象。这些纯洁美丽的女儿形象，和周遭代表着男权世界的贾赦、贾珍之流的恶俗与龌龊形成鲜明对照。同时又写出这些青春女儿在男性统治的社会中，几乎无一例外地被摧残、扭曲、蹂躏，最终走向毁灭。《红楼梦》对男权统治的批判，是通过对女性命运的描写表现的。作者借贾宝玉之口讲："女孩儿未出嫁，是颗无价之宝珠，出了嫁，不知怎么就变出许多的不好的毛病来，虽是颗珠子，却没有光彩宝色，是颗死珠了，再老了，更变的不是珠子，竟是鱼眼睛了。"（第五十九回）这话表面看很有"处女崇拜"的嫌疑，但如果和另一句话"怎么这些人只一嫁了汉子，染了男人的气味，就这样混账起来"（第七十七回）结合起来看，就可见到，它在特定的历史条件下自有深刻合理的一面："女儿"一出嫁，就意味着融入男权体制，适应男权社会的秩序，最终泯灭掉生命的本真和灵性。

因此,《红楼梦》中对女儿的礼赞及对女儿悲剧的叹惋伤悼,是以清净女儿为参照,直指千百年来正统男权社会的丑恶,暗含着对泯灭生命灵性的封建礼教的深沉抗议。正是在这里,《红楼梦》里的女儿崇拜,与前此才女佳人的故事拉开了思想的距离,作出了当时历史条件下难能可贵的揭露与批判,闪现出直至今天仍应予以充分肯定的人道的光辉。

《红楼梦》家庭描写的另一个成功之点,是把人物的性格与家庭的环境联系起来,使性格的发展更具逻辑的力量。如贾宝玉,他的性格形成是与他在家里的特殊地位密切相关的,而这种地位又和贾珠早夭、王夫人晚年得子、王夫人娘家财雄势大等多种因素有关。这样就把人和家庭都写得血肉丰满。又如林黛玉,幼遭孤露的命运使其少年便失去了母爱,而寄居于大族之中的复杂处境必然使其病态自尊。再如薛蟠,作者给他"呆霸王"的诨名,抓住了他性格的特点。他成长的家庭环境也很特殊,一方面"家有百万之富",另一方面"幼年丧父",在寡母的溺爱纵容之下长大,所以就成了一个任性妄为、不知利害的人物。这就与标签化的善善恶恶写法大不相同了。

正因为上述特色、成就,新文学的作者们在表现家庭题材的时候,很多人都受到《红楼梦》的启发与影响。

三

有两部家庭题材的作品,其文体虽与通常意义上的白话小说稍有不同,但对于本论文而言,意义却颇为重要。一部是《浮生六记》,文体近于自传体小说。一部是《天雨花》,文体是所谓"弹词",其实也可看作是韵文体小说。

《浮生六记》是一部自传,作者沈复,字三白,清中叶人,无功名,一生游幕坐馆,晚年卖画为生。《浮生六记》是他唯一的传世文字。"六记"为六部分,各写了作者人生的一个侧面。其中主要部分是写家庭生活和下层文人的情趣,而最为出色的则是第一部分"闺房记乐"与第三部分"坎坷记愁"中对家庭生活的描写。这两部分的视角落到夫妇"二人世界"的小家庭,而把父母、兄弟的大家庭推到了背景上。作者的妻子芸娘出身贫寒,从小肩负着顶门立户养活寡母幼弟的责任;出嫁后,勤俭持家,待人恭敬有礼,"满望努力做一好媳妇";结果却两度被驱逐出家门,最后客死他乡。在前面的"闺房记乐"中,读者可以看到她与作者婚前热烈的爱情、婚后恩爱的生活及情趣盎然的"二人世界"。丈夫的挚爱与开通使芸娘的真纯天性进一步舒展,致使其不能见容于封建大家庭。当读者眼看着这样一位富有浪漫气质、洒脱颖慧的女性,一步步被封建礼教摧残、吞噬,无不扼腕长叹!其悲剧情境与《红楼梦》中的晴雯之死、鲁迅《伤逝》中的子君之死差相仿佛。

作为描写家庭的作品,《浮生六记》与众不同的地方首先在于它的自传性质。自传文贵在一个"真"字。本文的情感冲击力即在于真挚——真切的歌哭哀乐,真实的人生困境,深挚的情爱与追悔。林语堂在他的《〈浮生六记〉英译自序》中描写他读后对芸娘的倾慕:"她是中国文学及中国历史上(因为确有其人)一个最可爱的女人。""只愿认她是朋友之妻,可以出入其家,可以不邀自来和他夫妇吃中饭,或者当她与丈夫促膝畅谈书画文学、腐乳卤瓜之时,你打瞌睡,她可以来放一条毛毯把你的腿脚盖上。"简直就是把她当作身边真实的人物来看待、讨论了①。

古代自叙家庭的文章不是没有,而且颇有写感情、写悲剧的名作,但是没有一篇肯正面描写夫妻之间的生活场景——精神的与物质的、高雅的与亲昵的,偶有涉及也是一沾即走,像《浮生六记》这样刻画入微地记叙闺房的恩爱、同游的情韵、生存的挣扎,却是并世无两的。而这样一个让人羡慕的家庭,这样一位"最可爱的女人",竟至无辜而陷于毁灭,原因何在?这是《浮生六记》带给读者自然而然的思考。

---

① 林语堂的《京华烟云》写姚木兰的婚姻生活颇有芸娘的影子在其中。

作者对此没有十分激烈的言辞,只是把新婚后的"人间之乐,无过于此"和屡遭变故后的"形单影只,备极凄凉"加以对照,把小家庭的温暖幸福和大家庭的冷酷险诈加以对照,巨大的反差反映出对礼教的残酷、封建大家庭的无情的强烈谴责与控诉。

另外,作者通过芸娘的形象表达出对女性的尊重。他和芸娘之间建立于精神契合基础上的深厚感情,已经超越了《西厢记》式的男女之情。

《天雨花》是清代俗文学的巨著,全书九十余万字,在二三百年间拥有广泛的读者,而在女性中影响尤大,甚至有人把它与《红楼梦》相提并论,有"南花北梦"之说。作者署名陶贞怀,明白表示出自己的女子身份。

作品以晚明朝政为背景,写左维明的家庭生活,而重点是他和女儿左仪贞的故事。同类甚至相同题材的作品,清代有若干种,《天雨花》最为特殊的一点就是女性的视角与女性的意识。这主要表现为:贯穿于作品的反抗家庭中男权统治的描写;对于家庭多妻制的敌视;女性对男性的评判尺度,以及家庭生活的描写格调等。

作品写了很多女性的悲剧,包括所嫁非人、家庭虐待、遭受囚禁、被逼自杀等。仅父亲逼迫女儿自尽的天伦悲剧就发生了四起。这既说明了封建礼教对女性的迫害程度,也反映出女性作家对家庭中男权的恐惧心理。书中的两个理想人物——左维明与左仪贞,都是德才兼备的完美形象。但二人却经常发生冲突,有时还相当激烈,甚至到了性命相搏的地步。每次冲突,作者总是通过自己叙述的笔调使左仪贞充分赢得同情。左维明与奸党、匪徒冲突时,不仅刚直不阿,而且有情有义;而一写到他与左仪贞的冲突,就立刻变得蛮横、偏执。作者虽写二人互不让步,但左维明以威势压人,左仪贞为情义抗争,笔墨间的轩轾是十分明显的。如写左维明欺压左夫人,强令其饮酒,而且一定要连饮数杯;继而逼迫其吃饭,而且一定要连吃三碗①。夫人恨道:"欺人

———————————

① 这一情节与曹禺《雷雨》中周朴园逼迫繁漪一节极为相似。

太甚真堪恨,算来非止一桩情。受他委屈多多少,各人心内各自明。"①
每当出现这类情况,都是左仪贞站出来与父亲抗衡。而这显然也是流
露出女性对无法摆脱的男权畏惧而又敌视的心理。

《天雨花》的女性意识还表现在对多妻制的敌视上。清代描写家
庭生活的文学作品,大多有婢妾的形象,并程度不同地涉及妻妾关系。
在男性作家的笔下,婢女小妾往往是楚楚可怜的,这在明末清初的"冯
小青"题材热中尤为明显。在男作家笔下,即使写婢妾之恶,也是个别
的,而且同时往往另有更多可怜可爱之其他婢妾,作者因其为妾为婢
而笔墨之间格外予以同情。《天雨花》却大不相同。全书的女性反派
角色大多安排给婢妾,用相当多的笔墨来写其恶。小说史上写小妾受
虐的作品并不罕见,但大多是作为被侮辱被迫害的形象出现,如《金云
翘》、《醋葫芦》等。像本书这样明显敌视婢妾的情感态度,在男作家笔
下似未曾有,我们只能视之为女性对于自己婚姻地位的危机感的变相
表现。此类笔墨虽不高明,但其背后隐含的明确否定多妻制的婚姻家
庭观念却是应予充分肯定的。

与此相关联的是对男性婚姻忠诚的要求与期待。与男作家笔下
的理想人物比,左维明的特色首先在于生平不近二色,作者对这一点
十分在意,反复写其在这方面经受的"考验",如狐精迷惑有三次之多,
"贱婢"引诱竟达五次,还有妓女的陷阱、宫女的诡计、淫尼的牢笼等,
几乎终其一生都要接受"忠贞"的检验。当然,左维明过一关又一关,
从无"失足",从而完成了自己的高大、完美、理想的形象(当然,也就是
作者心目中的理想形象)。《天雨花》的作者不仅安排左维明顺利通过
一次次"考验"而终于"守身如玉",还多次让左维明就此直接表态,立
誓不近二色。——如果出自男性作家之手,就有些不可思议了。

写家庭生活难免写到性。明清的世情小说十之七八有秽笔。即
使高雅如《红楼梦》,也不免有所点染。而《天雨花》却大不相同,全书
凡涉及夫妻生活的地方,纯用含蓄笔法,绝无秽亵。如写左维明与桓

---

① 《天雨花》,中州古籍出版社,1984年版,第894页。

氏久别后的初夜,写左仪贞新婚之夜,千余字的篇幅,并无一语近亵,着眼之处都是在"意密情深"、"情如蜜",而落笔则全在一种幸福氛围的渲染。——不写性而只写情,这应是那个时代女作家区别于男作家的标志之一。作品中偶尔涉及性生活时,作者的态度也与当时一般小说迥异。如第七回,左维明以在外久旷为理由,坚持要与夫人同寝;而夫人则以怀孕须注意"胎教"为说,拒绝其要求。这一段围绕"胎教"之是非,作者津津乐道写了一万余字,而中心却是夫妻对性生活的不同态度以及在性生活中的主导权问题①。对这个话题,作者站在女性的立场,表现孕妇自我保护的意识,更是通俗文学中绝无仅有的。

总之,从《天雨花》文本所流露的性别意识看,其具有相当鲜明的女性特色,与当时(甚至古今)的男性作家的作品大不相同,成为女性写作的典型文本,可以作为我们研究现代家庭文学的性别视角时的重要参照物。

四

"五四"之后的作家们无不同时感受着两个异质文化——广义的西方文化与自身的传统文化的影响力。表面看来,"五四"的思想"冲决罗网",文章弃文言而崇白话,而传统文化与古典文学的影响主要是反面的。但其实并不是那样简单,上面提到的古代家庭文学作品对现代作家的正面影响力便相当可观。以下拈出数例。

俞平伯在《重印〈浮生六记〉序》中②,由作品所写的家庭悲剧讨论到家族制度与家庭功能:

> 作者虽无反抗家庭之意,而其态度行为已处处流露于篇中,故绝妙一篇宣传文字也。原数千年中家庭之变,何地无

① 《天雨花》,中州古籍出版社,1984年版,第245～254页。
② 以下均见北京出版社2003年版《浮生六记》附录。

235

之,初非迩近始然,特至此而愈烈耳。

放浪形骸之风本与家庭间之名分礼法相枘凿,何况在于女子? 更何况在于爱恋之夫妻? 即此一端足致冲突,重以经济之蟊辖,小人之拨弄,即有孝子顺孙亦将不能得堂上之欢心矣。

因此联想到中国目今社会,不但稀见艺术之天才诞生,而且缺乏普遍美感的涵泳。解释此事,可列举的原因很多。在社会制度方面,历来以家庭为单位这件事,我想定是主因之一。读《浮生六记》,即可以得到此种启示。

聚族而居的,人愈多愈算好,实在人愈多便愈糟。个人的受罪,族姓的衰颓,正和门楣的光辉成正比例,这是大家所深知的。既以家为单位,则大家伙儿过同式的生活,方可减少争夺(其实仍不能免);于是生活的"多歧"、"变化"这两种光景不复存在了。单调固定的生活便是残害美感之一因。多子多孙既成为家族间普遍的信念和希望,于是婚姻等于性交,不知别有恋爱。卑污的生活便是残害美感之二因。依赖既是聚族而居的根本心习,于是有些人担负过重,有些人无所事事。游惰和艰辛的生活是残害美感之三因。礼教名分固无所不在,但附在家庭中的更为强烈繁多而严刻,于是个性之受损尤巨。规行矩步的生活便是残害美感之四因。其他还多,恕不备举了。

综括言之,中国大多数的家庭的机能,只是穿衣、吃饭,生小孩子,以外便是你我相倾轧,明的为争夺,暗的为嫉妒。不肯做家庭奴隶的未必即是天才,但如有天才是决不甘心做家庭奴隶的。《浮生六记》一书,即是表现无数惊涛骇浪相冲击中的一个微波的印痕而已。但即算是轻婉的微波之痕,已足使我们的心灵震荡而不怡。是呻吟? 是怨诅? 是歌唱?

读者必能辨之,初不待我的哓哓了。

俞平伯从《浮生六记》中看到旧的家族/家庭制度的严重弊端,并进而指出其对于民族创造力和审美能力的束缚、戕害,颇有独到的见地。他把《浮生六记》看作是"绝妙一篇宣传文字",既反映出他自己受其影响的心理状况,也在一定程度上揭示出这部作品对当时知识阶层的广泛影响。前面已经提到,林语堂在20世纪30年代后期本拟着手翻译《红楼梦》为英文的,读《浮生六记》后,暂时放下了原计划而改为英译《浮生六记》,也可见其喜爱的程度。这里就同时可以看出西方思想与本民族古典作品在同一问题上的交集、呼应。

赵苕狂的《〈浮生六记〉考》明显受到俞平伯的影响,不过他对家庭成员之个性与礼法的必然冲突讲得更明白一些:

> 在这六篇文字之中,有二篇的性质是绝对的相反,并可互相作一对照。那就是第一卷《闺房记乐》和第二卷《坎坷记愁》这二篇。前者是自写其闺房间的乐事,后者却写他历尽坎坷,在一生中所遭遇到的拂逆之事。但是,这二篇实有相联属的关系的。原来,这中间孕藏着一个家庭问题在。
>
> 在中国历来是采取着大家庭制度的,可是,在这大家庭中充上一员,而要能一无风波的相处下去,实不是一桩容易的事情。本书作者的所以遭坎坷,不得于家庭,实是一个大原因。而他的所以不得于家庭,他们夫妇俩都生就了浪漫的性情,常与大家庭所赖以维持的礼法相相枘凿,又是一个大原因。这一来,夫妇俩沆瀣一气,伉俪之情固然愈趋愈笃,但与家庭间却愈成水火之势了!
>
> 旧家庭所崇尚的是礼法,又怎能把这一类的情形看得入眼?自然,一切厌恶之根,都种于此的了。
>
> 由此看来,这大家庭制度,实是要不得的一件东西!在

这大家庭制度下，产生不出别的甚么来，只不过养成了一种依赖的习惯，造出了一种苦乐不平均的局面，弄出不少明争暗斗的怪剧来罢了。而作者关于这种家庭问题，看他虽是很随意的写来，其实却不是出自无因，他在本书中所揭示的，实是含着一种很严重的意味的。

从古典文学作品中看出礼法制度、家族制度的非人性，看出其走向崩解的必然性，也说明了文学传统的多方影响力。

徐志摩在 30 年代初因胡适的推荐读到了《醒世姻缘传》①，他描写自己和太太阅读时入迷的样子：

> 我一看入港，连病也忘了，天热也忘了，终日看，通宵看，眼酸也不管，还不时打连珠的哈哈。太太看我这疯样，先是劝，再来是骂，最后简直过来抢书……一连几天我们眼看肿，肚子笑疼。书是真好……书是真妙，我们逢人便夸，有时大清早或半夜里想起书里的妙文，都掌不住大笑。

徐志摩不仅是欣赏、入迷，而且从中引发了对家庭问题的深入思考。他在《〈醒世姻缘传〉序》中讲：

> 人与人要能完全相处如同夫妻那样密切，本是极柔纤极费周章的一件事。在从前全社会在一个礼法的大帽子底下做人的时代，人的神经没有现代人的一半微细和敏锐，思想也没有一半自由和条达，那时候很多的事情可以含混过去，比较得不成问题。现在可大不同了。礼法和习惯的帽子已经破烂，各个人的头颅都在挺露出来，要求自由地享受阳光与空气。男女的问题，几千年不成问题，忽然成了问题，而且

---

① 以下均见上海古籍出版社 1981 年版《醒世姻缘传》附录。

是大问题——狭义的婚姻以及广义的男女。——不解决，现代人说，我们就不能条畅的做人。

说到婚姻，更不知有多少人们明知拖延一个不自然的密切关系是等于慢性的谋杀与自杀，但他们也是懒得动，照样听凭自然支配他们的命运。他们心里尽明白，竟许口里也尽说，但永远不积极的运用这辛苦得来的智慧。结果这些组成社会的基本分子多半是不自然，弯曲，歪扭，疙瘩，怪癖，各种病态的男女。

这分明不是引向一个更光明更健康更自由的人类集合生活的路子。我们不要以为夫妻们的不和顺只是供给我们嬉笑的谈助，如同我们欣赏《醒世姻缘》的故事；这是人类的悲剧，不是趣剧。在这方面人类所消耗的精力，如果积聚起来，正不知够造多少座的金字塔，够开多少条的巴拿马运河哩！

我们总得向合理的方向走。我们如果要保全现行的婚姻制度，就得尽数尊重理性的权威，那是各种新习识的总和。在它的跟前，一切伦理的道德的宗教的社会的习惯和迷信，都得贴伏的让路。事实上它们不让也得让，因为让给理性是一种和平的演化的方式，如果一逢到本能的发作，那就等于逢到江河的横流，容易酿成不易收拾的破坏现象。革命永远是激成的。

话说回来，为要减少婚姻和男女的纠纷，我想我们至少应得合力来做下列几件事。

（一）我们要主张普及化关于心理、生理乃至"性理"的常识。

（二）我们要提倡充分应用这些智识来帮助建设或改造我们的实际生活。

（三）我们要使男女结合成为夫妻的那件事趋向艰难的路。

（四）我们要使婚姻解除——离婚——趋向简易而便利的路。

只有这样做我们才可以希望减少"恶姻缘"，只有这样做才可以希望增加合式的夫妻与良好的结婚生活。

徐志摩不但有感慨有批判，而且提出了可供实行的家庭制度改良方案，如此认真的态度在当时的作家中也不是很多见的。

胡适在讨论这部小说的时候，也对家庭问题提出了独到的见解。他认为遗传在家庭生活中的影响很大，有些问题是基因里带着的，所以当事人无可奈何。他又考证了明清两代关于离婚的法律法规，发现事实上男子"休妻"的障碍很多，换言之，妇女的利益在法律上有一定的保障。无论这些观点是否全面、正确，都可以看出古代小说中的家庭描写引起了胡适他们的重视，并有认真的思考。

类似的评论我们还可以举出很多，如茅盾、端木蕻良、张爱玲等对《红楼梦》的评论、郑振铎对《天雨花》的评论，等等。虽然各自的角度不同，但这些承载着民族文化传统的作品曾对他们的思想以至于创作产生过影响，却是十分明显的事实。至于具体作品中受到影响的例子就更是不胜枚举。以大端言之，巴金、林语堂、茅盾、张爱玲等家庭题材作品多有借鉴甚或"克隆"《红楼梦》的地方；具体情节或是细节中受影响之处就更多了，如上文提到的《京华烟云》姚木兰家庭生活的场景、情趣，《雷雨》中周朴园对待繁漪的态度等处。不过这些都难免有见仁见智的可能，这里就不一一赘述了。

别一种想象

——《聊斋志异》"自然美"女性形象论略

任增霞

　　《聊斋志异》堪称为我国文言小说的绝响之作。作者蒲松龄对于女性命运的关注,使得"聊斋世界"中流溢着众多光辉的女性形象。关于此一点,前人多有论述,不复赘言。其中,多有论者将之归因为蒲松龄具有"进步的妇女观"、"进步的情爱观",认为蒲松龄是反封建的勇士云云。这种论调未免有以偏概全之嫌。其实就整体而言,作为特定时代的产物,《聊斋志异》无疑有着传统男权社会的鲜明烙印,亦不可否认,蒲松龄绝非一个反传统的斗士,他并没有超越儒家思想的范畴,他自己也以"吾儒家"①自居。这从他对珊瑚、林氏、邵九娘等贤妻良妾的认同,对"双美"的倾心,以及对小翠这一理想心仪女性因无子嗣而最终安排以轻如烟云的远逝结局等来看,皆可得到印证。

　　然而,蒲松龄之为"伟大的作家",就在于其能够不时地超脱于时代和自身的思想拘囿,身处困危而不失诗人的赤子之心、求索之意,以超拔的艺术功力和响落天外的奇思妙想去谱写心中的理想女性。所谓"自鸣天籁,不择好音"、"遄飞逸兴,狂固难辞,永托旷怀,痴且不讳",正是真正的夫子自道。流之于笔端,即使得"聊斋世界"中充溢着诸多独特的女性形象,类如深谙驭夫之道的恒娘、追求知己之情的娇娜等等,都是前代作家少有涉笔的形象。在这些颇为特出的女性形

---

① 《蒲松龄集·文集》卷三《〈会天意〉序》,见《蒲松龄集》,上海古籍出版社,1986 年版。

象中，天真憨痴的婴宁、黠慧善顽的小翠、仙气四溢的翩翩、诙谐机辩的狐娘子、妙语解颐的芳云与绿云姐妹等纷呈异彩而又俱露"野性"的女子，堪称为《聊斋志异》中最具清新色彩的一个女性形象系列，这里称之为"自然美"形象系列。在这里，"自然美"非指中国传统古典美学中对于自然的审美观照与静观默察的审美体验，而是特指这一组形象自身所展示出的自然之美，或曰健康、自然、充满生机的天性之美。由此组形象，颇能传达出蒲松龄对于理想女性的"另类想象"。

更为重要的是，类似婴宁这样的人物形象，在蒲松龄以前的小说中从未出现过，这在中国小说史上是空前的。她们是与传统礼俗意识没有多少关系的新形象，体现了作者对自然美与人的本性美的歌颂。同时，若将婴宁、小翠们身上所跳脱凸显的"自然美"，置于中国有着几千年礼法积淀的文化大背景下冷静观照，则显得更为可贵。她们属于对蒲松龄的时代来说的未来世界。不必说那些充满了偏见的正史中的《列女传》，即使是历来记述和描写女性的文学作品，就女子作为独立的和并未失落其性别的自然的"人"而言，这五篇作品中的人物都是罕有的，是绝无仅有的绝调。可以说，"自然美"女性形象开拓了中国古典小说的新境界，且使这一形象系列置诸于六朝唐宋明清以来的古典文学长廊中，亦是最具卓异色彩、最令人倾倒的女性形象群体。此诚为前人未到之境，"故读者耳目，为之一新"①。

以下试图作一探讨。

一

在《聊斋志异》中，"自然美"这一形象系列所涉篇目不多，仅关涉

---

① 鲁迅：《中国小说史略·清之拟晋唐小说及其支流》，齐鲁书社，1997 年版，第 166 页。

到《婴宁》、《小翠》、《翩翩》、《狐谐》和《仙人岛》五篇小说,但精金美玉,几乎每篇都足以传诵。她们的至纯至洁,她们的率真跳脱,她们的与尘世无染的诗意生命,无不昭显着蒲松龄对于理想女性的理性思索与深浓寄怀。可以这样说,这一清清少女之群,在《聊斋志异》的诸多女性形象中,是最为独特的一个系列。

细研文本,若从整体观照,我们可以看到《婴宁》等五篇作品的人物形象内涵呈显着相通的共性特征及深层内核。她们的共性特征,简言之,即真、纯、野、美。在作品中,这四个层面既是各有其独立蕴含的特殊概念,又是血脉相连、不可分割的一种共性范畴。其中,"真"、"纯"、"野"为其形象共性之底色,而"美"为最高层面,是其共性之终结。同时,作为最高层面的"美",其核心是"自然",亦即美在自然。具言之,婴宁们均富有生气,任性率真而绝少伪饰。她们未曾受到人间文明法则的熏染,传统的女子懿范于她们也无太多的意味,从而在她们身上显豁出清新的自然天性与活泼泼的野性,特具自然之美感。

(一)底色之一:行无伪饰之真

这里的"真",非指主客观相符的真实,而是与"伪"完全对立的真行、真性、真情,是天真、坦率与无伪的合一。在作品中,婴宁、小翠们的行动举止一任天生,喜怒哀乐纯由于心,从而言语举止中皆摇曳出满满一掬童心,时时体现着近乎童稚的绝顶天真。

婴宁,这个极美的少女,生活于山野之间时,终日"嬉不知愁",孜孜憨笑。她的笑,源于纯净,出于天性,而非伪饰。观其笑,不由人不叹赏其"真"。在小说中,婴宁拈梅花,执杏花,典金钗,购佳种,攀木香,惩恶人,无不与花为伴。透过物我之壁,读者能于花的表象中窥悉到婴宁那如花般的内心世界,清清如水,一无伪饰。居于深山洞府中的翩翩,其品性更接近于道家的返朴归真情怀。她不羡官,不慕富,没有名的负累,没有利的萦怀,无忮无求,知足常乐,几臻最空灵的自我真性。

相较而言,狐娘子、芳云姐妹则更多一点凡间的率真性情。《仙人岛》中,芳云、绿云姐妹对"有才思,屡冠文场,心气颇高"的才子王勉,大加挞伐戏弄,口中所说正是心中所思,绝无半点虚饰。一方是慨然自雄,自视甚高;一方是绝假存真,纯出于心。两相映照,则芳云姐妹的真淳无蔽呼之欲出,而王勉的谬妄骄横令人为之一哂。《狐谐》篇中,狐娘子妙解人颐,趣语无痕,真可谓字字生棱,不可逼视。除去篇中满纸的诙谐之语,狐娘子尚有两处言语,可见其嘲谑之外"任真"的一面。先是其出场,即对万生直言"实狐,但不为君祟耳",直陈身份,毫不掩饰。再次乃为其离去之语,同样坦告于万生,之后方从此杳去。两次坦然直陈,狐娘子率真无伪的一面已然得到展示。

在某种意义上,可以说,带着精神、生气、青春和美的婴宁们,是作为传统女性形象的彼岸出现的。后者在"聊斋"女性世界中,如珊瑚、林氏、臧姑、连城等形象,备受礼法的浸染,在家庭与社会的压抑下,或逆来顺受,或采用畸形手段反抗,早已失却了"真",而代之以伪饰与喧器。婴宁们则不同。不论是婴宁的痴憨、小翠的憨跳,还是翩翩的超然、狐娘子的嘲谑、芳云姐妹的工巧,无不有着少女特有的灵秀聪明,如水般闪烁着鳞鳞波光。

而"彼岸"与"此岸"的对比,既使得整部作品饱含张力,也反映出作者复杂、矛盾的真实心态。

(二)底色之二:心无尘蔽之纯

婴宁们不仅天真烂熳,且纯净清丽、与尘世无染,其实,在《聊斋》中,不乏婴宁这般充满稚拙气息、无染于尘世的纯洁形象。卷五《花姑子》篇中,"发蓬蓬许,才如婴儿"的花姑子因贪玩"蒿心插紫姑"的游戏,以致于"酒沸火腾"时的大叫,极显天真无蔽的小女子性情;卷七《青娥》篇中,霍桓爱上青娥之后,以仙人所给小铲凿通墙壁与青娥共枕,被人唤醒之后,"目灼灼如流星,似不大畏惧"。在他心中,"穴墙则美人可见,而不知其非法也",其不谙世事,有如孩童的天真。不过,婴宁们的自由不羁、未谙人间礼法的真纯比之花姑子、霍桓,则更为酣畅、更为澄明。一言以蔽之,她们的"纯"源于"真",正因真而无伪方能纯而无蔽。这里,"纯"又包括单纯和旷达两个层面。

几近痴憨的单纯,在婴宁身上体现得最为集中。作为《聊斋》中的一颗明珠,婴宁是蒲松龄着意皴染的宁馨儿。婴宁的纯洁无瑕是在她的憨言痴语中得以凸显的。比如"园中共话"一节,婴宁如一块璞玉,她的"不避生人语",正表明在她心中,并无先验的"男女之大防"的教化痕迹。这样的一种谈"情"说"爱",实在是奇绝妙绝,令历代读者为之捧腹。这种憨态可掬的傻话,是只有不解缱绻之情的憨婴宁才说得出来的,是典型的"婴宁语言",堪与典型的林黛玉语言、王熙凤语言媲美。

旷达,较之单纯又进一层,是"纯"的另一表现。在这一层面中,小翠最为凸显。她本是狐女,为报救母之恩,而"自请"为王家子妇。在讲究"父母之命,媒妁之言"[①]的礼法社会,小翠堪称"不速之媳"了,其一出场,便有不同凡响之感。其后,随着作品情节的推进,小翠的个性日趋鲜活厚重。憨顽笑谑是小翠性格的基点,而小翠的"纯"亦在"笑"中得到凸显。小翠的笑,不同于婴宁的纯然欢笑,因其"笑境"较婴宁更为复杂。在某种程度上,她的笑是应对尘世的一种特殊方式。她以笑代言、以笑代哭、以笑装憨、以笑反骂,颇有忍辱负重的意味,却又不以世俗之念为囿域,事事皆可一笑以蔽之。小翠与元丰的欢谑,每每遭到王公夫妇的呵责,小翠则每每应之以笑。因踢圆受到婆婆呵骂时,她是"俯首微笑"。伪装冢宰一事被婆婆怒骂时,她也只是"憨笑"不已。即使公婆大怒"斧其门"时,她在内也是"含笑而告之"。当元丰沐浴、被闷至死看似闯下大祸时,她照样"坦笑不惊";婆婆气极,向她

---

① 语出《孟子·滕文公下》,引自杨伯峻译注《孟子译注》,中华书局,1960 年版,第 143 页。

撞去,她仍然"鹾然"笑答。无视王公夫妇的鄙视,小翠全然以笑面对世俗的纷扰。小翠所嫁的元丰,"绝痴,十六岁不能知牝牡",她却能不理会别人的讪笑,不拘囿于美丑媸妍的世俗观念,而以一片真情相待元丰。这份旷达,正是小翠心无尘蔽的自然流露。

(三)底色之三:任性无羁之野

率真娇憨的婴宁们,不仅与尘世无染,还充满跳脱的生机与活力,完美地保持着人类活泼泼的自由天性与野性。简言之,即行动由我,任情适性。龙溪先生曾说:"人心虚明湛然,其体原是活泼,岂容执得定?惟随时练习,变动周流,或顺或逆,或纵或横,随其所为,还他活泼之体,不为诸境所碍,斯谓之存。"①又说:"乐是心之本体,本是活泼,本是脱洒,本是无挂碍系缚。尧舜文周之兢兢业业、翼翼乾乾,只是保任得此体,不失此活泼脱洒之机,非有加也。"②他强调心灵的自由本性,以为自由是心灵的存在方式。当代西哲海德格尔亦认为唯有自由方可对人之为人作担保,方使人能够选择可能性、承担必然性。应该说,王畿、海德格尔对人的心灵、对人的本真的认识是正确的。不过,在中国封建宗法社会里要保持这份"本无挂碍系缚"又谈何容易。

然而,在婴宁们的身上却无不跳动着生命的自由与洒脱。这一种"无羁之野",首先表现为一种逸出礼俗的活泼野性。婴宁的无处不在的笑声,最能凸显出那一份野性。作品中有多处笔墨反复皴染婴宁的笑。婴宁甫一出场亮相即是"笑容可掬"。由此,婴宁即笑声不绝,嗤笑、憨笑、浓笑、狂笑,"咥咥叱叱"地从上元踏青笑到"山中"理想境界,又从理想境界笑到王家的现实境遇。她可以攀援树上"狂笑欲堕",可以展拜时"浓笑不顾",可以合卺时"笑极不能俯仰"。她笑得何等酣

---

① 王畿:《王龙溪全集》卷七《华阳明伦堂会语》,台湾华文书局据道光二年刻本影印,1970年版,第483~484页。
② 王畿:《王龙溪全集》卷三《答南明汪子问》,第249页。

畅、何等痛快淋漓,全然无视"行莫回头,语莫掀唇。坐莫动膝,立莫摇裙。喜莫大笑,怒莫高声"①的女德闺范。

在"自然美"形象系列中,这样目无礼法、随性而动的绝非婴宁一个,而是一群。除却翩翩更多一分超然仙气外,狐娘子等皆是以我为本,任性所使,在调谑欢笑中破除一切的挂碍系缚,呈显出活泼泼的野性与生机。《仙人岛》中,芳云姐妹任意放言,并无顾忌,对自称为中原才子的王勉大加戏弄。《狐谐》中的狐娘子更为放任。她不仅高谈快语,妙解人颐,且来去自如,周旋自若,并在筵宴宾客时舌战群儒,挥斥八极,全然任性而为之,更是狂者。总之,狐娘子、芳云姐妹在众宾客间,或高谈阔语,或语出于心,一派天真,全然不知"内外各处,男女异群,莫窥外壁,莫出外庭"②的传统闺范。

就深层而言,婴宁们的这一种野性,实为一种跃动的生命力。婴宁的笑所当笑,芳云姐妹的行所当行,谁能说不是一种未被文化消解的自然生命力呢?婴宁在任情恣性地恶惩西邻子后,由于由此而窥见世俗的纷扰且受到婆婆的呵责,在"此种情性,俗子不晓"③的境况下,婴宁"竟不复笑,虽故逗,亦终不笑"。于是,原先本乎天然的人性,终异化为染乎世情的幽绪。或者说,"笑",本是婴宁的诗意生命得以充满灵气与生机的本源,而当她矢不复笑后,随着诗意生命的凋零,婴宁也不复是婴宁了。人的生命本相终于在现实礼俗的严正规范之下,不复存在。

在小翠身上,同样奔涌着礼俗羁束不住的勃勃生机与生命活力。她生性"善谑","日事戏笑",以至终日憨跳。她的谑戏无止,使原本死

① 宋若华:《女论语·立身》,见(日)山川丽著《中国女性史》,三秦出版社,1987年版,第87页。
② 宋若华:《女论语·立身》,见(日)山川丽著《中国女性史》,三秦出版社,1987年版,第87页。
③ 冯镇峦:《读聊斋杂说》,见张友鹤校辑三会本《聊斋志异·婴宁》,上海古籍出版社,1986年版。

气沉沉的王家大院顿时有了生气,有了活力,终日回荡着他们的欢笑声。作品中反复写了小翠的欢戏。踢圆,令元丰"涂鬼面",复又做霸王、扮古人;自己则"束细腰,婆娑作帐下舞",又装虞姬,作昭君,每日如此,笑淘不止。后来愈演愈烈,小翠自己扮冢宰,乃至令元丰扮皇帝,喧闹得不仅阖家知晓,连邻里都知道这一对"痴儿颠妇"。这些生活中的欢谑,已远远悖离了"夫为妻纲"的女子闺范。一切世俗礼法,都在小翠的戏笑中、在她的那颗少教化的童心面前,跌得粉碎,化为乌有。同时,从元丰"流汗相属"、"踊跃奔逐"的行止中亦可看出小翠进入王家后,所带给他的往日不曾有的欢乐。于是久久留存于读者心间的,是小翠行动由我、笑淘不休的身影与笑声。

(四)终结与内核:自然合一之美

美,是"自然美"这一形象共性的最高层面,"真"、"纯"、"野"皆源于对"美"的冀求并最终落结于"美"。换言之,婴宁、小翠们的率真无邪也好,任性适意也罢,归结于深层,则凝而聚之为美。她们的纯真,她们的野性,无不赋人以美感,予人于无穷尽的审美愉悦。聂绀弩先生曾言:"若与《小翠》篇同读,令人心情有返老还童之感。"①诚如斯言,若与宋话本小说《快嘴李翠莲》中的女主人公相对照,则婴宁们夺人心魄的艺术魅力与特殊美感更是豁然立现。李翠莲一味口快如刀、不通世故人情,殊无美感可言,倒颇有讨人厌嫌之气息。婴宁们则不同。她们灵秀、美丽、善良、快乐,充溢着自然清气,犹如可爱的天使和美的化身。纵有几分野性,也是"狂而不损其媚",使人心悦,令人倾心。在她们身上,凝聚着无限美感。她们的美,乃在于自然,自然即为其美之内核,那正是一种浑然天成的合一之美。

总言之,婴宁、翩翩等形象一以贯之着真、纯、野、美的共性特征。其中,前三者层层推衍,而"美"为其核心和终结,又与前三者血脉相

---

① 聂绀弩:《中国古典小说论集》,上海古籍出版社,1981年版,第215页。

通。蒲松龄以其生花妙笔构造了一个冰雪般纯洁的天地,婴宁们则在这个天地中点燃着希望,在人生的无意义中昭示着生存的价值。同时,《婴宁》、《翩翩》等篇均涵容着这样一种意蕴:被正统意识形态视为丑、拼命去消灭的自然人性,原来是这样美;生命如果不被社会压抑,原来可以这样欢乐。

透过她们的欢乐,透过她们真、纯、野、美的形象表征,则其性格内涵的核心,就深层本质而言,是自然。"自然"一词本有两个层次的意义:第一,像"大自然"中的"自然"一样,作名词解,指具体的自然事物。此义甚明,无须赘言。第二,像"自然而然"中的"自然"一样,作动词解,指自然事物依自身之力而形成的存在状态。这里取后者。正如韩国学者朴永焕所说:"'自然',指不假任何造作之力而自然而然,本然如是存在之状态。"①具体到婴宁们而言,是指她们殊无禁忌的言语举止中,时时处处流露出的纯真少女之本性自然,无造作,无牵强,无人为之粉饰。虽全然不合于礼俗,却又非有意和礼俗作对,或可谓之从容于礼法之外。此为"自然美"形象系列的命脉之所在。她们或是狐女,或为仙人,蒲松龄在一种"伦理疏隔"的虚幻场景中,赋予她们从容来去、自然随意的本性。婴宁们殊无禁忌的言语举止全然不合于礼俗,却非有意和礼俗作对,而是自然天成、自然呈现。她们有着超脱于社会固有结构之外、无法以繁缛礼俗的准则来衡量的一派自然。从而,在她们身上,放射出真淳、自然、理想的人性光芒。

广义地说,人都是自然之子,无论男女,都是大自然孕育、衍化的结果。但是,另外一方面,"我们不仅生而就具有我们自己的作为个体的天赋,而且同时也被投入已由我们的祖先积累起来并传给我们的某种文化的'外部装置'中"②。也就是说,人不仅具有自然的性质,而且

---

① 朴永焕:《苏轼禅诗研究》,中国社会科学出版社,1995年版,第161页。
② 兰德曼:《哲学人类学》,上海译文出版社,1988年版,第218页。

天然地具有社会性、文化性。

中国社会一直是以男权为中心的宗法社会,"以血缘父家长制为基础(亲亲)的等级是这套法规的骨脊"①。在这套等级系统中,男子高高在上,女子是男子的附庸,她们更多的时候并非"人",而是"物",甚至可以被男人们用来交换和赠送。或者正是长期的"附庸"和"物"的地位,使女性在整个社会历史进程中较多地受到社会文化的浸染和异化,无论行为与心智都受到更多的囿限与框范,从而天聪遮蔽、心灵蒙尘,其身心所受的礼俗文化压力最终将其自身的天性与活力压缩了、消灭了,其身为女性的自然本真状态更是泯灭殆尽。

蒲松龄却在《婴宁》、《小翠》等篇中,将婴宁们看作原初本真的自然之子。她们不染世尘,纯真灵秀,如同出污泥而不染的荷花,在污浊的社会世相中散发着高洁之气、芳香之味,展示着自然的人和人的自然,同时满含生命的灵气和活力。

婴宁的形象在这一层面中最为凸显,亦最具代表性。她本是位狐生鬼养的少女,自幼在鬼母的相伴下远离尘寰,过着一种与人世隔绝的生活。作为大自然的女儿和化身,婴宁的一举一动无不蕴含着其特有的脱俗气质和品性。鬼母曾半嗔半爱地数落她:"我言少教诲,由此可见矣。年已十六,呆痴才如婴儿。"从为"母"的视角观照,按"女性"的规范要求,这一未被先验的理性理念所导化、未被文化所消解的女性的自然特性,自会被看作"痴绝"和"憨绝"了。但这一"痴"和"憨",谁又能说它不是人之性灵的自然流露呢?细细品味婴宁的言行举止,无论是"我不惯与生人睡"的"憨"样"痴"语,还是"狂而不损其媚"的大笑,皆令人倾倒,究其原因,盖出于"自然"而已矣。婴宁正因葆有一颗与人之自然天性相合的赤子之心,所以才处处显示出其"本真"的存在状态来,周身散发着"野趣"的芳香和感性的光彩,从而凸显出一种天

---

① 李泽厚:《中国古代思想史论》,安徽文艺出版社,1994年版,第15页。

真未凿的纯粹美和自然美——这正是作者所极力推许和提示的人之存在的一种本真之美。蒲松龄在篇末"异史氏曰"中,把她比作名为"笑矣乎"的山中野草,而认为"解语花"有"作态"之嫌,强调的正是她的这一自然品性。正如清人何垠所称许的:"婴宁憨态,一片天真,过于司花儿远矣。我正以其笑为全人。"①蒲氏对婴宁之笑也是颇为心仪的,竟称"我婴宁殆隐于笑者"。何为"隐"?也就是隐去礼俗的束缚,还原出自然人性和青春之美。

小翠亦是狐女,芳云姐妹则居于"远绝人世"的仙人岛,狐娘子更是来去倏忽。翩翩的居所则在深山峡谷之中,"门前溪水,石梁架之"。所居洞庭石室,虽无灯烛,却光明彻照,充满清远空灵之气,不染带丝毫的人间烟火味。出入其中的翩翩,更是超然无累,无忮无求,全无《聊斋·镜听》中二娘子的"侬也凉凉去"的依附心态。她对罗子浮,亦是自然而然,任其来去,绝无矫心饰性的曲意逢迎。即令罗子浮端然肃念、几次衣化秋叶,翩翩也是手挥目送间自然而为之。可以说,她们都是自然之子,出入掩映于自然之间。自然的人和自然的境相融相合,相亲相谐,交相辉映,合而为一。生活在这样环境里的女儿们自当天机任动,不断地创造出更美的第二自然。

要言之,婴宁们的笑声,是性之自然;婴宁们的欢戏,是性之使然;婴宁们的调谑,是性之适然。她们无意于逃逸,也并非反叛,而是纯源于自然天性。正如席勒在《审美教育书简》中所说:"在那里,指导行为的不是对外来习俗的呆板摹仿,而是人们自己美的天性;在那里,人用勇敢的单纯和宁静的天真从最繁复的关系网中顺利地走过去,既无须借损害旁人的自由来维持自己的自由,也无须借助牺牲才能表现出

---

① 张友鹤校辑:三会本《聊斋志异·婴宁》,上海古籍出版社,1986 年版。

优美。"①

在绵延的中国历史长河中,与婴宁们"无须借助牺牲"的自然任动可堪形成鲜明对照的,是魏晋易代之际的名士们,譬如高扬"越名教而任自然"②的"竹林七贤"。他们放情肆志,纵意骋怀,酣饮于竹林之下的达观放旷、体认自然简直令后辈人望尘莫及。不过,此"自然"非前文所论之"自然"。他们的"任自然",是在急剧惨烈的政权纷争的漩涡中,在行不由己、身不由己、心不由己的困境跋涉中不得已而为之的无奈选择。简言之,他们是在达观至极而又抛不开隐忧的二律悖反和两难困境中苦求生存。任性、放达、醉酒、酣饮,不过是其宣泄生命苦闷与精神裂变的最终方式而已。所以,在他们心中,充盈的是极端痛苦和困惑哀伤。然而,伴随婴宁们的却是一片纯然欢乐。她们自由自主,恣情任性,恰如鸢飞在天,鱼跃于渊,优哉游哉,即便是陶渊明挣脱了尘网,重返自然怀抱,其乐也不可能过于此也;又即使是不知有汉、无论魏晋的桃花源里的黄发垂髫,其怡然自乐,也不能过于此。这是一种人性解脱了名缰利锁,行动任由天机的快乐,属于另一个世界里的快乐。这种欢乐是在所谓"文明"社会中不曾有过,也不可能得到的,但却是消解因"文明"而抑郁的心灵的清爽剂。

二

纯然天籁的婴宁、翩翩等都生长在远离尘寰的山野河水或世外仙岛间,都心无羁系而童心犹存,在看似不谙世事的言行中,实则表现出不受世俗污染的纯真品性。诚然,婴宁们是蒲松龄虚构的理想典型,

---

① 席勒:《审美教育书简》,见《西方美学家论美和美感》,商务印书馆,1982 年版,第 180 页。

② 稽康:《释私论》,见韩格平注译《竹林七贤诗文全集译注》,吉林文史出版社,第 466 页。

然而却可从中洞见其推赞纯真、崇尚自然的审美理想与审美追求。故而也可以说，婴宁们正是蒲松龄审美理想的具象体现与心灵外化。那么，把握了蒲松龄的不同流俗的审美理想之后，再去探寻其创作"自然美"女性形象的思理动因，追溯其笔下人物理想光彩所产生的渊源所在，或能收纲举目张、犁然有当之效。

（一）审美理想之寄寓

如前所述，透过《婴宁》、《翩翩》等作品的思想内涵与形象的丰厚意蕴，我们可明显感受到其中涵容着蒲松龄对于理想人性中自由美好的情致的追求，体现着他求真向善的鲜明意向，寄托着他不同流俗的审美理想。简言之，蒲松龄崇尚的是自然，推许的是纯真，追求的是天然之美。

蒲松龄的这一审美理想不仅凸显于《婴宁》、《小翠》等"聊斋"作品中，亦可在其诗文著作中寻绎到鲜明印迹。阅读蒲松龄的诗文著作，我们可发现，其审美理想继承了我国传统审美理想的优秀成分，除了尚善、求善之外，尤重崇真、求真，尤尚天然之美。蒲氏极为推崇生活之真与心灵之真，以天真为可贵的人心，以天籁为最美的作品。

首先是其评骘人物的标尺。其《清韵居记》①云：

> 清不必离尘绝俗也，一无染著即为清；韵不必操缦安弦也，饶有馀致则为韵。陶元亮不屑以五斗米折腰，清矣，而家蓄无弦琴一张，宁遂不韵乎？……而吾则尤有进焉者：必于世俗之所知为尘坌垢腻者，淘之、汰之去之尽，而世俗之不知为尘坌垢腻而学人畏恶之者，亦澄治之、荡洗之而后去之尽，而后湛然之体以立，而后悠然不尽之致日积而日生，此其为一无染著乎？此其为饶有馀致乎？……若近世之啜茗善弈，

---

① 《蒲松龄集·文集》卷二，见《蒲松龄集》，上海古籍出版社，1986年版，第38～39页。

种竹栽花者,目之曰"清客",于甄别古玩,谈谐诗骚者,目之
曰"韵士",是又鲁岩之所吐弃,而惟恐染著者矣。

在蒲松龄看来,高尚的人格由两个因素来决定,一个是清,一个是韵。
清是指不为世俗荣利等"尘坌垢腻"所污染,保持自我人格的独立。韵
是指涤除虚伪言行后"饶有馀致"的真意,它发自心灵深处,朴素无华
而又悠然不尽,与附庸风雅、伪饰言行的虚伪做法水火不容。而达到
"清"、"韵"的途径,是不断地清洗污染真心的尘垢,这一过程也就是清
韵"日积而日生"的过程。从而,"清"决定了一个人富于正义感,与污
浊的社会现实毫不妥协;"韵"则决定了一个人必选择超拔流俗的审美
人生。蒲松龄本人正是如此。一方面关注民生疾苦,写出忧国忧民的
诗文,另一方面也没有放弃以审美的态度关注平凡而充满诗意的人
生。他极为标举"清韵"人格,唾弃那些以"啜茗善弈,种竹栽花"、"甄
别古玩,谈谐诗骚"自饰者,因其"清"、"韵"皆出于伪。他极为痛恨曹
操即是一例。他不仅在《聊斋诗集》中直接表述他的憎恶:"自加还自
让,情态一何丑。僭号或三世,族诛累百口。当时不自哀,千载令人
呕。"且在《聊斋志异》中多次让曹操在阴间遭受酷刑,在阳世变狗,累
劫不复,甚至在《聊斋俚曲》里唯一写历史题材的《快曲》①中,违背历史
事实,让张飞杀了曹操,"一矛快千古",痛恨之情无以复加。蒲氏曾言
"以谲为其咎",可见"伪饰"乃是蒲氏痛恨曹操的原因之一端。

蒲松龄曾对世人作过区分,认为世人有"巧"、"拙"之别,而"巧"、
"拙"之别,实际上又构成了"伪"、"诚"之分。他说:"老于世情乃得巧,
昧于世情乃得拙","老于世情,则其操心也密,昧于世情,则其为术也
疏","是非巧近伪而拙近诚乎?"②蒲氏认为朴拙是天赋的"有生之真",

① 分见于《蒲松龄集·诗集》卷五《读史》、《聊斋志异》卷十《甄后》、《蒲松龄集·聊斋
俚曲集》。
② 《蒲松龄集·文集》卷三《寿常戬毅序》。

故极力肯定"拙诚"之人而否定"巧伪"之辈。他认为理想的人应当是"其胸与海同其阔,其心与天同其空,其天真与赤子同其烂熳"①。他坚信人之"至美"在于始终保持天真:"天付人以有生之真,阅数十年而烂熳如故,当亦天心所甚爱也"②,蒲松龄对世人作如此区分,也许并不科学,但从中却可以看到他对"真"的赞美和讴歌。

蒲松龄一生还喜以狂痴自许,反复称自己是"狂人"、"痴人"、"拙人":"生无逢世才,一拙心所安"、"痴情惟我谅,狂态恃君知"、"目昏幸不碍披览,舌在犹足宣狂痴"。又说:"老态从今,痴情似昔"、"老夫性僻近疏陋,行年衰惫拙益增"。③蒲氏以"痴、狂、拙"自许,说明他葆有赤子的天真烂熳,葆有满掬的童心。

其次是其衡文的标准。蒲松龄衡人以"真",观文亦复如此。他在《宋七律诗选》中说:"宋人之什,率近于俚;而择其佳句,则秀丽中自饶天真,唐贤所不能道也……吾于宋集中选唐人,则唐人逊我真也,敢云以门户自立哉!"④真,是其门户自立的标准。蒲氏以真自律,以真衡人,他寻找到自己在文学史上的精神谱系,并将自己的审美精神维系于屈原、李贺。他崇敬、喜爱屈、李,在《聊斋自志》中评之曰:"自鸣天籁,不择好音",认为他们的品质之所以伟大,是因为"披萝带荔,三闾氏感而为骚;牛鬼蛇神,长爪郎吟而成癖",是有感而发,表现了人类的真情实感。他对同时代的作品,也是以真为标准的:"痛想当年慧业人,俚歌亦足破微尘。文无易稿从容就,口不择言表里真"⑤;对友人王如水的《问心集》,因其"有忧患于中",故而其极力给予嘉许。蒲松龄

① 《蒲松龄集·文集》卷四《灌仲孺论》。
② 《蒲松龄集·文集》卷三《寿常戬穀序》。
③ 分见《蒲松龄集·诗集》卷四《拙叟行》、卷二《赠刘孔集》、卷四《病齿》、《蒲松龄集·文集》卷四《题时明府余山旧意书屋》、《蒲松龄集·诗集》卷四《见王汉叟翩翩有父风,乃叹林下必有清风,诚然也。作寄玉斧》。
④ 《蒲松龄集·文集》卷四。
⑤ 《蒲松龄集·诗集》卷三《挽念东高先生》。

自豪地称其所作《聊斋志异》是"春鸟秋虫,时自鸣其天籁;巴人下里,实不本于宗传";他对于《聊斋文集》中"无端而代人歌哭,胡然而自为笑啼"的应酬文字,甚感痛心,认为只可"置诸案头,做应付之粉本"。①由此可见其衡文之准绳。

再次,有"林壑之痴"的蒲松龄观物亦尚真,倾心自然天成之美。在他眼中,"小山撒笏如人拙,瘦竹无心类我痴",山、竹亦具拙、痴之态;《秦松赋》中,其赞扬松柏"岑寂山阿",无喜无悲,"苍苍然温肃不改其度"②,如人之拙诚一般可贵。在《与孙树百论南州山水》③一诗中,其评论云:

> 扬州有红桥,廊榭亦萧敞。余杭有西湖,渟流亦瀚泱。雕甍斗华丽,名流过题赏。乃知北方士,自不善标榜。江南之水北方山,两物流峙皆冥顽。大江无底金焦出,培塿直与江声传。何出崂山高崔鬼,上接浮云插沧海。

诗中流溢出蒲松龄对于绝少雕饰的天成之美的向往与倾心。

总言之,蒲松龄衡量作品、评骘人物、观照自然的一以贯之的方式与准绳,皆根于其以"真"为美、真即是美的美学主张,而自然、本色、纯真烂熳则是这一美学见解的伴生物。他所推许的自然、纯真、本色之美的审美理想发之于作品,则演化为丰赡奇美的婴宁、小翠等系列形象来。婴宁等"自然美"女性形象,皆具有李白所吟唱的"清水出芙蓉,天然去雕饰"的精神气韵与审美品格,在她们身上,寄托着蒲松龄对于自然之美的深挚追求。清如莲蕊、童心犹存的婴宁们,乃是作者心仪

---

① 分见于《蒲松龄集·文集》卷五《上崑圃黄大宗师》、卷五《上健川汪邑侯启》、《〈聊斋文集〉自序》

② 分见于《蒲松龄集·文集》卷五《上健川汪邑侯启》、《蒲松龄集·诗集》卷二《逃暑石隐园》、《蒲松龄集·文集》卷一。

③ 《蒲松龄集·诗集》卷一。

的理想典型。她们或大笑不止，或终日憨跳，或戏谑调笑，保持了自己"绝假存真"的自然本性。婴宁之笑、小翠之顽，正乃出自其自然之天性，因之才时时事事露出一个"真"字来，而蒲松龄在婴宁们身上所体认的正是这个"真"字。于是传统的"美"与"善"的结合，在这里转向了"美"与"真"的结合；传统的对女性之社会性也即作为文化构成的"第二性"的审美，转向了对女性之自然性的审美。如果将《红楼梦》中贾宝玉所谓"水作的骨肉"，视为女儿家自然人格的隐喻的话，那么这里亦可视作婴宁们本真存在的界定、澄明状态的描述。

(二)道家思想之浸染

承前文所述，清纯无比、不曾受到世俗尘屑污染而有着自然之美的婴宁们，实则寄寓着蒲松龄不同流俗的审美理想。蒲松龄的此一审美理想，若就更深层本源而言，实与标举自然无为、全性保真、抱朴守一等主张的老庄思想有着血脉相通之处。甚至可以说，老庄的艺术精神已经融入蒲松龄的创作思想之中，构成其艺术生命最有特色的内涵之一。正因为受到道家思想的"沾溉"，蒲松龄的人生，在汲汲于功名的同时，还表现出佯狂违世、守拙不移的另一面；而他在鬼狐世界中，也才能够刻画出类如婴宁的女性形象与天籁自鸣的诗样境界。

在中国思想史上，与儒家的标举积极入世、内省自律不同，以老庄为代表的道家文化则尊任自然，追求精神自由，标举"真人"理想。老庄认为，"道法自然"[①]，宇宙间的一切原本是自然的，故人的本性也是自然的，即自然而然，无人为之伪饰。在老庄看来，人的这种自然本性，犹如初生的婴儿那样自然纯朴，一尘不染。《老子》中屡用婴儿作比：

> 专气致柔，能婴儿乎？[②]

---

① 《老子》二十五章，见《诸子集成·三》，中华书局，1996 年版。
② 《老子》十章。

> 我独泊兮其未兆,如婴儿之未孩。①

> 知其雄,守其雌,为天下谿。为天下谿,常德不离,复归
> 于婴儿。知其荣,守其辱,为天下谷。为天下谷,常德乃足,
> 复归于朴。②

老子用婴孩象征纯真,用处于纯真承和状态的婴儿比喻体"道"之士和含"德"之人。老子的"复归于婴儿"、"见素抱朴"③的人性理想,其实质乃是崇尚自然,呼唤返朴归真、回归自然本性。比之老子,庄子的呼声更为强烈与高昂。他抗议"人为物役",要求"不物于物",恢复和回归到人的本性。李泽厚认为,"这很可能是世界思想史上最早的反异化的呼声"④。庄子说:"吾所谓臧者,非所谓仁义之谓也,任其性命之情而已矣。"庄子终其一生都在追求这种"任其性命"、自然自适的人生境界。其向往"物物而不为物所物",主张"不以心捐道,不以人助天",一切任其自然。总言之,老庄皆尊任自然,主张不以物累形,并认为自然精神贯穿、体现于"复归于朴"的过程中,且是其最终归宿。

与崇尚自然相应,庄子标举超脱于外物、超脱于天下,不为世俗所累、不为纷争所扰的"真人"理想。他主张解脱于功名与权势的重重束缚,追求"独与天地精神往来"⑤的绝对自由,以臻"无待"境界。

在"自然"的核心范畴下,庄子反对刻意、伪饰之美,而崇尚自然之美:

> 天地有大美而不言,四时有明法而不议,万物有成理而
> 不说。

① 《老子》二十章。
② 《老子》二十八章。
③ 《老子》一十九章。
④ 李泽厚:《中国古代思想史论》,安徽文艺出版社,1994年版,第179页。
⑤ 上述观点见于《庄子·骈拇》、《大宗师》、《天下》,见郭庆藩《庄子集释》,中华书局,1961年版。

素朴而天下莫能与之争美。

若不刻意而高,无仁义而修,无功名而治,无江海而闲,不道(导)引而寿,无不忘也,无不有也,淡然无极而众美从之,此天地之道,圣人之德也。①

庄子认为"天地之美"方是"大美","素朴"方是至美。庄子的"素朴",不是相对华彩而言,而是相对于人为、伪饰而言。所谓"素朴",就是自然,就是天籁,就是真。庄子看到,大自然"不刻意而高","刻雕众形而不为巧"②,"淡然无极而众美从之",于是从中总结出一条规律:最高的美,必定是"自然"。庄子又认为,艺术是人工之美,其要达到见"美"而不见"功"、"无一其迹"的境界,靠的就是一个"真"字:

真者,精诚之至也。不精不诚,不能动人。故强哭者虽悲不哀,强怒者虽严不威,强亲者虽笑不和。真悲无声而哀,真怒未发而威,真亲未笑而和。真在内者,神动于外,是所以贵也者。其用于人理也……功成之美,无一其迹矣:事亲以适,不论所以矣;饮酒以乐,不选其具矣;处丧以哀,无问其礼矣。礼者,世俗之所为也;真者,所以受于天也,自然不可易也。故圣人法天贵真,不拘于俗;愚者反此,不能法天而恤于人,不知贵真,禄禄而受变于俗,故不足。③

在中国思想、文化、美学的历史上,庄子第一个高张了"真"的大旗。他的"真",不同于孔子"情缘信"的"信","修辞立其诚"的"诚",也不同于主、客观相符的"真实"。它不是指对客体的认识,而是指人的存在本身及其表现,所以他的"真"是"精诚"。精诚就是极诚,是极情

---

① 上述观点见于《庄子·知北游》、《天道》、《刻意》。
② 《庄子·天道》。
③ 《庄子·渔父》。

深哀求蕴于内,不得不如其本然予以表现,所以悲是真哀,威是真怒,笑是真和。

在中国历史上,较之于儒家文化,以老庄为代表的道家文化在更多时期是作为隐性文化而存在的,但其对于后世的影响,同样极为深刻。蒲氏受道家思想的影响也十分明显。他曾编撰《庄列选略》一书。在《〈庄列选略〉小引》中,他对两书推崇备至,声称"千古之奇文,至庄列止","其文洸洋恣肆,诚足沾溉后学","余素嗜其书","与弟子辈闭门叹赏"①。既然蒲氏那么喜爱庄子的著作,那样爱不释手、赞叹不已,则庄著中必定有令其欣赏的思想内容,他总会在"闭门叹赏"中受到潜移默化的熏陶。事实上,蒲氏佯狂违世、守拙不移的一生可以证明这一结论。其高蹈生活,不屑于花面逢迎、强颜于世,以"赚得苍苍,抛来富贵"②,而是在《聊斋》的虚幻世界中自喻其志、在自我独有的心灵世界中嬉笑怒骂皆成文章。

老庄思想中的对于"真"、对于"自然"的推许,都可在蒲松龄的"聊斋"作品与诗文著作中寻绎到鲜明印迹。蒲松龄一生困顿、蹉跎于科场的人生经历,使他难以在人世间获得精神平衡,因此,他将一腔孤愤、满腹才思寄之于《聊斋》世界中。而这在其作品里有两种不同形式的表现。一种比较直接,借他人多蹇的命运遭际来慨叹与自恨。另一种则曲折、含蓄,以刻画描写理想化的形象来称颂自然疏放的出世情怀,从而间接表达对现实的失望。在《聊斋志异》中,此类理想化的人物形象大致可以分为两种:一种是"天真与赤子同其烂漫"、不含机心、充满稚拙气息、无染于尘世的少男少女形象,如小谢、秋容、花姑子、婴宁、霍桓等。另一种是一批"痴"、"狂"、"迂"的"痴人"、狂者,如嗜书如命的郎如玉(卷十一《书痴》)、酷爱石头的邢云飞(卷十一《石清

---

① 《蒲松龄集·文集》卷三。
② 《沁园春·戏作》,见《蒲松龄集·词集》。

虚》)、任情适性的孙子楚(卷二《阿宝》)、狂放无羁的耿去病(卷一《青凤》)等。蒲松龄力避俗见,不以其为怪僻,反而赞曰:"慧黠而过,乃是真痴"、"世之落拓而无成者,皆自谓不痴者"(卷二《阿宝》)。这两种形象,在年龄、遭际上各不相同,但是皆具有李白所吟唱的"清水出芙蓉,天然去雕饰"的精神气韵与审美品格。他们的言行举止、喜怒哀乐皆一任天生,矫饰与他们无缘,世俗的一切禁锢也与他们无染。在他们身上,寄托着蒲松龄对于纯真、对于自然之美的深挚追求。而细稽蒲松龄笔下的这些人物,正与道家标举"真人"理想,追求自然天放、任情适性有着心意相通之处。

当然,最能说明这一人物系列与《庄子》关系的,是"婴宁"的出处。《庄子》的《大宗师》篇:"南伯子葵问乎女偊:'子之年长矣,而色若孺子,何也?'曰:'……其为物无不将也,无不迎也,无不毁也,无不成也。其名为撄宁。撄宁也者,撄而后成者也。'""婴宁"由"撄宁"而来,而后者是理想的人生境界,与自然相浑成而常葆孺子之色。显然,这与小说的基调是一致的。

生于山野之间的婴宁们,正是体现了道家尊崇自然的思想观念。可以说,她们是道家"任自然"精神的绝美结晶。婴宁、小翠们无不似一块浑金璞玉,天真未凿,纤尘不染。纵或狂笑、嘲谑,亦是自然为之,绝无雕凿之态。这其中,翩翩无疑最具代表性。翩翩大概是"聊斋"世界中最具仙气的女儿了。她既有帷幄诽谑,又能不为物累,始终葆有一颗不曾为重重云翳蒙蔽的澄明"童心"。在她的周身,飘散着一份自由精神、一种自然气息。

(三)现实礼俗之态度

在论述了蒲松龄审美理想的深层思想渊源之后,再来观照一下他对于现实礼俗的态度,当更能明了他关于婴宁们的"别一种想象"的又一创作动因。

在中国两千余年以男权为中心的宗法制度统治下,女性始终沦落于社会最底层。女子在成长的过程中必须逐渐接受并顺应现实社会对女性角色的规范。在一整套完备的妇道闺范中,女子逐步丧失了个性而沦为驯顺的道德"空壳"。

这种以剥离女性人格、褫夺女性人权为要害的"女德"观念,及至明清愈加强化。贞节观念在明代空前盛行,当时为从夫守节而殉死的妇女的人数大大超过已往的历史纪录,单是"著于实录及郡邑志者,不下万余人"①。明初朝廷颁布"女德"规范,并且制定了罚良为娼的官章;中期推出了"女子无才便是德"②的口号。清代更把对女性人格的摧残推向了极端,一种以缠足大小论女性身份、以品赏小脚为乐事的"拜脚狂"怪癖蔓延于朝野上下,贞节观念则不仅成为畸形道德流布整个社会,且趋于宗教化,成为各阶层崇奉的信条。

现实礼俗不仅禁锢着女性的一颦一笑,更钳制着她们的精神自由。可以说,明清两代是女性生存最晦暗的时期之一。宋人楼钥的《攻愧集》中尚收有许多妇女的墓志铭,记载着死者的改嫁,而至清乾隆时期,四库馆中人已认为女子改嫁是违反礼教的,因此修改了《攻愧集》中的这类文章,使每个女子都从一而终。

在蒲松龄的笔下,婴宁们不拘礼法而又未见其违逆礼法,可谓从容于礼法之外。由蒲松龄对于清新如风荷露珠的婴宁们的喜爱,不难洞见其对匡范女子言行的传统礼俗成规的态度。在目前的资料中,尚未找到蒲松龄对于传统礼俗匡范女子个性不满的直接言论,但我们仍可从其诗词作品与《聊斋》作品的双重参照中,探寻到他对于现实女性及女诫妇规的态度。

在蒲松龄的诗词作品中,有六题十三首作品是为一个特殊的女性而写。她即蒲松龄于三十一岁(1670 年)南下作幕时结识的顾青霞。

① 《明史·列女传序》,见《二十四史》,中华书局,1997 年版,第 7691 页。
② 陈东原:《中国妇女生活史》,商务印书馆,1998 年版,第 198 页。

袁世硕先生在他的《蒲松龄事迹著述新考》中提到顾青霞时说:"蒲松龄对这一位曾一度沦入烟花巷,后来成了官僚姬妾的女子,是有一定感情的。"这从蒲氏的诗作中可以看出。在《孙给谏顾姬工诗,作此戏赠》中云顾青霞"吟诗铿锵春燕语,书法欧阳画似钩";《为青霞选唐诗绝句百首》云"为选香奁诗百首","喜付可儿吟与听";《伤顾青霞》云"燕子楼中遗剩粉,牡丹亭下吊香魂"。①蒲氏的诗作中充满着对顾氏的那种为一般女子所没有的慧心与雅致的倾赏,以及对其早逝的不胜叹惋之情。顾氏是蒲松龄一生中所结识的现实女性里最具才艺的女子。蒲松龄之于顾氏的在在难忘,一方面可认为是出于知音之赏;另一方面或可推衍为是对其所历所闻的那些苍白黯然、毫无个性光彩可言的现实女性的不满与失望。

蒲氏还曾作《陈淑卿小像题辞》一文,情词悱恻。经马振方先生《〈陈淑卿小像题辞〉考辨》、邹宗良先生《〈陈淑卿小像题辞〉订补》②的考证,这不是蒲氏与陈淑卿的相恋情史,但却是他亲身所历的,是他应同邑友人王敏入之请而作。文中所赋是王敏入与其妻陈氏的一段十分令人同情的婚恋。《题辞》写二人于逃难中相会,之后成婚同居,结果却大为礼教纲常所不容,"因乱成婚,已失椿萱之意,为欢废礼,大非姑舅之心",最终公婆以陈氏行为有失妇道为由,驱逐出门。接又写二人暗中苦守往来:"红豆之根不死,为郎宵奔;乌臼之鸟无情,催侬夜去"。后公婆虽谅解了她,然而可悲的是,"遭逢苦而忧患深"的陈氏却"可怜乐极哀生",旋即死去。

这一发生于蒲氏周遭的爱的悲剧,对其不能没有震动,陈淑卿为自己正当的爱而一生遭遇的不幸也不能不引起他深深的同情。这并非妄揣之词。因从《题辞》中可清晰看出,蒲氏是不以陈氏"因乱成

---

① 分见于《蒲松龄集·诗集》卷二、《续录》。
② 分见于《文学遗产》1985 年第 1 期、1986 年第 2 期。

婚"、"为欢废礼"及被驱遣后仍同王敏入私下相通为非礼的,而是笔端凝聚着同情和悲哀,写出了陈氏一生遭遇的不幸,从而在文本中客观地显示出了所谓女诫妇规的不合理性。可见,蒲氏对妇女的婚爱问题具有一定程度的人道主义倾向。

由上述诗文作品,我们略可窥悉到蒲松龄对于现实礼俗束缚、戕害女子个性的不满态度。《聊斋·荷花三娘子》中狐女的那句"春风一度,即别东西,何劳审究? 岂将留名字作贞坊耶",几可看作蒲松龄借狐女之口以传达自己的不满心声。在《聊斋·素秋》中,蒲氏还通过正面人物俞慎之口提出"礼缘情制"的观点。这与明末清初的思想家王夫之的"有欲斯有理"、"人欲之务得,即天理之大同"①等观点是相通和一致的。这表明蒲松龄的思想中包含着某些与程朱理学格格不入的因素。再证之以《聊斋》中纯然天籁、任性适意的婴宁等"自然美"形象系列,当可明了蒲松龄将其笔下人物表现得如此天马行空,恰是对束缚人性、夺人自由的封建旧制在幻想中的一种突破,是对现实生活与礼俗的一种否定。蒲氏的现实生命历程及周遭环境印证着一个事实,即现实中的人是不自由的,人为的羁绊、现实礼俗的异化,使生命往往处于禁锢之中。蒲氏创造"聊斋"世界正说明了他对这种现实具有清醒的认识,因为他也是在这种禁锢中生存,所以他要解构这种不自由。

故而,在《翩翩》等作品中,蒲松龄极力渲染与赞美人之自然品性,在狐与仙的虚幻世界中割断与现实的礼法世界、伦理体系的联系,以浓重之笔为婴宁们这一清清少女之群赋予了无限美好的灵性,并在和现实的丑与拙的对比中,将童心四溢、不计前慝、超尘拔俗等诸多美好秉性渗蕴到她们身上。从而,由其笔端流泻出的清爽怡人的婴宁们,绝少现实礼俗的浸染,通身流溢着沁人心脾的自然气息。面对失手打碎玉瓶后王氏夫妇的"交口呵骂",小翠不是隐忍,而是奋起责让:"我

---

① 王夫之:《周易内传》、《读〈四书大全〉说》,见《思问录·俟解》,中华书局,1982年版。

在汝家,所保全者不止一瓶,何遂不少存面目?"之后决然离去。此乃小翠率真性情的最夺目绚丽的流露。她走得何其痛快!透过满纸的文字,我们宛然可见小翠凛然不可犯的倔强身影,从我们眼前飘然而过。超然无累的翩翩,食叶衣云,不重功名,葆有一份从容。她在举家宴集时扣钗歌曰:"我有佳儿,不羡贵官。我有佳妇,不羡绮纨。"正如其歌,翩翩葆有一份主体精神的自由。她代表着一种完整的自然人性之美。

要之,娟娟如映日、清清如芙蓉的翩翩们,乃是对现实丑的一种反动,是蒲氏不满于现实礼俗而创造出的理想典型。这与他在《聊斋》其他篇章中通过阴冥境的描绘,表现对现实的直接鞭挞的审美目的是一致的。

三

通过上述较为细致的文本分析,可以看到,《婴宁》诸作品,确为《聊斋志异》中最优美、最动人的篇章,婴宁等形象更是遍披诗意的灵光。同时,回溯、返观整部中国小说史、文学史,可以说,类如《婴宁》这样的作品,在蒲松龄以前的小说中从未出现过,这在中国小说史上是空前的。故而,我们说婴宁、小翠等"自然美"形象,在古典文学人物中,堪称为"全新"的女性形象,应该是不算过分的,是一个崭新的形象群体。在蒲松龄饱含深情的目光中,婴宁们焕发出一种人性的光辉、人性的至美,而这种辉光,似乎能够照亮传统礼教严格桎梏妇女的那个黑暗时代。这是蒲松龄理性思考的深度所在,亦是其超越前代作家之处。从这个意义上,可以毫不勉强地说,蒲松龄为中国 17 世纪文坛提供了一组颇为卓特的女性形象典型。

为了更清晰地凸现这一观点,需要向前追溯、返观《三国演义》、《水浒传》、《西游记》、《金瓶梅》等几部著名明清说部中的女性形象,以她们为参照系,方可凸显出婴宁们这一形象系列在明清文学中所具有的独特地位与美学价值。

《三国演义》中给人们以深刻印象的女性,不过是周旋于董卓、吕布之间的貂蝉,最终葬身江水的孙权之妹,不肯见子面的徐庶之母。她们或被视为男性某种政治行为的工具,或是作者"拥刘反曹"思想观念的图解,她们生存的全部价值,只能附着在"忠臣义士"一类男子的身上才能获得承认。故而她们面对巨大的生死抉择,既没有个人自我意识的流露,也没有剧烈的感情冲突与矛盾,她们全然失落了作为一个现实的"人"的种种社会性因素。在充斥着女性如草芥衣服等陈旧观念的作家笔下,"三国"女性的独立人格与个人情感意志被毫无商量地消融于封建社会的男权意志之中。

在《水浒传》中,梁山好汉里的顾大嫂、孙二娘、扈三娘这三位女杰则似乎有了个性,但她们洗刷了女性的特征,褪尽了女性的灵光,身体力行地尊奉男性世界中的一些极端性格为律己的规范。顾大嫂的侠义集中表现在劫牢解救解珍、解宝的前前后后。她言语粗野,鲁莽暴戾,遇事不辨青红皂白,动辄拔刀相见,俨然是个黑旋风李逵第二;孙二娘的壮举在于帮助武松逃脱官府的追捕,她相貌狰狞,残忍粗莽,以卖人肉馒头为手段拦劫过往行人;扈三娘的豪情出没于三打祝家庄的战役之中,她剽悍凶猛,冲锋陷阵,始而活捉了王英,终而听凭宋江作主,绝无怨言地嫁给了品貌低下的王英。总的说来,这三位令绿林须眉也望尘莫及的女杰完全舍弃了女性自我,失落了女性性别而成为异己。除了服饰之外,她们没有一丝女性气息,名为女性,实即男子。相形之下,倒是那些被否定的世俗女性潘金莲、潘巧云,甚至阎婆惜、白秀英等人,她们的性格还有些许现实性内容。可是她们最终还是被作者借英雄们的血腥之手冷酷处死,诸如武松杀嫂的行为,充满了草莽气息和蛮横指向。

《金瓶梅》中,金、瓶、梅们无论地位高低、身份贵贱,无不以自己所能够采取的方式跃跃欲试,将所有的聪明才智都倾注于费尽心机的争宠固爱中,道德和理性荡然无存。作为女性,她们第一次逸出封建男权世界的道德圉限,前所未有地发挥以自我为中心的女性的种种主观意志。这意味着,她们处于女性自我意识的觉醒状态中。因而,隐藏在那些膨胀的私欲底层的,是金、瓶、梅们对个体生命的自我觉悟和非理性把握。就此意义而言,她们比之"三国"、"水浒"中的女性形象是一个进步。不过,终因作者审美情感与创作个性的圉限而缺乏理想选择,从而作品中多极端之笔,使这一组形象殊无诗意与美感可言,弥漫开来的是一种淫俗气息。其他更遑论《西游记》中要吃唐僧肉的白骨精、阻挠取经的铁扇公主以及孙悟空骂观音一世无夫的言语。

由以上对明清说部中诸多女性形象的粗略观照,可以看出这几部作品或圉于作家的思想观念,无视女性的存在;或描写了女性,却无涉其个人生活与情感欲求;或是强调了女性的独立自主个性,却不能正视其人性弱点及生活误区。两相比照之下,已标显出诸多"聊斋"女性的特出之处与审美价值。在这些作品中,女性已不再是男性某种政治行为的工具,如《三国》中的女性;已不再是男性成功路上的灾星与祸水,如《水浒》中的女性;已不再是男性皮肤滥淫的工具,如《金瓶梅》中的女性。她们大多美丽而令人倾慕,纯洁而使人清爽,不仅个性丰满圆润,且意态神采飞扬,从而构成明清文学女性形象中一道淳美亮丽的风景。而这其中,婴宁们无疑是最夺目的"亮点"。她们自由地延展天性,放言肆意,随性而动,构成了明朗绚丽的"自然美"的世界。毋庸讳言,婴宁们的成功塑造,得力于蒲氏用执著而深情的态度去体味人生、表现人性的合作态度,得力于其整个的审美观念与艺术心灵。就这个意义而言,婴宁等这一组人物,实是作者的一种哲学喻比,旨在借她们的宏大健康人格与自然灵秀之气来传达其对现实生活与人生反复体验的感悟所得。蒲氏在这一组适意任性的纯真女性身上,找到了人性的美、自然的美。正是这流溢的自然之美,使婴宁们成为明清文学中最具审美价值的审美形象之一。

然而,婴宁、翩翩等形象的美学价值与美学意义并不仅仅在于此。回溯、返观整部中国小说史,类似婴宁这样的人物形象在蒲松龄以前的作品中从未出现过,是前人未到之境。她们的出现,有如禁锢千年的古屋里,突然打开一扇窗,吹来了一股清新爽肌的和风。可以这样说,婴宁、小翠等人物形象在蒲氏以前的中国古典小说乃至中国古典文学中都是罕有的,是绝无仅有的绝调。对于这一点,看来还需要对中国古典文学中的女性形象作一全面的分析,尤其有必要从纵向上揭示其衍变和历时性脉络,尽量逼真地作一番史的考察。因为,根植于真切的历史描述的基础上,精当的价值判断才成为可能。

在这里,先需要对作为中国古典文学形象中重要支系的女性形象,作一大致的分类。还需要指出的是,出于平行对比的同一性考虑,分类所及的女性形象主要以小说、戏曲等古代叙事文学为主,时亦旁及叙事诗与史传文学。同时,在描述各类女性形象类型的历时性脉络时,主要拈取具有代表性和深远影响的作品作为个案分析。

就形象类型及形象性格的主导面而言,中国古典文学中的女性形象大略可分为贞女、情女、侠女、才女、悍妇等五种类型。下面一一加以分疏。

贞女形象是中国古典文学中极为引人注目的一种文学形象。其数量之多,概在各类女性形象中居于首位,同时亦是千百年来中华文化典籍中最为芳名四播的女性形象,一直被人们视为理想女性的楷模和典范。自汉代刘向《列女传》始①,历代典籍中多有贞烈女性的记载。这里且拈取两例古典文学中颇具典型意义的贞妇形象。

---

① 刘向《列女传》采撷《诗》、《书》诸经,收入大量通才卓识、奇节异行的女子,还收入反面人物,范围很广。其中节烈的内容占有相当篇幅,集中于卷四《贞顺传》、卷五《节义传》,为后世史家专从节烈载笔现象的发生埋下了病灶。

　　唐代民间歌赋《韩朋赋》,是根据久已流传的韩凭妻自杀殉夫的故事改编的。在她殉夫时,强烈表示了"一马不被二安(鞍),一女不事二夫"的贞烈观念。

　　高明的《琵琶记》,向被奉为明初南戏的代表之作。其中的赵五娘更是"有贞有烈"的典型。面对公婆对丈夫的严命赴考,她不能表露出对丈夫的爱与依恋;面对大灾之年的生存危机,她独力支撑一家的生活,历尽艰辛地奉养公婆,代夫行孝;面对丈夫的负心,她亦不敢有半分怨恨之举。最终赵五娘获得一门旌表、"有贞有烈"的美誉。

　　若暂时撒开环绕这类形象的具体情节,则可清晰地看到贞妇形象的共同特征:青春已被剥离,生命被现实地道德化,生活指向屈从于丈夫的利益。更有深意的是,贞妇们的现实行为已完全内化为自觉的需求,无论为夫守节或代夫殉道,都无一例外地表现出自觉的选择。一言以蔽之,作为社会存在的人所应具有的鲜活个性在贞妇们身上已丧失殆尽。她们不过是在一种观念下活着或者说是被创造出的类型与典范,从而在男权文化价值观念的坐标系中有着至高的、确定的位置。这一位置反过来又表明,文学作品中出现大量的贞女形象自有其深刻的渊源与必然性。

　　如果说贞女形象是男权文化既定模式浇铸而成的女性形象的话,那么,那些灵动闪烁于中国悠远绵长的侠文学中的众多女侠形象,则具有了反文化、反传统特征的意味。对于这一点,已为前人所揭示与关注。郭箴一先生在其早年撰著的《中国小说史》中,品评唐传奇豪侠作品时曾指出:"女性的侠客尤较男性为多,她们的智力与本领往往超越于男性,这个特殊的现象是很足令人诧异的。"[①]诚如斯言,历代文学作品中众多卓异独特的侠女形象已构成了中国文学中一个奇特的现象和历时性脉络。这里需要指出的是,由于侠女形象在漫长的中国文

――――――――――
　　① 郭箴一:《中国小说史》,上海书店,1936年版,第149~150页。

学中有一个不断丰富、不断衍变的过程,故而侠女不唯指那些漂泊江湖、伸张正义、维护公理的纯粹意义上的女侠,亦包括那些面对惨烈的人生变故,凭一腔血勇做出类似侠女好勇斗狠举动,从而特具侠的精神气质的普通女性。

之于前者,当以唐传奇中的聂隐娘、红线女为代表。她们不唯身怀绝技,且超脱俗累、使气任性,已近乎仙,非常情所能揣度。裴铏《传奇》中的侠女聂隐娘,是魏博大将军聂锋之女,剑术超群,又能飞檐走壁,飞剑取首,更兼有脑藏匕首、药化人头的非凡神术。袁郊《甘泽谣》中的侠女红线,武艺出众,为报恩而深夜潜入魏博节度使田承嗣的寝所,以行刺相威胁,迫使田承嗣收敛吞并薛嵩的野心,并盗金盒,一夜间往返七百里。

之于后者,多为具有侠气质的普通女子。其中,唐传奇中隐忍超拔、智勇兼擅的谢小娥,明拟话本中忍辱偷生、以图大志的蔡瑞虹,一以贯之着这种超拔的主体人格力量与锐身自任的决绝精神。《谢小娥传》中,谢小娥的父亲与丈夫俱为盗所杀,小娥则潜心等待,伺机将仇家或杀或擒。最终杀人元凶伏法,谢小娥却"誓心不嫁",入寺为尼。《醒世恒言》第三十六卷《蔡瑞虹忍辱负仇》中的蔡瑞虹,则别具一副侠骨刚肠。其父母兄弟皆被人所害,她隐藏深仇大恨于心中,刚毅不屈地忍辱苟活,最终苦心孤诣地完成了复仇大业。之后,她悄然地结束了自己的生命。一介孤女瑞虹,为复仇而能忍人所不能忍,凭心而行,不计毁誉,甚至无视世俗的礼法和名份,淡化夫妇关系,终报其仇。

无论是近乎剑仙的聂隐娘、红线女,还是更具现实意味的谢小娥、蔡瑞虹,她们都在公理正义的预设范围内,以一己力量去抗击邪恶和暴力,从而与向来标举女性以"柔弱"为本的传统文化观念相悖,具有了反文化反传统的意味。她们的正义行为亦极大地维护了女性的个人尊严,提升了女性的人格价值,从中可透视出女性自身固有的力量与价值。在男尊女卑的文化观念中,性别与女性力量被如此充分地承认和肯定,这无疑是对传统妇女观的一种冲击与否定。

概因感情是人性中最美丽崇高的精神内核,从而追求真挚爱情成为人类永恒的理念之一。发之于文学,则在中国古典文学的人物画廊中涌动着众多个性意识很强的情女形象。情女,正是中国古典文学女性形象的重要支系之一,亦是形象的艺术价值与美学价值的最高所在。在古典文学作品中,这一情感义脉无不得到真切展示。唐人传奇、宋元话本中颇多光彩照人的情女形象。譬如《柳氏传》中的歌妓柳氏、《莺莺传》的名门闺秀崔莺莺、《李娃传》中的妓女李娃、《闹樊楼多情周胜仙》中富商的女儿周胜仙、《碾玉观音》中出身于裱背匠之家的璩秀秀等,均为公开、热烈地追求情爱自由的情女形象。她们不唯敢于爱,对辜负和亵渎了她们美好、纯真、炽烈情感的负心男子亦敢于恨,表现出决不轻恕的姿态。从而,她们别具泼辣果敢的风致,迸发出普通小人物的真正的生命意义与淡淡的人本思想的光芒。元明以降,文学作品中的情女形象同样不胜枚举。冯梦龙编纂的"三言"更是一部展示女性、赞美女性的歌集。而汤显祖笔下的杜十娘更是一往情深,至死靡他,正是至情的化身与精魂。至蒲松龄的《聊斋志异》,一批"情痴"、"情癖"则大量而集中地涌现出来。总言之,历代情女不懈地追求着情感自由、婚姻自主,且在这一历程中呈现出步步升华的趋向。

与传统文化向来标举的"女子无才便是德"的观念相悖,历来的文学作品中不乏有才能识见卓荦出众的才女形象。在中国文学中,以集中创作塑造出一批才女典型的作品,当首推明清之际的"显扬女子,颂其异能"①的才子佳人小说。若从文学发展的整体角度去审视,才子佳人小说在小说发展长河中是一个低潮时期,但其思想和艺术也有不可忽视的创新之点,如人才观、妇女观和婚姻观,同时还塑造出一系列才智过人的才女形象,一时群星丽天。《平山冷燕》中诗才出众、文压公

---

① 鲁迅:《中国小说史略·明之人情小说(二)》,齐鲁书社,1997年版,第154页。

卿的少女山黛、《玉娇梨》中的白红玉、《好逑传》中的水冰心等,均为出类拔萃的才女形象。这些才女典型的塑造,显然是作家进步妇女观的体现。不过,才女形象的性格描写在趋于纯净清新的同时,又沦为才貌双佳、情合于中的理念的化身,没有个人的日常生活表现,也不表现出正常的情感欲求,性格单一平淡、抽象苍白。

如果说贞女形象是恪守传统女德的"完美范型"的话,则悍妇形象走向了另一个极端。在中国文学画廊中,悍妇形象是一个独特而鲜明的存在,向被论者誉为绚丽的"恶之花"①。关于悍妒女性,代有记载。历代野史杂录、笔记典故、小说戏文与诗词曲赋中,所记妒妇悍妻不绝于目。宋元以降,戏曲、小说等叙事文学中的悍妻妒妇形象更是开始大量涌现。如《狮吼记》中的柳氏,《疗妒羹》中的苗氏,《醋葫芦》中的都氏,《疗妒缘》中的秦氏,《西湖二集》卷五②中的李凤娘,《醒世姻缘传》中的薛素姐、童寄姐等等。这些人物形象虽产生于不同时代、不同作者的手中,但本质上有着共通之处:一为"妒",二为"悍"。这些逞凶肆恶的悍妇们,不守"三纲"之道,甘犯"七出"之条,或凌驾丈夫之上,恣意折辱丈夫;或不讲孝道,残酷虐待公婆;或为"把拦"丈夫,争风吃醋;或为子嗣、财产,勾心斗角。总之,一派家反宅乱景象。对于悍妇形象的性格成因、心理流程及社会因素诸方面的分析,早有论者论及,在此不再赘述。想要说明的一点是,如果不仅从社会学角度观照,同时亦从文本与作者出发,或可认为悍妇形象系列体现了男权意识对女性情感世界的误读,同时也恰恰反映出传统男权意识对于女性文学形象的浸透和干扰。

由以上对中国古典文学女性形象所作的简略的胪列、分析中,我

---

① 纪德君:《男权主义土壤上萌生的"恶之花"——论明清小说中的"恶妇"形象》,《青海师范大学学报》1995年第2期。
② 李凤娘系《西湖二集·李凤娘酷妒遭天谴》中宋绍熙皇帝之后。

们可以看出,贞女形象与悍妇形象在传统价值观念体系中,各执一端。一为恪守女德闺范的完美范型,一为以畸形方式维护自身权益的至丑典型;前者丧失了身为人、身为女性的个体意识,后者则在自主意识的极度膨胀下,于背离道德之路上走得太远。情女、才女、侠女等三类形象,所追求的则都是自身需求和自我价值实现的某些侧面,对封建传统思想而言都具有思想解放的意义,同时亦具有较高的审美价值。侠女所追求的是自身主体意志与力量的极大挥扬,情女所追求的是情爱、婚姻自由,才女所追求的则是女性才能价值的体现。

由是,以此观照蒲松龄笔下的婴宁、翩翩等"自然美"女性形象,则可以看到婴宁们的形象内涵及涵容其中的思想意蕴又与上述三类形象不同。婴宁、小翠们所体现的是不伪饰、不造作,是自然天性的自然流露,从而其言谈举止中时时处处都呈显出纯然天籁之美。蒲氏亦旨在借婴宁们的自然人性之美,来传达其对人性的反思与自省。在这一点上,情女形象与婴宁们有一个相似点,即最终都落笔于自然人性。譬如汤显祖笔下的杜丽娘,将爱情视作人生的一种权利来追求,以至为此生生死死。可以说,汤显祖在表现女性自然天性复苏方面迈出了一大步。不过汤显祖的创作本旨是宣扬"至情"的力量,主要着眼点乃在于"情"。这是一点不同。另一点不同是汤显祖是从婚恋故事与两性关系入手,以此作为塑造杜丽娘这一至情形象的切入点。蒲松龄则另辟蹊径:作品主旨不在写"情",而在于凸显不曾受到尘世礼俗熏染的少女的自然天性;在写法上,不以两性关系的描写为主,而将人物的言语行止作为塑造婴宁等"自然美"形象的切入点。

综上所述,我们说婴宁、小翠等"自然美"女性形象在中国古典文学人物长廊中,堪称为"全新"的、特出的女性形象,应该是不算过分的。她们是蒲氏以前的文学作品中罕有其匹的文学新人。从这个意义上说,《婴宁》、《小翠》等作品是对中国文学中传统女性形象的一次小小的重构。

　　至此，对《婴宁》等作品及形象美学价值的探讨本可收煞了，但仍有一个问题存在：既然从创作角度来看，任何一种新的文学形象的诞生，都离不开对历史文化传统中具有特定审美价值和丰富心理意蕴的类型形象的模仿，那么我们在不否认蒲氏天才的创造力的前提下，是否可以说在前人小说以及《聊斋志异》中有类似婴宁、小翠这样的形象雏形存在？

　　细稽蒲松龄之前的小说作品，在唐人薛渔思的传奇小说《申屠澄》中，或可寻绎到些许痕迹。薛渔思的《申屠澄》，是唐代写人虎相恋的篇什中最有动人之致的一篇。其中写申屠澄在大风雪中投奔山下茅舍，受到主人接待，翁、妪及少女与之环火饮酒一段，人物的对话各尽其态，特别突出的则是那位少女，其聪明、谐妙、多情的性格跃然纸上：

　　　　澄坐良久，天色已晚，风雪不止。……有顷，妪自外挈酒壶至，于火前暖饮。谓澄曰："以君冒寒，且进一杯，以御凝冽。"因揖让曰："始自主人。"翁即巡行，澄当斐尾。澄因曰："座上尚欠小娘子。"父、妪皆笑曰："田舍家所育，岂可备宾主？"女子即回眸斜睨曰："酒岂足贵，谓人不宜预饮也。"母即牵裙，使坐于侧。澄始欲探其所能，乃举令以观其意。澄执盏曰："请征书语，意属目前事。"澄曰："厌厌夜饮，不醉无归。"女低鬟微笑曰："天色如此，归亦何往哉？"俄然巡至女，女复令曰："风雨如晦，鸡鸣不已。"澄愕然叹曰："小娘子明慧若此，某幸未昏，敢请自媒如何？"翁曰："某虽寒贱，亦尝娇保之。颇有过客，以金帛为问，某先不忍别，未许。不期贵客又欲援拾，岂敢惜！"[①]即以为托。

作者以少女的言语举止，活脱脱摹写出其聪颖、憨直的神采风姿，颇显

----

　　① 薛渔思：《河东记》第三十一篇，《太平广记》卷四百二十九，《文渊阁四库全书》本。

纯真烂熳的少女本色。

如果说《申屠澄》中的少女仅是初露端倪的话,则在《聊斋》中,除却婴宁等五位人物形象,还可寻觅到一批不含机心、具有迥绝世俗性情的天真少女形象。其中,《花姑子》、《小谢》二篇自成一个层面。在作品中,蒲氏虽点缀琐事,以传神之笔写出了花姑子、小谢、秋容等纯真稚气的小女子性情,但就作品全篇立意而言,她们的寄慧于憨、淘气活泼实是为下面的情节张目。我们姑称之为"自然美"形象的"外围"。《狐梦》自为一个层面。作品写了毕怡庵的一场春梦、狐遇。情节极简单,但生活韵味隽永,趣味盎然。蒲氏在作品中以很大篇幅写了众狐女在家宴上不含机心的调笑谐谑,从而在一片小儿女的娇憨絮语中,将众狐女相契无间、其乐融融的情意写得美且浓。同时,还凸显出狐女们言无禁忌、纯真无伪的性格特征。不过,筵宴对话美则美矣,狐女们的性格内涵却较为单一。故而《狐梦》篇只可看作是向"自然美"女性形象过渡的作品。

真正将自然之美摹写得达于圆熟,堪称为无往而不胜,并以其灿烂的光辉比得前人之作尽皆失色的,自当是《婴宁》、《小翠》、《翩翩》、《狐谐》、《仙人岛》诸篇。这其中,翩翩的超然气质略与前四者不同,但在其身上同样贯注着自然美的辉光,故而亦归入"自然美"形象系列。

总之,婴宁们跃动的生命力、充沛的人性美,以及自由舒展的健康人格未必具有最大限度的普遍性,却使得中国文学中那些温顺隐忍的女性形象相形见绌,更使得《列女传》中那些受到漫长封建伦理浸染并得到公开褒扬的女子黯然失色。《婴宁》等篇企图以诗的想象、激情,通向自由的、理想的、有价值的生命;蒲松龄浸染在平凡的、有限而又苦难的生活中,与丑恶、束缚和庸俗相对抗,以寻找着有灵性的人的栖居地。同时,追求与向往善美的心灵和人性,概是人类追求的永恒理念之一。而婴宁们身上所昭示、流动的人性美、自然美,正契合了人类对自由内在的本然的追求天性,并上升到终极寻问,从而异代同赏,在历代读者的心灵中激起无穷回响。

清代闺阁文学与弹词体小说

鲍震培

一、才女文化与闺阁文学的繁荣

（一）江南"尚文"出才女

明清两代才女文化与我国南方女性文化的发展有直接而密切的关联。首先，明代的女官即来自"尚文"的南方。

中国古代的女官制度滥觞于西周，有内则九嫔、世妇、女御、女祝、女史等后宫内官职，其中"女史彤管，记功书过"。北魏时正式建立女官制度，唐代的女官制度进一步完善，分设尚宫、尚仪、尚服、尚食、尚寝、尚功等六尚。诸司机构中，有女史二至十人不等，执掌文书。明代女官制度的建立和兴盛，主要在洪武朝。洪武二十七年，女官总数达283人（宫官187人，女史96人）。此外，还有一些无定的员数，诸如"女秀才"之类。明代的后宫制度十分严密，后妃嫔御与女官女史泾渭分明，各成系统。

明初宫廷曾委女官以重任，企图以此遏制太监的势力，所以十分重视有文化的女官的选拔。明代女官的采选标准是读书识字的无夫女子，重才不重容貌。永乐元年谕"但有识字妇人年三十至四十、愿来者有司起送。若女子识字，虽容貌丑陋，年十七八以上，亦可前来。"①
天顺三年英宗谕浙、赣、闽等地太监："密访良家女子年十五以上，无夫
妇人四十以下，能读书写字，并谙晓算法者四五十人，籍记之，待明春
遣人同尔会选，令其亲属送来。"沈德符评论说："观此敕，则禁中须女
官甚急。向来宫掖充满，俱系北产，不谙文理，故命江南选择，不独取
其美丽，亦以慧黠，堪给事左右也。"由于两宋以来文化重心移至南方，
"尚文之风南强北弱"，故明代女官多选自南方，尤以苏杭二府、浙江、
江西一带入选者居多。

明朝注重宫廷教育，宫女均被课以经书，"所教宫女读百家姓、千
字文、孝经、女训、女孝经、女诫、内则、诗、大学、中庸、论语等书。学规
最严，能通者升女秀才、升女史、升宫正司六局掌印"②。凡是皇后、贵
妃礼仪等事，皆用女秀才为引赞礼官。嘉靖九年，皇后行亲蚕礼，内赐
酒饭，以夫人(女官最高一级的称谓)、女秀才为第一等，列于供事命妇
之上，其贵可想而知。

明代女官以较高的学识和品行，负责内宫教育。广东人陈瑞贞
"善书数，知文义，后宫多师事之，称女君子，亦曰女太史。"她"以内则
佐高皇后母仪天下"③。范孺人入宫为女史，亦曾向马皇后讲"黄老之
学"。沈琼莲，乌程人，弘治初入选为女学士。据说当时考题为"守宫
论"。她作答曰："甚矣，秦之无道也，宫岂必守哉！"立论颇不凡，因此
考取第一，时人恒称女阁老，闲暇时教白鹦鹉诵《尚书·无逸篇》。明
宫词中有"离骚数为君王诵，讽谏心劳似焚臣"，即是对明代女官以才
情德操影响帝后行为的描述。尽管明中叶以后宦官势力盛大，女官的
权力已经有名无实，但明清才女每每号称"女史"，弹词小说中的女性

① (明)沈德符:《万历野获编·补遗》卷一,《采女官》,中华书局,1997年版,第805页。
② 刘若愚:《明宫史》木集《内府职掌》,北京古籍出版社,1980年版。
③ (明)屈大均:《女官传》,《香艳丛书》第八集,人民文学出版社,1994年版。

人物任"女学士"、"女博士"等宫中女职,都受到中国源远流长的女官文化的影响。

上有好焉,下行效仿。皇室好学、重视女才的风气应该说对地方重视和提高女性文化有很大影响。"吴地文人对女子之重才超过重德"①,文人荟萃之地的江南民间亦以家中出才女为荣耀。南方特别是江南一带经济富庶,在商品经济发展的刺激下,对女子掌握一定技能和文化知识的要求也相应提高,如吴地人"期望女子有才、有技、有智,成为能对家庭和社会产生积极意义的有用之女。"②文人学士更有爱惜闺才的心理,希望自己的母亲、妻女及其他亲密女眷甚至往来好友之眷属都能成为翰墨知音,接受高雅文化的熏陶。生活在顺治年间的浙江山阴人王端淑自幼"读书自经史及阴符老庄内典稗官之书,无不浏览淹贯","尤长史学",她的父亲常爱怜地抚摩着她说:"身有八男,不易一女。"③张云璈为才女汪端《自然好学斋诗抄》作序云:"天之生一才人也不易,生一闺阁之才更不易;闺阁有才而又得全家多才以张其才,则尤不易。"

因为认识到才女之重要,才女之难得,所以重视对才女的培养。从地方史料的研究中可以看到,江浙一带才女的生存环境从明末以后越来越宽松,为她们从事文学创作提供了有利条件。除前面谈到的李贽、冯梦龙、陈继儒、徐渭、李渔、卫咏等有过女子重才不重德的言论外,明末清初的大文学家钱谦益、王渔洋、吴梅村、毛奇龄、袁枚等都喜与才女诗词唱酬,并以不同方式扶助、张扬妇才。

当时,东晋谢道韫备受江南才女推崇。从明清大量文献、女性诗词、剧本和弹词作品中,可以看到女作家们对谢道韫风范的景仰之情。

---

① 许周鹣:《明清吴地社会对女子的期望与宽容》,《社会科学》1998 年第 1 期。
② 许周鹣:《明清吴地社会对女子的期望与宽容》,《社会科学》1998 年第 1 期。
③ (清)陈维崧:《妇人集》,《丛书初编集成》,中华书局,1983 年版。

有关"谢庭咏雪"的故事广为流传,"咏絮之才"①也便成为人们对才女的夸赞之辞。尽管明清以前历代都出现过杰出的女作家,如汉代的班昭、蔡琰,六朝的苏蕙、左芬棠、鲍令晖,唐代的上官婉儿、鱼玄机,宋代的李清照、朱淑真等,但这些女作家的作品所反映的人格和思想,大体脱不出传统女性文学的窠臼,内容多离不开闺怨、伤春、感别等。谢道韫则有所不同。她是东晋丞相、文学家谢安的侄女,谢玄的姐姐,大书法家王羲之之子王凝之的妻子。少年时代与正在浙江会稽隐居的伯父、名士谢安相处甚多,受其人学问、人格和风度的熏陶。《晋书·列女传》中,有关她的传文最长,显示了其特殊地位。

与那些以"节烈"或"才德"入选的名媛相比,谢道韫以聪明有见识和敏捷的辩才为人瞩目。她接受了道家思想的影响,仅存的几首诗颇有林下之风。她还雅好清谈,品评人物,以渊博的思想和机智的辩才令对手服膺。《晋书》和《世说新语》上所记载的三次清谈,她都占了上风。谢道韫遇事有主见,敢于表达自己的意见。她曾对丈夫王凝之的平庸才气表示轻视,不顾忌尊夫之道。后来寡居时,与素不相识的异性崇拜者清谈。她胆识非凡,生死关头临危不惧,面对嗜血杀戮的强贼(夫与子皆被其所杀),已是老妇的道韫竟能持刀自卫,手刃数人;被俘后大义凛然,为保护幼童据理力争,令杀人如麻的强盗"为之改容",不再加害。这些举动比王凝之因迷信而殒命(王信仰五斗米道,自认为请来鬼兵保佑,故不设防)有天壤之别。

可以说,谢道韫与文学史上其他女作家相比,更具"女名士"的风度。而这种"林下之风"恰为晚明以来进步文人所推崇。再者,谢道韫对婚姻不满,常有"天壤王郎"之慨,而明清才女普遍具有"才子渴慕"

①　据《世说新语·言语》记载:"谢太傅寒雪日内集,与儿女讲论文义。俄而雪骤,公欣然曰:白雪纷纷何所似?兄子胡儿曰:撒盐空中差可拟。兄女曰:未若柳絮因风起。公大笑乐。即公大兄无奕女,左将军王凝之妻也。""兄子胡儿"指谢朗,"兄女"即谢道韫。

情结,也便容易与之产生心灵上的共鸣。此外,谢、王两家是东晋大族。作为谢家女、王家妇的谢道韫享有贵妇人身份,是典型的大家名媛。这一点,也应和了明清特别是清代重视门第观念和政治联姻的风气。而谢道韫晚年虽寡,但得以含饴弄孙,寿颐天年,这正好冲淡了明清流行的"才女薄命说"。在上述种种因素的作用下,谢道韫被视为闺秀诗媛的样板,便是自然而然的了。

(二)青楼传统向闺秀传统的转变

有一种说法在明清很流行,对文人提倡女性文学创作产生了一定的影响。据宋代庞元英《谈薮》记载,谢希孟在临安狎妓并为娼建鸳鸯楼,陆象山责备他有愧名教,谢答曰:"自逊抗机云之死,英灵之气,不钟于世之男子,而钟于妇人。"明赵世杰《古今女史》序云:"……海内灵秀,或不钟男子而钟女人。其称灵秀者何? 盖美其诗文及其人也。"①清初卫咏《悦容编·随缘》中说:"天地清淑之气,金茎玉露,萃为闺房。"清初邹漪编《红蕉集》:"乾坤清淑之气不钟男子,而钟妇人。"

"英灵之气"、"清淑之气"、"海内灵秀"都钟于女子,可以说是一种"女子天赋优越论"。其形成原因非常复杂,有政治的、教育的、宗教的、美学的、文学的种种因素的互相纠合,其中最主要的是与这一时期文人的"女性化"倾向有关。

明清时代一个有意思的文化现象是文人学士的"女性化"以及才女的"文人化"。现代深层心理学认为,人都是先天的两性同体,无论男性还是女性都既具有雄性的一面又具有雌性的一面。荣格命名为阿妮玛和阿妮姆斯(Anima and Aninus):"阿妮玛原型是男性心灵的女性的一面,而阿妮姆斯原型则是女性心灵的男性的一面。"②有人认

---

① (明)赵世杰:《精刻古今女史·序》,明万历刊本。
② (美)霍尔:《荣格心理学纲要》,黄河文艺出版社,1987年版,第41页。

为中国美感心态的基本特色是可以称之为女性情结的①,而其根源于早期中国母系社会的发达和进入父系社会的仓促。例如老子的言论就流露出女性化的原始余绪。明清以来的文人学士经历了"天崩地解"的易代危难,深感人生际遇之不幸。他们中的一部分人与处于边缘位置的女性相认同,把不愿委身仕清的遗民心态比作守节的贞女烈妇;又因怀才不遇与薄命的才女命运相认同,自然而然地把文人文化与女性趣味合而为一,甚而将女性特征尊为理想诗境的圭臬。明末清初大量才子佳人小说中所表现的"佳人情结"既是审美文化长期积蓄的"女性情结"的凸现,也是这种认同感的强化。到了《红楼梦》,曹雪芹更是发挥得淋漓尽致,成为此种文化的极致。清代文人比以前任何一个朝代都更关注妇女、重视女性的文学才华、迷醉于女性文本,这方面的因素是原因之一。

然而,就在部分男性文人将发展女性趣味作为一种时尚之际,明清闺阁才女却纷纷表现出"学士化"、"文人化"倾向。当时才女心目中有两个典范:一是汉代的女史官班昭曹大家,一是东晋吴地女子号称"咏絮之才"的谢道韫。前者饱学,是女"士"的代表;后者多才,是女才子的榜样。所谓"学士化"是指女性接受主流文化的传承,涉猎群书,通经懂史,博学而有识见。她们每每自称女史。当时出现了不少自幼习文、性耽于学的女"书痴"。据史籍所载,明初识字妇女得举女秀才,入尚功局,亦有女进士之名目。清代无锡女诗人杨蕴辉"于诗书文字,尤宵研炬膏,晨依朗旭,勤劬问学,无异男子也"②。女弹词作家孙德英"尚垂髫,时即不肆嬉游,而好书好静,天资明敏,迥与人异。每于针黹之暇,手不释卷,凡经史诸子,以及异书杂传,无不博览记诵。"③弹词

---

① 林语堂、顾随等人均有论述,参见潘知常《众妙之门》,黄河文艺出版社,1987年版,第126~127页。

② 《清诗纪事》22卷,江苏古籍出版社,1989年版,第15952页。

③ 钮如媛:《金鱼缘》序,光绪二十九年上海书局石印本。

《子虚记》的作者藕裳也是如此，"于史书及诗、古文辞无不浏览"。邱心如在《笔生花》的卷首回忆自己的幼年："未知世态辛酸味，只有天生笔墨缘。喜读父书翻古史，更从母教嗜闲篇"。雨亭主人在弹词《玉连环》序中记朱素仙："云间朱氏，贫家女子也。少孤寡，有德性，嗜学，颇博，注《周易》，擅诗赋。"可见无论书香门第还是寒儒贫民的才女，多以读书为乐趣，读读写写被看作是一种自娱自乐的消闲方式。

所谓"文人化"，"就是一种生活艺术化的表现及对俗世的超越"[①]。即从女性习女教、做女红的狭窄生活圈中走出来，培养和发展吟诗作赋填词、琴棋书画、参禅论道、交友游玩等文人生活情趣。从时人记载的大量才女事迹来看，虽然她们还不能像男性文人那样自由自在地出游，但生活视野在不断扩大，社会经验不断增长，文学创作的内容也不断丰富。"明清女诗人突破了传统女性诗词的闺怨和弃妇的狭隘内容。她们把注意力移到日常生活中的种种亲身体验，而且十分真切地写出个人得自观察的情景及灵感。"[②]文人化的结果，女性之间交往广泛，友谊加深，使写作具有分享性。它不再是不敢示人的孤芳自赏，而成为寻觅知音或知音共赏、相互砥砺的同心结，不但自娱而且娱人。

明清女性的文学创作空前繁荣，明代"良媛以笔札垂世者多矣"。嘉靖万历以来，"七子之徒大变文体，而妇人作者亦众。"[③]明末清初钱谦益《列朝诗集小传》"香奁"列入明代女诗人者共 123 人，其中宫女、女官 6 人，士女士妻 80 余人，诗妓 30 余人。实际人数远不止这些。明代以前，我国女性的文学创作早已形成青楼诗（歌）妓传统，"女冠坊妓，多文因酬接之繁"，但从此书所反映的闺阁诗人和诗妓的比例上，可以看出前者的比例加大，而后者仍占很大数额。清代以前，受传统

---

① （美）孙康宜：《走向"男女双性"的理想》，《性别诗学》，社会科学文献出版社，1999 年版。

② （美）孙康宜：《走向"男女双性"的理想》，《性别诗学》，社会科学文献出版社，1999 年版。

③ 谢无量：《中国妇女文学史》，中州古籍出版社，1992 年版，第 19 页。

女教的束缚,闺阁才女的才华深受压抑,"礼法名门,篇简自非仪之戒"。清代以后这种情况完全改变,致使章学诚惊叹:"此则钗楼勾曲,前代往往有之;静女闺姝,自有天地以来,未闻有是礼也。"①孙康宜等人的研究表明:从晚明到盛清,女性创作主体发生重大改变,才女由名妓传统转向闺秀传统。18世纪文化氛围所启迪的是才德兼备的淑媛才女。雍正十一年出版的汪观辑的《清诗大雅》开始选编"闺秀诗"。袁枚《随园诗话补遗》云:"近时闺秀(能诗者)之多,十倍于古,而吴门尤盛。"沈德潜(1673—1769)《国朝诗别裁》选录"闺阁诗"的标准是那些"贞静博洽"之"贤媛"的作品,摒弃"前人诸选"中"青楼失行妇女"的"风云月露之词"。他的这把选尺与其倡导的"格调说"相符合。乾隆时女诗人恽珠(1771—1833)所选《国朝闺秀正始集》亦拒绝选录青楼之作,盖有意标榜新的闺秀雅的风致,以区别于此前歌女之"俗"的传统。

(三)女性创作的多元化和群体性

此时的女性创作相对于以前的单一性、个体性及自赏性,呈现出多元化、群体性、共享性的特点。

明清两朝出版过专集的女诗人有近四千家。《历代妇女著作考》中收录的清朝三百年间的女性著述者3682家,"超轶前代,数逾三千"②;女性创作的体裁多样化,以诗为主,在词的方面成就也很大。宋元明三代的闺阁词人不到百家,而清代宣统年间徐乃昌的《小檀栾室汇刻闺秀词》及在它以前的《闺秀诗抄》收录的词人有六百余家,词近两千首。女子制曲,亘古未有,明末以来涌现叶小纨、梁孟昭、王筠、吴藻、刘清韵等女杂剧、传奇作家。沈自征说:"词曲一派,最盛于金元,未闻有擅能闺秀者……绸甥(指蕙绸,叶小纨字)独出俊才,补从来闺

---

① (清)章学诚:《章学诚遗书》,文物出版社,1985年版。
② 胡文楷:《历代妇女著作考·自序》,上海古籍出版社,1985年版。

秀所未有。"①从叶小纨的《鸳鸯梦》、梁孟昭的《相思砚》、王筠的《繁华梦》、吴藻的《乔影》到刘清韵的《小蓬莱仙馆传奇十种》等,都显示了女性在戏剧创作方面的成就。

女子又有著杂史笔记者,如:明武林才女梁小玉少女时即涉猎群书,感喟"二十一史有全书,而女史阙焉"。②遂著《古今女史》,分为外史、国史、隐史、烈史、才史、韵史、艳史、诫史等八史。又有同治时仁和严蘅女士著《女世说》,胪列当朝若干才女故事而成。生活于清末的苏州女子贾靓芬女史辑历代女子事迹为笔记小说《女聊斋志异》。

由女性编选的诗集就更多了:明末清初桐城方维仪"尝取古今女子之作,编为宫闺诗史"③。清初王端淑花费二十五年的时间编纂《名媛诗纬》。共四十二卷,收录一千位女诗人(主要是明清两代)的作品。嘉庆年间随园女弟子骆绮兰编《听秋馆闺中同人集》,收十八姐妹唱和之作及书札。

女性评诗清以前未见,清代产生大量女性诗话。如方维仪的《宫闺诗评》、湘潭才女郭漱玉的论诗绝句,如皋女诗人熊琏《澹仙诗话》四卷。而沈湘佩、王碧云所著《名媛诗话》则是专门评论女诗人的诗话。

女子作通俗小说,是中国文学史上破天荒的事,显示了女性的想象力和文学创作的深厚潜力。散文体小说非当时女作家所擅长,但也有人尝试写作。如汪端著《元明佚史》、晚清陈义臣著《谪仙楼》等,可惜她们的著作没有流传下来。韵文体的长篇小说当时叫做弹词,是为女作家所嗜爱的案头文体形式。从明末到晚清,在江苏、浙江和福建形成弹词女作家群,她们创作了大量的弹词小说,成为文学史上的奇异景观。

---

① (明)沈自征:《鸳鸯梦》序,《午梦堂集》,中华书局,1998 年版。
② 谢无量:《中国妇女文学史》,中州古籍出版社,1992 年版,第 47 页。
③ 谢无量:《中国妇女文学史》,中州古籍出版社,1992 年版,第 35 页。

明清女性文学创作一开始就呈现出家族范围的群体形式,诸如姊妹、母女、婆媳诗人等。例如:商祁一家女诗人,是由姊妹、母女、婆媳、妯娌、姑嫂等多重关系构成的女性创作群体。祁彪佳殉国时,商景兰42岁,有二媳四女,"咸工诗。每暇日登临,则令媳女辈载笔床砚匣以随,角韵分题,一时传为盛事。闺秀黄皆令入梅市访之,赠送唱和甚盛"①。商祁一家八名女诗人,包括商景兰及女儿祁德渊、祁德琼、祁德茝,她的妹妹商景徽及女儿徐昭华、儿媳张德蕙、朱德蓉共同出版了诗集《香奁集》。沈叶一家女诗人包括:沈宜修,字宛君,山东副使沈玒之女,天启进士、工部主事叶绍袁的妻子;长女叶纨纨,次女叶小纨,三女叶小鸾。几人都是自幼能诗的文学才女。母女擅长诗词,合刻《午梦堂全集》,叶小纨还创作杂剧《鸳鸯梦》。与她们一起开展文学活动的,还有宛君之妹沈智瑶,弟媳李玉照,侄女沈惠思、沈端容,宛君之姑之女张倩倩。桐城方氏三:方耀如,大理卿方大镇的长女,山东布政张秉文的妻子,崇祯年间,济南城溃,同其夫殉难,有《纫兰阁集》。方维仪,耀如之妹,17岁早寡,"以文史代织纫,教其侄以智,俨如人师"②。著《清芬阁集》,以古诗为佳。著作颇丰,有《宫闺诗史》、《宫闺文史》、《宫闺诗评》等。其妹方维则、弟媳吴令仪亦能诗。"当时方氏一门,闺阁中无不能诗者。其子弟多积学者有令名。故桐城之方,自后尝为望族也。"③

清代,家族女性一门联吟传统继承发扬,如随园三妹,陈端生、陈长生姊妹等。长生夫家归安叶佩荪一家女士诗名最盛。《随园诗话补遗》记云:"吾乡多闺秀,而莫盛于叶方伯佩荪家。其前后两夫人,两女公子,一儿妇,皆诗坛飞将也。"据《历代妇女著作考》载,一姓之家诗媛

---

① (清)阮元:《两浙輶轩录》,光绪重刻本。
② (清)钱谦益:《列朝诗集小传》,上海古籍出版社,1983年版。
③ 谢无量:《中国妇女文学史》,中州古籍出版社,1992年版,第37页。

最多能达十人以上,如《董十媛诗集合刻》,是书辑录宝山县董氏、董蕙生、董茂生、董德球、董德瑶、董梦月等十媛之作。

清代女性吟诗唱和蔚为风气。士宦家庭的妻女利用社会和家庭对才女的推重,结社吟诗,扩大了交际范围,展示了自己的才华;有的妻女还随家人游各地,增长了阅历和见识。清代才女交游的特点是交游圈扩大,数量多,跨地域,不唯女性,亦有男性。他们以诗文赠答唱和,互相交流,互相鼓励,诗话评论,出版合集等。其交游、唱和的情况有以下几种。

1. 闺秀之间的唱和

一般而言,闺阁诗人的交游多在家族之内,但不同家族之间闺阁才女的交往也较频繁。有的是才名相当情趣相投,形成固定的闺阁诗侣。这种情形很多。如晚明尤推大家者,以吴中陆卿子与徐小淑为著,二人齐名,常相酬和。另外经常在一起唱和的还有黄媛介与商景兰,沈湘佩与顾太清,李佩金与杨芸蕊,吴苹香(吴藻)与张云裳(张襄)等。更多的是诗媛之间随缘而遇的联系和交流。如随园女弟子骆绮兰编《听秋馆闺中同人集》,收有江珠、毕汾、毕慧、鲍之兰、鲍之蕙、鲍之芬、周澧兰、卢元素、张少蕴、潘耀贞、侯如芝、王琼、王倩、王怀杏、许德馨、秦淑荣、叶毓珍等人的相互唱和之作及往来书札。从中可见闺秀间的唱和近于一种消闲娱乐。如嘉庆年间有一位名叫潘素心的女子,"少耽吟咏,学诗于父",与父宦游居住广昌时,与黄氏两闺秀黄素芳、黄连城唱酬三载,得诗一卷。婚后随丈夫到北京,与一位官宦夫人金宜人相酬唱。后来她又搬到城东,与邻女王澹音等人唱和、讨论,甚为相得,遂发感慨:"夫何余所遇闺秀之多也。"[①]也有随夫宦游时士妇之间的往来唱和。当时从夫宦游的女子很多,年节岁时,往往互赠首饰、化妆品一类的礼物表示友情。方孟式与孙昌裔的妻子郑氏,翁为

---

① 潘素心:《平西唱和集》《城东唱和集》序,见《历代妇女著作考》。

枢的妻子吴慧,"三家妇独以篇咏相往复"①。方耀如殉节后,两位女友还为她出集作序。总之,女性之间的交往、游观以及吟诗联句,构成了当时女性创作活动的重要方式和内容。

2. 夫妻之间的唱和之乐

林佩环诗云:"修到人间才子妇,不辞清瘦似梅花。"寄外诗成为闺阁诗的一个类型。明代杨升庵的继妻黄娥擅长散曲,"用修有诗答妇,又别和三词,皆不及也"。任中敏辑《杨升庵夫妇散曲》。《列朝诗集小传》载文太青与邓氏"登车吊古,夫妇唱酬,笔墨横飞,争先斗捷"。

才子与才女的结合被时人誉为"金童玉女"。最出名的是明代商景兰与祁彪佳,清代的汪端与陈裴之。商景兰,会稽人,吏部尚书商周祚的女儿,明末清初文人、苏松巡抚、抗清名将祁彪佳的妻子。《静志居诗话》说:"祁商作配,乡里有金童玉女之目。伉俪相重,未尝有妾媵也。"汪端,杭州人,七岁赋《春雪》诗,人呼之为"小韫",嫁给陈云伯之子陈裴之,有《明三十家诗选》、《自然好学斋诗抄》等著作。她曾于生病时让裴之纳妾,后学道于龙门教。女诗人席佩兰与丈夫孙原湘均有较高的文学素养,夫妇工吟,互相师友,被誉为"一时佳偶"。前面所述的叶绍袁与沈宜修夫妇也是一对文学知己,"琼枝玉树,交相映带",为吴地文人所羡。

3. 与男性文人的唱和

此种类型又分为家族之内和家族之外。通常有血缘关系的兄弟姊妹间多不避嫌,而与外姓人的诗词交谊就比较少见。明末以前,只有诗妓才与男性文人唱和。明清之际,江南淑媛才女渐渐冲破礼教的樊篱,成为男性文人的知音。清末明初,活跃于文坛的女性如黄媛介、柳如是、王端淑、商景兰、吴山等,都与当时的文人名士有着频繁的文字之缘。

---

① (清)钱谦益:《列朝诗集小传》,上海古籍出版社,1983年版。

　　黄媛介，字皆令，明末清初嘉兴人，文学家黄象山的妹妹，杨世功的妻子。工诗善画，交游甚广。她与当时的文人名士多有往来，王士禛、吴梅村均为诗友。据《池北偶谈》记载，黄媛介曾为王士禛画一小幅，并题诗一首。她又曾客居于柳如是的绛云楼，与吴梅村互相唱和，有《和梅村鸳湖四章》，钱谦益为她的诗作序。清兵占领南京后，她跋涉于吴越间卖字鬻画为生。沈善宝《名媛诗话》言其"每至西泠辄居断桥小楼，卖诗画以自给。稍有余，便不作也"。顺治十五年过梅市，与商祁一家女诗人唱和。《柳如是别传》陈寅恪案曰："诸子妇与皆令唱酬诗颇多。"商景兰有《赠闺塾师黄媛介七律》，可见她还做过闺塾师。黄媛介的姐姐黄媛贞（字皆德）也有才名，但深自韬晦。有人用世俗观点比较姊妹二人的不同风格。《明诗综·闺门黄媛贞小传》引俞右吉语"皆令青绫布障，时时载笔朱门，稍嫌近风尘之色，不若皆德之冰雪净聪明也"，对黄媛介的交游广泛颇有微词。

　　吴绡，长洲（今苏州）人，许瑶妻。擅书画，精丝竹，能度曲，尝与文社主持吴梅村祭酒相唱和，呼祭酒曰兄，以至有人以为是亲兄妹。清溪诗社中的沈缵、江珠均有呈"心斋先生"的词作，江珠呼之为大兄。《澹仙词》作者、江苏如皋女词人熊琏有《题吴中女史自度腔书任心斋先生箫音后》。"性灵"诗派的另一代表诗人赵翼与随园女弟子归懋仪往来唱和并以为红颜知己，他在一诗中写道："岂期白首新知己，翻在红颜绝代人。"[①]在嘉庆人史震林的《西青散记》中，农妇才女贺双卿与三个慕名而来的文人作诗填词，充满传奇色彩，近乎不可思议。而最盛传者是顾太清与龚自珍的诗词"情"缘，所谓"丁香花公案"。顾太清与龚自珍之间确有唱和之谊，有人便以为龚自珍《忆宣武门内太平湖

---

　　① （清）赵翼：《味辛自松江归，述庵侍郎、佩珊女史俱寄声存问，并知佩珊能背诵拙诗，如瓶泄水，各寄谢一首》之二。

之丁香花》①所写乃两人间的恋情。孟森《丁香花》为此作驳辩说:"太清与当时朝士眷属多有往还,于杭人尤密。尝为许滇生尚书母夫人之义女,集中称尚书为滇生六兄……定公(龚自珍)亦杭人,内眷往来,事无足怪。一骑传笺,公然投赠,无可嫌疑……太清词翰遍传诸公间,集中投赠题咏,如潘芝轩尚书、阮芸台相国,皆有斯文声气之雅。其余宗室王公,如定郡王之流,恒有篇什相投。"由于顾太清的特殊身份和不羁性格,她与当时皇胄王公大臣多有交往,与文人间的诗词投赠更是常见。从清初袁枚授诗的被诋毁到清中叶男女诗人间较平等自由的交往的情况,可以感到当时社会风气渐变的趋势。

4.诗社活动

妇女结社风气大约始自东晋、北朝时代,信佛妇女自发组织妇女佛社从事烧香拜佛、修庙造像等佛事活动。最早的民间妇女社团可以追溯到一千年前,据发现于敦煌的两份古文书记载,在五代后周显德四年(959年),成立了以自护、自助、自娱为目的的民间女性社团"女人社"②。明代《温氏母训》上有"使妇人得以结伴联社,呈身露面,不可以齐家",可见当时社会仍流行妇女结社风气,当指像明代小说《醒世姻缘传》中所描绘的妇女为主的拜佛社团。

"文字缘同骨肉深"(龚自珍),对文学的共同爱好、一致的情趣追求以及情同姐妹的亲和力,使清代闺阁诗人开始扩大自己的文学圈子,组织家族以外的社群,有的发展为流派。

成立于康熙年间以顾之琼为首的蕉园诗社所发表的《蕉园诗社启》,是历史上第一个具有真正文学意义上的文学流派性质的女性团体,反映出清代女性创作活动的自觉和文学流派意识的形成。诗社成

---

① 该诗云:"空山徙倚倦游身,梦见城西阆苑春。一骑传笺朱邸晚,临风递与缟衣人。""缟衣人"被认为是龚自珍。李伯元、曾朴在诗作和小说中把此猜测写实。

② 大成:《最早的民间女性社团女人社》,《光明日报》,1993年9月26日。高世瑜:《中国古代妇女》,第138页。

员除初创始人顾之琼外，还有杭州女诗人徐灿、朱柔则、林以宁、柴静仪、钱云仪、顾姒、冯又令等。前五人被称为"蕉园五子"①，"诗有合刻"。林以宁后与同里柴静仪、钱云仪、顾姒、冯娴、张昊、毛媞组成"蕉园吟社"，号称"蕉园七子"。柴静仪被群推为"女士祭酒"。据载，三春丽日，蕉园诸女伴乘扁舟泛于西湖，"练裙椎髻，授管分笺"②，命翰分吟。相邻的画舫游船上，尽是环佩叮当的靓妆游女，见到闺阁诗人们不凡的风格都低头徘徊，自愧不如。

清中叶又有盟主为张清溪的清溪诗社。除张清溪之外，此社还有张芬、陆英、李嬅、席蕙文、朱宗淑、江珠、沈缠、尤澹仙、沈持玉九人。因为她们都是吴中（江苏吴县）人，号称"吴中十子"，共同结集出版了《吴中十子诗抄》。实际上，清溪诗社还有一个男性诗人，他就是张清溪的丈夫任心斋（兆麟），从十子的诗词中可以发现他是支持并参与了她们的活动的。实际上任心斋是这一诗社的主持人，十个女诗人乃是他的女弟子。通过夫人张清溪组织、召集这些有姻亲关系的诗媛成为心斋女弟子并与之唱酬，显得合乎礼仪，顺理成章。

又有张滋兰，与从妹芬及里中名媛结"林屋十子吟社"，多与随园女弟之一的王琼（碧云）唱和。《红楼梦》中有关海棠结社的篇章，即为对清代女性结社之风的审美再现。随园女弟子和碧城女弟子是以师姐妹关系为纽带组合起来的女作家群，实际是变相的文学结社。尤其是随园女弟子以袁枚的"性灵说"为宗旨，其代表人物如归懋仪、席佩兰、骆绮兰等人的作品均"出于性情遭际"，风格上有一定共性，成为最早的清代女性创作流派。

袁枚设馆招收女弟子，教诗论诗，传授性灵说。所著《随园诗话》

---

① 另有后五人之说，《湖墅诗抄》："季娴（柴静仪）工书画，与林亚清、顾姒启姬、钱云仪、冯又令，称蕉园五子，诗有合刻。"
② （清）俞陛云：《清代闺秀诗话》，《杭郡诗辑》。转引自施淑仪《清代闺阁诗人征略》，上海书店，1987年版，第25页。

收录的闺秀诗多是女弟子的作品。他还专门辑有《随园女弟子诗选》，收录二十八位名媛的作品。实际上女诗人受到他的指教或提携者至少可达五十余名。其中有孙云凤、孙云鹤姊妹，席佩兰、严蕊珠、张玉珍、金逸(纤纤)、归懋仪、骆绮兰、鲍之蕙、王碧珠、戴兰英、毕智珠等。乾隆壬子年三月，袁枚曾在孙家西湖宝石山庄与十三女弟子大会于湖楼，并请人画了《随园十三女弟子湖楼请业图》。他最推崇的女弟子有三人，自云"如(严)蕊珠之博雅，金纤纤之领解，席佩兰之推尊本朝第一；皆闺中之三大知己也"①。

清中叶杭州著名诗人陈碧城鼓吹女性创作，体裁进一步扩展，所著《西泠闺咏》中评论的女子作品不单是诗词，还有戏曲、弹词等。他热衷于招收女弟子，帮助女诗人著述，为女士征集题咏。私淑于名下的女诗人有吴规臣、张云裳、汪琴云、钱守璞、王兰修、吴藻、辛丝、陈滋曾、陈长生等，曾辑刻《碧城仙馆女弟子诗》。碧城女弟子组织上更为松散。大概由于与袁枚所处的时代不同，陈碧城这样做并没有引起太大的訾议，倒是曾有女诗人对他以女弟子诗邀名"延誉"的倾向提出批评②。

二、弹词体小说形式与清代女作家的写作心态

(一)弹词溯源

中国叙事文学很早就有韵文写作的传统，其与音乐相结合成为可以讲唱故事的文学，纯粹用于阅读的叙事诗并不多见。当唐代寺院高僧们教化大众的"俗讲"从一种仪式渐变为伎艺的时候，出现了讲经

---

① (清)袁枚：《随园诗话补遗》卷十"四一"，人民文学出版社，1962年版。
② 当时满族女诗(词)人顾太清名声很响，文人以得其一赠为荣幸。陈碧城屡次求赠不得，自作一首附于诗集，顾太清知悉后，作《题陈云伯春明新咏》痛诋"碧城行列羞添我，人海从来鄙彼公"。后人认为其中可能有些误会。

文、押座文、变文、词文、缘起等不同名目的体裁。这些体裁的共同特点是以七言韵文为主，间以散文，敷衍成篇，进行叙事。这一崭新的文类通称为"变文"。迄今发现的敦煌变文写本篇幅并不甚长，以叙述佛教故事为多，亦有不少民间故事。关于敦煌变文的影响，前人的研究和论述颇多，如与小说的入话、套语等通俗文学的模式的关联。但就有些文本本身来说，仍应视为有较高文化素养的人士（如僧人）的书面写作。它与流传民间、口传心授、加工整理的唱本不同，对后世书面的文人创作的韵文体小说不无影响。

宋元时代勾栏瓦舍中的讲唱文学非常兴旺，对音乐与韵文的偏好仍传承下来，不但在早期短篇话本小说中残留了痕迹，即使在元代长篇讲史中，也有且说且唱的方式。王恽《秋涧先生大全文集》卷七十六《鹧鸪引赠驭说高秀英词》记女艺人高秀英说汉魏、隋唐故事，有"掩翻歌扇珠成串"等句，说明她是说唱兼施的。

宋代以后，韵文体叙事向两个方向发展。一是沿着词曲一脉，发展成为独立的戏曲文类，同时有如诸宫调、道情等词曲连缀体形式；一是延续变文传统，生发衍变出诸如诗话、词话、宝卷、弹词、鼓词等以韵文为主、韵散相间的叙事文类。叶德均《宋元明讲唱文学》把这种韵文的体裁变化分别类属于"诗赞系"和"乐曲系"两大系统。

弹词原属"诗赞系"讲唱，近代学者多认为它的历史可追溯到宋代的说唱形式"陶真"。陶真的字面含义不甚明确，一说来源于道教"娱乐神仙"的"俗讲"，一说"陶真"即是"弄假成真"之意。这一名称的记载最早出现在南宋，《西湖老人繁盛录》中有"唱涯词只引子弟，听陶真尽是村人"之语。陶真以文辞通俗为特点，当时杭州已很流行。明嘉靖时田汝成说：

> 杭州男女瞽者，多学琵琶，唱古今小说评话，以觅衣食，谓之陶真。大抵说宋朝事，盖汴京遗俗也。……若红莲，柳

翠,济颠,雷峰塔,双鱼扇坠等记,皆杭州异事,或近世所拟作者也。①

他认为南宋以来一直到明代,杭州盛行的陶真正是北宋的"汴京遗俗",不过弹唱的内容增加了杭州逸事,这些故事为我们所熟悉。当时短篇话本小说即有这些名目,极有可能是从陶真改为散文体小说的,可见陶真与小说的关系非常密切。陶真的文本并没有流传下来,但从文献材料可知其句式是七言韵文②。

弹词的名称亦出自《西湖游览志余》。田汝成记载杭州人观潮时优人表演百戏,其中有弹词、渔鼓等③。清初人写的《三风十愆记》记载明末常熟丐妇草头娘"更熟廿一史,精弹词"。明万历年间北京也有盲女唱弹词的记载。沈德符《野获编》卷十八"冤狱"条云:"其魁名朱国臣者,初亦宰夫也,畜二瞽姬,教以弹词,博金钱,夜则侍酒。"可见它的流传并不限于江南。弹词得名于它的伴奏乐器:琵琶和三弦。明末董说《西游补》第十二回"关雎殿唐僧坠泪,拨琵琶季女弹词"中,有关于小月王与唐僧听三个盲女唱弹词的描写。弹词的别名又有盲词和南词之说,是因演员多为盲者及其具有江南特色得名④。

实际上陶真和弹词都只是具体伎艺的名称。明人把这些用诗赞韵文体进行叙事的文本统称为"词话"。其名称始自元代。虽无元人词话的完本,但在元杂剧中经常穿插以七言、十言和杂言的唱词,其句法规律与明人词话甚至明清的弹词、鼓词并无二致。明代词话盛行,

① (明)田汝成:《西湖游览志余》卷二十,浙江人民出版社,1980年版,第320页。
② (明)周楫《西湖二集》卷十七《刘伯温荐平浙》入话:"那陶真的本子上道:'太平之时嫌官小,离乱之时怕出征'"。(明)郎瑛《七修类稿》卷二十二:"闾阎陶真之本起,亦曰:'太祖太宗真宗帝,四帝仁宗有道君'。"
③ (明)田汝成《西湖游览志余》卷二十"其时优人百戏:击球、关扑、鱼鼓、弹词,声音鼎沸"。浙江人民出版社,1980年版,第326页。
④ (清)乾隆刊本《文明秋凤·序》"弹词始于南,而盛行于南,是为南词。授盲者歌之则为盲词"。

上海嘉定宣氏(女)墓中发现的"说唱词话",为明代中叶成化七年到十四年(1471－1478)北京永顺堂刊印,共十一册十三种,其中讲史三种,如薛仁贵跨海征辽故事;公案八种,大部分是包公故事;还有两种神怪故事。篇幅一般不超过三万字,相当于中篇。散文平均占十分之一强,韵文部分主要为七字句,间有"攒十字",与陶真、弹词的句式相同,当是最早的弹词文本,但俱是艺人演出的底本而非文人加工过的案头读本。清初的《天雨花》称当时有"弹词万卷将充栋",很可能包括了这些词话的文本在内。

明代后期由于方言和地缘文化的发展,弹词和鼓词渐分泾渭,时称"南弹北鼓"。进而从单纯由使用乐器不同的两种伎艺名称,发展到两种不同形式文体的代称。二者的主要区别在于使用七言还是十言(或杂言)的韵文句式。

文人采取弹词形式创作作品始于明中叶,也有说更早。元末杨维桢著有《仙游》、《梦游》、《侠游》、《冥游》四种①,据说是最早的弹词。但因作品亡佚,故只是猜测而已。蜀人杨慎(1488—1559)著《历代史略十段锦词话》,自明清以迄近代,广泛流传,几为家弦户诵之书。作为诗人、词曲家的杨升庵不满足于诗词的题材狭窄,认为"诗词只可谈风月,今古还堪警世人"。有心在历史叙事方面闯一条既有别于史传文、又不同于民间讲史的新路。于是采取"一段词一段话"、"一篇诗一篇鉴"的方式,"铺张短话成长话",剪裁数千年史实写成长篇史诗。明人

---

① (元)臧懋循《负苞堂文集》卷三"弹词小记"云:"若有弹词,多瞽者以小鼓、拍板,说唱于九衢三市。亦有妇女以被弦索,盖变之最下者也。近得无名氏《仙游》、《梦游》二录,皆取唐人传奇为之敷演……或云杨廉夫避乱吴中时为之。闻尚有《侠游》、《冥游》录,未可得。"叶德均在《宋元明讲唱文学》中认为:"原书既不可见,它们是否为元代作品,也就难于判断。至于杨维桢创作一说,本是传闻,更难于置信"。

以此式法,视为弹词奠体之作,明季更名为《二十一史弹词》①,它对清代弹词的发展具有启导作用。作品由雅入俗,变俗为雅,首开文人案头创作弹词的风气。虽然它只有三万字的篇幅,且不是韵文体小说,但却开拓了这种文体的更多用途和更大容量。再者,它是文人或士人讲史兴趣继章回小说《三国演义》之后又一次爆发以及文体上的突破。稍后梁辰鱼(1519?—1591?)《江东二十一史弹词》、陈忱《续二十一史弹词》(此两部作品不存)虽属效仿之作,但对传承历史叙事传统、固定此种文体体例起到很大作用。清代长篇弹词均以宏大的历史叙事为故事框架,体例以《二十一史弹词》为范本,如用"诗曰"引发的开篇成为清代弹词的常规。

(二)闺阁中的写作:一种新的小说文体

清代弹词的流变呈现两种不同的面貌,像一条大河分出的两股溪流:一支仍活跃于民间艺人的口头之上,演唱于茶寮书馆之中,浇沃于百姓日常的娱乐和精神生活。一支则进入了书斋,用于案头的阅读和采用此文体进行文学创作。特别是读书识字的闺秀们对这种文体独有情钟,利用女红之余传抄阅读和写作。两类弹词文本,在考虑接受者、题材选择、篇幅、语言等方面区别十分明显:一种接近于实际演唱,即脚本性质的文本,如《珍珠塔》、《三笑姻缘》等市井传奇、才子佳人爱情故事,分角色唱、白、表,表演性强。大多是根据艺人脚本增饰或类似于宋代书会才人之作。篇幅至多不超过三十几万字。另一种则不大考虑演唱的情况,以想象的"知音"读者为阅读接受者,以七言韵文为主,散文部分采用通行语体文,以男女英雄创业和婚姻故事为主线,进行长篇叙事。清代闺秀才女的弹词创作,大多属第二类。这是一种

① 此作以十字句为主,文体上与后来弹词有较大不同,所以郑振铎认为不是弹词是鼓词。但从七字句仍占一定比例和开首诗篇的格式来看,仍应视为明代南方的弹词,与流行于北方的鼓词,如明末清初山东文人贾凫西创作的《历代史略鼓词》有明显的区别。又:常熟草头娘"精弹词",曾弹唱《二十一史》,它不可能是鼓词。

新型的小说文体。

我们要说明此类韵文体小说的文体性质，首先需要从书面文学、写作手法以及读者三方面，把它与弹词原始体区分开来。

1.它是书面的个体性的创作，而不是大众化的讲唱文学。讲唱文学要考虑实际演唱的效果，选择大众化的题材，采用浅近上口的语言。弹词原始体即脚本性质的文本，以市井传奇、才子佳人爱情故事为多，因演唱的需要，分唱、白、表，角色性强，散文部分糅杂吴语说白。作为韵文体小说的弹词则根本不考虑演唱的需要，纯粹出于"消遣"的"笔墨"而写作，作品中屡屡出现创作个体的自白文字。《玉钏缘》作者说自己是"绮窗无事做长篇"；《再生缘》的作者陈端生把"闲绪闲心都写入"，"妙笔仍翻幻化文"。她们都强调自己是在用笔来写，来自我消遣、自我表现。语言的区别也很大，《绘真记》凡例第二条云："此书原非唱本，仅可供文士课余，佳人绣罢，茗口炉香，陶情悦性，倘用繁弦急管，反失其字句新丽，词意缠绵。"

2.均系长篇巨制，且工于描写，只能是案头阅读，根本不适于演唱。这种文体的突出特点就是篇幅长。一部作品至少三四十万字，通常七八十万字，一百万字以上的并不罕见，最长的如《榴花梦》四百多万字，比《红楼梦》多三倍。"其气魄之伟大雄厚，远非散文语体小说所能追及。"[①]人物众多，情节繁杂，且描写细腻入微，读来有冗长琐碎之感，情节进展缓慢，回与回之间并不故作"惊人笔"，吸引读者的是人物性格的发展与悲欢离合的命运。

3.作者所期待的"知音"是精英读者而不是一般"听众"。作者在写作弹词小说时，对"知音"充满想象和期待。她们心中自有"阅者"、"看书人"在，或是"闺阁"，或是"淑媛"，陈端生说："不愿付刊经俗眼，惟将存稿见闺仪。"程蕙英说："开卷但供知己玩，任教俗辈耳无闻。"这

① 佟晶心：《民间的俗曲》上，《剧学月刊》，第四卷第一期。

里的"俗眼"、"俗辈"可指一般大众,也可指当时庸俗、流俗的社会势力。其心目中预期的知音读者是与她们大体处在同一阶层的女性。而这种小说写作之初的确是定位于私下场合的读物,在家族妇女成员间以手稿形式流传,创作的本意只是让家族成员欣赏。即使已流行于外,她们也只认可作为"闺中知音"的女性读者。

女作家弹词最迟出现于明末清初。顺治八年完稿的《天雨花》中有"弹词万卷将充栋"句,说明当时已产生大量的弹词文本,如《玉钏缘》、《天雨花》是较早完成的作品。不过,当时但长期无刻本,只以抄本的形式流行。清乾隆年间始有书坊开始刊行弹词小说,嘉庆道光年间书坊刻印弹词蔚然成风,清中叶弹词作家和作品大量涌现,直到民初还有余绪。

据我们发现和考证,从 17 世纪中叶到 20 世纪初的近三百年中,弹词作品的数目达四百种之多[1]。作为韵文体长篇小说的弹词作品,也有五六十种之多。如《刘成美》、《金钱传》、《玉钏缘》*、《天雨花》*、《安邦志》*、《定国志》*、《凤凰山》*、《再生缘》*、《锦上花》*、《再造天》*、《三生石》*、《赤玉莲花》*、《昼锦堂记》*、《笔生花》*、《梦影缘》*、《榴花梦》*、《金鱼缘》*、《群英传》*、《子虚记》*、《中秋记》*、《镜中梦》*、《九仙枕》*、《双鱼佩》*、《精忠记》*、《英雄谱》*、《凤双飞》*、《四云亭》*、《侠女群英史》*、《精卫石》*、《来生福》、《娱萱草》、《梅花梦》等。其中带 * 号的都是女作家的作品,约有三四十种。女作家姓氏可考的有二十一位,如陶贞怀、陈端生、梁德绳、侯芝、黄小琴、朱素仙[2]、邱心如、郑澹若、藕裳、李桂玉、孙德英、陈谦淑、曹湘蒲、周颖

---

[1] 此说法见陈汝衡《弹词溯源和它的艺术形式》,《陈汝衡曲艺文选》,第 513 页。根据胡士莹《弹词宝卷书目》而来,400 种内包括同书版本不同,实际著录了 270 种。

[2] 她所著的《玉连环》是一个特例,以代言体形式创作,生前由其女友——一位女艺人演唱过。另一种以代言体写作的弹词作品是《绘真记》,伪托朱素仙,可能也是一名女作家。

芳、程蕙英、彭靓娟、秋瑾、姜映清等①，也有一些是无名氏的作品，因未署名而湮没不彰。她们的作品或在女眷间辗转誊抄，或"灾枣殃梨付书坊"，或洛阳纸贵"不胫而走"，或"大行于世，闺阁中靡不人手一册"②。

按照作品的题材分类，主要以儿女英雄类为主，谭正璧《古本稀见小说汇考》云："章回小说之部"列有"英雄儿女"一类，并释名云："此类小说略异于上述'才子佳人'故事，但'才子'必兼文武之才，或佳人亦娴武艺。"弹词中的男女人物确实有如上所说的特点，但与《野叟曝言》、《儿女英雄传》为代表的"儿女英雄类"章回小说有所不同。其间区分在于，弹词对"英雄"的期许及对"儿女"的渲染，往往带有闺阁之梦的色调。

按照历史年代的顺序，这些作品可分为早期、中期和晚期。这三个时期是按照弹词小说作品所体现的时代特点和共同风貌来划分的。从明末清初到嘉庆年间，有《玉钏缘》、《天雨花》、《安邦志》、《定国志》、《凤凰山》、《再生缘》、《辊龙镜》、《三生石》、《赤玉莲花》、《昼锦堂记》、《锦上花》、《再造天》等，是为早期。从道光初年经咸丰至同治末年(1821—1874)，可视为弹词小说创作的中期。主要作品有《笔生花》、《梦影缘》、《榴花梦》、《金鱼缘》、《群英传》、《子虚记》、《九仙枕》等。这一阶段弹词小说形式完全成熟，书坊刻印激增，影响进一步扩大，不断出现大部头作品。女作家弹词小说忧患意识浓郁，倾力塑造英雄群像，力挽国势颓运；桂恒魁式独往独来的兼具治国之才和齐家之术的女英雄，人格力量之强大为以往文学史上所绝无仅有。由于得到社会的承认，女作家署名之作增多。晚期(光绪至清末民初)弹词，除《凤双

---

① 赵景深在《曲艺丛谈》中谈到弹词女作家还有沈清华(道光)的《醒愁编》、王素芬(不知何年代人)的《吟余编》，但从书名看，与大多数作品似有不同，疑非弹词小说。因笔者未见其书，故不列人。

② (清)佚名：《十粒金丹 后记》，中州古籍出版社，1986年版，第568页。

飞》外鲜有以往那样长的篇幅,其他主要作品有《精忠传》、《四云亭》、《九仙枕》、《侠女群英史》、《英雄谱》、《双鱼佩》、《五女缘》、《精卫石》等。晚清时期强烈的民族与家国意识在弹词小说中也有反映。有关三个时期女性弹词创作概况的梳理,见于本文附录。

(三)女作家的写作心态

1."闲文"的自传性

笔者在浏览大量女作家弹词原作时发现,那些附着于文章卷首或卷尾诗篇的自叙文字,也即游离于正文所述故事的"闲文",往往带有一定的自传色彩,显露出女性作者特殊的书写心态。

旧时的历史文献包括地方史志,通常为三种女人立传:贞女、节妇、贤母。宋代以后由于将所谓"贞节"与女性生命价值空前密切地联系起来,以至《列女传》几乎演为《烈女传》。这种史传传统侧重女性生命的母性与道德层面,着眼点在于塑造符合女德的楷模和典范。而女性生命的多重面貌、她们所处的世界和对生活的观照是否与这些史传相同?回答当然是否定的。古典文学中属于女性自传的文字非常匮乏,有研究者认为,李清照的《金石录后序》是唯一算得上记述有"个人主义"经历的文字,如同凤毛麟角一般不可多得①。传统女性成为沉默、失语的人群,很少发出自己的声音,这与她们的从属地位直接相关。然而,清代女作家在弹词小说中以韵文吟诵的形式讲述身世背景、写作动机、写作过程及情绪心态等私密性较强的话题,实际上已接近于女性自我的独立呈现。尽管大多数女作家并没有意识到这些自白有多么重要,所以轻描淡写地将其说成是与正文无关的"闲文",但也有女作家十分看重这些表述文字,如邱心如、陈端生等。如果把《笔

---

① 胡晓真:《女作家与传世欲望——清代女性弹词小说中的自传性问题》,收入《语文、情性、义理——中国文学的多层面探讨国际学术会议论文集》。她的研究认为弹词小说中的作者自叙文字应视为自传的一种变体,可以弥补传统女性自我呈现之不足。

生花》中的全部"闲文"略加整理,不失为一篇颇有分量的时空经纬较为清晰的个人自传。

女性通过"写作"这一行为实现自我,具有积极意义。因为她们越想挣脱强加于自己的性别角色,就越想把内心的"表现"寄托在"写作"的行为上。正如弗吉尼亚·伍尔芙在《一个人的房间》中所说,对于想参加社会而受阻的女性来说,写信或写诗的行为,是她们的一种教育或者修养,为她们打开一扇窗户,有才华的女性只有在那里才能得到表现,因为许多发挥她们才华的途径已被堵住,不得不在有限的文学艺术领域里开掘表现自我的道路。写作正是这一行为的可靠武器①。

表白心态体现了女小说家与男小说家在创作心理方面的某种不同。通俗小说的男性作者以"全知全能"的叙事人角度叙事,很少或根本不对创作时的心态加以分析或说明。而弹词小说的女作者往往喜欢在作品中表白自己写作时的心境与状态,如窗外的四时景色与人生感悟,环境家务与情绪情感的种种联系,相关文字由是成为探寻自我、袒露内心的自白。如《昼锦堂记》开首云:"寒闺无所消长日,喜作词章写素心。幽窗研罢淋漓墨,湘管书锦绣成文。"一位大家闺秀"深闺消遣"的写作动机跃然纸上。《九仙枕》云:"自笑前身是蠹鱼,等闲不放一时余。劳劳终日缘何事,夜谱新词昼读书",表现了作者读书的勤奋和夜间写作的习惯。《玉钏缘》中说:"人将诗集传世上,我以弹词托付心。"此句被后来的弹词作者反复引用,表达了女作家希冀以作品传世的愿望。《双鱼佩》中说:"权将笔墨为知己,聊把花笺当友朋",表达出倾诉的快感和消除孤独的喜悦。《梦影缘》则说:"聊借酒杯浇块垒,素心浪泻管城兴",表现了女作家借写作排遣心中郁闷的寄托心态。《金鱼缘》开篇说:"欲伸世上闺娃志,编作长篇漫漫弹",表现了女作家施展才情、寄托抱负的心态。《三生石》末尾云:"我自消愁拈彩笔,敢云

---

① 参见(日)水田宗子:《女性的自我与表现》,中国文联出版社,2000 年版。

舌上璨青莲",表现了女作家的恃才自负之心。

2. 深闺消遣，自娱娱人

女作家们经常自言她们写作弹词小说的主要动机是自娱娱人。《玉钏缘》的作者说她写作弹词的目的是"闺中清玩","修就弹词惟自玩，曲中亦不望谁怜"，似乎"无待"的清纯境界。"绮窗无事作长篇"，她把写作视为与女红之余的其他闺中游乐一样，是纯粹的个人遣兴活动。但是最后仍然流露出劝世、传世和寻求知音的期待。卷尾云："此书不劝图安乐，我语惟祈夺利名。我敬忠来又敬孝，男持义来女持贞。文情宛转堪清玩，书理分明岂易闻。可幸编书成一帙，深聆悦耳得殊闻。人将诗集传于世，我以弹词托付心。岂是琵琶邀俗赏，愿为闺阁供清听"，可见作者的款款情怀。

把写作弹词《昼锦堂记》作为"深闺消遣"的那位无名氏才女有着细腻敏感的女性情怀，经常在卷首表露自己的写作心态。例如卷二的有感而发："不遇知音空抱叹，高山流水有谁闻。传奇小说虽庸俗，也堪寄意且陶情。"也许她的写作不被亲人理解，但她还是坚定了写下去的信念。卷三回首表露孤芳自赏的情怀："独坐正无聊，南窗喜日晴，幽怀谁与语，得句自相评。漫论文华共，先宜笔底明。深闺消遣事，戏把砚田耕。"卷八云："学浅效愚痴，情同一局棋。片言能独笑，寸纸述狂思"，呈现其自遣、自娱的心态。卷九仍然感叹知音难遇："庸俗观偏广，知音遇更难。未逢钟子听，难识伯牙弹。"终于在写到第十卷的时候觅到了知音，她觉得自己作品被人阅读和流传比死后传名更重要，"嬉传生前业，非彼死后名"。所以她把作品"寄与诸淑媛，赐览足垂荣"。弹词女作家们把自己的作品送给家中的女眷和要好的女友，请她们阅读和欣赏。

3. "觅知音"的读者期待

弹词的写作与诗词的写作一样，成为女人在女人中寻求知音的一种媒介。"残唐先宗多佳话，赠与知音淑女听。"(《安邦志》)"小窗无事

新编就,传与香帏绣阁听。"(《赤玉莲花》)"留贻闺阁邀清赏,工暇消闲
仔细评。"(《笔生花》)"闺阁之音颇赏玩,庭帏尊长尽开颜。"(《再生
缘》)弹词《再生缘》在女性中获得了广大的读者,还没有写完就已经流
传开来,"惟是此书知者久,浙江一省遍相传"。所以到十七卷卷末,作
者告诉读者:"知音爱我休催促,在下闲时定续成。"很明显弹词是女人
为女人的写作,因此可以推测当时潜在的女性"阅读社群"的存在
方式。

女作家弹词中经常提到的读者是"闺秀"、"淑媛",并对"知音"充
满想象和期待,尽管弹词的文字尚称浅显,不必非"才女"才可阅读。
但写作者乃是"精英"阶层女性,所表达的内容宏旨颇为"不俗",作者
心目中预期的知音读者正是与她们属同一阶层的女性。这些少数女
性读者由于产生相同兴趣、阅读相同读物而可能形成紧密的心理联
系,在此姑且以"阅读社群"称之。因为它界限模糊、缺乏组织,没有什
么实质,只是"想象"的社群。具体可分为"家族内部"、"家族之外"两
种联系方式。家族内部女性成员中往往有阅读弹词小说的传统,边传
阅边抄写是最为基本的有效的阅读方式。一部新的女性写作的弹词
首先在家族内部传抄,如《天雨花》的本子就有清河张氏嫂,莒城张氏
嫂,同里蒋氏姊、高氏姊、管氏妹等不同的传抄本。这种家族女性阅读
影响到女性创作弹词的家族传承。母女、姊妹、姑嫂之间或有受到激
励的情况,如邱心如受到其妹"新词"的影响,周颖芳受到其母的言传
和婆母一家爱好读写弹词的熏陶;或有一起合作的情况,如《玉钏缘》
的作者是母亲和未出阁的女儿,《英雄谱》的作者是白香女史和她的小
姑。家族之内的阅读亦有男性,与作者的亲戚关系有丈夫、兄弟、儿
子、侄子等。从他们为作者写序可知其对作者、作品的看法。

传抄有时是作为一种准宗教的"功德"行为。阿英《弹词小话引》
云:"过去妇女喜欢听弹词,也喜欢抄弹词。故弹词抄本,流行得特别
多。所以抄,有时也另有原因,就是这一类作品,被当作善书看,抄写

一部，即是一部功德。故有些抄本结尾，我们还可看到附语，说是'阅后请抄一部再送友人，功德无量'等等"①。这种滚动式阅读加传抄的方式，对作品的普及流传是十分有效的。有的与民俗传承紧密结合。如福建福州一带曾盛行由未婚女子抄写弹词，作为嫁妆带到夫家。三百多册的《榴花梦》的传抄本俱出于闺秀手下。家族之外的读者首先是作者周围的同性朋友，她们有的为作品写序，有的为作品题词。清代才女交游的特点是交游圈扩大，数量多，跨地域，不唯女性，亦有男性。他们以诗文赠答唱和，互相交流，互相鼓励，诗话评论，出版合集，种种方式表明这种阅读和创作的社群及互动关系的存在。然而抒情诗的情况不大适用于长篇叙事作品，对小说的研讨和交流不大好开展。有学者认为，以创作为一种特殊的对话方式来影响其他读者是可能的。《玉钏缘》、《再生缘》、《笔生花》、《再造天》即是以连续的主题人物组成阅读反应链，处于后面的每个文本都是与前一文本的对话。对于既是读者又是作者的女作家来说，她们以遵循此一文类的基本模式来体现认可和维护女性传统，同时又不断以创新来体现创作个性②。

娱亲也是写作弹词的动机之一，有时还被说成是主要的动机。特别是写给母亲看。弹词中经常可见的"萱堂"或"北堂"，即指母亲。有一部弹词叫《娱萱草》，署名橘道人，男性，序言里说明是为孝母所作。同治时淮阴人邱心如《笔生花》在首卷谈到写作原因时说："原也知，女子知书诚末事，聊博我，北堂萱室一时欢。"二十七回结尾又说："却笑余，呆呆作此诚何补，止不过，聊博慈亲一笑焉。"在这之前，她还说过写作的目的是"遣穷愁"，但似乎不如"娱亲"的理由更能为社会接受。云腴女士的序也一再强调她是一位孝顺母亲的女儿，"当北堂之善病，

① 阿英：《小说闲谈四种》，上海古籍出版社，1985年版。
② 参见胡晓真：《阅读反应与弹词小说的创作——清代女性叙事文学传统建立之一隅》，（台湾）"中央研究院"中国文哲所研究集刊，第8期。

愁锁眉峰;坐西阁以构思,花生腕底。"为孝母而写作不但可以理解,也值得敬佩。《再生缘》的作者陈端生也说:"原知此事终无益,也不过,暂博慈亲笑口开。"她的母亲汪氏是一位知识女性,深爱弹词,还经常指点陈端生的创作,"慈母解颐烦指教,痴儿说梦更缠绵。"母亲成为女儿创作的第一个读者,也是她写作的动力。但"自从憔悴萱堂后,遂使芸湘彩笔捐"。由于母亲病故,端生竟辍笔长达十二年。大约作于明末清初的《玉钏缘》是母女两人共同创作的。西方女性主义认为,大多数有写作才能的妇女都没有被母亲认同,而是至少有一个期望她们成才并鼓励她们写作的父亲,如英国小说家弗吉尼亚·伍尔芙就是这样①。但从明清众多女诗人、女作家的成长过程、写作经历来看,本土情况并非完全如此。有一个开明的、重视女子教育的父亲,固然可能具有决定性的意义,但女性家长的作用仍是重要的。

4. 抒写、倾诉不平之声

一些女作家自我表白的心态,与性别意识的萌发有直接关系。她们省察自身生命的存在价值和所扮演的社会角色,意识到生为女人痛苦可悲的现实生存状况,带着才女与怨女相重合的心态写作,在部分作品中传达出不平之音。

首先,她们往往以依恋和赞美的语调描绘和回忆在父母身边的生活。《笔生花》第一卷第一回写道:"最好光阴是幼年。堂上椿萱欣具庆,室中姑嫂少猜嫌。未知世态辛酸味,只有天生笔墨缘。喜读父书翻古史,更从母教嗜闲篇。"《再生缘》第十七回云:"尽尝世上辛酸味,追忆闺中幼稚年。姊妹连床听夜雨,椿萱分韵课诗篇。"这里,未嫁和既嫁俨然是两个世界。她们还常提到"俗冗"、"俗累"对写作的影响,因为繁杂的家务琐事使她们不能全身心地投入创作。"俗冗日充盈,

---

① (法)西蒙·波伏娃:《妇女与创造力》,见张京媛主编《女性主义文学批评》,北京大学出版社,1992年版,第154页。

何心问笔耕?"(《昼锦堂记》)"心慵笔亦庸"、"最恼倥偬俗累羁"、"只多俗冗襟怀扰,那有幽情笔底催"(《笔生花》)等等,正是她们为此发出的感慨。

《笔生花》的作者邱心如出身儒门,自幼有文才。起初,她的写作是为娱亲、消遣,从某一年的春天动笔到转年夏天写了五回,所涉及的是少女情怀和青春的闲怡。如第二回所云:"少小年华情自适,清凉天气兴偏优。虫声入户人初睡,月影横窗夜更幽。独坐黄昏无所事,前文接续句重搜。"而出嫁后,她搁笔达十九年之久。她在第五回末尾自述道:"一自于归多俗累,操持家务费周章。心计虑,手匆忙,妇职兢兢日恐惶。那有余情拈笔墨,只落得,油盐酱醋杂诗肠。近因阿妹随亲返,见示新词引兴长。始向书囊翻旧作,披笺试续剔残釭。忙中拨冗终其卷,早已是,十九年来岁月长。"嫁人后的日子为俗事所累,没有闲暇也没有心情写作。因看到妹妹的新词(亦是弹词小说,不知书名)而激起创作欲望,从此忙里抽闲地写下去。她把作品当作倾诉对象,"惟停针线偿诗债,或检篇章遣闷怀",每每还在回首率直诉说人生遭际的不如意。如第六回回首谈到丈夫功名不成,穷愁潦倒;生计艰难,儿女尚不懂事;慈父离世,妹妹寡居;夫家人事复杂,"本属两姑难作妇,何当群小再疏亲"。至第八回回首,可以见出作者的生活愈加艰难:"质尽衣衫存败絮,空余性命比尘轻。室中落落如悬磬,灶下空空少束薪。"唯有写作可"遣穷愁",以使自己"忘忧",所以作者经常挑灯写作彻夜不眠。但是到了第十二回她说:"欲遣穷愁愁更添",除了家中的那些恶口毁谤流言和朝朝欲断炊的贫困,母族的迅速衰落也让她十分感伤。"论家风,祖籍淮阴原望族,评事业,官居学博奉先贤","似这般,遗泽后人该乐业,却不道,而今天道曲还偏"。至此,她和陈端生一样,发出了"骚首呼天欲问天"的悲怆之叹。

不过,尽管愁思千结,又值苦雨绵绵,但在"惊米贵,苦囊空,不在愁中即病中"的艰苦条件下,她依然坚持写作,"抽毫续旧篇"。《笔生花》写到二十回时,她差不多四十岁左右,生活满目凄凉:"自赋于归二十一年,毫无善状遇迍邅。备尝世上艰辛味,时听堂前诟谇言。喜的是,爱女多能情少慰,恨的是,痴儿废学愧三迁。愁的是,良人终岁饥躯迫,痛的是,寡妹无家苦志坚。一桩桩,已累寸心常戚戚,连日来,何堪病体又恹恹。真个是,诗肠欲并愁肠结,真个是,墨迹将和泪迹研。"写至二十九回时,心爱的女孙忽染重病夭殇,女儿又出嫁,加上亲兄病亡,她的心绪恶劣到极点,不得不暂时搁笔。作者一生贫困交迫,"老犹设帐",做女塾师为生。她遍尝世态炎凉,于是把人生况味融进作品中。一部《笔生花》,"浪费工夫三十载",其间人事倥偬,俗事纷纭,屡次搁笔,却又顽强继续。作者的心态早已远离消遣,可以说是受到书写女性生存状态的使命感的驱动,借作品宣泄心中的创痛和不平。

《再生缘》前十六卷是陈端生十八九岁时的作品,最初以少女大胆而纯情的心态写作。第一回回首云:"闺闱无事小窗前,秋夜初寒转未眠。灯影斜摇书案侧,雨声频滴曲栏边。闲拈新诗难成句,略检微词可作篇。今夜安闲权自适,聊将彩笔写良缘。"她把自己的写作称为"妙笔仍翻幻化文";又说:"闲绪闲心都写入,自观自得遂编成。"在她写作《再生缘》期间,母亲汪氏曾给她很大帮助:"慈母解颐频指教,痴儿说梦更缠绵。"但二十岁时母亲去世,陈端生悲痛服孝而辍笔,作品中有"自从憔悴萱堂后,遂使芸湘彩笔捐"之句。待到十几年后再续写时,已是历尽沧桑、生活遭逢重大变故的中年女性,早不是"拈毫弄墨旧时心"了。据陈寅恪考证,她的丈夫范葵因为在一次科举考试中作弊,被流放新疆伊犁长达十五年之久。陈端生在第十七卷卷首述其撰著本末、身世遭际。"挑灯伴读茶声沸,刻竹催诗笑语联"之句,透露出她与丈夫的婚后感情不错,但"一曲惊弦弦顿绝,半轮破镜镜难圆",丈夫突然被捕,给了她很大打击。"从此心伤魂杳渺,年来肠断意犹煎。"远隔千山万水,丈夫迟迟不得生还,端生就在这种生别离的等待煎熬中度日,"未酬夫子情难已,强抚双儿志自坚。日坐愁城凝血泪,神飞万里阻风烟"。随着时间的流逝,希望愈加渺茫,恐今生今世不能相见,《再生缘》成为"今日谶"语。陈端生无法抑制心中的悲愤,发出"搔首呼天欲问天,问天天道可能还?"的质问,抒发心中强烈的不平。这不仅是对女性或人生境遇的感慨,更是对社会政治的怀疑。这样的反叛意识贯穿在作品中,其中十七卷更为明显,反抗的情绪殊为强烈,结果,女主人公孟丽君在两个男性——挟君权的风流天子和挟夫权的未婚夫皇甫少华的逼迫下"吐血如潮"。

也许是作者"断肠人"的心态无论如何无法写成团圆结局,也许是参悟禅机遁出红尘,在随后的十几年中,端生未能再续一回。最终留下未完之作,也给后人留下一串问号。陈寅恪谓"《再生缘》实弹词中空前之作,而陈端生亦当日无数女性中思想最超越之人也"①。愈是才华绝代女子,愈是憔悴忧伤,从弹词小说中足可以看出"历来妇女精神上所受到的压迫和无所寄托的情况"以及"感情所要发泄的倾向"②。

(四)以女性视角再现女性生活

广泛反映清代妇女生活的各个层面,表现女性的不幸命运,是女作家弹词的主要内容之一。弹词作者的女性性别身份使之真切了解妇女的生活。现实生活中因为不能自主择偶而导致的婚姻悲剧以及家庭生活的种种遭际和痛苦,往往成为作品的主要情节。女作家有时还以"自我"为视点观照女性不幸的根源,试图说明女性在现实生活中的悲剧是由不合理的制度决定的,而不是命中注定或由女性本质造成的。这一点与《金瓶梅》、《醒世姻缘传》等章回小说所宣扬的"前世孽债"因果报应的思想是大不相同的。

一些作品主要通过再现女性生存的现实,反映女性在社会中的弱势。她们地位低下,生命卑微,发生在她们身上的婚姻悲剧是旧式婚

---

① 陈寅恪:《论再生缘》,《寒柳堂集》,上海古籍出版社,1980年版,第57页。
② 佟晶心:《民间的俗曲》上,《剧学月刊》,第四卷第一期。

姻制度和"三从四德"的礼教所造成。《天雨花》中的董兰卿自幼失去母爱,从小许婚申家,十五岁时,父亲不顾其未婚夫病势沉重的现实,逼迫女儿嫁去"冲喜"。结果花烛之夜,男方身故,兰卿做了寡妇。日后婆婆熊氏对她百般欺凌,而父亲只顾自己的富贵和前程根本不管女儿死活。兰卿哭诉无门,悬梁自尽。作者通过这个"女鬼"讲述自己生平的故事让读者看到,女性的生命被漠视、忽略到极点,处境十分悲惨。所谓"烈妇"是社会逼迫而成,并非女性生来就有"节烈"的天性。

作品中,左氏淑媛之一的左孝贞九岁丧父,与母亲一起寄居在大伯左维明家。后出嫁到晋门。晋家本是望族,但晋公死后,其妻袁氏好赌,次子德志是个浪荡子,典地卖田,把家业败光。孝贞出嫁时妆资丰厚,但禁不住婆婆拿去做了赌本,加上在家聚赌供应众人餐饭,只五年光景,家境陷入困窘。孝贞所有的首饰和娘家送来的衣食也都落入袁氏之手,她和一双儿女过着忍气吞声的日子。丈夫德诚功名不就,做了塾师,后又患痨病撒手人寰。婆婆和小叔见孝贞尚在青春,想让她改嫁,落得一笔聘金。因劝嫁不成,竟设计把她卖给一外地赌客,幸亏左维明及时赶到,阴谋才没有得逞,左孝贞回到娘家。左孝贞的不幸可说是当时千千万万所谓"孝媳"、"节妇"命运的缩影。作品揭示了在"不事二夫"的所谓贞节观念的背后是极为现实的利益关系问题。《天雨花》几乎涉及当时女性生活的全部内容,包括女性与现行社会制度、社会观念的矛盾,以及男性对有主见的女性的反应并典型化为父与女之间的矛盾。

《笔生花》还描绘了诸多弱女子在婚姻中的被动状态和悲惨处境。文家的儿媳步静娥十三岁失去父母,因身为女子被剥夺了继承权,在继兄嫂的淫威下过着寄人篱下的屈辱生活,终身大事也只能听人摆布。这个形象是许多孤苦的少女命运的写照。姜九华是姜侍郎的偏房之女,生母奇妒又不识时务,致使她经常处于难堪的境地。后来嫁给吴公子,二人尚相知。但一公两婆的畸形家庭很难相处,她时常成为恶婆婆的出气筒，受到虐待，备尝辛酸，过着像"羁囚女犯"一样的生活，"常日间，冷炙残羹难下咽，煎熬得，芳容憔悴瘦腰肢"。丈夫数年功名不就，家境贫寒，度日艰难，最后还遭婆婆诬告，陷入监牢。九华的境遇与作者自述中的婚后生活颇多相近处，这个形象身上寄托了作者对不幸婚姻生活的哀怨和无奈之情。又如贫苦的乡间少女慕容纯本与母亲相依为命，婚姻受挫的风流公子文少霞留宿她家，在纯娘母亲的极力撮合下两人结合。然而，文少霞难违母命，弃她而走。孤独无依的纯娘受人拐骗被卖到妓院，因为反抗，被鸨母灌了哑药，再卖为丫头。虽日后经姜德华解救做了文少霞的妾，但遭到歧视，抱恨终生。

《榴花梦》也写了几十个女性人物的生活道路，反映出妇女在父权、夫权淫威下的人生悲剧。丞相之女张绛枝是一个才女，与媚仙等一同做公主的侍讲。她的婚姻受到专权的父亲的任意摆布，先是说媒与桓斌玉，遭斌玉拒绝后，其父逼她上楼抛球招亲，绛枝不愿，张父便说"敢言不服要家法，谁家女子逆椿萱"，最后他"提刀欲杀"绛枝的母亲，绛枝被逼无奈只得登楼招亲。柳湘君因丈夫无端猜疑受到打骂虐待，负屈含怨，险些自尽而亡。王琇端端庄正派、知书懂礼，却错抛彩球给奸臣之子史允文，造成婚姻的不幸。史家父子在外把持朝政，陷害忠良；对内专制残暴，因与亲家政见不合，不准媳妇归宁。史少爷平时对妻子粗暴蛮横，经常找茬打骂；同时又是好色之徒，多次强抢民女逼之做妾。琇端素有侠气，不顾性命，几次救姐妹脱险。被发现后，竟被丧尽天良的丈夫活活打死。娘家始终不知女儿冤死的真相，事情不了了之。

琦徽的不幸命运和叛逆性格使她成为不合理婚姻制度的牺牲品。她是梅媚仙的亲生女儿，过继在女王恒魁名下。她从小在女王的教育下长大，因此，性格中更多地糅入了女王的因子。她坚强刚烈，野心勃勃，比母亲一代更有叛逆性。她对自己的婚姻大事有主见，不希望父母干涉。表哥罗传璧是个才学不高、用情不专、朝秦暮楚的风流公子。

他思慕琦徽,在花园中故意抢走她的荷包,却对人说是表妹送与他的定情物。琦徽对此很反感,认为是不尊重自己的表现,为了保护自己的名声,她差一点用箭射死他。最终事情泄露,亲娘媚仙不加分析要处死琦徽,女王却息事宁人,由她做主把琦徽许配给罗传璧。对这种结果,琦徽很不情愿,认为还不如死在母亲剑下。后来她在大殿抗旨打死钦差,男装逃跑,投奔姑母,化名罗毓峰。易装后的琦徽风流俊雅,谈吐不凡,身手矫健,武艺高强,作战时勇敢地冲锋陷阵,为男子所不及。在政治和军事生涯中,她的才华得以施展,因此她愿一世为男子。有时,她完全融进了男性角色,如对潘茗仙的追求和感情已超出了姐妹情谊的界限。她巧妙地周旋于四美之间,希望以假夫妻度过一生。一旦被迫于归,理想幻灭,陷入极大的痛苦之中,先是以针线缝连内衣,不与丈夫交合;后受人陷害,背上不贞之名,受到丈夫打骂,肉体和精神饱受折磨,原先那个叱咤风云、英姿飒爽的琦徽变成了终日以泪洗面缠绵病榻之躯,其状可怜可悲。即使女王、珠卿多次调解,传璧认错悔改,甚至"妇唱夫随",琦徽心里的冰块也永远不能融化。媚仙一直不赞成这门亲事,"姻缘到底须情愿,不是姻缘未可谐"。女王也后悔当初的决定,"婚姻不应轻相许,任他天子王侯贵,不睦闺房不足奇"。可是事已至此,她们劝女儿权且忍耐。琦徽偏不认命,她的过多抱怨和苦闷不能为人理解,被说成是"执拗"或"刚性"。作者悲从中来,借这个人物写出旧制度下婚姻不能自主、社会限制女子才能的发挥造成的莫大人间痛苦。作品以很多的笔墨倾诉琦徽的执著和苦闷,从强烈的心理不平衡中,折映出对男女平等社会的朦胧渴望。

在传统社会的世俗眼光中,为后做妃似是可以享受荣华富贵的极乐生活。而女作家却认为"这般荣贵不如无",通过作品揭示了宫中女性的不幸命运。首先,作品描绘了皇帝"选美"给民间带来的灾难。一旦朝廷降旨采选宫妃,地方官员便为讨好钦差四处搜罗美貌少女,甚至把有夫之女也登记在册。更为黑暗的是,借此缘由,行贿受贿,公报私仇,甚至调兵抢夺,几乎逼出人命。民间由此一派混乱:"也有的,希图以女求荣贵,自报花名到凤楼。也有的,惯常娇生难割舍,东藏西匿惧还愁。还有那,民间女子忙婚配,谁愿意,选去深宫赋白头。"(《笔生花》第五回)有的逃难躲藏,有的拉郎速配,被选去的痛不欲生,演出了许多生离死别、阴差阳错的悲喜剧,一时间"滚滚愁云生宇宙,纷纷怨气满乾坤"。《笔生花》第六回,军队手持兵器包围姜府,姜近仁遭捆打,姜德华为救父不得不答应应选秀女;第七回姜德华在途中两番愤欲自尽的凄凉心情,一定程度上映现了当年历史的真实。不少作品指出造成悲剧的罪魁祸首首先是皇帝。姜近仁对杜太守发泄了对正德的不满:"为何一变昏迷至此耶";"律载,官民不许娶有夫之女为妻,难道圣上反不讲此理!"文少霞则骂道:"何事昏君徒好色,江山不重重婵娟。"许多作品还表现了宫女嫔妃的凄惨命运,她们有的唱着《白头吟》埋没终生:"长门一入深似海,厚薄君恩转眼更","进来多是红颜女,出去皆成白首人";有的成了不同集团各种势力之间争夺权力、互相倾轧的牺牲品。《天雨花》中的太监魏忠贤为达到杀害左维明的目的使出美人计,把与自己相好的四个宫女献给左维明并对她们面授机宜,但阴谋仍被左氏识破,结果魏忠贤因皇帝的庇护毫发无损,而无辜的宫女们皆被处死。在皇宫嫡庶太子争夺王位而导致的肮脏残酷的政治斗争中,女性也往往成为受害者,即使贵为皇后也无法幸免。《榴花梦》中的琼卿不愿入宫为后,曾说:"都言至贵为妃后,我看皇宫最陷人。"她的话不幸应验,日后果然被人陷害,几乎命丧宫中。《玉钏缘》中的朱妃受人挑唆,与刘妃争宠,阴谋杀害王子,事发后被判死刑。她埋怨父母:"只怨爹娘无主意,将儿进献于朝廷,只说皇宫真富贵,一家骨肉做皇亲。美中不足行差事,今朝犯法赴幽冥。"作者对犯有谋逆大罪的女性抱有一定的同情,而把批判的矛头对准贪图荣华富贵却不顾女儿性命的家长。《榴花梦》中的郭飞仙听从亲戚挑唆,屡次为争宠谋害东宫妃子,女王得知后并没有给她治罪,而是收留宫中,日后竟随女王升天成仙,亦说明作者对其不无同情的态度。

　　传统社会里,女性的生活环境主要局限于家庭,当时的妻妾制度给她们的生活所带来的重大影响也很自然地在作品中有所反映。"嘒彼小星,抱衾与裯",汉族社会"一夫一妻多妾"的婚姻形态产生于原始社会后期,作为制度确定下来则在西周。同一男子的许多妻子中,只有一个是通过"六礼"娶来的正妻,其他的通称为妾。妻与妾之间在礼制、法制地位上有尊卑贵贱等级的严格界限。男性是否纳妾和纳妾多少,均有礼制或律法上的规定,且与男性的社会地位成正比。周制,士人一妻一妾,卿大夫一妻二妾,"诸侯一聘九女"①,周天子则有六宫一百二十个妾。庶人禁纳妾,以一夫一妻相匹配。以后历朝各有制度,但纳妾只在上层社会流行。至明代,《明律·户律》规定,庶民"年四十以上无子,方听娶妾"。实际情况已多有逾制。清代律例却将此条"尊旨删去"②,清人官民都可纳妾。于是,妻妾成群不仅是地位和权力的象征,更成为炫耀财力的资本。清代纳妾成风的原因还有两点:一是满族历史上曾经盛行一夫多妻制,金朝女真人有"无论贵贱,人有数妻"的习俗,来源有收继婚、姐妹婚、战俘、奴婢升格等诸多渠道,入关后转变为一夫一妻多妾制,从纳婢为妾和买妾获得侍妾,但仍有"两头大"娶双妻做法的遗存。另外由于清代离婚受到严格限制,纳妾被看作夫妻不合婚姻的补偿方式。而生育儿子以传宗接代这一最初建立妻妾制的初衷,至此没有任何改变。

　　妻妾制度是人类社会中最不合理、夫妻双方最不平等的婚姻制度,它是以牺牲妇女的尊严、价值和利益为代价的。所谓补偿,从中得到利益的只是男性一方,而女性反而失去的更多,无论妻妾都是受害

---

　　① 《礼记·内则》疏:"大夫一妻二妾","士一妻一妾";《公羊传》:"诸侯一娶九女";《礼记·曲礼》:"天子有后、有夫人、有世妇、有嫔,有妻、有妾。"
　　② 《大清律例通考》卷一〇《户部婚姻》,中国政法大学出版社,1992年版。

者。男性中心社会奉行双重标准,男子可以同时占有许多女人,女子则必须严守妇道。

弹词小说基本上是采用写实手法表现妻妾制给家庭、社会造成的一系列问题,特别是嫡庶名分对女性和子女带来的感情上和利益上的侵害,由此表明作者不赞同男子多妾,渴望建立专一配偶形态的婚姻的态度。其具体体现在如下方面。

1. 揭示妾的地位低下,处境悲惨

关于这种情况,明清小说、传奇剧中已有大量描写,如冯小青为"河东狮吼"之妒妻悍妇所不容,憔悴而死。但是弹词描写的重心不在这里,笔墨亦不很多,因女作家的闺秀身份和生活体验的关系,多站在正妻或"准正妻"的立场上持旁观同情的态度。如《昼锦堂记》的张素环原是尹湘卿家的丫环,后配与户部员外缪谦做妾。有孕后,丈夫上任远行,正妻严氏凌辱鞭挞,将她卖到妓院。拦轿告状时,巧遇女扮男装做翰林的尹湘卿将其解救。

生存需要、经济困窘是女子做妾的根本原因。妾在家庭中地位低微,既要服从男主人,又须服从女主人,比正妻更多受一层压迫,其命运常较一般妇女更为悲惨。男主人对她们可以任意买卖、打骂、关押甚至杀害。《笔生花》中姜近仁妾花氏与族人合谋侵吞姜家财产,姜公知道后大怒,痛斥花氏,她"正要将言来剖辩,谁知刑杖已加身",姜公不由分说,举鞭就打,"挥去不分头与面,狂风骤雨疾施行",直打得"妖娆体遍伤。面肿额青鲜血注,泪珠滚滚湿衣裳",口中还说道:"纵便教,打死何妨谁抵偿。"后在众人劝说下,虽饶过花氏性命,但从此被锁入幽房,禁锢终身。文少霞娶沃良规后夫妻不睦,沃氏凶悍欺夫,文少霞只好也仿照他的岳父采取囚禁的办法。沃氏受着孤单、寂寞、气愤的煎熬,"因而得病,饮食全减,憔悴十分"。婆婆劝儿子有空去探视一下,不要让人说咱家把媳妇折磨死了。文少霞却说:"恁样妇人,那得便死,果如母言,那倒是家门大幸了。似此不贤,便作幽囚致死,亦是理所当然。难道有甚罪过？谁敢胡言议论？"最后，沃氏在临产之日痛苦地死去。

在明清男性作家的叙事作品中，为人妾者多数具有美丽而哀怨的模样，而妻子多扮演"醋葫芦"的妒妇角色，这已成为当时流行的一种类型化描写的模式。但女作家笔下的妻、妾形象却并非如此。首先，女作家对塑造这种类型化人物持谨慎的态度，在作品中不作过多表现。如果必须表现的话，她们笔下的妒妇、悍妇往往是妾而不是妻。表面看似有维护儒家正统之嫌，但她们同时对做妾的女子给予真切同情，而并不是一味地写"妒"描"悍"。其次，她们比较注意写出人物"妒悍"性格之所以形成的原因，而且将其结局都写得相当悲惨，令人同情。这就有可能引发读者更深一层的思考。

2. 描写妾欺正妻

旧时礼法规定，正妻有管教丈夫诸妾的义务和责任。但正妻虽名义上是女主人，却往往并无多少实权，决定权实际掌握在丈夫和婆婆手中。而管教尺度更是难于把握，过严则有妒不容妾之嫌，偏宽又易造成以下犯上，妾奴欺主。妻子身处婆婆、丈夫与妾、仆之间的夹缝地带，若性格刚强工于心计，关键时刻能使出非常手段，生存的空间就可能略大些，否则要受两边的夹板气。若运气不好，遇上骄悍凶恶之人，更是苦不堪言。《笔生花》的沃良规之父因无子嗣，广置偏房，沃良规是妓女所出，其母"淫悍骄恣，异常凶恶，正夫人即为伊气杀"。花氏、九华的婆婆成氏，妒宠争妍，恃强欺嫡，是当时社会上痛斥的"恶妇"形象的写照。类似的故事表明，妻子在家庭中虽居正位，却并不能保证一定是强者，在妻妾制度和复杂的家庭关系中，无论是妻是妾，任何一方都有可能沦为不合理制度的受害者。

3. 反映妻妾成群之家的复杂矛盾殃及子女

在反映世情内容较多的《笔生花》中，姜、文两家的妻妾生活是作品表现的重点。姜近仁有一妻三妾。他因不生子而不断纳妾。但因他前生是一显宦,喝酒审案错杀一人,上天罚他今生绝嗣,纵然娶妾再多也于事无补。这个荒诞的情节对他的纳妾行为构成了绝妙的讽刺。姜近仁对众妾的态度基本上是轻视的,无视她们的要求和意见。妻莫氏,妾花氏、柳氏各生有一女,且都把女儿看成自己一生之依靠。他却在一次酒酣耳热之时,不假思索地答应把柳氏之女玉华送给兄长做继女。柳氏和玉华知道后痛断肝肠,花氏则幸灾乐祸,因为这一来"冤家离眼,让出半统江山"。作品中透露,花氏平日欺负柳氏母女软弱,"嫉妒其母,殃及其女,常在主人前嗉之,故太夫人、老爷俱不甚钟爱"。但花氏的女儿九华的命运比她也好不了多少。嫁到吴家后,身为两姑之媳,难于周旋,时常受到公公宠妾成氏的欺辱,而生母花氏在姜家的地位和处境也使她诉苦无门。

当女性处于人身依附、命运取决于丈夫的时候,妻与妾、妾与妾之间为争宠而明争暗斗是不可避免的,相应地也便在嫡庶子女之间、妯娌之间甚至不同女主人的丫环、奴仆之间形成错综复杂的关系网。他们互相牵扯撕绊,排斥异己力量。正像《红楼梦》中探春所说:"一个个不像乌眼鸡似的?恨不得你吃了我,我吃了你!"表面是妻妾的矛盾,但醋海翻波并非出于情爱,根本的原因是为自己及子女的利益,争的是掌管家务权和财产继承权。晚清学者俞正燮在其一篇著名的文章《妒非女人恶德论》中说:"夫妇之道,言致一也。"妇女之妒是因为男子妻妾成群造成的,因此"妇人之妒为常情",既然允许丈夫纳妾,就应容忍妻子之妒。弹词女作家们大多持有这种看法,认为女人的嫉妒多由妻妾制度逼成。

在这样的格局中,生育子女成为在家庭中立足的基石。因为母随子贵,养儿防老,子女是一种依靠。然而由于嫡庶等级之分,嫡出子女与庶出子女的地位和继承权利不同,妻妾之争必然祸及子女。《天雨花》黄持正的宠妾巧莲利用"遗笺"事件,挑拨黄持正使出"借刀杀人"之计,除掉嫡出之女黄静英。《群英传》中的曹英亲母早逝,经常无端受到继母（姨娘）的打骂。《子虚记》中的赵湘仙幼年丧母，继母（姨娘）趁丈夫远游把湘仙锁在柴房，企图把她饿死。弹词揭示了女性之间的"竞争"所引起的家庭暴力和伤害。但不管实施者是妻是妾，受损的都是女性自身，子女更是无辜的受害者。

4. 表现拒绝纳妾的男子

很多时候，生存的艰难、婚姻的不如意、为人子女的不幸福、家庭成员及奴仆们的明争暗斗甚至家破人亡的悲剧，都与妻妾制度相关。其间相对主动的一方是男性，而男性在旷日持久的家庭争斗中并不一定是操纵者。在某种意义上说，男性亦是妻妾制度的受害者。弹词中写了一些颇具见识、拒绝纳妾的男性。

如《三生石》中胡公说："生男生女皆由命，且待我五十无儿再主裁。"《凤双飞》郭宏殷三十六岁无子，夫人劝他纳妾，他说："我生三十六年，自信于人道无愧。天地有知，决不使我绝后。如果命犯孤辰，前生注定，娶妾又何益哉。"执定了这个主意，任凭劝他千万遍，心如铁石断难更。《天雨花》作者最反对纳妾。凡作品中的正面人物均是一夫一妻，生活美满，左维明、左永正、桓楚卿、杜少卿等都不纳妾。左致德发妻周氏无德无貌无才，夫妻不睦，但他也没有纳妾，后来夫妻和好。而反面的、受批判的人物，如黄执正，因纳妾几乎家破人亡。左彝四十无儿，坚不纳妾，夫人每夜梵香告天，愿赐一子，以延后嗣。因此惊动日夜游神。奏之上帝，查得左门世代积德累仁，应降旨冥王，点一善士之魂，与他为子。作者不惜笔墨写左维明如何三番五次违抗母命，坚拒丫环魏桂枝为妾，不为诱惑所动，几乎打杀她，通过这样极端的表现强调一夫一妻生活方式的意义。有的作品还着重表现男主人公只对女主人公专一痴情，冷淡其他女性。如《玉钏缘》中的谢玉辉娶了十二个美女，但终日周旋其间使他备感疲惫，"可笑一生无别事，往来好似采花蜂"，表现了其心理上对妻妾制有所排斥。

5.力图寻找调和矛盾的途径

尽管妻妾制度的严重弊病很明显,当时许多文学作品对它所造成的罪恶进行了深刻的揭露,但是汉族妻妾制传统和满族多妻制习俗的结合,酿成了清代热衷纳妾的风气,而反对的声音相对微弱,废除这种制度的思想条件一时难以成熟。女作家弹词中描写的男性多婚现象客观反映了当时的社会风习。基于现实的婚姻制度,她们试图寻求调和家庭矛盾、使婚姻达到理想状态的方法:一是针对家庭中上演的夫、妻、妾之争,提倡妻妾相和之道。具体来说,妻当不妒,容许纳妾,这是对丈夫有恩;夫应相应回报,恩爱有加,不喜新厌旧;妾当有礼,尊主谦让,忠于丈夫。当然,基于各种家庭角色间复杂的利益冲突,这些道德主张在实践上其实是行不通的。二是设想同心姐妹共事一夫,也即仿效上古娥皇女英故事,异姓姐妹结成金兰之谊。相互地位平等,无分偏正大小。弹词中不乏此类情景:新郎奉旨完婚,花烛之夜同时与几个佳人成亲。姐妹们互相礼让,谁也不肯让新郎先进自己的房门。新郎转来转去,无处安眠,几乎睡在书房。在这殊为滑稽的一幕中,新娘们恪守的台词仍是妻妾之道一类,并没有什么新鲜的内容。倒是桂恒魁与梅媚仙的姐妹情谊,兼有 Lesbian 心态,显得真实,大胆突破了妻、妾、夫三者的家庭模式。

总的来说,清代闺阁文学与弹词体小说有着十分丰富的内容,在古代女性创作的历史上有着不容忽视的重要地位。其间,无论是部分作品中所体现的女子性别意识的初步觉醒,还是她们在艺术方面的独特创造,都值得进一步加以深入探讨。

论清代女弹词中的"女状元"现象

盛志梅

在现存五百多种清代弹词中,文人的案头之作约有五十余部,其中出自清代女性之手的就有四十多部,占清代文人弹词的百分之八十多①(这其中不包括无法确认作家性别之作)。因此,毫无疑问,女性成为了清代弹词创作的主力军。乾隆以后,更出现了女性写作弹词的热潮,涌现出了陈端生、邱心如、侯芝、程惠英、孙德英等杰出的弹词女作家。弹词女作家及她们笔下的女性形象构成了一道特别的风景线,其中最为靓丽的风景就是"女扮男装中状元"这一文学现象。下面从两个方面谈谈我对这个问题的粗浅看法。

一、"女状元"产生的社会文化因素

其一,才女文化与女弹词写作热潮。

明末清初以来社会上兴起了女子读书热,一些家长从有益"闺教"的角度鼓励女子读书,年在龆龀便让她们"依兄就读",认为女子"于妇职余闲,浏览坟索,讽习篇章,也因以多识故典,大启性灵,则于治家相

---

① 清代弹词作品总数尚不能确切统计,此数字比例为笔者根据所搜罗的五百余种弹词得出。

夫课子,皆非无助"。① 另外,随着清初理学统治氛围的加强,明确禁止官员狎妓的律令的颁行,文人穿行狭邪、与妓女诗酒唱和的风气逐渐衰退。一些士大夫便把休闲娱乐转向家庭,买姬妾、蓄家乐、造园林;外召幕友清谈,内与妻妾酬和,以此为赏心乐事。一时间人人效尤,蔚然成风。在这股风气影响下,士人阶层的男人对女子的文学修养往往也有一定的要求。在此氛围下,大量闺秀诗人得以养成。如著名的随园女弟子、璧城女弟子,或在家庭、乡里间结社、唱和,或将诗词结集互相交流。清初康熙年间浙江仁和顾之琼、林以宁婆媳先后组织蕉园诗社,成员由"五子"而至"七子",范围由家族而渐扩展至乡里。她们授管分笺、唱和联吟,诗社活动一时成为文坛盛事。以家族为中心的闺阁写作、阅读社群,是清代女性文学活动的主要方式,也是清代才女文化的突出特征。

在推崇才女文化的大氛围中,女子读书、写作成为一种时尚,出现了一些自幼嗜书若痴的女才子,如无锡女诗人杨蕴辉,"于诗书文字,尤宵研炬膏,晨依朗旭,勤劬问学,无异男子也"。② 日常的文墨熏陶使她们不约而同地与文学结下了不解之缘。除诗词创作外,她们还进行弹词创作,出现了陈端生、邱心如、郑澹若、周颖芳、程惠英等一大批弹词女作家。这些人都是在诗歌写作上有很深造诣的闺秀诗人③。弹词的韵文体形式使这些"有文才的妇女们便得到了一个发泄她们的诗才和牢骚不平的机会了。她们也动手写作自己所要写的弹词,她们把自己的心怀、把自己的困苦、把自己的理想,都寄托在弹词里了"④。几乎每一部弹词著作都是思无窒碍、洋洋洒洒的长篇巨著。女作家们写作

---

① (清)陈兆伦:《紫竹山房诗文集》卷二,乾隆刻本。
② 钱仲联:《清诗纪事》卷二十二,江苏古籍出版社,1989 年版,第 15952 页。
③ 清代弹词女作家大多有自己的诗集,如陈端生的《绘影阁》、郑澹若的《绿饮楼集》、周颖芳的《砚香阁集》、程惠英的《北窗吟稿》等。
④ 郑振铎:《中国俗文学史》,作家出版社,1954 年版,第 353 页。

弹词要花费大量的时间和精力，有的甚至终其一生进行创作，并以此为乐。例如《子虚记》作者藕裳"暇辄搦管为此书，迄今几二十年，褒然成册"（《子虚记·跋》）；邱心如"浪费工夫三十年"而成《笔生花》；程蕙英"辛勤二十秋"、"易稿三番"，写成几十万言之《凤双飞》。

其二，"才女士人化"与"女状元"故事的写作。

在才女文化的氛围中，产生了许多"博通经史"的女才子，她们的聪明才智往往受到"精神长者"——父亲的类似"身有八男，不及一女"①的欣赏与赞誉，并在这种男性文化的鼓励、熏陶下，不自觉地养成了功名事业心，"以身列巾帼为恨"者大有人在。但身困闺阁的现实成了实现这种雄心抱负的最大障碍。无奈之际，她们只得将满腔的热情转而投诸"纸上谈兵"。用作品中得中状元的女子来做自己的画图小影，稍解埋没闺阁的冲天之怨，清代才女王筠即是这样一个典型。筠字松坪，为乾隆进士王元常女，曾作《繁华梦》传奇。作者在《鹧鸪天·序〈繁华梦〉传奇》中，抒发了自己生为女子的遗憾："闺阁沉埋十数年，不能身贵不能仙。读书每羡班超志，把酒长吟太白篇。怀壮志，欲冲天，木兰崇嘏事无缘。玉堂金马生无分，好把心事付梦诠。"又如，乾嘉时期女词人吴藻"尝写《饮酒离骚》，小影作男子装"，"盖速欲变男儿之意"。

在许多闺阁女子"恨生不为男"的同时，"闺阁而有林下风者"也不少，出现了士人化才女。如清初女诗人黄媛介，因"家被蹂躏，乃跋涉于吴越间，困于樵李，顿于云间，栖于寒山，羁旅建康，转徙金沙，留滞云阳"（姜绍书《无声诗史》）。流亡期间，"恒以航载笔格，诣吴越间"，以"卖诗画自活，稍给便不肯作"（陈维崧《妇人集》）。黄与当时文人名

---

① 此乃清代才女王端淑父语。王"意气莘莘，尤长史学"。见陈维崧：《妇人集》。类似的例子还有很多，如明末清初桐城方梦仪，"敏而好学，九岁能文"，父亲"抚爱笃甚，常目之而叹曰，有此子为快，惜是女"。见《纫兰阁诗集·序》。

士、闺阁名媛多有交往。王世祯、吴梅村、柳如是、祁彪佳次女祁德琼等男女诗人皆为其诗友。而安徽当涂才女吴岩子"家青山,既转徙江淮无常地,有《西湖》、《梁溪》、《虎邱》、《广陵》诸集,最后类次之,以《青山》名"。"其诗多玉树铜驼之感","吐词温文,出入经史,相对如士大夫"(魏禧《青山集·序》)。① 在这种才女士人化的风气中,弹词女作家也深受影响,如郑澹若表示"补天有愿"(《梦影缘》序言),其女周颖芳"平生爱慕古名臣"(李枢《精忠传·序》),陈梅君"夙负唐窦后'恨生不为男子'之志"(林肖蟌《文藻遗芬集·跋》),李桂玉"于唐史大有感慨"(陈侗松《榴花梦·序》)等。

一些女作家不但"读万卷书",而且"行万里路",因着种种机缘,得以有广泛的游历经验。如《四云亭》作者彭靓娟"幼侍蜀东,长游燕北","从郎万里,戍鼓惊霜";李桂玉"生于西垅,长适南湘",最终落脚于福建;《精忠传》作者周颖芳随夫宦游至贵州,又从贵州扶柩而归杭;陈端生"恃父宦游游且壮",广历北京、云南、山东等地。走出闺阁,领略大江南北无限风光,使这些女才子愈加具备"士人"气质。她们的胸襟抱负大都寄托于弹词创作。弹词作品中那些"出语吐辞,英华蕴藉"(《凤双飞·序》)的"风流才女"之所以能"扬眉吐气装男子,举止全然非女流"(《再生缘》卷三第十回),离不开作者内在的士人气质。她们将自己拒绝传统性别角色规范、走出闺阁同男人一样建功立业的愿望,融进了创作中。

其三,"女状元现象"的创作、接受环境。

清代弹词作家多出江南。现在可考的二十一人中,女性有十二人,占总数的一半以上。她们大多出自书香门第,家庭成员尤其是母亲嗜好弹词,这对作家的写作影响很大。如陈端生出身杭州世家,祖

① 《青山集》已佚,后有梁溪邹斯漪刻《吴岩子诗》。此处引文参考马福清:《文坛佳秀——妇女作家群》,辽宁人民出版社,1997年版,第55~57页。

父陈兆伦(句山)、父陈玉敦都曾任朝廷命官,并颇有声望。母亲汪氏亦是江南望族,文学素养很高,时常指导端生姐妹,对她的文学修养与创作有深刻影响。陈端生能诗,有《绘声阁初稿》传世。在《再生缘》中,陈端生曾深情地回忆母亲对她创作的指导:"慈母解颐频指教,痴儿说梦更缠绵。"而且她的尊长及闺阁好友也都爱好弹词。《再生缘》前十六卷书成,"闺阁知音频赏玩,庭帏尊长尽开颜。谆谆更嘱全终始,必欲使,风友鸾交续旧弦"。该书第十七卷就是在她们的催促下写成的。

《精忠传》的作者周惠风亦出身钱塘诗礼之家,所嫁严氏是桐乡望族,母亲乃是《梦影缘》作者郑澹若,为《娱萱草》作序的坐月吹笙楼主即是其小姑,而他们的亲戚耐冬老人(即《娱萱草》作者橘道人之母)竟是"唯听小唱以为欢"的弹词迷。因听滥了坊间刻本,做儿子的为了"博老人一笑",又别出心裁地作了一部《娱萱草》。耐冬老人不但率同女儿、儿媳一起为之作诗志贺,而且还邮寄给外地的坐月吹笙楼主,请她为之作序。在这样的环境中,作家所受的熏染自然可知。而周本人又是一位"通书史、谙吟咏"的才女,曾著有《砚香阁诗草》二卷传世。

其他女作家的家世、素养、创作动机也多有相近处。如侯芝出身"椿庭五马皆名宦"的书香门第,自负有"咏絮清才"。从事弹词创作一方面是因为怀才难抒,更重要的是以之"娱姑",可见其婆母亦是一弹词迷。淮阴作家邱心如作《笔生花》,一半也是为"娱亲"。另外,不幸的婚姻、婚后的艰苦生活经历也是刺激女作家进行弹词创作,在其间讨论、关注女性婚姻问题的重要因素。如陈端生虽出身望族,其绝世才华与书中的孟丽君差可比肩,未出阁时即完成了《再生缘》的前十六卷,一时间"浙江一省遍相传"。而其自己对此也颇自豪,称"反胜那沦落文章不值钱"。但出阁后,丈夫因科举作弊被充军,她空有满腹才华却无处施展,切身感受到了现实对女子的压抑之深。愁病交加之中,《再生缘》未竟而卒。这样的婚姻经历,促使陈端生在小说第十七卷中将孟丽君的形象塑造得"冥顽不灵"。如对孟丽君被迫更装之事,她没有像别的作家那样让主人公慑于皇权、夫权的淫威束手就范,而是安排其顽强抵抗,坚持"开门雌伏不能堪",最后竟至"口吐鲜血一命危"。

再如小说家作者邱心如,从小受的是"父谈《内则》书和典"、"母督闺工俭与勤"式的传统家教,但婚后生活不如意。小说每一回的开端,都附有一大段自叙式的文字,断断续续介绍了作者的生活状况。从中可知其家境:"常常枵腹竟连朝",丈夫"潦倒半生徒碌碌",又加"舅姑作色动咨嗟",种种的不如意令作家对生活失去乐趣。于是,写作很自然地成为她"消俗障、破愁围"的精神寄托。

小说中,自负满腹才华的女作者们把她们对现实的不满以及对婚姻生活的感受全部宣泄出来,塑造了一系列女状元形象。这些易装的奇女子不但有着充满传奇色彩的人生经历,而且婚姻大事、人生选择也是处处挑战传统观念。可以说,小说中女状元群像的出现,不仅透露了女作家们独特的写作心态,而且寄托了她们对女性性别身份及社会角色的复杂情绪。若联系作者身世,就会发现其中程度不同地重叠着女作家本人的身影,因而具有一定的自传色彩。

二、"女状元"的几种婚恋模式及其文化内涵

在小说、戏曲中,女状元往往出现在生活常态被打破的无奈之际。女主人公此时改装为男,通过科考之途高中榜首,并因此得以闯入另一个性别的世界,故事也便由此获得张力。这几乎成为此类故事演绎的基本模式。清代弹词女作家在遵循这样的构思模式的同时,更注重表现主人公"中状元"参与社会生活之后的经历,特别是如何解决面对与婚姻大事相关的各种尴尬、矛盾。在这些作品中,闺阁才女从最初的改装到后来的千方百计维护男性身份,整个过程都与婚姻有关。

归纳起来,弹词中女状元的婚恋模式比较常见的是如下三种

情况。

其一,对现存秩序有一定的清醒认识,试图规避于现实和理想的夹缝中的"钱淑蓉模式"。钱淑蓉是《金鱼缘》中的女性反叛者。"夫妇为五伦之始",在伦理社会中,婚姻是最鲜明地标志社会性别角色的方式之一。封建婚姻把女子定义在一个卑微、恭顺的奴隶位置上。在家庭中,女子对丈夫要"一生须守一敬字,须曲得其欢心,不可纤毫触恼"①,这使许多闺阁女子对未来的婚姻生活视若畏途,甚至立誓终身不嫁。如《金鱼缘》的作者孙德英自幼"天资明敏,迥与人异","清净潇洒,颇有林下之风",这样的一位清丽女子却有"不愿适字之意":"每为论及婚嫁","惟怏怏不乐"。尊长"劝责兼施,开导百端,卒莫能易,不得已,允遂其志"(钮如媛《金鱼缘·序》)。孙德英的人生体验影响到了她笔下人物的归宿。在《金鱼缘》中,女扮男装的主人公钱淑容化名为竺云屏,中状元,为太子师,终身不复女装。

除了表达对女性婚姻角色的绝望外,这部书还有另一个写作目的,就是不平于重男轻女的世俗偏见,"欲伸世上闺娃志"。作者对这个"大旨"看得很重,在小说的开篇和结尾处一再申明。如第一回云:

> 儿女由来是一般,应无憎爱两心肠。奇则奇,世间多少愁生女,怪则怪,人意惟思独养男……况且是,古来闺阁裙钗辈,也多有,磊落襟怀胜过男。干一番,惊天动地奇人事,做一个,出类超群巾帼郎。

第十二回又云:

> 大凡弹词小说野史闲编,莫非男操忠义,女报冰霜而已。然而余此书寓意虽同立言却异。……若辈尽属女中巾帼,并

---

① （清）虫天子:《香艳丛书》三集卷二,人民文学出版社,1994 年版,第 14 页。

> 非七尺须眉,谚云:有智妇人赛过男子,信非诬也,凡蹈溺爱
> 偏憎之习者堪以此书为鉴……从今视女如男,则千秋之下无
> 有抱恨之裙钗矣……(第二十回)

现实社会处处压抑女性,为了证明"有智妇人赛过男子",作者偏要塑造一个"假丈夫"。她不仅在智慧、才能上胜过书中所有的男子,而且为官做宰、娶妻生子(领养),也如男子一样养老送终、支撑门户。钱淑蓉的易装归宿,透露了作者对女性现实处境与未来命运的看法。

在作者看来,女人要避免个人悲剧,最直接的办法就是逃避婚姻,避免为人妻母的社会角色。这固然是渴望女性冲破现存桎梏,但其途径未免脱离现实。因为如果一个女子终身不嫁,无异于与整个世俗社会作对,她所要面对的现实舆论和生存压力可想而知。所以,对于这样的选择,作者也认为不是什么好法子。在小说中,她为主人公钱淑蓉设计的是采取"易装"的方式"合法"融入社会生活,这其实是一种无奈之举,是在认可现存秩序前提下的妥协。显然,无论是终身不嫁还是一世男装,究其实,都只不过是女作家笔下的乌托邦。在理想与现实之间左突右闯的女子,并不曾找到一条真正有希望的路。

其二,颠覆乾坤的理想主义者——"孟丽君模式"。孟丽君是陈端生所著《再生缘》中的主人公。为了"避世全贞"而易装出逃。离家前,她留下"愿教螺髻换乌纱"的豪言壮语。后来果然连中三元,位及人臣。夫婿为门生,尊长为下僚,皇帝更是倚为肱骨。她的绝世才华得到了充分的发挥和最高的认可,从此不愿恢复女装。她对父母表白:

> 想当初,孩儿不避风尘,全身远走,也算与皇甫门中同受
> 患难了。今日伊家烘然而发,孩儿倒不在乎与他同享荣华。
> 丽君虽则是裙钗,现在而今立赤阶。浩荡深恩重万代,惟我
> 爵位列三台。何须必要归夫婿,就是这,正室王妃岂我怀?
> 况有那,宰臣官俸巍巍在,自身可养自身来。(第四十四回)

从这番话可以看出,孟丽君不但与"妇以夫为天"的教训唱了反调,而且连许多闺阁女子梦寐以求的美满婚姻也弃如敝屣。"何必嫁夫方要识,就做个一朝贤相也传名。"在她看来,婚姻的实质就是女子依附男子,寻一个终身着落。自己既然功成名就、经济独立,也就无须再多此一举了。

在小说中,陈端生敏锐地抓住了婚姻中男女关系的实质:经济独立和政治地位的巩固。现实中的婚姻,男子之所以比女子更具有话语权和支配权,就在于他们在经济和政治上居于主导地位。作者以为,只要在这方面能够与男人平等,甚至优越于男子,那么女人依附于婚姻、受制于男人的命运也就可以改变。所以,她让自己的主人公摆出了"开门雌伏不能堪"的极端叛逆态度。

由于愁病交加,陈端生《再生缘》未竟而卒,孟丽君也"生死未卜"、"不知所终"。尽管后续者不乏其人(如侯芝的《金闺杰》、梁德绳的《再生缘》后三回),但都不得要领,大大歪曲了作者本意和人物性格(详后)。而在众多的仿作之中,只有汪藕裳的《子虚记》接续了陈端生的未竟之志。主人公赵湘仙在泄露真身后的表现,俨然醉酒吐血后的孟丽君。小说中,赵湘仙在行藏暴露后,坚持不脱男装,三天后郁郁而亡。临死前,她与未婚夫解除了婚约,彻底否定了自己的性别角色。这是一个令人震撼的悲剧行为,足以让"阅者不以为虚,意以为实"(《子虚记·序》)。然而,现实生活中,社会舆论是不会允许一个已有婚约的女子如此任性的。所谓生为夫家人,死为夫家鬼。订婚或已婚后的女子,连鬼魂都是属于主人的。这是源自比经济独立和政治统治更深一层的"文化统治"的淫威。以"咏絮清才,遭茹蘖苦境"的作者(早年丧夫,依兄而居)对此认识得很清楚,她将此书命名为《子虚记》,即明确表示这个故事乃子虚乌有之事。特定的结局只不过表明其对现实秩序的极大反感和无奈情绪而已。

《再生缘》中,作者还借元帝之口提出"成了亲来改了妆,依旧要,天天办事进朝房"的要求,表达了颠覆"女主内"现存婚姻秩序的愿望。李桂玉的《榴花梦》接过陈端生这个大胆设想,进而在女主角桂恒魁身上将其形象化。作者论其有四大方面堪称"无以加":

> 一、正国家凌替之秋,草野分崩之际,彼独弃脂粉于妆台,拾衣冠于廊庙,献策金门,才魁多士,立功沙漠,武冠一军。金台授印,力图匡复之功;虎帐运筹,果遂勤王之愿,金瓯重奠,社稷复安,是古之名将无以加也。
>
> 二、治水筑城,省刑薄敛,搜贤才于山野,退邪佞于朝堂,是古之英主无以加也。
>
> 三、治国兼可齐家,相夫并能教子。拦车进谏,罢歌舞于通宵,避位上章,化恩波之普庆,使螽斯成诵,荇菜重歌,是古之哲后无以加也。
>
> 四、能匡君救母,开天王感格之心,剪佞安良,动黎庶生平之乐也。是古之贤臣无以加也。

这样一位集"英主"、"哲后"、"名将"、"贤臣"于一身的"女中英杰,绝代枭雄",真可谓"千古奇人,仅闻仅见"。尤其值得注意的是,一般的易装女子在暴露身份之前就已达到了事业的顶峰,复装后便雌伏不出,作品的叙事也由此转入内闺、家庭。而桂恒魁复装时事业才刚刚开始。复装后的她更直接地参与了国家机要政事,甚至创建了自己的王国,成为女性弹词中唯一一位恢复女装后继续发挥才干的闺阁精英。这一点,可说是实现了陈端生的设想。不过,其间"女主内"的形式还是保留着。桂恒魁并没有做到"天天办事进朝房",而只限于在后宫主持朝政。

作者对这一主角的着意塑造,意欲"为千百代红裙巾帼,增色生新",但形象的内涵却没有因此而升华。特别是故事虽写桂恒魁全德全才，却始终不肯南面而王，仅仅把自己定义在一个"哲后"的位置上，以尽力辅佐自己的夫君为己任，自觉地把主动权出让给了那个事事处处不如自己的夫君。尤其是她对于自己人生归宿的追求，竟是以逃禅飞升的方式获得解脱。这样的结局无疑是对其易装以后所做的轰轰烈烈的英雄事业的否定，而且容易引发人们对孟丽君等人反抗男权以及坚持女子从政意义的疑虑。

其三，依违于理想与现实之间，最终只能皈依传统的"姜德华模式"。既不满于现实秩序对女子才能的压抑，又陷于传统的思想桎梏不能自拔，挣扎在叛逆与卫道之间，最典型的莫过于《笔生花》中的女主角姜德华。这种首鼠两端的矛盾态度与作家的身世、遭遇有直接关系。邱心如从小受传统家教，在思想上是自觉维护礼教规范的女性角色的。她看不惯《再生缘》中有违纲常的描写，要对其进行翻意、更调，使书中人物成为纲常典范。《笔生花》第一回，作者评论《再生缘》兼阐释自己创作动机云：

> 新刻《再生缘》一部……评遍弹词推冠首，只嫌立意负微愆。刘燕玉，终身私定三从失，怎加封，节孝夫人褒美焉？《女则》云：一行有亏诸行败，何况这，无媒而嫁岂称贤？郦保和，才容节操皆完备，政事文章各擅兼。但摘其疵何不孝，竟将那，劬劳天性一时捐。阅当金殿辞朝际，辱父欺君太觉偏。实乃美中之不足，从来说，人间百善孝为先。因翻其意更新调，窃笑无知姑妄言。

正是出于这样的认识，小说中刻意安排女主角改装后恪守女戒，处处表现出淑女的教养与矜持，不但坚决不与男人同席共餐，就连表哥无意中碰了她的胳膊也羞愤交加地要自残。复装后的姜德华遵循女职、妇德，不但在周旋于娘家、婆家的过程中让老少满意，而且为丈夫讨妾献策，甚至不惜男装代夫骗娶。这些情节明显违背了人物自身的性格逻辑。

尽管如此,在现实中,作者对自己身为女子还是有无穷遗憾的。因此,在处理姜德华被迫换装的情节时,有着比较真实、自然的描绘:

> 欲修奏折无心绪,铺下黄笺笔懒挥。砚匣一推身立起,绣袍一展倒罗帏,心辗转,意敲推,想后思前无限悲。咳,好恼恨人也,好恼恨人也。老天既产我英才,为什么,不做男儿做女孩?这一向,费尽辛勤成事业,又谁知,依然富贵弃尘埃。枉枉的,才高北斗成何用?枉枉的,位列三台被所排。虽说是,父母安排为泄露,总怪他,文君蓄念久相猜。真可恼,抑何呆,放着那,现在妻房不肯谐。务必要,逼勒惠英重出现,好好的,峨冠博带易裙钗。便教仍做红妆女,我却也,懒去吹箫上凤台。且看那时何法处,可能也去渎宸阶!

封建婚姻的本质是男性对女性的压迫与统治,作者对此看得透彻。书中的主人公对婚姻本质的认识还不深,天真地认为:"便教仍作红妆女,我却也,懒去吹箫上凤台。且看那时何法处,可能也去渎宸阶",大有"匹夫不可夺其志"的态势。情节的发展果然是男方"去渎宸阶"请来了煌煌圣旨。性别与婚姻、政治、文化的复杂关系在这里初见端倪:封建政治拒绝女性,封建婚姻禁锢女性,封建文化压制女性,处在层层壁垒封锁下的易妆女子怎么可能侥幸"漏网"呢?这一点在作者似是颇有用心地点出,落笔老辣,直指痛处。所以《笔生花》的结局虽然老套,甚至有些媚俗,但相比较而言又是最现实的。作者的生活经历和对婚姻的思考与认识,比前面提到的几位女作家成熟、老练了许多。

在清代女性弹词中,对女状元婚姻结局的设计,采用姜德华模式的作品最多,较早的有《玉钏缘》、《安邦志》、《定国志》、《凤凰山》、《昼锦堂记》等。此外梁德绳和侯芝在对《再生缘》续写时,也不约而同地为孟丽君选择了姜德华式的结局。梁所续的《再生缘》中,婚后的孟丽君成了个"循规蹈矩毫无错,宽宏大量大贤人";而侯芝则认为"丽君如不自责,虽呕血如斗亦洗不去羞"。因此,在她所改编、续作的《金闺杰》里,孟丽君伏阶请罪,自认改装之荒唐,与皇甫少华结为夫妇,从此甘心雌伏——孟丽君变成了大贤大德的"姜德华"。在《榴花梦》、《凤双飞》、《四云亭》等作品中,姜德华的影子也不同程度地叠映在那些女扮男装的女子身上。可以说,邱心如对易装女子出路的设计比较符合古代社会为此类女子继续生存提供的可能,因而,"姜德华模式"在上述三种类型中最有普泛意义。

关于女子在家庭与社会角色中的定位,在 20 世纪 30 年代的文坛曾被作为一个热门话题讨论。丹麦作家易卜生《玩偶之家》中的主人公娜拉一度成为女性摆脱家庭、争取独立的代名词。对于娜拉的"出走",鲁迅先生曾断言她"还会回来",原因是其没有独立的经济来源。而实际上,清代弹词女作家们通过她们作品中的女状元群像,客观上已经就妇女的家庭和社会地位及其命运问题进行了探讨。在故事展开的过程中,弹词女作家对整个社会男权性质的艺术呈现,从性别文化的角度给人以有益的启迪。

晚清"女国民"话语及其女性想象

乔以钢　刘　堃

19世纪末特别是甲午海战之后,晚清中国在资本主义的全球性扩张中陷入了前所未有的政治危机和思想危机,面对"晚清帝国"与(资本主义)"民族国家"的政治能动性的鲜明对比,知识分子纷纷以西方"民族国家"概念来描述理想的中国,以"国民"概念来描述个人与国家的新型关系。在"国家—国民"的思想体系中,"国家"逐渐取代"朝廷"成为知识分子向往和立志忠诚的对象,也成为他们动员社会、起而创建或者拯救的目标;而"国民"并不仅仅意味着一个从西方和日本引进的、用以重新塑造中国社会关系和国人思想人格的概念,更同时是一个新的、凝聚人心的身份认同符号。知识分子面临国土陆沉之危,发出迫切的"新民"号召。当此之际,他们不仅未曾把"无智无识"的妇女排除在外,相反,妇女成为他们予以重视并首先动员的对象。借助于"戒缠足"、"兴女学"等一系列"女权"论述,他们要求妇女在身体、知识、政治意识等各方面符合"国民"资格、认同"国民"身份的思想氛围逐渐形成。

一、两种价值判断:从"分利者"到"国民母"

从维新时期到辛亥革命前关于女性的论述,无论是对女性被压迫被束缚现状的控诉还是对女性基本权利的伸张,都存在一个隐含的价值判断,即女性限于身体、知识和生存能力的缺陷,既不能以劳动者的身份直接为国家创造物质财富/经济价值,又不具备为国家生产合格国民的母亲资格。正是基于这样的判断,一些男性知识分子着眼于"张女子之用",提出戒缠足、兴女学的主张,以求实现女性作为"劳动力/剩余价值生产者"和"人的再生产者"的双重人力资源价值。张之洞感叹两万万妇女因为缠足而"废为闲民谬民","或坐而衣食,或为刺绣玩好无益之事",即使劳动,创造的价值还不及男子的五分之一("所做之工,五不当一")[①]。康有为的请禁裹足则基于缠足导致女性身体羸弱、而弱女则生弱子的"生物决定论"[②]。他说:

> 欧美之人,体直气壮,为其母不裹足,传种易强也。回观
> 吾国之民……为其母裹足,故传种易弱也。今当举国征兵之
> 际,与万国竞,而留此弱种,尤可忧危矣!

这里对缠足的否定,既不是基于女性本位的身体权利的伸张,也不是出之于美学标准的反省,而首先是因为缠足使女性成为无用的废人,成为男性的拖累、国家的分利者以及"东亚病夫"的生理源头。也就是说,面对外侮紧逼的危局,对关乎国力的两个重要指标——国富、兵强的社会功利计算,构成了戒缠足运动的核心。

女学的倡兴遵循着同样的思想逻辑。梁启超在《变法通议·论女学》[③]中,阐释了兴办女学的思路:第一,对女性进行职业教育,使之可以谋生自养,不再"坐而分利",由此增加国民收入,实现民富而至国

---

① 张之洞:《张尚书不缠足会叙》,《知新报》第 32 册,光绪二十三年九月初一,见张玉法、李又宁编:《近代中国女权运动史料》下册,台北:传记文学出版社,1975 年版,第 847 页。

② 康有为:《请禁妇女裹足折》,《戊戌奏稿》,见张玉法、李又宁编:《近代中国女权运动史料》上册,台北:传记文学出版社,1975 年版,第 509 页。

③ 梁启超:《变法通议·论女学》,载《时务报》第 25 册,1897 年 5 月 2 日,见《饮冰室合集》第一册,中华书局,1998 年版,第 38 页。

强;第二,用一种类似于"通识教育"的知识视野来改变女性的"闺阁心态"和庸俗人格;第三,强调母教的重要性,指出正是以"科第禄利子孙田产"为中心的庸俗母教导致了中国的"野蛮固陋",迫切需要改造母教;第四,提倡女子体育,以保证其生育肌体的健康,从而强种保种。其中第一条和第四条遵循的是"以女子为用"的实用主义逻辑;而第二、三两条,虽然同样着眼于女性的"母职"之用,但其对女性"知识"、"道德"、"人格"的议论展开了一个更有意味的问题空间。关于女性到底应该学习什么样的知识/学问、具备什么样的才能,梁启超认为:

> 古之号称才女者,则批风抹月,拈花弄草,能为伤春惜别之语,成诗词集数卷,斯为至也!若此等事,本不能目之为学,其为男子,苟无他所学,而专欲以此鸣者,则亦可指为浮浪之子,靡论妇人也。吾之所谓学者,内之以拓其心胸,外之以助其生计。一举而为数善,未见其于妇德之能为害也。……使其人而知有万古,有五洲,与夫生人所以相处之道,万国所以强弱之理,则其心也,方忧天下悯众生之不暇,而必无余力以计较于家人妇子事也。

他对古代才女所擅长的诗词创作是贬抑的,认为"此等事"不仅算不得学问,而且容易导致人格"浮浪",于妇德有碍。这便将女性的文才与道德相互对立起来。不过,梁启超并非主张女子弃学,而是强调兴办女学当着眼于帮助女子拓展心胸,了解历史、地理、政治等方面的知识,使之具有宏大的知识视野,拥有心忧天下、情系黎民的士人情怀,不再计较于家人妇子之事。他对妇学内容和目标的设计,有使女性"士人化"的倾向。其中强调接受妇学启蒙的女性要有爱国爱民的情怀,这在中国历史上原本并非新鲜。历史上,在王朝更替、政治动荡的危机时期,往往有一些女性会获得"跻身士林"的象征性机会。晚明及清初的所谓"遗民诗人"与名妓的诗歌往还以及这一现象在历史和文学领域的深远影响,就是比较典型的例证①。

　　另一个值得注意的问题是,在传统儒家伦理观念中,母教的标准一直存在"道德决定论"和"道德知识调和论"的争议②,梁启超也不得不在力图改造女性知识结构的同时,强调他的主张无损于妇德("未见其于妇德能为害也")。事实上,新的女学产生于开放的、包含了"中外"的广阔地理空间以及西方近代知识的广阔知识空间,这本身就超越了传统女教对妇德的要求。梁氏女学主张的新质隐隐预示着,被民族危机裹挟的晚清开始进入了国家、民族利益高于一切,"国权"逾越"男权"直接对女性进行询唤与征召的历史进程。

　　在性别观念层面,通过废缠足、兴女学来改造传统女性作为拯救国家危亡的途径,其深层隐藏着这样的认知判断:传统女性素质低下是导致国家衰弱和危亡的重要原因。对此,当时的先进女性往往也持同样见解。例如胡彬在《论中国之衰弱女子不得辞其罪》中的自省:

　　　　吾中国积弱之故,彼二万万之男子固不得辞其责,然吾所尤痛心者,乃二万万之女子也。……夫以二万万女子居国民全数之半者,殆残废无用愚陋无知,焉能尽国民之责任,尽

---

　　① 关于这一点,汉学家孙康宜(Kang-I Sun Chang)的著作《晚明诗人陈子龙:爱情与遗民意识的危机》(*The Late Ming Poet Ch'en Tzu-lung: Crisis of Love and Loyalism*, New Haven: Yale UP, 1991)有比较深入的研究,作者认为,晚明及清初具有遗民意识的文人之所以流连于名妓,与之诗歌往还,是因为身遭家国沦难,在潜意识中把自我投射到沦落风尘但精神高洁的名妓身上,而相对地,名妓也投入到她们所倚附的文人的理想中,一方面扮演文人红粉知己的角色,一方面自己也声名大噪,跻身士林。

　　② "孟母三迁"的著名故事,歌颂了母亲的道德智慧(而不是她的博学),说明儒家传统存在以美德而不是才华定义好母亲的习见。但同时,识文断字、精通儒家经典的母亲能帮助儿子科考成功也是一种得到社会肯定的。因此,与孟母这一榜样同时并存,在儒家传统中有一股强大的潜流鼓励妇女接受文化教育,以成为儿子的蒙师。参见高彦颐(Dorothy Ko)《才和德的追求:十七世纪和十八世纪的中国的教育和女性文化》(*Pursuing Talent and Virtue: Education and Women's Culture in Seventeenth-and Eighteenth-Century China*),《晚期中华帝国》(*Late Imperial China*),1992 年 6 月号。

国家之义务乎?①

这种积极承担国家衰亡之责的姿态,使得女性在尚未成为国家和社会的主人之时,便已被置于相当不利的道德位置。然而,在同样的民族危机语境下,换一种论述策略,又可能在话语层面实现角色的反转,变女子难逃其咎而为国家的"拯救者"。比如,亚特撰文强调必须铸造"国民母",因为"国无国民母,则国民安生? 国无国民母所生之国民,则国将不国。故欲铸造国民,必先铸造国民母始"。表面看,这与梁启超的"兴女学、促母教"以"善蒙养、育国民"的观点相类似,但明显不同的是,亚特强调"国民"之所以不存,不是因为国民之母不存,而是因为作为"神明贵胄"的汉族被满族这一异族统治者屠戮束缚,又被西方外族列强掠夺压制,完全失去了国民的主体意识②。不过,论者虽然不再要求国民之母对"国民之缺"负责,却突出强调了"她"应该对"国民之再造"负责:

> ……然亦知国民果孰生之而孰知配之乎? 斯巴达女子
> 有言:"惟斯巴达女子能生男儿,亦惟斯巴达女子能支配男
> 儿。"……

女性作为"国民之母",拥有生产和支配"国民"的天然之责,担负着实现汉族/中华民族复兴的大任。然而,这里价值逆转的契机,在于女性与民族主义的紧密结合——论者先是断开了女性与民族危机现状之间的责任联系,进而直接将女性的再生产与民族复兴的未来联系起来。于是,女性所可望孕育的,不仅有现实意义上的民族国家的主体(即国民),也有象征意义上的民族复兴的精神和希望。

然而,无论是"分利者"还是"国民母",其价值判断的出发点和落

---

① 胡彬:《论中国之衰弱女子不得辞其罪》,《江苏》,第3期。
② 亚特:《论铸造国民母》,上海《女子世界》,第7期,1904年7月。

脚点并无本质区别。

二、"女国民性"的界定：从"工具论"到"主体论"

进一步把女性从负面价值导向正面价值的身份界定，是绕过"国民母"这一基于生物性的性别身份，而直接并明确地把女性指称为"女国民"。从"国民母"到"女国民"，经此转换，女性在国家话语系统中不再仅仅是作为国民的母亲，而是作为国民本身被谈论。其间，对女性"爱国"精神特质的描述和张扬，尤使有关论述焦点从女性生殖/生育的工具性转移至女性精神气质的本体性。最终女性得以在话语层面脱离了"国民之母"这一间接主体性，建立起"国民"的个人主体性。例如，一首长达十段、词曲兼备的《女国民歌》①中唱道：

> 壮壮壮，同胞姊妹气概都显昂。光复旧物如反掌，莫笑
> 吾辈狂。胡尘必扫荡，大唱男降女不降。扬子江流，昆仑山
> 色，特别显荣光。（第六段）

歌词以"女国民"的身份和口吻，表达了抒情主人公对国家的热爱以及对光复大业的美好憧憬，充满气壮山河、豪迈奔放的情绪。"大唱男降女不降"指的是，满清入关后要求汉人薙发易服，女子放足。其后，男子薙发得以推行，而女子放足一直未能顺利实现。于是，在两性的身体方面，有了"被征服"与"未被征服"的象征性区别。这里，"女国民"的爱国宣言借用了汉族男子阿Q的思维方式：在被迫接受异族统治、充满屈辱感的无可奈何之中，将汉族女子不改缠足提升至坚持民族大

---

① 佛哉：《女国民歌》，上海《女子世界》，第 2 年第 6 期，1907 年 7 月。

节的高度,来论证汉族的一半人口"尚未被异族征服"①,从中获得一点心理平衡。而事实上,清廷接受汉族妇女继续缠足这一"积重难返"的文化现象,主要只是因为妇女地位低下,在当时的社会格局中并不构成对满族统治的威胁,无须动用更多的治理成本去坚决纠正。所谓"男降女不降",其实并没有与之对应的历史事件可供参照。《女国民歌》在此采用"示别于胡人"②的历史叙述策略,一边蔑视男性之"降"("髡发也骄人"、"北面事虏廷"),一边以女子的"不降"自矜。这就出现了某种有趣的吊诡:在一种视女性为负面的价值立场上,"缠足"被视为女性有碍于国家富强的"工具论"意义上的缺陷;而在一种视女性为正面的价值立场上,不放弃"缠足"则成为女性"民族气节"的象征。在以"强国保种"为目标的"铸造国民母"的论述中,"缠足"是"必去之而后快"的民族羸弱之根源和耻辱之标记;而在以排满革命为目标的"女国民"论述中,则"足"以为民族"争光"。在这样的认知方式中,女性的历史作用无论是作为工具还是貌似主体,其实都未能获得真正的独立存在。

这一吊诡的生成,是晚清民族主义的两个面向③(即所谓"与白种争胜"的"对外民族主义"及主张排满革命的"对内民族主义")之同质和差异在妇女议题上的投射。尽管两者的论述都是以汉族为发言主

---

① 当时民间有所谓"十不从"之说,指的是女子、小孩、乞丐、僧人、死人等"边缘人群"可以在衣冠服制上不遵从清朝对汉人"髡发易服"的要求。而女人的"服制"实际指的是"脚制"。尽管自顺治二年(1645年)起,清廷就不断发布禁缠足令,然而由于缠足风习过于固久,禁令一直不能顺利推行,清廷索性于康熙七年(1668年)弛禁。所以直到晚清,汉族妇女的缠足风习依旧如故。由此,妇女缠足这一相沿未改的习俗,被视为汉人区别于满人的民族特征而加以强调,甚至有了"气节"的意味,所谓"男降女不降"的说法即产生于此。参见夏晓虹《历史记忆的重构——晚清"男降女不降"释义》,《晚清女性与近代中国》,北京大学出版社,2004年版。

② 姚灵犀:《采菲录:中国妇女缠足史料(初编)》,天津时代公司,1936年版,转引自夏晓虹:《历史记忆的重构——晚清"男降女不降"释义》。

③ 参见王晓明:《现代中国的民族主义》,《当代作家评论》2003年第2期。

体,但在前者看来,对汉族进行"劣质化"的描述可以凸显汉族与"白种"之间的力量对比,通过强调民族危机来激励国人自强;而在后者看来,则认为需要对汉族采取"优越化"的表述,藉以强化汉民族以"神明贵胄"之身折腰事"虏"的屈辱感,借助"华夷之辨"的传统思维质疑满清统治的合法性。而在两者的叙述策略中,女性在客观上同样充当了最方便动用的符号资源。

可以看到,当发言者的言论焦点在于表达"黄种"被"白种"打败、消灭的民族生存焦虑时,女性从身体到精神的种种故状都是作为被指责的对象出现的。论者有意无意间借助"罪女论"来摆脱作为历史主导者的男性的责任,缓解内在焦虑。而当言论焦点转移到"汉种"被"胡种/虏种"(满清)所奴役压制而导致的社会/政治危机时,女性又恰恰成了汉族意欲颠覆满清统治、"重整河山",进而恢复儒家理想统治秩序的隐喻。女性之"足"作为这一政治隐喻的符号象征,也因而被过分强调和张扬。问题的关键在于:在男性借褒贬女性来表达自己的焦虑和欲望时,女性自身的生存状况、自我感知和价值判断,在男性中心的话语氛围里却始终无从表达。——这样的话语现实不能不令人质疑:那个大唱"男降女不降"的声音,与断骨挛肉、哀哀呼痛的无数女子之间,真的有什么关系吗?

当时一些先进女性,如《女学报》的创始人和主笔陈撷芬①(笔名楚南女子或女史),在寻求探讨女界前途、妇女解放的方向和出路时,首先借重的话语资源就是"女性爱国论";进而由此生发,论述女性之于男性的优越性。例如在《中国女子之前途》一文中,陈撷芬以"吾中国女子"与(内涵实为社会主导者即男性的)"吾中国人"对举,将两性分

---

① 陈撷芬是《苏报》负责人陈范之女,1899 年在上海编辑随《苏报》附送的《女报》,即《苏报》妇女版,1902 年 5 月她将《女报》改为独立月刊,更名为《女学报》。冯自由所撰《革命逸史》称之为"开吾国革命教育宣传事业之先河"。见王绯《空前之迹:中国妇女思想与文学发展史论(1851~1930)》,商务印书馆,2004 年版,第 215 页。

而论之;从团结爱国有"坚持心"、参与政治有"平等、公和、自爱种族"的"慈爱心",以及反抗异族有奋发雪耻的"报复心"三方面阐扬了"中国女子特色"。① 在作者看来,女子的感情强烈而持久,且忠于集体,而男子则无感情无忠诚;女子天然具有平等博爱之心,男子则嫌贫爱富、自私冷酷;女子性情刚烈而有民族气节,疾恶如仇勇于反抗,男子则贪图利禄,背叛种族,认贼作父。在她的表述中,"吾中国女子""办事之手段"不仅远胜于本国男子,而且也优于欧美女性。当然,这样的判断有一个前提,那就是女子要受教育,"幡然而明,知国为至宝",进而"知大体,爱国爱种"。值得注意的是,作者这些言论隐含着对"女国民性"先验的、本质主义的想象和理解,但也表达了女性当有机会接受国民教育的意愿。而在国难当头的形势下,启蒙"女国民"的重要内容之一,是培育她们"爱国爱种"。

无独有偶,忆琴在其所发表的同名文章中,针对嘉兴设立女学社一事评论道:

> 开此女学而犹以娴内则、修德行为目的,吾见其迂。使开此女学,而必欲其学伦苏小,才拟班昭,吾犹见其谬。盖今日之世界,大异于畴昔,则今日之学问,故未可仍旧贯,而必输以最新最明之宗旨。昭君犹在,吾将移其爱君之心使爱国;缇萦复生,吾将易其爱父之心使爱同胞,务令其宗旨与志士相等,其热诚与志士相等,其气焰与志士相等,咸能执干戈以卫祖国,即使文字言语不逮男子万亿倍,吾固可以有恃而无恐,世之提倡女学者其斯言。②

---

① 楚南女子:《中国女子之前途》,东京《女学报》第 4 期,1903 年。
② 忆琴:《论中国女子之前途》,《江苏》第 4 期、第 5 期。见张玉法、李又宁编:《近代中国女权运动史料》上册,台北:传记文学出版社,1975 年版,第 408 页。

作者希望兴办女学的目的是向女子"输以最新最明"之宗旨即爱国爱同胞,而不是作为传统女性道德的女教;希望女学的内容是培养爱国的热诚、铁血的气焰和"执干戈以卫祖国"的军事才能,而不是旧时代才女的"文字言语"。何香凝在《敬告我同胞姊妹》①一文中也隐约表达了基本相同的观点。她用强烈而沉痛的语气批评那些"不知国家为何物,兴亡为何事"的女性,呼吁她们在因为国家沦亡而受辱被戮之前赶快觉醒。她将需要启蒙的女性分为两类,一是墨守"无才是德"的女教规训、无智无识、一窍不开的普通女性;二是有一定文化知识但沉迷于闺阁词赋的文字游戏而不问国事的上层女性。封闭的闺阁于此处在与开放的公共空间相对立的位置上,喻示着女性的政治无意识和无能;而闺阁文学也与女教规训一起,同构性地成为阻碍女性觉悟国民责任的思想桎梏的象征。

由此可以发现这样一个颇有意味的现象:从梁启超的倡兴女学到何香凝的寄语女界,在晚清的女性论述中,明清以来大盛的女性诗词以及悠久的女性诗词写作传统被一而再、再而三地作为民族国家的对立物加以贬斥和批判。"妇女文学误国"事实上成为一种广有影响的论调。而与此同时,以梁启超《论小说与群治之关系》为代表的"小说救国论"却是愈演愈烈。显然,在历史的转捩点,文学与政治或曰文学与民族国家的关系,成为评判文学类型的重要尺度;以诗词为主体的传统妇女文学,因其无助乃至被认为有碍于救国,而成为历史文化的负面因素。这之中蕴含着怎样的文化运行机理?"性别"因素在其中起着怎样的作用? 值得进一步探讨。

---

① 何香凝:《敬告我同胞姊妹》,《江苏》第4期,见张玉法、李又宁编:《近代中国女权运动史料》上册,台北:传记文学出版社,1975年版,第403页。

三、公民身份:"女国民"思想的另一进路

前述有关"女国民"的讨论,是就女子对国家所应负的责任和应尽的义务而言。而在当时知识分子关于女性身份的认识中,还存在着强调女性作为社会主体的"公民身份"(Citizenship,又译"公民资格")的思想进路。

"公民"与"国民"(National)作为主体身份既有重合之处又有区别。"公民"着眼于个人与其他公民之间的关系,强调一国之内社会成员之间权利、义务的平等性;"国民"则着眼于个人与国家的关系,强调公民参与国家事务的方式与组织形式。在西方思想史上,尽管关于"公民社会"的理解存在歧义,但思想家们对公民身份的本质在相当程度上拥有共识,那就是肯定公民在人格上的独立、自由与平等以及在权利与义务关系上的对等性①。在晚清中国的语境下,当然并不具备发育出西方所谓"公民社会"的历史条件(如以市场经济为基础,以契约关系为基本结构等),但公民身份所内含的现代性价值作为具有通约性(commensurability)的文明理念与精神,是能够跨越历史文化背景与社会形态差异的。不少晚清知识分子在讨论女性作为国民所拥有的"女权"议题时,把发展"公民身份"及其权利意识作为题中应有之义。陈撷芬在《女界之可危》一文中,特别强调了男女两性在权利和义务上的完全平等,认为女性不能被动等待别人赋予/赠与的权利,而应主动争取权利。她说:

① 西方思想家关于"公民"身份的概念界定,参见(德)黑格尔著:《法哲学原理》,范扬等译,商务印书馆,1996年版,第174、197页;(法)卢梭著:《社会契约论》第二卷,何兆武译,商务印书馆,1980年版,第35~74页;《不列颠百科全书》第4卷,中国大百科全书出版社,1999年版,第236页。

> 吾中国之人数也,共四万万,男女各居其半,国为公共,
> 地土为公共,财产为公共,患难为公共,权利为公共……国既
> 为公共,宁能让彼男子独尽义务,而我女子漠不问耶?……
> 既不尽义务,即有权利,以他人与我之权利,非吾辈自争之权
> 利也。……吾辈既欲与之争,须先争尽我辈之义务,则权利
> 自平矣![①]

这样的观点尽管在概念层面肯定了公民权利义务的同一性,但在实践层面又把它们分离开来,更为强调的是女子的国民义务/责任。与陈撷芬澎湃的爱国感情常漫溢在理性思辨中不同,男性启蒙思想家马君武和金天翮对男女平权的理解更富于西方近代自由平等学说的理性色彩。1902~1903年,马君武翻译了英国社会学家斯宾塞的《女权篇》,并译述了英国哲学家穆勒(即其所译"弥勒约翰")的《女人压制论》和西欧社会民主党《女权宣言书》中关于男女享有平等权利的思想主张。马君武将男女平权与民主共和相提并论,认为欧洲之所以能够进入近代文明社会,是因为经历了"君民间之革命"与"男女间之革命"这两大革命;要改变"人民为君主之奴仆,女人为男人之奴仆"的专制国家状况,"必自革命始,必自革命以致其国中之人,若男人、若女人,皆有同等之公权始"[②]。这一论点把"天赋人权"逻辑内的"男女平权"与政治文明的程度隐然联系起来。

稍后,金天翮著《女界钟》于1903年8月在上海刊行。《女界钟》引述的西方近代思想资源主要也是斯宾塞、穆勒等人由"天赋人权"引申出的"男女平权"思想主张,但它同时针对本土妇女的现状提出了很

---

① 陈撷芬:《女界之可危》,《中国日报》1904年3月11、12日。

② 马君武:《弥勒约翰之学说》,莫世祥编:《马君武集》,华中师范大学出版社,1991年版,第142~145页。

多开创性的见解。首先,作者主张民权①与女权密不可分:"十八、十九世纪之世界为君权革命之时代,二十世纪之世界为女权革命之时代"②。他明确指出了"民权"和"女权"的延续性:西方国家首先发生民权革命,接着才发生女权运动;中国的民权革命既未实现,遑论女权革命,所以"两大革命之来龙,交叉以入于中国"(第六节)。因此,在中国的革命目标中,"民权与女权如蝉联蚹萼而生不可遏抑也。吾为此说,非独为二万万同胞姊妹说法也,为中国四万万人民普通说法也"(第一节)。其次,他认为国家兴亡,不仅匹夫有责,"匹妇亦有与责"。他把这种责任称之为女子的道德,而且是"爱国与救世"的"公德"。与"公德"相比,守身如玉、相夫教子的"私德"具有的则是等而下的价值(第二节)。作为国民的"匹夫"、"匹妇",在对国家负有救亡责任这一点上是完全平等的。第三,他特别重视女子参政权利,认为20世纪女权问题之核心就是女子参预政治。但在满清专政下,男子尚不能干政,何况女子?所以他鼓励女子从事革命:

> 女子亦知中国为专制君主之国乎?夫专制之国无女权,女子所隐恫也。……夫议政者,固兼有监督政府与组织政府之两大职任者也。然而希监督政府而不得,何妨退而为要求;愿组织政府而无才,则不妨先之以破坏。要求而绍介,则吾男子应尽之义务也;破坏而建设,乃吾男子与女子共和之义务也。(第七节)

---

① 据日本学者须藤瑞代考证,在近代启蒙语境下,"民权"概念是指国民之公权即参与国事的权利,偏重于公民的政治权利,而"人权"概念是指人生来就拥有的权利,包含男女平等、言论自由等含义(须藤瑞代:《近代中国的女权概念》,《山西师范大学学报》2005年第1期)。而在时人的论述中,这两个概念的边界较为模糊,尤其在论述女权问题时,论者时常把两者兼而论之,统统纳入人权的辨析之中。
② 金天翮:《女界钟》第六节,上海古籍出版社据大同书局1903年刊行本重新标点简体字版,2003年版,第46页。下引《女界钟》均出自此版本。

金天翮的洞见在于发现女权的对立面并不仅仅是男权，而更是专制主义的政权；女性必须和男性一起革命，打破专制制度，在一个更为合理的民主共和国家框架下，才有可能谋求政治权利。

总之，马、金两位的论述有共同之处：第一，他们所说的"女权"都包含"天赋人权"和"男女平等"思想；第二，他们主张"民权"与"女权"密不可分，甚至在民主政治的框架下女性参政就是"女权"的应有之义；只有争取参政权利，女性才能贡献作为国民的责任，从而承担起国家富强的重任。女性在与男性"同担责任、同尽义务"之后，就获得了与男性同样的"国民"身份①。这是近代女权运动一个重要的思想资源和论证女权正当性的基础。

对于男性启蒙者的"女权"言说，当时的女性思想家既有赞同呼应的一面，也有基于女性独立意识和性别自省的别异洞见。陈撷芬对男性精英所进行的"女权"动员，有着难能可贵的警惕和反思。她认识到女权主要由男性提倡，女性靠男性赠与权利，则女性永远无法摆脱依附于男性的命运。在《独立篇》中，她说：

> 即有以兴女学、复女权为志者，亦必以提倡望之于男子。无论彼男子之无暇专此也，就其暇焉，恐仍为便于男子之女学而已，仍为便于男子之女权而已，未必其为女子设身也……呜呼，吾再思之，吾三思之，殆非独立不可！②

相同的观点来自龚圆常《男女平权说》一文，作者认为女性的权利都是在男性知识分子的女权提倡中"赠与"女性的，而不是女性自觉的权利

---

① 宋少鹏：《民族国家观念的建构与女性个体国民身份确立》，《妇女研究论丛》，2005年第 6 期。

② 陈撷芬：《独立篇》，《女学报》第 2 年第 1 期，1902 年版，引自全国妇联妇女运动历史研究室编：《中国近代妇女运动历史资料（1840—1918）》，中国妇女出版社，1991 年版，第 245页。

要求,因而其范围和具体内容都是有限的。而女性由于没有自觉的权利意识,还算不得拥有"自由民"(公民)资格①。这种尖锐的批判并非无的放矢,就拿当时最热门的女性权利——教育来说,其内容以蒙学、家政为主,其目的以蒙养儿童、条理家务为要,就体现了男性对于女性受教育权的"规定性"。诗人兼教育家吕碧城有感于当时女子教育范围和目的之狭隘,对女子教育只为养成"乳媪及保姆"、对"女子只应治理家政,不宜与外事,故只授以应用之技艺"的女学宗旨提出批评,认为这不过是"造成高等奴隶斯已耳。"②她提出女性在担当后代的教育义务之外,更有一重"国民"义务:

> 女子者,国民之母也,安敢辞教子之责任;若谓除此之外,则女子之义务为已尽,则失之过甚矣。殊不知女子亦国家之一分子,即当尽国民义务,担国家之责任,具政治之思想,享公共之权利。③

而尽此国民义务所需要的"具政治之思想,享公共之权利",则不仅有待于女子教育中增加政治、思想等"高级知识"的普及,更有待于中国全社会民主意识的萌蘖和政治文明的进步。吕碧城的论点可谓直指"女权"主张背后所隐含的男性中心倾向。男性思想家对女性提出做受教育、有知识的"国民之母"要求,服务于"强国保种"之目的,从特定的意义上说,这只不过是"相夫教子"的传统女性工具论在近代民族国家框架下的应变性发展。"国民之母"与女性主体意识充分发展、"具政治之思想,享公共之权利"的"女国民"之间,在内涵上存很大差异;甚至可以说,仍然作为男子"贤内助"的"国民之母",根本就与

---

① 龚圆常:《男女平权说》,《江苏》,第4期。
② 吕碧城:《兴女学议》,载《大公报》,1906年2月18、26日。
③ 吕碧城:《论某督扎幼稚园公文》,上海《女子世界》,第9期,1904年9月。

女性权利和国家福祉无关。因此,虽然构词中同有"国民"二字,但做"国民之母"并不是必然能够导出"女国民"的主体生成。女性只有逾越传统生活模式中的性别角色,以主体身份直接服务于社会,在个人与国家之间构建充分的权利和责任空间,才有实现"女国民"身份的可能。

四、"女国民"想象:"身体中心"的叙事

晚清时期,尽管男女知识分子从各自的立场出发对"女国民"的思想内涵和实践方案进行着愈演愈烈的讨论,但这些主要以报章、杂志、译著为载体的议论文字的受众并不广大,而只限于具有一定文化水平的知识阶层。就欲做"国民"之女性而言,其言说主体和实践主体,都局限于"有学问"的知识女性。① 与此同时,社会上出现了大量以普通妇女为期待读者、以妇女救国为题材和主旨、以一种更为通俗化的手段来倡导"女国民"的小说。② 在以启蒙者自居的知识分子看来,"(西学流入)士大夫正目不暇给之时,不必再以小说耗其目力。惟妇女与粗人无书可读,与求输入文化,除小说更无他途"③。所以小说相比于其他启蒙工具而言,更具有宣传普及的有效性。这一论调隐含着启蒙者/被启蒙者——"士大夫"(知识分子)/普通妇女、社会底层的身份等级,而由知识结构和文化水平所决定的文化消费类型的不同,潜在地

① 当时一位佚名作者评论著名女医生、女性教育和慈善家张竹君时说到"如竹君有这样的学问,方可讲平权,倘没有一点儿学问,和有学问的男子比起来,一高一低,怎么会平呀?"(《张竹君女士历史》,1905 年 11 月 16 日《顺天时报》)充分说明了"女权"持论者的精英性质。

② 这些小说包括《女举人》(1903)、《六月霜》(1903)、《自由结婚》(1903)、《女狱花》(1904)、《女娲石》(1904)、《黄绣球》(1905)、《女子权》(1907)、《女英雄独立传》(1907)、《中国之女铜像》(1909)等,但前人尚未从"女国民"的思想角度对它们进行过分类和研究。

③ 夏曾佑:《小说原理》,见陈平原、夏晓虹编:《二十世纪中国小说理论资料(1897~1916)》(第一卷),北京大学出版社,1989 年版,第 61 页。

影响到他们之间的分别甚至对立。不仅"妇女"是作为被启蒙的对象，而且，相对于"西学"来说，启蒙妇女的工具"小说"也是粗鄙的知识。但这并不意味着启蒙妇女不重要，相反，国难当头，妇女是首先需要考虑的社会动员的对象，用一位小说作者的话来说：

> 我国山河秀丽，富于柔美之观，人民思想，多以妇女为中
> 心。故社会改革，以男子难，而以妇女易。妇女一变，而全国
> 皆变矣。①

作者"人民思想以妇女为中心"的论点虽不免有些夸张，但足以体现出当时知识分子重视妇女启蒙的倾向。就"女国民"思潮而言，它从一开始就在两个方向上展开：一是报刊之类媒体上的议论文章通过各有侧重的"女国民"讨论，阐发其包括国民义务、公民权利、男女平权等思想观念在内的丰富政治意涵；二是小说创作通过文学想象承载政治概念，再造生动的"女国民"形象。这些形象大多具有乌托邦色彩，寄寓着多姿多彩却不具备现实条件的政治和社会理想②。甚至，有些作者也坦言其并不真实，声称写作目标仅在于"设一理想境界"：

> 编小说的深慨中国二百兆妇女久屈于男子专制之下，极
> 盼望他能自振拔，渐渐地脱了男子羁勒，进于自由地步。纵
> 明知这事难于登天，不能于吾身亲见，然奢望所存，姑设一
> 理想境界，以为我二百兆女同胞导其先路，也未始不是小说家

---

① 海天独啸子《女娲石》之卧虎浪士序，见陈平原、夏晓虹编：《二十世纪中国小说理论资料（1897～1916）》（第一卷），第 130 页。

② "乌托邦小说"在晚清"庚子事变"之后一度蔚为大观，它不仅是近代中国所遭受的挫折的曲折反映，也是中国近代化知识、情感、意志的承载。参见耿传明：《清末民初"乌托邦"文学综论》，《中国社会科学》2008 年第 4 期。

应尽的义务。①

因而这些小说共同的特点就是立意高蹈,想象奇幻,女主人公文韬武略无所不能,而又侠肝义胆精忠爱国,往往为"排满"革命或反抗外侮的民族大业献身。也许与作者的"理想境界"过于迂阔有关,这些小说大多未完成。在此不妨以其中较有代表性的作品《女娲石》为例,分析当时此类小说"想象女国民"的方法。

《女娲石》二卷十六回,未完,初版为东亚编辑局铅印本,甲卷印行于光绪三十年(1904 年)六月,乙卷印行于次年二月。作者署名"海天独啸子"②。小说以褒扬爱国女性为主旨。女主人公金瑶瑟素有爱国热忱,又留学日、美多年,恨国事之不可为,达官显贵沉迷声色而罔顾国运,于是舍身为娼,欲以色度之,令其醒悟,结果却毫无效果。后来金瑶瑟又两度寻机刺杀"胡太后"(慈禧)但均失败。逃亡避祸途中,被擒获并卖至妓院。不料天香院实为女子革命党"花血党"的总部兼女学堂。"花血党"有党员百万,支部数千,专门以暗杀手段惩办满清大员。金瑶瑟与党首秦爱浓相见恨晚,要求入党,但秦爱浓开出的"入党条件"——"灭四贼"十分苛刻:第一要"灭内贼",即绝夫妇之爱,割儿女之情,舍弃一切人伦关系;第二要"灭外贼",禁止崇洋媚外;第三要"灭上贼",反抗专制君主,并致力于消灭一切统治阶级;第四要"灭下贼",即灭绝情欲。

其中,反对崇洋媚外、反对满清专制,是当时"政治正确"之表述,无甚可奇,但要求女子无性欲、无情感、无家庭,成为冷血的暗杀机器,则令人瞠目。"禁欲主义"的革命主张,可以看作是《女娲石》的"女国

---

① 思琦斋:《女子权》,《中国近代小说大系·〈女子权〉〈侠义佳人〉〈女狱花〉》,百花洲文艺出版社,1993 年版,第 7 页。

② 下文引文见于《中国近代珍稀本小说(第三卷)·〈女娲石〉》,春风文艺出版社,1997年版。

民"实践方案之一。然而,与之并行的方案之二,却恰是反其道而行之,即"以色救国"。作者对金瑶瑟式的"以色救国"的妓女有个独特的称呼,即"国女"(例如第十回写道:"那妇人待瑶瑟坐定,慌忙跪下请罪道:'有眼不识国女,死罪,死罪!'")。在小说开篇,海天独啸子就发表了"女强于男"的议论,原因是:"男子有一分才干,止造得一分势力。女子有了一分才干,更加以姿色柔术,种种辅助物件,便可得十分势力。"(第一回)也就是说,女性为了达到某种目的,可以利用自己的"姿色柔术",此为男性所不及。这一见解对作者来说并非独到,当时一些激进的革命派、无政府主义者均持此见:

> 越之谋吴,日之胜俄,皆暗收功于女子,此等阴谋,本不足贵,然看见女子每能成事……使女子而增其知识,加以学问,将何功不成也![1]

海天独啸子在《女娲石》序言中也承认,"此等阴谋"不是什么光彩的行为,也不是成熟的革命手段,仅仅是革命思想不成熟的特定历史阶段的权宜之计:"我国今日之国民,方为幼稚时代,则我国今日之国女,亦不得不为诞生之时代。"也就是说,在社会的政治、思想之条件还不足以孕育"国民"的"幼稚时代","女国民"还无从谈起。所以,"国女"作为"女国民"的前身,也就应运而生了。

总之,从海天独啸子对"花血党"和"国女"的描写中可以看到,当时的男性话语如何在想象的层面以国家之名对女性国民提出希望和要求:一是"禁欲主义",即要女性割断一切人伦情感和个体欲望,完全地服务于"国家"这一终极目标;"以色救国"则要求女性将身体奉献于瓦解敌人的救国大业。两者殊途同归,不仅再次印证了"国权逾越父权"对女性进行召唤的历史逻辑的客观存在,而且,女性身体被想象

---

[1] 鞠普:《女德篇》,《新世纪》第 48 号,1908 年 5 月。

为她们响应召唤的重要资源的情形显示出,在女人的身体这一"亘古不变的男人想象的空间"中,女性身体的伦理价值是"被男人的叙述构造出来"的①。最终,"国家"在这样的话语系统中成为凌驾于女性身体之上的宏大叙事。前者对后者进行宣传、鼓动、教育、塑造,并赋予价值;后者则只有在积极响应前者的召唤并付诸行动中,可望获取意义和价值。

综上,本文以性别视角对晚清"女国民"话语所做的考察,初步揭示了女性性别意识与彼时初露头角的民族主义话语的交叉重叠。毫无疑问,对作为整体的中华民族的政治解放以及中国进入现代世界来说,女性启蒙或女性"国民"身份的建立是一个先决条件。不过,虽然男女知识分子对现代历史叙述的这一起点达成了共识,但无论在他们的思想表述还是小说想象中,启蒙者的性别立场还是作为各自思想主张差异性的决定因素之一鲜明地表现了出来。众声喧哗的"女国民"话语中的性别想象,不仅建构了现代中国的一个颇为重要的问题空间,也为历史与文学之间复杂而微妙的关系提供了一管之窥。

---

① 刘小枫:《沉重的肉身——现代性伦理的叙事纬语》,华夏出版社,2004 年版,第74~75 页。

中国古代文学性别研究的回顾与思考

乔以钢

传统中国文学史书写,从性别的角度看,贯穿的是以男性为中心的文学史叙事,有关古代妇女创作的研究长期以来处于相当薄弱的状态。20世纪80年代以来,在社会思想文化和观念意识发生巨大变革的背景下,女性主义学术思想逐渐渗入人文社会科学领域,古代文学的性别研究也日益受到人们的关注。

这里所说的古代文学的性别研究,是指学术界以中国古代文学为研究对象、从性别角度进行多层面审视的研究观念和研究实践。其中既包括对古代妇女文学的考察,也包括在性别视野中就男性创作活动所展开的探析;既涉及男女作者在文学活动中的交互影响和作用,也包含对两性创作所呈现出来的不尽相同的审美景观的探讨。

本文拟在简要回顾20世纪初至90年代前期古代妇女文学研究基本状况的基础上,主要就90年代中期以来中国古代文学领域的性别研究进行探讨①。

---

① 本文所涉及的,主要是中国本土的相关研究状况,包括部分国外学者在中国境内发表的研究成果。

一

　　有关古代妇女文学创作的考察,在现代中国已有近百年历史。19世纪末 20 世纪初思想文化界的启蒙思潮以及对传统文化的反思,直接影响到研究者对中国古代文学的重新认识;"五四"女性文学的勃兴,也促使中国古代妇女的文学创作进入研究者的视野。20 世纪前半叶,中国古代文学领域的性别研究开始起步,主要体现在对古代妇女创作的搜集整理和初步探讨方面。

　　二三十年代,在"整理国故"和反思传统两种思潮的涌动中,中国古代女作家及其创作成就的整理取得了明显进展,产生了一批较有影响的女子艺文志。与此同时,刊有古代女性作品的总集、别集和各类选本陆续印行,一些受到新思想影响的知识女性直接参与了这些文集的编辑出版,体现出文学观念和性别观念上的进步。例如,施淑仪的《清代闺阁诗人徵略》著录了清代自顺治至光绪三百年间 1262 名女诗人的生平和创作,并对之加以述评,它几近于一部清代妇女诗歌史。编者在"例言"中申明收录的标准是"偏重文艺",若非于此专长者,"虽有嘉言懿行,概不著录",从而摒弃了以妇德为先的传统女教尺度。20年代末,出现了单士釐的《清闺秀艺文略》(五卷),载录 3000 余种女子"艺文"作品。其中不仅有文学创作,也还包括了文论、史学、经学、音韵、训诂甚至医学、算学方面的学术性著作。此期,在围绕个体女作家进行研究的过程中,也有新的趋向。如潘光旦的《冯小青之分析》一书,运用弗洛伊德的精神分析法对女诗人的身世和创作心理进行考察,提出了独到的见解;胡适等关于清代女诗人贺双卿真实性的考察①,拓展出关于如何看待男性目光注视下的女性写作这一具有性别文化内涵的话题,对此后的研究具有启发意义。

1916 年,上海中华书局印行了谢无量的《中国妇女文学史》。该书"起自上古,暨于近世",时代断限止于明末。这一将中国妇女文学活动系统化、历史化的努力,在 20 年代后期至 30 年代前期问世的一些著作中得到呼应。梁乙真补谢著之阙,撰写了《清代妇女文学史》(中华书局,1927);其后又著有《中国妇女文学史纲》(开明书店,1932)一书。谭正璧出版了《中国女性的文学生活》(上海光明书局,1930)。此外,谢无量的《中国大文学史》、郑振铎的《插图本中国文学史》,分别收入了有关唐代武则天、上官婉儿以及薛涛和鱼玄机的内容。上述著作在古代妇女文学史料的搜集整理方面做了基础性工作,初步理出了中国古代妇女文学创作活动的历史线索,并开始注意到古代妇女文学创作与其生活经历、思想文化背景之间的联系,对妇女文学活动及其作品的特点也进行了初步的探讨。特别值得肯定的是,著者旗帜鲜明地批判了封建时代压抑妇女才华、否定妇女文学成就的社会制度和传统文化,一定程度上包含着对男性本位文学史观的反思。

此时,一些知识女性已具备比较自觉的女性文化建设意识。1931年,陆晶清出版了现代学术史上第一部古代女诗人的研究专著《唐代女诗人》(上海神州国光社);1933 年,陶秋英的《中国妇女与文学》(北新书局)问世;其后曾乃敦著有《中国女词人》(上海女子书店,1935)。在带有一定研究性的著述中如此标榜文学创作者的性别,对这些女作者来说实乃有意为之。例如,陶秋英就"妇女与文学"这一命题的提出发表了一针见血的看法:"'妇女',这是一个侮辱我们的名称;不!'妇女'而成为种种特殊问题,特殊名称:这才是真正侮辱我们的现象,这

---

① 胡适:《贺双卿考》,原载《胡适文存三集》,《民国丛书》本;张宏生、张雁编:《古代女诗人研究》,湖北教育出版社,2002 年版。

明明在说,'妇女是人类的另一部分。'"① 在"五四"新思潮影响下女性主体性的确立,使之能够一语道破传统文化的男性本位实质,以及妇女在文学和文化史上的不平等地位。

这些有关中国古代妇女文学创作的研究性著作,是在启蒙主义和人道主义思潮影响下,在进步思想界不断发出妇女解放、男女平等呼吁的语境中诞生的。它的出现对现代性别文化的建设具有积极意义。只是在当时的写作中,作者往往不自觉地囿于男性中心的传统思维。例如,一些男性作者在认识和评价古代妇女创作时,一方面热情肯定文学女性的才华,另一方面又无形中受制于传统性别意识和文学观念,时或流露出"表彰才女"、"怜香惜玉"的文人士大夫趣味。与此同时,研究起步阶段对女性创作现象的认识常流于粗浅,视野也比较狭隘。

相比之下,女作者对文学创作中的性别因素显然更为敏感。比如,陆晶清撰写的《唐代女诗人》第一次以断代方式对女性诗歌创作进行研究,探讨唐代女诗人对诗歌艺术的贡献;陶秋英的《中国妇女与文学》将古代妇女的创作状况与她们所生活的时代相联系,指出在传统文化制约下,古代妇女文学(主要是诗词创作)呈现出在内容上以消遣和性情为主、在感情色调上以颓废为美的表现形态。又如,冯沅君在一系列有关中国古代戏曲的考证文章中涉及古代妇女创作时,也流露出一定的性别意识②。

此期人们关注较多的,主要是唐代女诗人的研究和词人研究。前者以薛涛、鱼玄机、李冶等若干女作家的研究最为集中;后者可以谭正璧的《女性词话》(上海中央书店,1934)为代表。该书注意结合作者的

---

① 陶秋英:《中国妇女与文学》,北新书局,1933年版,第306页。
② 见《古剧说汇》,商务印书馆1947年初版,作家出版社,1956年修订再版。该书收入冯沅君1936年到1945年间所写有关中国古代戏曲的15篇考证文章,其中部分涉及妇女创作。

身世(如家庭、爱情、婚姻、社会经历)分析其创作风格,介绍了包括徐灿、贺双卿、吴藻、顾太清、顾贞立、沈善宝等在内的自宋至清 59 位女词人。其学术价值主要体现在:首先,它是 20 世纪第一部全面介绍女性词的专著;其次,它知人论世,言之有理,持之有据,"把学术研究的学理性和知识传授的普及性有机地结合起来了"①。

20 世纪 50 年代到 80 年代前期,有关中国古代妇女创作的研究有所收获,但总体处于低迷状态。据统计,自 1950 年初到 1984 年底的 34 年间,有关女作家的研究论文最多不超过 130 篇,且多数集中在 50 年代末 60 年代初;出版的女作家作品集不到 10 部,其中李清照占了 4 部。在此期间,没有出版一部妇女文学史,研究对象的涉及面也较为狭窄,仅集中在几位女作家的创作上;缺乏史的眼光,多是一般的研究评论,零散而不成系统②。并且,在特定的政治环境和抹平男女两性差异的文化氛围中,评论文章往往程度不同地染上了政治意识形态色彩。

这个时期值得一提的是基本文献整理工作的成绩。1957 年,商务印书馆出版了胡文楷以 20 多年时力精心搜求辑录的《历代妇女著作考》。该书共收录 4000 余位女作家。其中汉魏六朝 33 人,唐、五代 22 人,宋、辽 46 人,元代 16 人,明代近 250 人,清代 3660 余人(附录现代 160 余人,不计在内)。"凡见于正史艺文志者,各省通志府州县志者,藏书目录题跋者,诗文词总集及诗话笔记者,一一采录。"每一条目先列书名,后列作者姓名、资料来源、存佚情况;下面再分列版本亲切椠、相关序跋、作者小传等。③ 其资料搜集之宏富,堪称 20 世纪在中国古代女作家文献整理方面取得的标志性成就。此外,围绕蔡琰和《胡笳

---

① 陈水云:《20 世纪的清代女性词研究》,《妇女研究论丛》2004 年第 1 期。
② 王之江:《要关心古代妇女作家的研究工作》,《光明日报》1985 年 3 月 12 日。
③ 1985 年,经胡文楷修订、增补后,《历代妇女著作考》(修订本)由上海古籍出版社再版;2008 年,经张宏生整理(修订胡著讹误 50 余条,新收录 270 余人)后重印。

十八拍》的作者问题、李清照是否曾经改嫁以及其词作的评价问题,学术界曾进行了专题讨论。

陈寅恪关于女性创作研究的重要论文《论〈再生缘〉》和专著《柳如是别传》均写成于60年代。前者当时曾引发讨论,后者迟至1980年才得以问世。在关于弹词小说《再生缘》的研究中,陈寅恪不仅称赏《再生缘》具有"自由活泼思想","实弹词体中空前之作",而且赞扬作者为"当日女性中思想最超越之人"①。在《柳如是别传》中,陈寅恪满怀对明清时期奇女子柳如是的同情与欣赏,对这一有追求、有谋略,又富于传统文化底蕴的奇女子的生活和情感经历做了翔实精赡的考述。其间,通过柳如是与明清之际士大夫名流陈子龙、钱谦益、宋徵舆等人的相互交往和特殊关系,"在最自然的男女两性关系中,挖掘一代知识分子面对前所未有的政治文化危机时的复杂心态与行为",从而使这部著作一定意义上成为明清之季的"文人心史和文化痛史"。而若以女性主义的眼光观之,作者选取一个女子作为这部情史乃至明清痛史的主角,或可视为"对男性中心史的一种颠覆"。②

80年代中期以后,当代女性文学创作和相关研究进入新的阶段。西方女性主义思潮在研究界产生了广泛影响,性别与文学的关系作为一个具有浓郁文化意味的问题引起关注。有关古代妇女创作的研究,在广度和深度上也得以拓展。如唐代女诗人研究,1984年便有陈文华编订的《唐女诗人集三种》问世。而李清照研究更是成为宋代文学研究的一个热点,先后有多部论文集以及评传、资料汇编、版本考等出版。据统计,20世纪以来词学研究中有关李清照研究的论文、论著达959种,其中这一阶段的研究成果占有一定比重。③ 一些女学者在相

---

① 陈寅恪:《寒柳堂集·论〈再生缘〉》,上海古籍出版社,1980年版,第57、66页。
② 张宏生、张雁编:《中国女诗人研究·导言》,湖北教育出版社,2002年版,第15页。
③ 见刘尊明、王兆鹏:《本世纪唐宋词的定量分析》,《湖北大学学报》1999年第5期。

关研究中自觉不自觉地融入了一定的性别意识,例如陈祖美《对易安内心隐秘的破译——兼释其青州时期的两首词》①等文及其所著《李清照评传》中关于女作家李清照内心隐秘的解读,即可作如是观。她在《读李清照作品心解》、《对易安内心隐秘的破译——兼释其青州时期的两首词》、《再译李清照的内心隐秘——从一种方法谈起兼及其赴莱、居莱之诗词》②等文章中提出,李清照在文学史上的地位是靠她的作品特别是抒情词的创作水平来确立的;而她真正压倒须眉、独步词史的,是代表其婉约派本色的词作,尤其是那些描写思念丈夫的所谓思妇之作。作者结合分析李清照一系列作品,尝试破译这位女词人的内心世界——担心丈夫蓄妾和悲戚自己无嗣,认为这才是词人最大的隐衷,也是她悲剧命运的症结所在。那些表现词人内心隐秘的作品,具有特殊的美感和魅力。③

80 年代到 90 年代前半期,比较集中地出版了一批中国历代妇女创作的选本。④ 编选者从两性平等的观念和愿望出发,对旧时代文学女性的命运及其创作怀有深厚的同情和真挚的情感,出发点大都在于搜集、整理古代妇女创作,褒扬她们的艺术才华,批判旧时代对女性的压抑和迫害。这样的情感倾向和立足点,在此阶段的部分研究性著作中也得到了鲜明的体现,其中,苏者聪的《闺帏的探视——唐代女诗

---

① 陈祖美:《对易安内心隐秘的破译——兼释其青州时期的两首词》,《江海学刊》1989 年第 6 期。

② 陈祖美:《读李清照作品心解》,《文学评论》1982 年第 4 期;《对易安内心隐秘的破译——兼释其青州时期的两首词》,《江海学刊》1989 年第 6 期;《再译李清照的内心隐秘——从一种方法谈起兼及其赴莱、居莱之诗词》,《中华女子学院学报》1992 年第 3 期。

③ 有关李清照与赵明诚之间是否伉俪情深、赵明诚是否纳妾等问题的讨论情况,参见王兆鹏、郭明玉:《李清照"内心隐秘"争鸣述评》,《文学遗产》2003 年第 1 期。

④ 例如,周道荣、许之翔编:《中国历代妇女诗词选》,新华出版社,1983 年版;曹兆兰编:《历代妇女诗词选》,湖北人民出版社,1983 年版;陈新等编:《历代妇女诗词选注》,中国妇女出版社,1985 年版;刘凯编:《历代巾帼诗词选》,安徽文艺出版社,1986 年版;苏者聪编:《中国历代妇女作品选》,上海古籍出版社,1987 年版;张明叶编:《中国历代妇女诗词选》,辽宁教育出版社,1989 年版。

人》和《宋代女性文学》有一定代表性①。这两部著作将宏观审视与微观探索相结合，融合了文化史、文学史、作家论、作品论，考证与论述熔为一炉，对唐、宋女性创作进行了系统考察。作者在学理性的探讨中，融入了充沛的情感。《宋代女性文学》"前言"中说："宋代女性文学是充满血泪的文学。它像一面镜子，反映了宋代女性生活不幸和身心遭残的命运。"作者甚至情绪激烈地写道："我怀着极大的仇恨读宋代历史。仇恨宋王朝君主贪生怕死，投降卖国，不顾人民死活；仇恨达官贵人对下层妇女的残酷压迫；仇恨男人压迫女人。"与此同时，对传统妇女创作给予肯定，认为宋代女性尽管承受着身心的巨大痛苦，但在品德上、精神上却显示出崇高不凡："她们是用血泪在吟诗，用生命在铸词，可歌可泣，感人至深。"作者将自己对传统女性不幸命运的深切同情和一腔悲愤融入研究，与研究对象产生了很深的情感共鸣。她于此主要是从社会制度和阶级分层的角度加以认知的，但也一定程度上包含了对传统性别文化格局下文学女性深受压抑的命运的沉痛反思。

张明叶著《中国古代妇女文学简史》②是 20 世纪下半叶正式出版的唯一一部古代妇女文学通史。作者经过多年努力，对在各种史料中留下线索的古代妇女的文学活动做了简要梳理，依时间顺序述及从上古先秦到清朝末年的妇女创作流变。其中包括诗、词、歌、赋、曲、杂剧、散文著述以及弹词小说等各种文学样式。其结构则采用了五六十年代文学史书写的惯用方式：时代特征（社会和文学环境）——作家概况——创作内容和艺术特色——代表性作家作品的重点分析。总的来说研究性偏弱。尽管作者在"后记"中明确认为，"以往的文学史主要是男性的文学史，实质上是站在男性的角度来阐述文学的源流、发

① 苏者聪：《闺帏的探视——唐代女诗人》，湖南文艺出版社，1991 年版；《宋代女性文学》，武汉大学出版社，1997 年版。

② 张明叶：《中国古代妇女文学简史》，辽宁教育出版社，1993 年版。

展与演变,只反映了人类隶属于男性的那部分情感与艺术",但对如何在文学史书写的内在理路上实现对传统书写方式的突破,还缺乏切实的思考。

这一阶段对古代著名女作家进行的个案研究仍在研究成果的数量方面明显占优。研究对象主要集中在若干位比较著名的女作家身上。黄嫣梨:《汉代妇女文学五家研究》①以历史考察和文学阐释并重的研究格局,对高帝唐山夫人、成帝班婕妤、班昭、徐淑和蔡琰等五位汉代女作家的生平及创作进行了专门探讨。其他较受关注的有薛涛、鱼玄机、李冶、李清照、朱淑真、徐灿、贺双卿、顾春、秋瑾等。此外,还有若干女作家进入研究者的视野,如许穆夫人、左棻、徐淑、谢道韫、黄崇嘏、严蕊、叶小鸾、吴藻、王清惠、张玉娘、郑允端、黄娥、邢慈静、倪瑞璇、刘清韵、侯芝、邱心如等。一批研究论文围绕这些女作家的生平事迹、创作活动、艺术旨趣和文学地位,进行了探讨。

总体来看,80 年代到 90 年代前期,有关中国古代妇女创作的研究开始渗透自觉的性别意识,一定程度上显示了对"文学与性别"这一命题的关注。不过,此期研究多数情况下仍受制于传统思路和方法。其表征之一是:在北京大学中外妇女问题研究中心 1994 年主办的妇女问题第三届国际研讨会的论文集中,其第三部分"妇女与文学"收录了6 篇关于中国古代妇女创作的研究论文,其中仅有一篇对女性主义批评有所借鉴②。

二

1995 年联合国第四次世界妇女大会在北京召开,扩大了女性主义

---

① 黄嫣梨:《汉代妇女文学五家研究》,河南大学出版社,1993 年版。
② 即周乐诗文:《回归和超越——传统女性文学中的女性意识》。

思潮在文学研究界的影响。改革开放时代国内学者与国外汉学界日见频繁的交流，也为中国古代文学的性别研究注入新的活力。部分学者在研究实践中有意识地引入性别视角，反思传统文学史建构中的性别缺失，调整和修正文学史观，对中国古代两性创作在生活环境、文化背景、心理倾向、艺术倾向等方面的差异给予关注，从不同角度对中国古代妇女的文学创作展开研究。90年代中期以来，有关方面的成果主要体现在：

（一）古代妇女创作文献的清理和考辨

女性文学创作的文献史料是学术研究的基础，但在男性中心的文化千年延续的过程中，中国古代女作家作品的保存和流传受到了严重影响。绝大多数女作者一无生平事迹可查，二无作品背景资料可考；少量得以传世的作品，其真伪、创作背景以及作者的相关情况等也存在很多疑问。有关著名词人李清照生平事迹和创作的考察尚且面临诸多困难，更遑论其他。为此，若欲寻觅古代妇女创作的踪迹，首先就需要对散见于各种史料的历代女性创作文献加以清理、订正。

在前人工作的基础上，此期有关中国古代妇女文学创作的研究，继续在资料考辨和古籍整理的基础层面上展开。各种版本的古代女作家评传、作品校注及相关资料汇编陆续出版。一些著名女作家（如蔡琰、薛涛、鱼玄机、李清照、朱淑真、贺双卿、顾春等）资料的发掘和作品的整理受到相对较多的关注。其中，由董乃斌、刘扬忠、陶文鹏等学者校点的大型女性丛书《中国香艳全书》[①]以女性题材为主，收入隋代至晚清一千多年间有关女性与艳情方面的文言小说及诗词曲赋多种体裁的文学作品335种。除诗词乐府外，还包括以女性为主角的传记、杂文和传奇小说等，为研究古代妇女生活和文人妇女观提供了丰

---

① 董乃斌等点校：《中国香艳丛书》，团结出版社，2005年版。该书原名《香艳丛书》，近人虫天子（王文濡）辑，共28集80卷，1909～1911年由上海国学扶轮社出版。后多次重印。

富的文献资料。大型工具书《中华妇女文献纵览》①时间跨度约两千年，覆盖面及于妇女研究的各主要领域。在"妇女与文学"类目中，不仅包括古代、近代的各种妇女文献目录，并且涵盖了先秦至清代"描写妇女的文学作品"，从而为研究古代妇女生活和创作提供了丰富的文献资料或线索。此外，清代妇女文学资料的搜集颇有收获。史梅依据南京大学馆藏的江苏各地府、州、县、镇志250余部，辑得前述《历代妇女著作考》未曾收入的清代女作家118人，著作144种②；并发表有《清代江苏方志中之妇女著作——胡文楷〈历代妇女著作考〉拾遗》③等文，对有清一代的江苏女性著作情况进行了统计分析。这些工作为研究的进一步展开奠定了基础。

性别视角的自觉运用，也为史料考辨思路的开拓提供了新的可能，其有效性在一些研究者的实践中得到印证。例如，陈洪的《〈天雨花〉性别意识论析》④一文，通过扎实的材料和缜密的分析，令人信服地显示了性别研究在史料考辨方面可以发挥的作用。《天雨花》是清代初年的长篇弹词，清代人把它与《红楼梦》相提并论，称之为"南花北梦"，可见其重要地位。但是，这部作品的作者却不得而知。有关的最早记载为女作家陶贞怀，近些年的研究者则大多认为是某男作家所为，因证据不足遂成悬案。本文作者认为："比起具体判断作者姓甚名谁来，分析、判断文本的性别意识，对于深入理解作品，对于发掘作品特有的文化意义，都要更为重要一些。因为《天雨花》所流露的女性创作意识，在同类作品中，甚至在整个文学史上，是十分突出且富于典型意义的。"论者看似未曾着力于对弹词作者的探析，但全文在深入揭示

---

① 齐文颖主编：《中华妇女文献纵览》，北京大学出版社，1995年版。

② 史梅：《清代江苏妇女文献的价值和意义·附表》，见张宏生编：《明清文学与性别研究》，江苏古籍出版社，2002年版。

③ 史梅：《清代江苏方志中之妇女著作——胡文楷〈历代妇女著作考〉拾遗》，《古籍研究》1996年第2期；《清代江苏妇女文献的价值和意义》，《文学评论丛刊》2001年第1期。

④ 陈洪：《〈天雨花〉性别意识论析》，《南开学报》2000年第6期。

和分析文本特点与性别意识之间关系的同时,有理有据、水到渠成地对作者的性别做出了判断。文中剖析作品文本中流露的性别意识深入具体,例如,贯穿于作品的反抗男权统治的描写、对于多妻制的敌视、对于男人的独特评判尺度以及写婚姻家庭而绝无秽笔等等。这些分析围绕作品进行但并未局限于作品本身,而是在与题材相似、可以确知出自男性作家之手的《野叟曝言》、《红楼梦》、《好逑传》、《儿女英雄传》等作品加以比较中,有理有据地展开。作者指出:"唯独此书,男权的代表在作品的整体中是赞颂的对象,甚至男权本身也得到理性的肯定,而同时又在感情态度上、在具体描写中对其提出挑战。"文章进而揭示这种矛盾的写法是封建时代知识女性矛盾心态的不自觉流露。作者还敏锐地注意到《天雨花》中一些具有女性生活色彩、旧时代男性作家笔下从不曾有的独特笔墨。例如,以上万字铺演女子孕期的卫生保健问题,赞扬孕妇的自我保护;描写家庭中的性生活时,明确主张必须双方情投意合,坚决反对男性一方主导,如此等等。由此得出结论:《天雨花》文本所流露的性别意识具有相当鲜明的女性特色,与当时(甚至古今)的男性作家的作品大不相同,其作者可以肯定为女性。这样的判断由于出自扎实细密的文本分析而颇具说服力。

(二)古代妇女创作性别文化内涵的探析

中国古代妇女的文学创作包含着十分丰富的性别文化信息。近些年来,研究者从不同角度切入,对其间的性别文化因素进行探寻。具体涉及传统性别观念对女作家创作的影响,地域文化、家族文化与女性创作的关系,才女文化的时代特征,女学的兴盛及其在文学中的反映,女性创作的文化史意义,各体文学中的女性形象及其性别文化的内涵等。

在特定的历史文化和家族文化的背景下,明清时期女性创作出现繁荣景象。并且,相对其他时期而言,这一阶段得以留存下来的女性文本为数也最多①;加之近年学界对"前现代文学史"研究的重视,有关明清时代女性创作的探讨很自然地成为研究热点,并且在宏观研究和微观研究方面取得收获。在此即以这方面的探讨为例。

张宏生在《清代妇女词的繁荣及其成就》②一文中,较早对清代女性词作进行了宏观探讨和综合分析。该文从题材、风格、表现手法三个方面归纳清代女性词的主要特征:一是反映生活的层面大大拓展;二是女词人的创作意识更加鲜明,风格上开始多样;三是清代富有才华的女词人敢于积极地表现自己的创新意识和创造精神。其后,郭延礼《明清女性文学的繁荣及其主要特征》③一文,也对明清时期的妇女文学遗产进行了系统梳理。作者围绕明清妇女文学现象的五大特点进行阐发:一是创作主体的家庭化;二是明清女性多才多艺,其创作体裁丰富多彩;三是女性结社的出现;四是女性诗人开始与男性文士交往;五是女性作家开始否定"内言不出于阃"的传统观念,重视文学的传播功能。其中,作者对"明清知识女性对其文学才能的自信和强烈的传播欲"给予高度评价,认为这恰是女性的自尊、自强意识在文学观念上的反映;指出其所具有的新的传播观念,在女性文学史上具有划时代的意义。与此同时,论文结合当时女性创作的实际强调指出:"清代女性学诗,清代女性文学的发展,除自身的努力外,还与当时的文化环境,特别是与男性的倡导、帮助有很大的关系,这点也不可忽视。"作者认为,明清时代文士、才女之间的这种亲和关系,一定程度上表明男女有别、男尊女卑的传统观念正在逐步松散和走向瓦解。清代知识女性对与男性文士交往已有了相当的自觉和勇气。而女性作家与男性文人的交往,又为女性走向社会、争取独立的人格和妇女自身的解放

---

① 胡文楷《历代妇女著作考》和史梅《清代江苏方志中之妇女著作——胡文楷〈历代妇女著作考〉拾遗》著录清代女作家近 4000 人。

② 张宏生:《清代妇女词的繁荣及其成就》,《江苏社会科学》1995 年第 1 期。

③ 郭延礼:《明清女性文学的繁荣及其主要特征》,《文学遗产》2002 年第 6 期。

奠定了基础。

一些研究者对明清之际江南地区出现的女作家群及其地域性创作特征进行了专题探讨,如陈书录《"德、才、色"主体意识的复苏与女性群体文学的兴盛——明代吴江叶氏家族女性文学研究》、李真瑜《略论明清吴江沈氏世家之女作家》、王英志《随园女弟子考评》、许结《明末桐城方氏与名媛诗社》、钟慧玲《陈文述与碧城仙馆女弟子的文学活动》[①]等论文,以及陈玉兰《清代嘉道时期江南寒士诗群与闺阁诗侣研究》等著作。其中,宋致新《长江流域的女性文学》[②]一书,以时代为经,考察自先秦到晚清长江流域的女性诗歌创作,揭示了在中华文明发展史上占有重要地位的这一广大地区古代女性创作的灿烂风貌和独特贡献。作者认为,长江流域的女性文学创作主体主要是趋俗的艺妓群体和淑雅的闺阁作家。明清以来,它与启蒙思想文化紧密结合,汇成反对礼教束缚、追求个性解放的时代潮流。在艺术形式上,兼有诗、词、曲、赋、散文、戏剧、弹词、平话等多种样式,佳作纷呈,美不胜收;在意蕴指向上,展示了女性自我精神面貌的多样性和女性心理结构的复杂性;在情感倾向上,昭示了南国女性敏于感物、深于察事的精神气质;在艺术风格上,凸现了南国女性清新秀美、婉约自然的美感特征。

弹词创作是清代妇女文学一个颇具特色的组成部分。鲍震培《清代女作家弹词小说论稿》[③]就此进行了系统探讨。作者运用大量原始资料,结合明清时代性别意识渐变与才女文化繁荣的大背景,考察弹词小说的形式、源流、发展及其在文学史上的地位和影响。通过对明

---

① 陈书录:《"德、才、色"主体意识的复苏与女性群体文学的兴盛——明代吴江叶氏家族女性文学研究》,《南京师大学报》2001 年第 5 期;李真瑜:《略论明清吴江沈氏世家之女作家》,《中华女子学院学报》2001 年第 4 期;王英志:《随园女弟子考评》、许结:《明末桐城方氏与名媛诗社》、钟慧玲:《陈文述与碧城仙馆女弟子的文学活动》,见张宏生编:《明清文学与性别研究》,江苏古籍出版社,2002 年版。

② 宋致新:《长江流域的女性文学》,湖北教育出版社,2005 年版。

③ 鲍震培:《清代女作家弹词小说论稿》,天津社会科学出版社,2002 年版。

清女性叙事传统及其所蕴含的女性精神的阐发,提供了关于中国女性文学发展过程中一个重要环节的思考。胡晓真《才女彻夜未眠:近代中国女性叙事文学的兴起》①同样以女性弹词小说为研究对象,重点则在探讨女性的阅读、书写、出版与自我心灵世界中的私密欲望之间的关系,分析现实中面临时代、变局的弹词女作家在文字世界中所表达的焦虑、困惑,以及她们由此而构筑的自己的诠释系统与对应方式。赵咏冰《带着脚镣的生命之舞——从〈再生缘〉看传统中国女性写作的困境》②具体剖析了陈端生的弹词小说《再生缘》文本中所流露的女性意识以及女作家借其笔下人物所寄寓的身世之感乃至权力欲望,揭示了传统女作家书写困境之所在及其背后的文化意涵。作者指出,清代妇女文学中这些反传统意识貌似激进,却仍然反衬了女性书写无奈的局限和困境。这一文本中分裂的女性主体反倒成为妇女文学中女性形象的真实。她们对传统的突破其实并非那么不传统,个中缘由耐人寻味。

在明清女作家的个案分析方面,以徐灿、顾春和贺双卿等人的研究最为集中,戏曲家吴藻等人的创作也较多受到注意。一些女作家在文学创作中自觉不自觉流露出来的女性意识成为考察作品性别文化内涵的重要方面。部分研究者试图深入女性写作者的精神世界,揭示性别意识、内心状态对其创作的影响。例如,张宏生在《吴藻〈乔影〉及其创作的内外成因》③一文中,对吴藻杂剧《乔影》中所体现出来的"错位"的性别意识及其丰富的内外成因进行了分析;在《才名焦虑与性别

---

① 胡晓真:《才女彻夜未眠:近代中国女性叙事文学的兴起》,北京大学出版社,2008 年版。

② 赵咏冰:《带着脚镣的生命之舞——从〈再生缘〉看传统中国女性写作的困境》,《明清小说研究》,2005 年第 2 期。

③ 张宏生:《吴藻〈乔影〉及其创作的内外成因》,《南京大学学报》2000 年第 4 期。

意识——从沈善宝看明清女诗人的文学活动》一文①中，又以清代后期重要女诗人沈善宝及其创作为切入点，在对其价值观念和性别意识进行具体探讨的基础上，分析女诗人内心对文名的追求期盼与抱负难申时的不平，探求其产生的根源。论文通过个案分析，具有普遍意义地揭示了有才华、有抱负的传统女性在特定历史时期面临的文化境遇及其创作心理。② 类似这样的探讨，既能以性别视角观照古代妇女的创作活动，又注意将考察对象"还原"到特定历史文化境遇中，结合女性创作者的心态进行具体分析，有助于对古代妇女创作面貌认识的深化。

（三）古代妇女创作审美特质的阐发

从性别角度切入研究对象，很自然地会关注女性创作与男性创作究竟有哪些不同，这种差异背后又有着怎样的性别文化意味。对此，研究者分别从宏观和微观的角度进行了阐发。

胡明《关于中国古代的妇女文学》③依时间顺序，结合历代社会生活，描述和分析古代妇女文学创作队伍的历史形态，进而探讨作品的人文内涵。作者结合大量文学史实，梳理出与妇女文学相关的两大线索。一条是以《诗经·国风》为源头，经汉乐府、古诗直接晋以后吴声、西曲为代表的民间歌曲。它在时间形态上一直规范到明清的歌谣俚曲。这条线索的最大特征是"男人学女人"，即女子爽性而吟，尽情而唱，自然风色，一片天籁；男子惊羡佩服之余进行模仿润饰、加工整理并注册（呈献或保存典籍），进而动手采用女子创作的形式体裁来创作他们自己的文学作品。另一条线索的精神实质是"妇女学男人"，即历

---

① 张宏生：《才名焦虑与性别意识——从沈善宝看明清女诗人的文学活动》，张宏生、张雁编：《明清文学与性别研究》，江苏古籍出版社，2002 年版。

② 他如张忠纲、綦维：《李清照的女性意识》，《文史哲》2001 年第 5 期；赵莉：《评鱼玄机作品的女性意识》，《陕西师范大学学报》2001 年第 1 期；杨萍：《清代女性词中女性意识的觉醒》，《东北师大学报》2005 年第 6 期，等等。

③ 胡明：《关于中国古代的妇女文学》，《文学评论》1995 年第 3 期。

代宫廷妇女、贵族眷属、闺阁淑媛、风流才子的情人等以正统诗文辞赋领域内的男人作品为范本,不仅学其内容结构、词气体式、铺写技术,而且还学其思想感情、审美旨趣、观念意识。浸染久之,自觉或不自觉间便沉醉于男性文化的判断标准与价值形态之中。这样的研究,视野开阔但不作惊人之语,以其史料的扎实、思考的深入给人启迪。乔以钢《中国古代妇女文学创作的文化反思》、《中国古代妇女文学的感伤传统》和《中国女性传统命运及其文学选择》①等文,从宏观角度入手,探讨古代社会占主导地位的思想文化与女性创作审美特质之间的关系,分析中国历史给女性创作者所提供的思想文化背景有异于男性之处,指出这对她们的创作产生了深刻影响:其一,女子创作动机和写作目的较之男子更少功利意味,而较多自遣自娱色彩;其二,特定的人生命运促使女性作者的思维主要朝向自身,呈内敛状态。相思之情、离别之恨、遭弃之怨、寡居之悲以及风花雪月引出的各种思绪等表现私情之作,构成古代妇女文学的基本主题。与此相联系,女性创作在文体选择上大都采用的是诗、词等抒情性强、便于表现个人情感的文学样式。其三,女性人生命运对其文学创作的审美选择产生明显影响。在从总体上受男性审美支配的格局下,女性创作在某些方面展现出一定的独特处,其中最为引人注目的,是她们对女性以柔弱为美的普遍认同,以及情感表现方式上的蕴藉委婉,压抑低徊,自怜自抑。论者在与男性创作的比较中,揭示了古代女子感伤型文学创作艺术上的基本特征:以忧伤的情思为中心脉络,用含蓄细腻之笔写温润柔和之情,指出这一文学倾向是民族历史文化和女性生存际遇的产物。

　　20 世纪以来,词学研究占有比较重要的位置,不过主要是以男性

---

　　① 乔以钢:《中国古代妇女文学创作的文化反思》,《天津社会科学》1988 年第 1 期;《中国古代妇女文学的感伤传统》,《文学遗产》1991 年第 4 期;《中国女性传统命运及其文学选择》,《天津师范大学学报》1996 年第 4 期。

词和男性词人为对象。在相当长的时期里,历史上的女性词人及其作品,除李清照等个别作者外,基本上被忽略在词学研究的视野之外。90年代以来,词学大家叶嘉莹从性别角度切入词学研究。《论词学中之困惑与〈花间〉词之女性叙写及其影响》①一文,结合女性词的生成背景、发展环境和审美倾向,将性别因素引进传统词学,揭示了女性词的性别文化内涵及其审美特质。作者指出,中国词学长期以来处于困惑与纷争中,其原因在于中国文学批评中"过于强大的道德观念压倒了美学观念的反思,过于强大的诗学理论妨碍了词学评论之建立"。而性别因素乃美学特色之重要潜质,特别对于以写"美女与爱情"为主的《花间集》来说是如此。在"西方女性主义文论的光照中",作者以"雌雄同体"性向或"双性人格"理论及老子的"知其雄,守其雌"的说法为参照,探讨了《花间集》18位男性词人"使用女性形象与女性语言来创作"所摄纳的"双性人格",认为这种男性叙写乃男性作者潜含的女性化情思及身份认同。"虽然《花间》词之作者并未曾有意追求这种特美,但却由于因缘之巧合,乃使得《花间》词的那些男性作者,竟然在微歌看舞的游戏之作中,无意间展示了他们在其他言志与载道的诗文中,所不曾也不敢展示的一种深隐于男性之心灵中的女性化的情思",这种"双性人格",成就了《花间》"幽微要眇且含有丰富之潜能"的美学特色。《从李清照到沈祖棻——谈女性词作美感特质的演进》②一文,则结合两位生活在不同时代的著名女词人的创作,对女性词作的美感特质进行了探讨。

叶嘉莹有关研究所涉及的主要问题及其见解包括:1.关于女性诗与女性词的系统性。女性诗与女性词是一个系统,女性词对女性诗是

---

① 叶嘉莹:《论词学中之困惑与〈花间〉词之女性叙写及其影响》,《迦陵论词丛稿》,河北教育出版社,1997年版。

② 叶嘉莹:《从李清照到沈祖棻——谈女性词作美感特质的演进》,《文学遗产》2004年第5期。

继承;而男性则把修、齐、治、平的理想写在诗中,特别是在词体发展的早期,男性词对男性诗是一种背离;2.关于女性形象。在中国文学史中,虽然早自《诗经》开始,就已经有了关于美女与爱情的叙写,但事实上各种不同时代、不同体式的文学作品中,其所叙写之女性形象之身份性质,以及其所用以叙写之口吻方式,却又有着极大的差别。《诗经》以写实之口吻叙写大都具有明确伦理身份的现实生活中的女性;《楚辞》以喻托之口吻叙写大多为非现实之女性;南朝乐府中的吴歌西曲以朴素的民间女子自言之口吻叙写大多为恋爱中之女性;宫体诗中以刻画形貌的咏物口吻叙写男子眼中的女性;唐人宫怨和闺怨诗中以男性诗人为女子代言之口吻写现实中具有明确伦理身份的女性;词中所写的女性是一种介乎写实与非写实之间的美色与爱情的化身。《花间集》中所写的女性形象,以现实之女性而具含了使人可以产生非现实之想的一种潜藏的象喻性。3.关于词的语言形式与性别。诗的语言较为整齐,而词的语言参差错落,更为女性化。诗的语言是一种有秩序的、明晰的、属于男性的语言,而词则是比较混乱和破碎的一种属于女性的语言。4.关于双重性别和双性特质。男性词作的美感特质强调词之佳者需要具有双性化。男性词人之双重性别的美感特质是男性词人创作中纯用女性口吻来写女性情思的作品,而女性在作品中表现了属于男性的情思与风格,其口吻也仍是属于女性自我叙写的口吻。女性词人发展出来的双性特质与《花间集》中男性词人所表现的双性特质并不完全相同;5.关于女性词的阅读和接受。历来对女性词作的评赏受到了以男性作品为衡量标准的局限(其实女性词的美感特质完全不在言外之意趣的联想,而在其所写的个人一己之生活感受的真切和深刻),中国古代社会和传统文化使阅读者对古代女性作品的期待和欣赏也不同于男性(男子之词即使是以女子口吻写的,往往也会被联想生发出屈原离骚之意;而对女子之词则从不会抱有这样的阅读期待)。综上,作者认为,中国女词人通过自己的文学创造所完成的,不是对男性语言系统的破坏和颠覆,而是一种融汇,并且要在融汇中完善和完成一种女性的自我表述。

邓红梅《女性词史》的写作有着明确的性别文化诉求。全书系统梳理了女性词作的历史脉络,并对代表性作品进行了细致的审美分析。作者采取以"一流女词人"为纲领起或收结一个发展时期多样化展开的词作实践,而以在某方面确有独造性的"二流词人"具体呈现一个时期丰富鲜活的创作原态的结构方式。此外又以板块模式集中介绍了那些对描述某一时代词艺水平和词作状态有益的词手们。舒红霞《女性审美文化:宋代女性文学研究》①一书,考察了宋代妇女文学的审美精神和审美特征,呈现了宋代女作家独有的审美心理和内心痛苦的审美体验,分析了她们的审美倾向。段继红《清代闺阁文学研究》②在对清代女性创作的繁荣局面做了比较全面的爬梳整理的基础上,从传统妇女文学伤怨主题的继承和突破入手,整体把握清代闺阁女性的生存方式和女性意识逐渐觉醒的心路历程,分析当时闺阁妇女创作的主要类型和审美特征;同时选取有代表性的女性创作群体和若干位著名女作家进行深入细致的研究。

在千百年的社会历史进程中,女性无形中深受男性中心文化的规约,特定的生活处境使之通常缺乏自觉的历史意识和政治关怀,从而影响到她们的文学的审美格局。然而,遭逢乱世之时,这种状况有可能发生局部改变。孙康宜的《末代才女的"乱离"诗》③探讨了以见证现实、记述乱离为基本内容的女性写作传统。作者将中国古代妇女创作的审美特征、艺术风貌置于当时文人文化与妇女现实处境的上下文中,透视了社会历史对性别与文学关系的塑造。

---

① 舒红霞:《女性审美文化:宋代女性文学研究》,人民出版社,2004年版。
② 段继红:《清代闺阁文学研究》,南开大学出版社,2007年版。
③ 孙康宜:《末代才女的"乱离"诗》,台湾"中央研究院"第三届国际汉学会议论文,张宏生、张雁编:《古代女诗人研究》,湖北教育出版社,2002年版。

（四）女性与传统文学批评之间关系的探讨

在以往的研究中,很少见到对女性在传统文学研究及学术性活动中角色和地位的探讨。近年来,部分学者对这方面给予了一定的关注。

中国文学批评史著述谈到古代文学妇女的批评实践时,常以宋代李清照所作《词论》为"妇女做的文学批评第一篇专文"①。对此,虞蓉《中国古代妇女早期的一篇文学批评专论——班婕妤〈报诸侄书〉考论》提出不同看法。作者认为,尽管目前所见班婕妤《报诸侄书》在《太平御览》卷一百四十四《皇亲部》十所引《妇人集》中只是残篇,但从内容来看,其文字显然不是一封絮叨家常的普通书信,而是一篇比较西汉元、成二帝写作风格并分析其原因的文章。文章通过史料文献的具体传承情况、班婕妤的创作能力、书信内容及相关史实,考证文献的历史真实性,概括出班婕妤推重"平实真挚"、以"情深至淡"的美学思想,认为"这大概是中国古代妇女见诸载籍最早的一篇文学批评专论"。作者还在《"成文"之思:汉代妇女文学思想三家论略》一文中提出,汉代唐山夫人、班昭和熹邓后三位女性,以"成文"之思为中心命题,开始对"文"发表见解。唐山夫人的"孝道随世"说、班昭的"君子之思"说以及和熹邓后的"圣人之情"说,分别回答了为何"成文"和"成文"何为的问题,可视为中国古代妇女文学批评的滥觞。②

连文萍《诗史可有女性的位置——方维仪与〈宫闺诗评〉的撰著》③,考察明代女学者方维仪的诗歌批评活动,具体探讨了方维仪选编女性诗史的评品策略和标准。方维仪著有《宫闺诗史》、《宫闺诗评》

---

① 郭绍虞:《中国文学批评史》,百花文艺出版社,1999年版,第354页。

② 虞蓉:《中国古代妇女早期的一篇文学批评专论——班婕妤〈报诸侄书〉考论》,《苏州大学学报》2006年第3期;《"成文"之思:汉代妇女文学思想三家论略》,《西南师范大学学报》2004年第3期。

③ 连文萍:《诗史可有女性的位置——方维仪与〈宫闺诗评〉的撰著》,原载台湾《汉学研究》第17卷第1期,1999年版;张宏生、张雁编:《古代女诗人研究》,湖北教育出版社,2002年版。

等,均不传世。但许多诗话成书时,多辑取两书评语。该文即由相关文献资料的考察分析入手,讨论方氏姐妹在《宫闺诗史》中如何从女诗人的身份着眼,区分了"正"与"邪"的体例;指出方维仪解读女性诗歌的标的与自身所受到的文化制约。蒋寅《开辟班曹新艺苑 扫除何李旧诗坛——汪端的诗歌创作与批评初论》一文,在高度评价清代女诗人汪端的创作的同时,对其文学批评进行探讨。他指出,汪端出于相濡以沫之情,写了很多品题女诗人及其创作的论诗之诗,其中迭用历代女诗人的典故,使得女性文学创作传统成为一种背景性存在。典故在此已不仅是才华的暗示、风格的联想或评价的参照,"它们在纯知识的意义上也提供了对女性文学史的初步认识"。[1]

与此形成内在呼应的是,徐兴无通过《清代王照圆〈列女传补注〉与梁端〈列女传校注本〉》[2],论述了女性在传统学术活动中的成就。这两个出自女性之手的注本,曾被梁启超写入《中国近三百年学术史》,李慈铭《越缦堂读书记》也曾叙录并比较两家之注,写有赞词。不过,进入 20 世纪以后,在新思想的启蒙和冲击下,《列女传》之类宣扬传统伦理思想的女性史传被扬弃。该文则以历史的眼光进行客观分析,将对古代妇女文学活动的考察拓展到学术史研究领域,就中国女性学者研究女性史和女性传记文学的传统、清代学术活动中的性别角色以及中国最早的女性史在清代的两次学术整理情况等方面情况,进行了综合考察,并讨论了两个注本的学术特色。此外,闵定庆的《女性写作姿态与男性批评标准之间——试论〈名媛诗纬初编〉选辑策略与诗歌批评》[3]阐述了王端淑的《名媛诗纬初编》编撰的特点,肯定其能够从传统

---

① 蒋寅:《开辟班曹新艺苑 扫除何李旧诗坛——汪端的诗歌创作与批评初论》,张宏生、张雁编:《明清文学与性别研究》,江苏古籍出版社,2002 年版。

② 徐兴无:《清代王照圆〈列女传补注〉与梁端〈列女传校注本〉》,张宏生、张雁编:《明清文学与性别研究》,江苏古籍出版社,2002 年版。

③ 闵定庆:《女性写作姿态与男性批评标准之间——试论〈名媛诗纬初编〉选辑策略与诗歌批评》,《苏州大学学报》,2006 年第 6 期。

诗学理论的高度批评明清之际的诗坛风气,提出振衰起弊的意见,从一个侧面展现了明清才媛文化的特殊风貌。

汤显祖的《牡丹亭》自问世以来一直受到理论批评界关注,在针对这部作品展开的批评中形成了多种角度、多种格局。然而,戏曲史和戏曲批评史向以男性为主角。虽然古往今来戏曲舞台上涌现出许多光彩夺目的女性艺术形象,但在以男性为"创作"主体、女性为"形象"主体的戏曲文学史上,女性批评的声音十分微弱。有鉴于这种情况,谭帆《论〈牡丹亭〉的女性批评》一文结合 16 位女性关于汤显祖《牡丹亭》的评论,考察古代女性在文学批评中的声音。该文有关《牡丹亭》接受史上的女性批评者及其批评文字特色的深入探析,为戏曲批评史研究提供了新的视角。作者提出,在《牡丹亭》的女性批评中,最富女性批评独特内涵的两个方面,一是对剧作情感内核的把握,二是对男主人公柳梦梅的分析。可以看到,女性批评者对剧作中表现的"情"的分析很少从理论上加以阐释,更多的是融合了自身的感悟和体验。她们对作品中的至情和为此而做出的生生死死的追求,并不像男性批评者那样较多地纠缠于"情理"或"性理"之间,而是以自身的情感体验为基础,以对至情的期盼为目的,着重于在批评中与人物的情感交流和情感融合。其中对柳梦梅这个人物进行的分析,"还不如看成女性批评者对男子在情爱关系中的定位,更可视为她们对男子忠于情感、迷于情爱的一种期盼"。① 郭梅《中国古代女曲家批评实践述评》②结合明清时期女性曲评家的实践,揭示了其所具有的鲜明特点及其文学批评史意义。 文章提出,此时女性曲评家所选择批评的所有文本,都是演绎女性遭际、为女性鸣不平的散曲或剧曲,而对男性曲家的创作不

---

① 谭帆:《论〈牡丹亭〉的女性批评》,张宏生、张雁编:《明清文学与性别研究》,江苏古籍出版社,2002 年版。
② 郭梅:《中国古代女曲家批评实践述评》,《中国人民大学学报》2004 年第 1 期。

约而同地集中在《牡丹亭》上。这些批评文字基本上是自然而然地根据自己的人生经验,凭借直觉,通过形象性的语言来表述自己对于某曲家、某曲作的看法,并未超越中国传统的评点式的批评范畴而升华到建立完整、严密的理论体系的高度,在外观上与内涵上不免显现出琐碎、单薄和底气不足的弱点。但重要的是,她们没有保持缄默,毕竟发出了声音。这是古代文学批评史和妇女文学批评史、女性曲史不可或缺的组成部分。

在传统文学理论和批评中,女性的声音一直十分微弱乃至几近于无,目前围绕这方面所做的工作虽然只是初步的,但对认识古代女性的文学鉴赏和批评活动及其文化价值,具有建设性意义。

三

上述围绕中国古代妇女文学活动进行的探讨,促进了对妇女文学历史的了解,丰富和深化了对中华民族文学风貌的整体认知。但若仅止于此,学理意义上的"性别研究"未免名不副实,且限于单向度的思维。而所谓"性别与文学"这一命题的学术诉求,理应以两性平等的性别观念为导引,在对男性本位的文学史观进行文化批判、给妇女创作以应有的历史地位时,体现两性关怀的文化精神。它意味着,在对轻视中国古代妇女文学的传统观念进行必要的清理和反拨时,亦当自觉地将男性创作活动的性别内涵以及两性之间的文学互动和双向影响纳入研究视野。多年来,一些学者在实践中为此做出了努力。

(一)古代文学性别文化内涵的综合性探讨

当下一些文章在谈到有关性别与文学研究方面的发展脉络时,往往将其整体趋向描述为:近些年来,西方女性主义发展出现了新的态势;与此相关,本土学术界也发生了从"女性研究"向"性别研究"的拓展和演进。而事实上,就国内中国古代文学研究界的实际情况来说,性别研究的思路和格局早在 1988 年出版的康正果的《风骚与艳情》一书中,已有了相当明晰而充分的体现。

该书有明确的性别视点,但没有依据作者性别做两分法的把握,而是循着"女性的文学"和"文学的女性"并重的思路,在"整体论"的意义上重新认识古代诗歌的题材和主题。这样的研究思路统摄了古典诗词的两大类型,同时也是两种精神和两种趣味。该书对渗透在政治与爱情、文人与女性、诗歌与音乐等诸多方面复杂关系中的性别因素进行了探讨,古典诗词中所蕴含的性别意味和两性关系由是得以彰显。作者认为,在男人的生活中,好德与好色是两个平行共存的愿望。社会赞许好德,故诗篇的解释者公开宣扬女人的美德。好色一贯受到指责,故成为潜伏在心中的欲念。古代诗歌也因此而形成了两种对峙的诗歌类型,而被投射了两种愿望的妇女形象也分裂为二:一个传达了社会对良家妇女的要求,表现为理想的女性;另一个以那些用自己的色艺供人娱乐的女子为模特儿,为诗人描写美色的爱好提供了最佳的对象。两者同样处于一种男性中心的视角之下,殊途同归地表现出男权文化对女人的要求。作者在男性中心的社会期望与妇女的现实处境所构成的"上下文"中,对文学中的女性形象进行了剖析。

陶慕宁《青楼文学与中国文化》在对研究对象的把握方面与此相近。作者将青楼女子的文学创作以及古代文人描写烟花女子或反映男子与她们流连奉酬时的心理感受的文学作品,共同作为考察对象,将在此意义上的"青楼文学"置于社会文化的大背景下,开掘其性别内涵,探讨其与当时社会文化之间的互动关系。其间涉及在妓女与士人浪漫纠葛背景下产生的大量文学作品,从一个侧面揭橥了其中绮思丽情的心理脉络、内涵复杂的文化积淀以及中国古代性别文化的真相。

在各体文学研究中,这样的研究意识和研究方式也有体现。例如马珏玶《宋元话本叙事视角的社会性别研究》①从叙事学角度分析宋元话本的性别倾向，指出宋元话本的视角是男性的叙事视角，贯彻着男权中心主义与封建文化在文学领域的紧密结合策略，共同实现着对女性的文本统治；话本中无论是叙事者还是被叙述者，凝聚在文本状态的心理视角都是漠视女性的主体性而代之以他者的期待性评判，是男性中心文化的霸权原则和叙事体系的执行与再现。文本在组构过程中受到了叙事视角强有力的操纵，叙事者以无所不能的神通定义着话本视角的聚焦范围，从而有效控制了对读者视角的方向性导引，并反作用于叙事本身，使之进一步严谨地构建起文本的男性叙事视角。李明军《禁忌与放纵——明清艳情小说文化研究》②围绕情感和性别问题，探讨明清艳情小说与各类文学之间的关联，重点分析艳情文学的文化内涵。作者认为，无论明清艳情小说对欲望和情感的理解，还是其中所宣扬的宗教观念，都体现了性别政治观念。

中国古代文人素有在情诗的外观下寄托人生情怀的传统，而这种以"寄托"为主的诗歌在传统读者的接受和阐释中，往往因作者性别的不同而产生不同的阅读效果。对此，孙康宜《性别的困惑——从传统读者阅读情诗的偏见说起》③一文，从理论上提出如何认识性别与文学审美之间的关系这一重要问题。文章揭示了这样的事实：在一般读者心目中，男性文人的情诗大多是政治隐喻，因此诗中所描写的爱情常常是"言在于此，意在于彼"；反之，女性作者的情诗，则因大多与政治寓意无关，常被读成是直抒真情的自传诗。男性诗人经常通过虚构的女性声音来发言，女作家却较少借用男人的口吻来说话。本来这种情况并不是绝对的。但这种阐释的法则经常被推行过了头。于是，一方

---

①　马珏玶：《宋元话本叙事视角的社会性别研究》，《文学评论》2001年第2期。
②　李明军：《禁忌与放纵——明清艳情小说文化研究》，齐鲁书社，2005年版。
③　孙康宜：《性别的困惑——从传统读者阅读情诗的偏见说起》，《耶鲁·性别与文化》，上海文艺出版社，2000年版。

面,本来是真正的言情之作,只因出自男性之手,便被解读为以政教为目的的作品;另一方面,几乎总是千篇一律地把女性诗歌看成是作者的"自传",完全否认了女作者也有虚构诗中"角色"或代言人的自由。论者认为,正是因为从这样的判断出发,导致了许多对女诗人不公平的道德判断。文章结合不同历史时期中国诗歌发展的实际,指出男性作者有可能通过虚构女性声音建立起托喻美学(即"性别面具"),在艺术创作中无形中进入"性别越界"的联想,而早期的女诗人从未建立这样的诗歌传统,明清以后则出现了与之认同、"性别倒置"的创作方式,其中女剧作家贡献尤大。"男女君臣"与"女扮男装",这两种模式所表现出的,是两种不同的"扭曲"人格,二者都反映了现实生活中难以弥补的缺憾。

在文化社会学、文化人类学和比较文化学的宏阔视野中,将性别理论引入中华戏曲研究的努力,比较集中地体现在李祥林的研究实践中。他的《性别文化学视野中的东方戏曲》等论著,从戏曲艺术和性别文化的结合部切入,就性别文化对东方戏曲的深刻影响、东方戏曲对性别文化的丰富表现以及二者的历史生成、互动关系、话语特征等进行了深入探讨。其中《戏曲文化中的性别研究与原型分析》①一书对中华戏曲文化进行了原型分析。具体论题涉及女娲神话对戏曲的原型影响、老子学说对戏曲的哲学渗透、元杂剧史上的性别话题、明清戏曲中的女性接受以及"弃子救母"故事的母题识读、"木兰从军"文本的性别悖论、古典剧作中的婚俗剖析以及京剧男旦现象的多维透视等。

(二)典型文学现象和经典文本的性别审视

在对典型文学现象和经典文本进行相关研究的实践中,部分学者融合性别视角,重新审视传统文学中具有性别文化意味的典型现象和

---

① 李祥林:《性别文化学视野中的东方戏曲》,香港:天马图书有限公司,2001年;《戏曲文化中的性别研究与原型分析》,台北:"国家"出版社,2006年版。

经典文本,提出了新的见解。例如,孙绍先的《英雄之死与美人迟暮》从自觉的性别视角出发,通过对中国古代文本中男性角色和女性角色的分析,阐释其深层内涵,进行了尖锐犀利的文本分析和文化批判。该书作者曾于 1987 年出版了大陆第一部以"女性主义文学"命名的研究专著。

在对《红楼梦》的解读中,曹雪芹笔下的大观园时或被看成"女儿的乐园",从两性平等和民主主义的意义上受到肯定。对此,李之鼎在《〈红楼梦〉:男性想象力支配的女性世界》①中提出商榷。另如《从女性主义观点看红楼梦》、《女性主义视角下的〈红楼梦〉人物》、《论〈红楼梦〉的女性立场和儿童本位》②等文,也就这部经典之作中的性别问题发表了看法。在此过程中,研究者在借鉴女性主义批评对经典文本展开具体分析时,因吸收和理解的方面有所不同而各有取舍,具体观点形成了互补或反差。

这种情况在对《聊斋志异》情爱故事的研究中同样存在。马瑞芳的《〈聊斋志异〉的男权话语和情爱乌托邦》③分析了作品的性别倾向,在肯定某些聊斋故事具有反封建色彩的同时,指出其中相当多的故事是男权话语创造出的"情爱乌托邦"。她们千姿百态、优美可爱、生机勃勃,而其思维模式永远以现实生活中的书生(一般是中下层怀才不遇的读书人)需要为中心。或思考读书人"出处"等人生哲理,在他们困顿求仕过程中给予帮助,或以"理想女性"(贤妻、佳妾、双美共一夫)满足男性中心论需要。何天杰的《〈聊斋志异〉情爱故事与女权意识》④就此提出质疑,认为《聊斋志异》情爱故事的性别基调是男性的雌化和

---

① 李之鼎:《〈红楼梦〉:男性想象力支配的女性世界》,《社会科学战线》1995 年第 6 期。
② 韩惠京:《从女性主义观点看红楼梦》,《红楼梦学刊》2000 年第 4 期;傅守祥:《女性主义视角下的〈红楼梦〉人物》,《红楼梦学刊》2005 年第 1 期;詹丹:《论〈红楼梦〉的女性立场和儿童本位》,《红楼梦学刊》2002 年第 2 期。
③ 马瑞芳:《〈聊斋志异〉的男权话语和情爱乌托邦》,《文史哲》2000 年第 4 期。
④ 何天杰:《〈聊斋志异〉情爱故事与女权意识》,《文学评论》2004 年第 5 期。

女性的雄化。性别倒错的描写,实质上隐含着蒲松龄对女性的正视,在文学史上是破天荒的。小说对女性生存状态充满了关注和焦虑,这在有关女性所面临的妻妾关系、子嗣和守节等问题上体现出来。《聊斋志异》中躁动着的女权意识不仅引领了清代小说对女性的关切同情,而且提供了一个文学个案,使我们了解了女权意识是如何在 17 世纪的中国悄然萌生的,因此它更具人类学上的意义。

又如,女性形象在关汉卿经典剧作中占有十分重要的地位。以往的文学史叙述通常认为剧作者在创作中对妇女不幸遭遇怀有深切的同情,赞扬了她们的反抗精神。潘莉的《关汉卿杂剧的女性主义阐释》①则对此提出异议,认为作者笔下的女性人物无论外在形象还是内在品德,实质上都是被古代封建男权文化所规范了的性别角色,她们对男权社会黑暗现实的抗争摆脱不了男性的干预和控制。

从性别视角出发分析中国古代文学现象,往往可以有新的发现。例如,魏崇新的《一阴一阳之谓道——明清小说中两性角色的演变》②,揭示了明清小说发展史上一个深具性别文化意味的创作现象:小说对男女两性人物的描写,经历了从以描写男性为主到以描写女性为主,从赞美男性到肯定女性,从男性阳刚的衰退到女性阴柔的增长的过程。作者进而对出现这一变化的深层原因从历史文化的角度进行了分析阐述。与此同时,有学者对才子佳人小说的研究也从性别角度建立起新的视点。张淑贤《才子佳人小说女性意识的文学史意义》③一文认为,如果将才子佳人小说放到中国古代长篇小说发展的历史长河中,那么,就不能轻易将之视为"观念陈腐"的小说。相反,此前出现的《三国演义》、《西游记》、《水浒传》、《金瓶梅》等长篇小说几乎清一色地

---

① 潘莉:《关汉卿杂剧的女性主义阐释》,《江西社会科学》2001 年第 8 期。
② 魏崇新:《一阴一阳之谓道——明清小说中两性角色的演变》,见张宏生、张雁编:《明清文学与性别研究》,江苏古籍出版社,2002 年版。
③ 张淑贤:《才子佳人小说女性意识的文学史意义》,《天津社会科学》2007 年第 2 期。

鄙视或贬损女性。才子佳人小说对女性人格的尊重,对女性美貌与才情的颂扬,对男女平等乃至女胜于男的表现,一扫此前中国长篇小说对女性的讥讽、轻视、敌视与咒骂,成为中国长篇小说妇女解放的先驱。

又如,在传统文学创作中,以思妇怀人、美人迟暮、怜花幽独一类文学题材和审美情绪构成了闺怨诗模式。马睿《无我之"我"——对中国古典抒情诗中代言体现象的女性主义思考》[①]一文就此展开分析。作者对其中女性抒情主人公由男性诗人代言的现象进行了集中讨论,揭示出女性在文本中的物化和虚拟性,并探寻二者之间的关系。文章指出,代言体现象的出现以及它与比兴的关系,必须放在中国古代的社会结构、伦理秩序、生活现实、情感方式以及解释传统、文本技巧的文化网络中来考察。然而也正是在这个网络中,完全有理由换一个角度,从女性观点来分析代言体现象,挖掘封建父权制文化对男性的扭曲和对女性的取消,从而检视在我们文化的主流中发生过哪些排挤事件,以及这种排挤是怎样达成和生效的。

再如,"女扮男装"或"异性扮演"有着深远的文学叙事和文艺表现传统,同时又与具体时空范围内的社会文化、文艺思潮、审美风尚等密切相关。这方面的研究一直吸引着研究者的兴趣,近些年也出现了一批就此进行性别文化分析的研究成果[②]。

对文学现象及经典之作进行性别研究的论文数量很多。仅从一些论文的选题即可看出,尽管具体探讨的对象有所不同,但对性别角色和性别关系的关注以及对封建男权和父权制文化的解剖与批判,已

---

① 马睿:《无我之"我"——对中国古典抒情诗中代言体现象的女性主义思考》,《西南民族学院学报》1999年第6期。

② 例如,邓晓芒:《女扮男装与女权意识》,《东方艺术》1997年第1期;幺书仪:《明清剧坛上的男旦》,《文学遗产》1999年第2期;张禹:《异性扮演的文化透视》,《民族艺术》2003年第3期;唐昱:《明清女性剧作家的"木兰"情结》,《戏曲艺术》2004年第2期;盛志梅:《清代女性弹词中女扮男装现象论析》,《南开学报》2004年第3期。

成为比较常见的着眼点①。部分作者尝试借鉴女性主义批评的视角，具有鲜明的文化批判倾向。

（三）社会思想文化与创作中性别因素之关系的考察

在古代社会思想文化体系中，女性总体上处于弱势。这种状况反映在文学创作中，呈现出复杂的面貌。正因为如此，在对文学中的性别因素进行考察时，势必需要将其置于特定历史时期的社会文化语境中；而古代文学作者的性别观念和创作心态，可以说是联系当时社会文化与创作文本的关节点。为此，一些研究者分别从创作语境、阅读接受以及批评传播等环节入手，深入辨析文学中的性别因素，探讨融入了作家个体性别意识的思想文化观念与文学文本之间的关系。在这方面，舒芜多年来发表的一系列探讨思想文化领域性别问题的文章，涉及古代文学中的种种性别现象，同时充溢着对当下现实的人文关怀，颇富启发性。② 又如，俞士玲的《论明代中后期女性文学的兴起和发展》、曹亦冰的《从"二拍"的女性形象看明代后期女性文化的演变》③等文，从明代女学、社会思潮、男性的参与、女性的自省等方面，探讨了明代中后期妇女文学兴起的原因和发展状态，分析了作品中所反

①　例如，王玫：《宫体诗现象的女性主义诠释》，《学术月刊》1999年第5期；赵杏根：《佛经文学中女性形象概观》，《中国文化研究》2000年第4期；张兵、李桂奎：《论话本小说中的"女助男"母题》，《复旦学报》2003年第5期；王立：《古代通俗文学中侠女盗妹择夫的性别文化阐释》，《中国文化研究》2000年夏之卷；王毅：《试析散曲中的女性意识》，《湖南师范大学社会科学学报》2005年第2期；张红霞：《女性"缺席"的判决——论〈西游记〉中的女性形象塑造》，《明清小说研究》2004年第2期；黄伟：《论〈聊斋志异〉悍妇形象及其女性文化》，《中山大学学报》2003年第1期；楚爱华：《男性弱质与父权秩序的倾覆——〈醒世姻缘传〉的女权主义批评》，《齐鲁学刊》2001年第6期；刘健：《男权视角下的女性话语——〈西厢记〉主题思想的深层探析》，《中南民族大学学报》2005年第1期；梁海：《男权话语中的女性悲歌——〈窦娥冤〉的另一种解读》，《名作欣赏》2004年第12期；杜书瀛：《〈闲情偶寄〉的女性审美观》，《思想战线》1999年第1期，等等。

②　参见舒芜：《哀妇人》，安徽教育出版社，2004年版。

③　俞士玲：《论明代中后期女性文学的兴起和发展》，张宏生、张雁编：《明清文学与性别研究》，江苏古籍出版社，2002年版；曹亦冰：《从"二拍"的女性形象看明代后期女性文化的演变》，《明清小说研究》2000年第3期。

映出来的社会性别文化的演变。黄仕忠的《婚变、道德与文学:明清俗文学之负心婚变母题研究》一书,追踪自《诗经》以来这一母题在历代文学作品中的表现,分析其存在与演变的文化背景和社会根源。顾歆艺在《明清俗文学中的女性与科举》①中,深入考察了不同性别的作者在小说、戏曲、弹词等俗文学中有关女性与科举的描述方面所存在的耐人寻味的差异。姚品文的《清代妇女诗歌的繁荣与理学的关系》②从社会文化、思想意识形态、题材主题以及艺术追求等方面具体阐述了清代妇女诗歌的基本面貌。冯文楼的《身体的敞开与性别的改造——〈金瓶梅〉身体叙事的释读》③讨论了《金瓶梅》中的身体叙事与性别文化的关系。

注重作家妇女观与创作文本之间关系的探讨,是部分研究者所采取的思路。黄霖的《笑笑生笔下的女性》④将《金瓶梅》中的女性描写分别从"作为道德家"的笑笑生与"作为小说家"的笑笑生的角度加以分析,进而论述了作品所表现出来的女性观以及所涉及的女性问题。另如黄瑞珍的《从〈三言〉中的女性看冯梦龙的女性观》、沈金浩的《论袁枚的男女关系观及妇女观》、薛海燕的《〈红楼梦〉女性观与明清女性文化》以及毛志勇的《女儿国的两个系统——兼论吴承恩与李汝珍的女性审美观》等等,⑤也是如此。刘淑丽《先秦汉魏晋妇女观与文学中的

① 顾歆艺:《明清俗文学中的女性与科举》,见张宏生、张雁编:《明清文学与性别研究》,江苏古籍出版社,2002年版。

② 姚品文:《清代妇女诗歌的繁荣与理学的关系》,《江西师范大学学报》1985年第1期。

③ 冯文楼:《身体的敞开与性别的改造——〈金瓶梅〉身体叙事的释读》,《陕西师范大学学报》2003年第1期。

④ 黄霖:《笑笑生笔下的女性》,张宏生、张雁:《明清文学与性别研究》,江苏古籍出版社,2002年版。

⑤ 黄瑞珍:《从〈三言〉中的女性看冯梦龙的女性观》、沈金浩:《论袁枚的男女关系观及妇女观》,张宏生、张雁:《明清文学与性别研究》,江苏古籍出版社,2002年版;薛海燕:《〈红楼梦〉女性观与明清女性文化》,《红楼梦学刊》2000年第2期;毛志勇:《女儿国的两个系统——兼论吴承恩与李汝珍的女性审美观》,《明清小说研究》2000年第1期。

女性》①一书,将思想史与文学史有机结合起来,在掌握大量文献资料的基础上,对先秦汉魏晋妇女观及其在文学创作中的表现进行了深入、系统的阐述,提出了不少富于新意的观点。它提示人们:传统妇女观并非简单的"男尊女卑"可以概括,在不同的历史时期、不同的思想流派和社会阶层中,有着不同的内涵,在文学史上也有着相当丰富的表现形态,值得认真探讨。例如,作者多方面揭示了《诗经》中"淑女"形象的内涵,对以往有关《诗经》中女性形象塑造的研究有所超越。又如,书中分别从汉乐府中的贤妻形象、汉代文人对女性色欲的体认及其在汉赋中的表现、情感觉醒与汉末文人五言诗中的思妇入手,结合当时儒家正统妇女观的演变以及刘向《列女传》经典妇女观的建立,具体深入地考察了汉代妇女观与文学的关系。

近年来,开拓文学研究的视野,打通中国古代文学与现当代文学之间的关联,已成为文学界的关注点之一。陈千里的《〈金锁记〉脱胎于〈红楼梦〉说》,就曹雪芹与张爱玲笔下相似的故事情节中不同的叙事态度进行剖析,便有新的发现②。而晚清这一中国社会文化转型的重要历史时期之思想文化和文学面貌,特别引起了研究者的注意。杨联芬的《清末女权:从语言到文学》③一文,勾勒出中国文学中关于女性和女权问题现代性思考的基本轮廓,并对这一过程中所体现出来的本土特点做了分析。王绯的《空前之迹——1851-1930:中国妇女思想与文学发展史论》一书,对晚清妇女文学的书写特征及文化身份进行了阐述,揭示了维新时期的妇女文学书写与社会政治的关联。黄嫣梨在《清代四大女词人——转型中的清代知识女性》等论著中,结合特定时期的社会思想文化背景,讨论了清代女词人徐灿、吴藻、顾太清和吕

---

① 刘淑丽:《先秦汉魏晋妇女观与文学中的女性》,学苑出版社,2008年版。
② 陈千里:《〈金锁记〉脱胎于〈红楼梦〉说》,《红楼梦学刊》2007年第1期。
③ 杨联芬:《清末女权:从语言到文学》,《文艺争鸣》2004年第2期。

碧城等人的思想与创作。

应该说,有关这方面问题的探讨,涉及传统中国向现代中国转型时期思想文化方面的重要课题。在启蒙主义背景下将社会思想文化的演变与性别因素结合起来进行综合性考察,对认识中国文学的丰富内涵,显然是必要而有益的。它不仅有助于认识文学创作与外部世界的关系,同时也有助于在复杂而动态变化的思想文化环境中,对文学活动做出立体的、切合本土实际的把握。事实上,20世纪初期涌现的新文学女作家绝非横空出世,尽管她们的白话文创作与古代文学分属于不同的语言范畴,但其包括性别意识和性别审美特征在内的精神传承不容漠视。正是以近代社会思想文化语境为依托,"五四"女性才得以"浮出历史地表",肩负起传统妇女创作向现代意义上的女性文学创作转型的重大使命。

(四)古代文学性别研究基本状况的检视

在从学术史角度对中国古代妇女文学创作研究的基本状况进行全面梳理和检视方面,《古代女诗人研究》(张宏生、张雁编)一书成绩突出。众所周知,诗歌在中国古代文学史上占有十分重要的地位,而传统女性的文学活动从文体的角度说也以诗歌创作为主。因此,关于古代女诗人的研究对考察整个古代妇女创作面貌无疑具有重要价值。该书作为"20世纪中国学术文存"(陈平原主编)之一种,相当清晰地勾勒出20世纪学术史关于古代女诗人研究的基本面貌。其体例遵循丛书的整体设计,分为导言、文选和目录索引三大部分。而文选部分又是由"千年鸟瞰"、"时代风貌"、"论辩聚焦"和"经典评说"四辑组成,所收论文分别涉及文学史宏观考察、各时代具有代表性的女性创作的探讨、对存有争议的学术问题的讨论以及对文学经典作家作品的解读和阐释等。其中文选和目录索引为读者提供了相当丰富的信息量,而编者三万余字的"导言",则给有意了解和进入这一领域的研究者以切实的帮助和多方面启发。作者开篇即指出长期以来"古代女诗人的创作身份与写作价值在男性社会文化阈值中的模糊与低下"这一历史境遇,进而对古代女诗人研究状况进行了力求准确、全面的历史描述,并在此基础上做出学术性的阐发,反映了世纪之交古代文学研究中性别文化意识的自觉。

从女性主义批评的角度看,在男性中心意识占主导地位的历史阶段,不可避免地出现了对文学作品、尤其是与女性相关的文学作品的误读。而通过对相关研究的"重读",可以批判和纠正文化中的男性话语霸权。以有关清代著名农家女词人贺双卿的研究为例。历史上贺氏之有无、其籍贯及作品的真实性问题,自 20 世纪 20 年代末胡适提出疑义以来,一直存在争议。90 年代以来,有学者在关于贺双卿其人其作的研究中,运用"内证"与文本细读的方法确认其真。在此基础上,从女性主义视角对往昔男性文人"再表现"的文本书写进行了重读。此以杜芳琴的《贺双卿传》、《才子"凝视"下的才女写作——重新解读〈西青散记〉中的才子才女关系》[1]为代表。而邓红梅则在《双卿真伪考论》[2]中,通过对史震林的《西青散记》中有关贺双卿记述的考察,提出这个人物其实是"天上绝世之佳人"之人间幻影的看法。这样的分析与杜文观点形成了鲜明对照,但两者同样涉及如何对待历史上保存(或塑造)了女作家创作的男性文人的性别文化心理问题,具有破除沿袭已久的有关"才子 — 佳人(才女)"的浪漫想象和神话的意义。

四

本文对台湾古代文学研究领域在女性主义批评和性别研究方面

---

① 杜芳琴:《贺双卿传》,中州古籍出版社,1993 年版;《才子"凝视"下的才女写作——重新解读〈西青散记〉中的才子才女关系》,《痛菊奈何霜:双卿传(代序)》,花山文艺出版社,2001 年版。

② 邓红梅:《双卿真伪考论》,《文学评论》2006 年第 6 期。

的具体情况不拟详述。这方面目前可资参考的论文主要有陈友冰的《台湾古典文学中的女性文学研究》、张雁的《二十世纪台湾地区中国古代妇女作家研究述评》以及林树明的《论中国台湾女性主义文学批评》等①。

　　与中国大陆的情况有所不同,在台湾的中国古代文学研究者中,一些学者明确地以女性主义理论为指导,投入相当多的精力进行专门研究。有关成果大多散见于台湾高校和学术机构发行的若干学刊中,如《中国文哲研究集刊》、《中国古典文学研究》、《台湾大学文史哲学报》、《东吴中文学报》、《中国文化月刊》等,也有一部分比较集中地收录在《女性主义与中国文学》、《中国女性书写》等相关学术会议的论文集中②。其间,《中外文学》这一学术刊物产生了较大影响。该刊由台湾大学外文系主办,夏志清、李欧梵、余光中、叶维廉等人担任顾问。1986 年,它推出了《女性主义文学专号》。此后又陆续推出《女性主义/女性意识专号》(1989)、《文学的女性/女性的文学》(1989)、《女性主义重阅古典文学专辑》(1993)等。

　　由女性主义或性别诗学的视角出发,台湾学者往往倾向于把性别研究与文本研究密切结合起来,形成以文本研究为基础、西方理论为导向的研究观念和研究手段,并逐渐向题材研究、主体研究和影响研究等方面演化。对此,陈友冰在《台湾古典文学中的女性文学研究》中做了比较全面系统的梳理。他认为,一般来说,台湾古典文学研究领域的女性文学研究具有以下特色:第一,研究面较宽,研究队伍较大,并形成了较为广泛的社会影响。从研究对象来看,女性研究占较大的

---

　　① 陈友冰:《台湾古典文学中的女性文学研究》,《安徽大学学报》2002 年第 6 期;张雁:《二十世纪台湾地区中国古代妇女作家研究述评》,《中国文学研究》2002 年第 2 期;林树明:《论中国台湾女性主义文学批评》,《南开学报》2005 年第 2 期。
　　② 钟慧玲主编:《女性主义与中国文学》(1995 年 12 月东海大学"妇女文学学术会议"论文集),台北:里仁书局,1997 年版;《中国女性书写——国际学术研讨会论文集》(1999 年 4 月淡江大学"中国女性书写国际研讨会"论文集),台北:学生书局,2001 年版。

比重。第二,一些从事女性文学研究的古典文学学者注意对西方后现代主义理论加以改造吸收,有着某种理论上的自觉和明确的女性研究意识。第三,在研究方式上,研究者的位置发生置换,形成独特的研究视角和价值判断标准。第四,女性研究和相关活动受到学术界和社会的关注与支持。1997 年,《台湾文学年鉴》曾把"性别研究"作为当年台湾古典文学研究三项"研究成果重点"之一,认为这一年中"最令人注目的著作是,由 6 位女性学者合著的《古典文学与性别研究》"。

华玮有关明清女戏曲家的研究,从一个侧面反映出台湾学者的研究特色。华玮在文献史料发掘、女性戏曲家研究以及剧作文本的理论分析方面均有突出成绩。她编辑点校的《明清妇女戏曲集》为海内外第一部明清妇女戏曲作家的戏曲选集,收录晚明至清 5 位女戏曲家叶小纨、王筠、吴藻、何佩珠和刘清韵的完整剧作 10 种,其中包括 90 年代作者新发现的刘清韵所作《拈花悟》、《望洋叹》二剧,在古代戏曲史研究方面颇具文献价值。《明清妇女之戏曲创作与批评》①是一部戏曲研究专著。"上编"探讨明清女戏曲家的创作,从情欲书写、拟男表现、性别反思、男女平权、家国关怀等角度,阐述明清女戏曲家剧作的思想内容与艺术特色;"下编"探讨明清女戏曲作家的戏曲批评。其中对戏曲文体特点与女性自我表现的关系、明清女戏曲作家表现情与欲的独特形式,以及她们的"拟男"(易装)书写等问题,均有独到而深入的论述。她还将"心理的、政治的诠释"引入对女性剧作的文本分析,认为刘清韵的《小蓬莱仙馆传奇》"表面看来,抒写的是中国传统的情感道德,上演的是中国戏曲里习见的人物(诸如忠臣孝子、英雄豪杰、义妇节夫和才子佳人);细心看去,却在传统的旧调之中,掺揉着现代的新声。女作家自觉或不自觉地在其作品中反复质疑中国传统的性别意

---

① 华玮:《明清妇女之戏曲创作与批评》,台北:"中央研究院"中国文哲研究所,2003 年版。

识与等级观念,召唤着新的、平等的人际(包括男女)关系。然而或因她身处弱势,在直面强势时,难免自行压低了声音,用了曲笔('文本的伪装'),以致在其剧作中,对传统尊卑等级观念的破除与性别角色定位的颠覆显得有始无终,只出现了短暂的背离,结尾又复归到与传统妥协的基调之中。"①

在对明清妇女戏曲批评的研究方面,华玮也颇有建树。她对明清两代传奇、杂剧刊本中女作家的序、跋、题词进行考察,重点探讨了吴吴山三妇评点的《牡丹亭》和程琼注评的《才子牡丹亭》,从中概括出明清妇女戏曲批评的基本特点:对古代戏曲作品批评的角度常见"女性观(关)照"(表现在重视妇女戏曲形象、关怀女性人物命运、思索女性创作等方面),批评的深意在于借题发挥以自抒胸臆,批评的重心往往重"人情"甚于重"辞章",批评的风格则是对批评对象多为同情的理解。总的来说,她的论述"既切合这些妇女戏曲家的实际,又显示出中西结合的理论色彩,给人以耳目一新的感觉"②。

台湾古代文学领域与西方汉学界的学术交流相当活跃。20世纪80年代尤其是90年代以后,较多具有西方学术背景的学者进入台湾古代文学研究领域。他们对国外各种理论的引进以及与西方汉学界相互间的学术交流,促进了研究的深入。

五

综上,近20多年来,中国大陆和台湾古代文学领域的性别研究成绩可观,并体现出一定的专业特点。

---

① 华玮:《明清妇女之戏曲创作与批评》,台北:"中央研究院"中国文哲研究所,2003年版,第170~171页。

② 王永宽:《台湾女学者华玮的中国古代女戏曲家研究》,《殷都学刊》2004年第2期。

众所周知,中国文学和文化有着几千年的传统,中国古代文学研究也拥有深厚的学术积淀,有关领域的研究实践很自然地立足于特有的学术传统。研究者的学术背景、认知框架、思维习惯以及久已熟悉的批评模式,无疑会对相关成果的面貌发生重要影响。概言之,中国古代文学的性别研究具有如下几个特色。

其一,在中国文学界,向以古代文学也包括古代文学文献学方面的学术根基最为坚实、深厚。这一领域的学者在开展研究的过程中,有着注重文献资料、强调言必有据的传统。在涉及理论方法的更新时,态度较为持重,实践较为谨慎。虽然部分研究在借鉴西方女性主义理论时还不够圆融,但总体来看,相比其他一些文学研究领域,较少盲目追新。一位年轻学人的话或可反映出中国古代文学领域相当一部分研究者的共识:"显然,女权主义在世界妇女的解放'道路'上是浓墨重彩的一笔,具有里程碑性。然而必须注意到,它毕竟是西方新经济的产物。它所关注的时间和空间问题、权力的再分配、两性的分工等,并不太适合用以观照中国的女性问题,特别是以之观照中国古代的女性。""研究中国的女性问题,中国的传统文化、民族心理等因素,是最基本,也是最重要的出发点"。①

与这一学科严谨守成的学术传统相关,在中国古代文学创作与性别的相关研究成果中,大体采用传统思路和研究方法的情况至今仍占主要位置。研究者在探讨文学活动涉及妇女、性别的具体文学现象时,对女性主义批评和性别理论时或不无借鉴,但很少简单照搬;大都能够保持必要的清醒,自觉意识到借用西方理论阐释中国古代文学现象的局限性。正因为如此,迄今许多成果实际上主要采用的仍是性别视点与传统研究方法相结合的方式,而非"纯正"意义上的女性主义批

---

① 吴秀华:《明末清初小说戏曲中的女性形象研究·前言》,江苏古籍出版社,2002年版。

评。研究者通常不是从抽象的父权制概念出发,而是紧密联系创作实际和中国的历史文化语境,对文学活动中所渗透的性别因素进行具体分析。应该说,这样的姿态是稳健、务实的,有助于避免很容易与一拥而上的态势相伴生的牵强、生硬,特别是虚华、浮躁。

其二,出于对民族文化和文学创作实际的深入了解,对那种过于强调男女之间生物属性差异甚而将其本质化的机械思维,一些学者保持着自觉的警醒。例如,莫砺锋在《论〈红楼梦〉诗词的女性意识》①一文中明确指出,那种断言男性作家不能为女性写作的观点是偏颇的,至少是不符合中国文学史的实际的,因为"男女两性之间并没有不可逾越的鸿沟,他们完全可能互相理解、互相关怀,并达到心灵上的真正沟通",男性作家未必不可以很好地"写妇女"。文章具体分析了曹雪芹在《红楼梦》中为笔下众多女性所代拟的诗词,认为这之中有作者对女性"深刻的理解和同情";作品中林黛玉等人的诗词恰是当时"最富有女性意识的文本"。由此提出了任何理论都有其局限性的命题。论者认为,女性固然可以争取摆脱被压迫的地位,男性也完全可以向女性伸出援手。其他一些学者也表达了类似的意见。这种看法恰从深层触及女性主义批评所面临的文化悖论,实际上是对性别问题上男/女两分、二元对立思维的严肃质疑。既然人类可以有超越性别的共同情感和审美趣味,那么,女性主义批评面对文学文本的适用性和局限性,也就理当成为一个需要不断追问和反思的问题。

其三,在中国古代文学领域的性别研究中,尽管部分成果有意识地借鉴了其他学科的研究方法,但总体上看,研究者还是更为注重社会思想文化、性别文化以及作者心态与作品之间关系的考察,而较少将文本视为封闭性的系统进行纯形式的分析。即使有时面对的是作者难以确考的文本,研究者也十分注意其间透露的社会性信息。这样

---

① 莫砺锋:《论〈红楼梦〉诗词的女性意识》,《明清小说研究》2001 年第 2 期。

的研究方式固然显得偏于"传统",但对认识性别与文学的关系来说又是不可或缺的。因为性别研究之所谓"性别",恰是来自社会文化的建构。各种复杂的社会性因素通过作者对文学作品面貌产生的影响,自有必要在其孕育和生成的复杂背景中去加以认识和分析。

以往中国古代文学专业的女性学者人数较少。在此情况下,男性学者在将性别视角引入本专业研究领域的过程中发挥了重要作用。事实上,前述成果大多出自中国古代文学学科的男性学者之手。而研究队伍的性别构成与这里所谈到的古代文学性别研究的某些特点或有一定关系。

六

近年来,有学者对中国古代文学领域性别研究现状进行思考,指出了存在的不足。例如,郭延礼在《新世纪中国古典文学研究路向的思考》[①]一文中,论及 21 世纪中国古代女性文学创作研究有许多重要的工作要做,并具体指出近代三个女作家群(南社女性作家群、女性小说家群和女翻译家群)的研究迄今几近空白。张宏生、张雁在《中国女诗人·导言》中,将有待开展的工作概括为:文献的整理,研究层面的进一步扩展,历时性/共时性群体研究的加强以及多元研究方法的提倡等。这些意见是颇具针对性的。

总体看,目前的基本情况是:基础性研究比较扎实,但研究所涉范围和层面还不够丰富,进行有关方面整体性研究的"基座"尚欠宏阔坚实;理论创生力偏弱,有重大影响的成果较少;在进行跨学科研究的探索和实践,以及思维的拓展和方法的丰富方面,还有很大空间。具体来说,在今后的研究中,以下一些方面的问题值得注意。

---

① 郭延礼:《新世纪中国古典文学研究路向的思考》,《文学评论》2002 年第 4 期。

第一，相关文献的搜集整理和充分利用。在人们的印象中，中国古代妇女创作方面的资料十分匮乏。从总体上说，情况自是如此。但若换一角度看，各个不同历史时段资料保存的具体情况实际上又有相当大的差异。并且，即使仅就目前可以见到的保存下来的资料而言，研究中也还远未能够充分利用。例如，明清妇女文学所留存下来的史料可谓宏富，而其中绝大部分尚未进入研究者视野。另一方面，如果不是只限于女性创作本身，而是从性别文化的角度进行更为广泛深入的探寻，大量中国古代文学文献典籍中的相关文献资料就越发有待于进一步开掘整理。目前，部分研究存在"主题先行"的现象。尽管论者不乏历史文献的征引，但并未真正做到在具体史料的基础上进行切实的分析，而是简单套用西方文化语境中诞生的性别政治观点作为判断的依据，无形中架空了文献史料，虚化了其功能。这样的研究近乎某种性别理念的图解，显然无益于研究的深入。

第二，基本概念的辨析。在近些年中国古代文学研究的论著中，将妇女文学创作称之为"妇女文学"和"女性文学"的情况并存，一定程度上造成了混乱。尽管在这些论著的具体语境中不难理解作者所指，但当我们注目于中国古代文学与现当代文学之间的内在联系，希望在更为开阔的视野中从整体上认识中国文学和文化时，这一问题就显得比较突出了。

关于"女性文学"这个概念，在实际应用中人们一直有着不同的理解。较常见的有广义、狭义之分。广义的理解是将历史和现实出自女性之手的全部文学创作纳入其中，即等同于"女性的文学"。狭义的理解则具体考虑到"女性"这一词汇在汉语中并非自古有之，而是出现于"五四"新文化运动时期，有着启蒙主义的思想资源及特定内涵。因而，在由此生成"女性文学"这个词组时，学理上当有文化内涵上的规定性。故以之专指"五四"以来以现代人文精神为价值内核、体现了女性独立人格和主体性的创作。在中国现当代文学领域，尽管始终未能就这一概念的内涵达成完全的共识,但多数情况下,大体是在接近前述狭义的理解上加以运用;并且,很多学人始终将其作为一个需要思考的"问题",进行着持续的讨论。而中国古代文学领域的部分研究者对有关方面的情况可能未加留意,在从广义上使用这一概念时,未能做出必要的辨析。现在看来,这一问题有待于文学学科内部更为充分的研讨。

第三,研究范围和研究层面的进一步拓展。就研究范围而言,以往目光大多集中于汉民族书面文学,而对有着丰富性别内涵的少数民族文学以及民间文学很少涉及。这一情况近年虽略有改观,但仍需要给予更多的关注和支持。与此同时,在材料发掘整理的基础上,研究层面的拓展无疑十分必要。例如关于妇女文学的研究,在涉及女性创作主体的生态研究、心态研究;涉及作品的文本形态研究、审美价值研究;涉及妇女群体创作活动的研究;涉及两性间在文学活动中相互影响的研究及其两性创作的比较研究等方面,都蕴含着一系列值得深入探察的课题。而有关古代以男性为主体的文学创作和丰富多样的文学文化现象的性别审视,在其理论、方法和具体研究内容上,更是具有融合中外、贯通古今,多学科、开放性的特点,可望成为意义独具的学术生长点。

仅就进一步打通与中国现当代文学研究的学科壁垒,加深对中国文学的整体认识而言,就有很多工作可做。例如,从女性创作活动的角度来说,所谓"新女性"和"五四女作家群"绝非横空出世,尽管她们当时的代表性创作多以白话文书写,在语言和形式上与"古代文学"分属不同的范畴,但其内在的、包括性别意识在内的审美传承或文学扬弃,不应该成为研究的盲点。传统文化中有关两性关系的理性认知,明清以降社会思想文化在性别观念方面发生的重要变化、部分本土男性思想家对妇女解放的倡导和推进,与引自西方的新思潮一道,对"浮出历史地表"之前的中国女作家产生了深刻影响。其间,很多问题的深入认识有赖于中国古代文学、近代和现当代文学相关研究的进展。为此，文学领域不同专业之间的相互关注和积极交流还需大大加强。

第四，对性别与文学关系之复杂性的认识和把握。研究性别与文学的关系，是出于对"人"的性别观念、性别意识、性别身份在文学活动中作用和影响的关注。所谓性别，实际上是人之生物性与社会性的统一。一方面，生物属性承载着人类个体的生命活动，男女之间在解剖学上的差异势必带来某些方面生命体验的隔膜，这种状况会对两性文学活动产生一定的影响；另一方面，每一个体的存在无疑受到来自特定历史时期社会文化的塑造，其间的具体情况千差万别，并且除性别之外还有诸多因素同时发生作用。正因为如此，从性别角度考察中国古代文学创作，既不能完全否认两性之间生命体验存在差异，也不可脱离复杂的历史语境，过度强调妇女文学创作的特殊性。应尽可能避免画地为牢、自说自话的封闭式研究以及对两性差异的本质化理解。关于这一点，尚须在研究过程中结合具体问题的探讨进行积极的尝试。

第五，"重写"中国古代妇女文学史。近 20 多年来，随着文学史观的更新和相关研究取得进展，中国文学史的"重写"已成为学术界一个引人关注的现象。但是，与中国古代妇女文学研究相对处于"边缘"位置的情况直接相关，迄今还没有出现一部在学理意义上能够比较充分体现性别观念更新，在书写方式上能够比较恰当地融入性别批评的中国古代妇女文学史著作。这项具有文学史和文化史意义的工作，有待于在适当的时候，在文献搜集和基础研究能够提供相对充分支撑的情况下提上日程。

第六，中国古代文论和文学批评的性别研究。这方面的工作具有重要意义，但目前还十分欠缺。古代文论和文学批评反映了当时文人对文学的基本理解、理论认知和文本阅读感受。毫无疑问，它在历史上主要是由男性文人建立的。如何将性别分析合理而富于建设性地引入这一领域,在中国古代文学理论批评研究方面辟出新路,是具有学术难度和创新意义的课题。一般而言,对于文学批评中显而易见的性别轩轾予以重新评判较为容易,而对背后的价值体系及其呈现方式的分析就需要做更多的工作。至于在性别视角下,对古代文论的主要范畴之形成过程及其内涵的重新审视,对分体文论之特色形成的具体探讨,就更需要以大量细致扎实的工作为基础,也需要"双眼曾经秋水洗"的一番思路更新。

第七,对两性在文学活动中交互影响的探讨。自古以来,男女两性在文学活动中就有着多方面的联系,但以往的研究很少就此进行专门、深入的探讨。偶有触及,也多是关注女性作者对男性创作经验的吸收。而有关女性文学活动对男性创作产生的影响,则很少为人注意。而实际上,无论是文人词作抑或其他领域,女性对男性的创作都有可能产生这样那样的影响。其中既有情感的注入,也涉及艺术的表达。这种相互作用对文学的发展或会正面促进或会负面牵扯,有关考察可以说是文学领域性别研究的题中应有之义。它不仅关系到对文学文本的具体生成及其审美风貌的理解,而且关系到如何比较客观地看待两性在人类精神活动中的互补共存关系,校正那种认为两性在社会文化中处于截然分立状态,女性所扮演的仅仅是绝对被动的角色的误解。

第八,性别视角下的文本解读和审美批评。长期以来,中国古代文学研究在文本解读和审美批评方面取得了丰厚的成果,但就本领域的性别研究而言,确有进一步加强的必要。一方面,中国古代文学的性别研究起步相对较晚,这方面的成果尚待逐步积累;另一方面,性别研究在学术领域的提出,与社会思想文化特别是女性主义思潮有着极为密切的关联,其间所蕴含的浓郁的文化批判意味,很容易影响到研究者在观念和思路上形成偏重文化批评、轻视审美分析的倾向。事实上,这种情况在文学学科各专业有关性别问题的研究中均不难看到。

应该说,由性别研究的特殊性所决定,当性别视角与文学研究相结合时,出现这种情况原本是自然的,但就文学研究本身的使命而言,却不免有所欠缺。尽管文化批评在展开的过程中不乏文学文本的解读,时或也从审美的角度加以分析,但其研究旨趣并不在于揭示创作文本的审美特质,而是更注重对"性别政治"的发现和探讨。于是,文学批评在这里某种程度上被赋予了"文本的性别政治学"色彩。然而,文化批判的敏锐、犀利在给文学批评带来活力的同时,终不能取代以审美为内核的文学批评。面对文学文本,如何将"文学性"的审美判断与性别视角下的文化分析有机结合起来,是文学领域性别研究所面临的无可回避的挑战。

第九,吸收妇女文学研究的成果,推动对整个中国古代文学的系统研究。也就是说,要在长期积累的基础上,站在中华文明史发展的高度,真正将妇女文学活动视为中国文学的有机组成部分,将其融入对中国古代文学的整体观照。如此,无疑有助于校正和丰富有关中国文学史的认知,更为全面深入地把握传统文学精神以及中华历史的人文脉络。

贯穿于上述各方面努力之中的,当是理论创生力的加强。迄今为止,有关探讨大体上是本领域研究者结合各自的术业专攻进行的。毋庸置疑,这种结合个人所长、突出重点的研究方式合理而必要,它有利于保证各局部的研究建立在坚实、可靠的基础上。不过,若从长远的观点看,要想取得更具突破性的进展,除了前边提到的基础研究还有待进一步加强之外,强化理论意识也是一个重要的方面。

中华文化的内蕴极为丰富,古代文学涵盖面甚广,其间如何展开既融入性别视角又符合文学创作规律的审美批评,需要认真探讨。旧时中国妇女主要生活于家庭,其个体身份、生活处境、性格心理、教育背景及感情表达方式等有着千差万别,但从宏观的社会结构来说,在男性中心文化主导的历史进程中,妇女的存在从总体上说确是处于

"次等"的、"第二性"的状态,其创作也确实呈现出与男性不尽相同的面貌。这就需要在研究中结合古代妇女生活和创作的实际,改造传统审美批评的尺度,对相关文学现象加以审慎的辨析和理性的分析。既探讨不同性别作者在创作中的差异,也注意中国古代文化在阴阳互补方面的特点,避免对两性创作的美学特征做截然分立的理解。另一方面,在对传统文学男性创作的考察中,若能进一步吸收性别研究的视角和方法,对开阔中国古代文学的研究视野,丰富和深化对传统文学和文化的认识与理解,无疑具有积极意义。

多年来,在本土的中国现当代女性文学研究实践中,有一个值得反思的倾向,即比较多地倚重于具有完整体系的西方女性主义理论,而相对轻视对本土思想文化传统中有关性别问题的理论资源的开掘整理和重新认识。其实,虽然中国确实不具有像西方女性主义那样有关性别问题的系统理论,但并不等于说在我们悠久的历史文化传统中就不存在对性别问题富于深度的思考和带有一定理论色彩的阐述。例如,早在《周易》以及其他文化典籍中,就不乏有关两性关系的论述。仅就《周易》关于家庭中男女关系的基本看法来说,它的思想尽管是以男性为主导的,但在经与传中,又都有不把这个问题绝对化的表述,甚至还做出了一些相当明确的补充、修正,体现了值得注意的合理成分。又如明清以后,在关于妇女解放问题的讨论中,一些思想家、文学家的有关思想和言论也是值得重视的。近年来,不少学者已经认识到这方面的缺憾,明确提出在借鉴西方理论的同时要注意回到中国历史文化的特定土壤和情境中,探求对性别文学研究来说不容忽视的本土思想文化传统。而在这个问题上,古代文学领域的相关研究大有可为。

与此同时,研究思维的拓展和方法的丰富也还需要更为自觉、有效的实践。在这方面,女性主义理论和批评方法值得研究者给予更多的关注。西方女性主义批评在演进的过程中,吸收了现代人文社会科学各学科的研究成果,在追求两性平等、反对男权文化的共同目标下,其内部的不同流派呈现出大异其趣、各具特色的面貌，而文学的性别研究需要多学科的相互渗透、交叉互补，方可共同进取。女性主义所蕴含的丰富理论资源可供有选择地加以利用和借鉴。此外，在立足文献史料和文学研究本体的前提下，或可适当吸收其他学科领域（例如人类学、社会学、语言学、心理学等）的研究成果，进行带有跨学科性质的研究的尝识。

综上所论，性别研究在中国古代文学领域的实践，是立足传统、融合现代意识和新的理论视阈进行的积极探索。未来这一领域的研究，若能守正创新，扎实推进，当可取得更为沉实的收获。

后　记

　　"性别视角下的古代文学与文化"是教育部哲学社会科学重大攻关课题"性别视角下的中国文学与文化"的子课题之一。本书的完成融入了不同辈分、不同性别的多位学人的共同努力。

　　其中尤为令人感念的,是海内外知名的词学大家叶嘉莹先生的热情支持。先生自 1979 年与南开结缘,迄今已经整整三十个春秋。她在南开捐资建立中华古典文化研究所,为专业人才培养和词学研究事业的发展付出了大量心血;早在 20 世纪 90 年代,就有关于词学领域性别问题的重要论述发表。本书收入的三篇大作,显示了先生晚近就此所做的进一步思考。

　　资深学者陈洪先生多年来对文学领域的性别研究给予了难能可贵的理解。他在百忙之中承担了本书的整体策划工作并亲自撰稿,同时约请诸位青年学人参与课题。陈洪先生的率先垂范和鼎力支持,是本课题得以顺利完成的切实保证。

　　参与本书写作的绝大部分是青年教师。他们于不同时期在南开攻读博士学位或从事博士后研究,而今已成长为所在高校的学术骨干或新生力量。在此,特将各位年轻同人的基本情况略记如下(依所录文章刊出顺序排列):

　　陈千里　博士,南开大学文学院副教授

　　张　静　博士,南开大学文学院副教授

　　雷　勇　博士,陕西理工大学文学院教授

何宗美　博士,西南大学文学院教授

任增霞　博士,南开大学出版社副编审

鲍震培　博士,南开大学汉语言文化学院教授

盛志梅　博士,天津师范大学副研究员

刘　堃　硕士,南开大学文学院博士生

当前,古代文学领域的性别研究方兴未艾,年轻学人的加盟给这一学术园地带来了生机和希望,令人备受鼓舞。

值此本书付梓之际,谨向所有关心、支持本课题研究的学者、朋友致以由衷的谢意。

乔以钢

2009 年 7 月 23 日